国家林业和草原局普通高等教育"十四五"规划教材

林业统计学

（第2版）

刘俊昌　胡明形　主　编

中国林业出版社
China Forestry Publishing House

内 容 简 介

新修订后的《林业统计学》共计 15 章，主要内容有绪论、林业统计的基本分类、林业统计调查、森林资源与利用统计、林业生产统计、林业产品产量统计、林产品价值量统计、林业生产投入统计(包括人财物和科技等投入)、林业产品贸易统计、林业综合效益统计和林业经济统计综合分析。在本次修订中我们根据当今的中国林业发展实践，重新设计了教材的框架，在保留了原教材对森林资源统计、林业生产统计、林业生产投入统计、林业经济效益统计分析和林业经济统计综合分析的基础上增加了自 1996 年以后中国和世界林业统计的新成果，从经济效益、生态效益和社会效益相统一的角度提出了新的教材架构。同时注重吸收综合环境经济核算和国民经济核算的新成果。在林业产出方面除了传统的木材及林副产品的生产以外，补充和完善了非木质林产品的生产和效益分析，力求全面反映林业的产出和效益。

图书在版编目 (CIP) 数据

林业统计学／刘俊昌，胡明形主编. —2 版. —北京：中国林业出版社，2023.8
国家林业和草原局普通高等教育"十四五"规划教材
ISBN 978-7-5219-2229-5

Ⅰ.①林… Ⅱ.①刘… ②胡 Ⅲ.①林业经济–统计学–高等学校–教材 Ⅳ.①F326.2

中国国家版本馆 CIP 数据核字 (2023) 第 112700 号

责任编辑：丰　帆
责任校对：苏　梅
封面设计：时代澄宇

出版发行：中国林业出版社
　　　　　(100009，北京市西城区刘海胡同 7 号，电话 83223120)
电子邮箱：cfphzbs@ 163. com
网址：www. forestry. gov. cn/lycb. html
印刷：北京中科印刷有限公司
版次：1996 年 10 月第 1 版
　　　2023 年 8 月第 2 版
印次：2023 年 8 月第 1 次
开本：787mm×1092mm　1/16
印张：19.75
字数：464 千字
定价：69.00 元

《林业统计学》(第2版) 编写人员

主　　编　刘俊昌(北京林业大学)

　　　　　胡明形(北京林业大学)

副 主 编　陈文汇(北京林业大学)

　　　　　郭乘龙(南京林业大学)

　　　　　侯一蕾(北京林业大学)

编写人员(按姓氏拼音排序)

　　　　　陈文汇(北京林业大学)

　　　　　郭乘龙(南京林业大学)

　　　　　侯一蕾(北京林业大学)

　　　　　胡明形(北京林业大学)

　　　　　刘俊昌(北京林业大学)

《林业统计学》(第1版)
编写人员

主　　编　刘俊昌(北京林业大学)

副主编　林和平(福建林学院)

编　　者　第一章　刘俊昌(北京林业大学)

第二章　胡明形(北京林业大学)

第三章　安淑平(河北农业大学)

第四章　陈建成(北京林业大学)

第五章　刘俊昌(北京林业大学)

第六章　胡明形(北京林业大学)

第七章　张彩虹(北京林业大学)

第八章　刘仲兰(河北农业大学)

第九章　王立群(北京林业大学)

第十章　厉嘉玲(南京林业大学)

第十一章　林和平(福建林学院)

第十二章　温作民(南京林业大学)

第十三章　林和平(福建林学院)

第十四章　陈建成、刘俊昌(北京林业大学)

主　　审　陈太山(北京林业大学)

吕永来(林业部综合计划司统计信息处)

第 2 版前言

第 1 版《林业统计学》是在全国高等林业院校林业经济管理专业指导委员会的组织领导下，由部分林业院校和农业院校的教师集体编写而成，并于 1996 年由中国林业出版社正式出版。

第 1 版《林业统计学》是在 1988 年中国林业出版社出版的《统计学原理与林业统计学》的基础上修订编写而成的。"林业统计学"根据林业高等教育发展的需要和课程体系的改革，删除了"统计学原理与林业统计学"教材中的统计学原理部分，继承了林业统计学的精华，并做了修改与完善，形成了一本新的《林业统计学》，满足了高等院校林业统计学的教学需要。时至今日，第 1 版《林业统计学》已出版 20 多年，在此期间中国的林业事业发生了巨大变化，林业统计的理论研究与改革实践都取得了长足的进步，新的研究成果需要补充进教材，以更好地满足人才培养的需要。为此，我们对第 1 版教材进行了修订。

在本教材编写过程中，作者结合多年的科学研究、教学实践和教材编写经验以及国内外林业统计的研究成果，对教材的框架、编写内容和案例进行了新的设计，力求全面和准确地反映林业统计的最新理论与成果。在编写思路上紧扣林业统计学的主题，保留上一版教材的精华，补充林业统计学领域 20 多年来的新成果，使教材能够适应当代高等教育教学的需要。

本教材由北京林业大学刘俊昌教授和胡明形教授担任主编，并负责大纲设计、书稿统稿；侯一蕾副教授对书稿的排版、文字、图表和公式等进行了核对与修正。各章的编写人员如下：刘俊昌负责编写第一章、第三章、第四章、第五章、第八章、第十五章；刘俊昌、胡明形负责编写第七章；胡明形负责编写第二章、第六章；陈文汇负责编写第十四章；郭乘龙负责编写第十一章、第十二章；侯一蕾负责编写第九章、第十章、第十三章。

在本教材编写过程中，得到了北京林业大学经济管理学院和中国林业出版社的大力支持。同时，本教材参考了一些国内外学者的相关著作，汲取了相关研究成果，在此一并致以诚挚的感谢！

本书在编撰过程中，限于编者水平有限，教材体系、内容及表述上难免疏漏，恳请广大读者批评指正，以便在下一次修订中改正。

刘俊昌

2022 年 7 月

第1版前言

本书是根据 1994 年林业部"关于下达 1995 年高等林业院校通用教材高校计划的通知"组织进行编写的。1988 年由中国林业出版社出版的《统计学原理与林业统计学》一书，以及该书出版前试行的油印本，在林业系统高等院校使用到现在已整整 10 年了。10 年的改革，我国的经济体制发生了深刻的变化，原教材已不能适应当前教学的要求。因此，需要根据建立社会主义市场经济的要求和 10 年来林业统计的新成果，对原教材中林业统计学部分做了较大充实、修改，使教材提高到新的水平。本书有以下几个特点：

1. 林业产值是反映林业成果的主要综合性指标，这一直是林业统计中一个主要难点，很受各方面的重视。本书在原营林和森工总产值、净产值统计的基础上，增加了增加值统计，并从营林和森工扩展为以营林、森工为主的全林区增加值统计，使之覆盖林区第一、二、三产业的全部内容。试着从理论上探索更正确、全面反映林业的成果和规模，以及林业在国民经济中的地位和作用。

2. 科学技术是第一生产力，是发展林业生产力和提高林业经济效益的决定因素。科技统计在我国是近几年来才发展起来的新内容。本书设立专章对林业科学技术的有关统计内容进行了论述，这些虽然仍有待进一步实践和研究，但已初步勾画出林业科技统计的框架。

3. 在计划经济条件下，木材、锯材等主要林产品是根据国家计划进行调拨的，价格由国家制订。我国森林资源少，木材是紧缺的物资。反映在林产品销售问题上，统计内容十分有限。为了适应市场经济的需要，增加了林产品销售和价格统计的内容。它为收集市场信息提供了理论方法，也充实了林业统计学的内容，使之由侧重生产的生产型统计，发展到包括流通在内的整个再生产全过程的统计。

4. 林业的经济效益是林业经济管理的核心，尽管由于林业生产周期长，效益多样，计量复杂，但本书还是设立了专章进行论述。说明编者对这个问题的重视，也体现了党的十四届五中全会关于"经济增长方式从粗放型向集约型转变"的精神，方向是正确的。

总之，这是一本好书，对于提高教学质量将会产生积极的作用。当然，本书与具有中国特色、适应社会主义市场经济要求的林业统计理论方法体系还有相当的距离，今后仍需随着经济体制改革的深入，不断进行研究和探索。

陈太山

1995 年 10 月 18 日

目　录

第一章　绪　论

【本章介绍】本章主要介绍林业统计学的性质与职能、林业统计学的内涵和研究对象与范围、林业统计学的指标体系、林业统计学的基本研究方法，为后续章节的学习提供基本的知识。

林业统计学是应用统计学的基本理论与方法对林业领域的统计问题进行研究所形成的一门专业统计学。学习和了解林业统计学，掌握林业统计学的理论与方法对于人们探索林业经济发展规律、科学进行林业管理和政府制定科学有效的林业经济政策，具有重要的作用。

第一节　林业统计的性质与职能

一、林业统计的性质

学习和掌握一门学科，首先是了解该学科的性质、任务与对象。只有如此，才能把握这门学科的整体框架，明确该学科与其他学科的区别，掌握本学科特有的研究方法。

林业统计的性质是什么？林业统计是部门统计，林业统计学是统计学的一个组成部分，它是认识和了解林业经济发展的有力武器。

人们要改造世界，就要先认识世界。认识来自实践，是实践的反映。认识由感性认识到理性认识，由具体到一般。林业是培育、保护、管理和利用森林，具有产业属性的事业，是国民经济的重要部门，它的规模有多大，劳动生产率有多高，经济效益、生态效益和社会效益如何等，这些都是林业经济的重要问题。统计通过调查、整理和分析，用一套指标体系把这些情况反映出来。统计学又对统计调查、整理和分析进行总结和理论概括，形成一整套统计方法论。所以，统计是认识经济社会的有力武器，是一种调查研究。但是社会经济现象的调查方法有多种，统计只是其中一种。其研究特点主要有 2个方面：

1. 数量性

林业经济现象有质的方面和量的方面，林业统计研究的是林业经济现象的数量方面，主要从规模、水平、速度、比例关系等方面反映林业经济现象的现状及其变化过程。这种研究习惯上也称为定量研究。

质和量是事物不可分割的两个方面，林业统计是在质和量的辩证统一中研究林业经济现象的数量方面。只有对社会经济现象的性质、特点、运动规律有正确的认识，才能正确地确定调查方法、计算口径、计算范围和计算方法。例如，如果我们不了解林业，不了解林业经济活动，怎么可能设计出一套反映林业基本情况的指标体系，又怎么去计算林业的产值、劳动生产率、成本和利润及资金周转呢？林业统计在研究林业经济现象的数量方面，必须以定性认识为基础，并从定性认识开始。

2. 工具性

林业统计作为认识林业经济现象数量方面的有力武器，用途广泛，是制定方针、政策、计划和进行宏观经济及微观经济管理的重要工具。

二、林业统计的职能

林业统计的职能是由林业统计的性质和林业经济发展的要求所决定的，其职能有 3 个方面：

1. 提供统计信息

不管是林业的宏观管理还是微观管理，都需要大量内部和外部的经济信息。林业统计部门是调查研究部门，它根据科学的指标体系和调查方法，灵敏、系统地采集和提供大量的统计信息。统计信息是总体特征的综合反映。它覆盖面广，综合性强，可以反映和分析现象的内在联系及发展规律，预测经济和社会的发展。它是社会经济信息的主体，是制定宏观和微观政策、计划及实行科学管理和决策的依据。

2. 进行统计咨询

决策正确与否对社会经济发展有广泛和深远的影响。决策的科学化和民主化是提高决策水平的重要途径。林业统计部门拥有信息资源的优势，它可以通过加工提炼和分析研究，迅速将数据信息转化为决策信息的咨询方案，为领导决策提供咨询服务。林业统计部门必须坚持实事求是的思想路线，紧密围绕国家提出的林业可持续发展的任务，密切关注林业经济生活中出现的新情况、新问题，深入开展分析研究，努力构建各级领导的重要咨询机构，为林业可持续发展做出更大的贡献。

3. 实行统计监督

统计监督是利用统计调查的分析，及时、准确地从总体上反映林业经济运行状况。同时对林业经济运行进行全面、系统的定量检查，对可能出现的问题进行预警，以便使林业经济按照客观规律的要求持续、稳定、协调地发展。

上述 3 个方面职能是相互联系的，其中通过采集提供信息是林业统计工作最基本的职能。如果没有准确、丰富和系统的林业统计信息，林业统计的咨询和监督也就失去了基础和前提。

统计咨询是林业统计信息职能的延续和深化，采集信息的目的是科学管理和决策。这就必须在统计信息的基础上通过分析，揭示其内在的联系和规律性，为管理和决策提供咨询。

统计监督是通过信息反馈，评判和检验决策方案是否科学，并对林业决策执行过程中的偏差提出矫正的意见。可见，统计监督是在信息、咨询基础上的进一步扩展。

第二节 林业统计学的内涵、研究对象和范围

一、林业统计学的内涵

统计学是对社会经济现象数量方面的信息资料进行整理、分析和研究的一门科学。将统计学的基本原理与方法应用到国民经济的不同部门就形成了相关的部门统计学，如农业统计学、商业统计学等。林业统计学是以林业生产部门的社会经济活动为研究对象的一门专业统计学或部门统计学，专门探索如何调查、收集、整理和分析林业统计资料，研究林业经济发展规律的一门专门学问，是统计学的一个分支。

二、林业统计学的研究对象

林业统计工作是以林业经济现象为研究对象，研究林业经济规律性在具体的地点和时间条件下的数量表现。林业统计学是在林业统计工作的基础上产生的，也是方法论科学。它是以林业统计工作活动为研究对象，研究林业统计活动的规律和方法，研究林业的指标体系、资料的收集、整理、计算和分析的理论和方法。林业统计学是林业统计工作的理论概括，一旦形成，就肩负着指导林业统计工作的责任。

三、林业统计学的研究范围

林业是以森林为经营对象，为进行森林经营利用而组织起来的国民经济部门，即培育、经营、保护和开发利用森林的具有产业性质的事业。它既是提供木材等多种产品的物质生产性部门，又是维护和保持生态平衡、提供森林生态系统服务的环境保护工程，具有产业和事业的双重职责。随着国民经济的发展和林业从传统林业向现代林业转换的速度不断加快，林业也从主要提供物质产品的生产部门向提供物质产品与生态服务产品的过渡，而且生态服务产品的比重随着时间的推移也在不断地加大。因此，林业内部生产活动越来越复杂，经济与生态职能的多样性和交融化趋势越来越明显。相应地，生产经营范围也变得越来越宽，这就决定了以林业经济现象数量方面为认识对象的林业统计学的研究范围的广泛性和研究内容的复杂性。

既然林业的生产活动围绕对森林的培育与经营利用而展开，那么，人工培育森林即所谓营林业（按国民经济行业分类，大农业中的林业实质上就是指营林业），是整个林业生产过程的起点和基础。它以土地为基本生产资料，经过采种育苗、造林更新、幼龄林抚育、抚育间伐、病虫害防治、森林管护和木材生产等作业阶段，生产出活立木、木材、各种林副产品和林业服务。虽然人工林得到了快速的发展并且在林业生产中发挥着越来越重要的作用，但天然林为人们的生产与生活提供了大量的林产品，对天然林的保护与开发利用仍然是林业的重要组成部分。

人们从森林中获得的木材产品还要在木材加工企业通过物理、化学等手段加工制造成各种为生产和人民生活所需要的木材制品。因此，木材加工企业在林业生产中占有重要的地位。另外，人们对森林资源的利用已经从传统的木材生产扩展到了对森林资源的全面利

用,这里既包括物质产品的生产也包括生态服务产品的开发利用,具体表现为从砍伐活立木到野生动物植物的采集、驯养繁殖利用,从木材等实物产品到森林旅游等生态服务的利用。所以,林业统计学的范围不但包括营林生产统计、木材加工利用统计、非木质林产品统计(如野生动植物驯养繁殖与利用统计),还要包括林业服务统计等内容。

林业作为国民经济的一个部门,同样被纳入整个社会的再生产过程中。要使林业部门生产各种林产品活动顺利进行,除了要对其产品的生产进行统计外,还须对林产品贸易和分配等方面进行统计。

作为部门统计学,还受到宏观经济统计的制约。根据国民经济核算体系的内容和宏观经济统计的要求,需要建立林业部门的资金流量、投入产出、资产负债存量核算。为此,对森林资源、林业资金、林业经济效益等的统计也是必不可少的。

另外,随着科学技术的不断发展进步,科技对生产的影响作用越来越显著,对林业部门也不例外。因此,如何设置一套反映林业部门特点的林业科技进步统计指标体系,全面反映林业科技进步对林业经济发展的影响及其带来的效益变化状况,也是林业统计学必须研究的内容。

林业统计学的研究范围,是随着其认识对象的客观经济活动变化而变化,随着林业经济发展而不断发展的。

第三节　林业统计指标体系

要研究林业经济现象的数量方面,就需要有一套科学的、相互联系和相互补充的林业统计指标体系。这套林业统计指标体系的设置主要取决于林业再生产过程的基本特点和林业统计的任务。

一、林业统计指标体系的特点

林业是由许多相互区别又相互联系的产业组成的复杂的有机体,也是经济的、技术的、生态的结构统一体。其既有利用生物的生命过程从事经济生产、提供各类产品的基础产业(营林业),又有以林业初级产品为劳动对象的进一步加工的木制品生产企业,还有以森林资源生态服务功能为开发对象,为人们的社会生活提供更高一级的物质和精神服务的森林旅游业等。从上面的论述中可以得出以下 3 点:

1. 林业以森林资源为中心

森林是林业的劳动对象,人工林是林业的劳动成果。森林资源是人类的宝贵财富,是生产林产品和开发森林旅游活动的基础。没有森林,就没有林业的一切。所以,森林资源统计便成为林业统计的重要内容。

2. 林业是一个物质生产部门

在社会主义市场经济中,应以马克思主义的再生产理论为指导。社会再生产是由生产、流通、分配和消费 4 个环节组成的。同样,林业再生产过程也是由生产、流通、分配和使用组成,在林业的再生产过程中,生产是起点。产品生产出来以后,通过交换将产品销售出去收回货币。用产品销售收入来弥补生产过程中的各种支出,开始新的一轮循环和周转。在市场经济的条件下，不能只讲生产，而不问流通、需求。商品价值是通过市场交换得以实现的，产品销售是社会产品的价值实现，扣除补偿生产资料的转移价值后的新创造价值在国家、集体和个人之间进行分配。分配关系是生产的重要组成部分，也是实现社会生产和再生产的重要环节。所以，以林业再生产为客体的林业统计，不但要有生产统计、贸易统计，还必须有分配统计。

同时，商品的生产过程是劳动过程和价值形成过程的统一。劳动过程是劳动力与生产资料相结合创造使用价值的过程。价值形成过程是生产资料转移价值与活劳动新创造价值结合形成总价值的过程。林业统计研究林业经济的过程，既要反映和研究劳动过程，也要反映和研究价值形成过程。因此，林业统计的体系要实物和价值并重，生产和经营、效益并重。

当前，科学技术日新月异，生产力迅速发展。科学技术已成为社会生产，包括林业生产迅速发展的主要动力。林业要实现可持续发展，为人们的生产与生活不断地提供高质量的林业物质产品和服务，就必须依靠科学技术进步，因此，科学技术进步在林业统计中的地位和作用将日益重要。

3. 林业是一个提供生态服务产品的生产部门

森林具有经济效益、生态效益和社会效益。当今的中国林业已经从主要提供木材产品的阶段发展为提供木材产品与生态服务产品并重的新阶段。在注重发挥森林的经济效益的同时如何更好地发挥森林的生态效益和社会效益，以满足人们对良好生态环境和生态服务产品的需求成为林业发展必须要解决的问题。因此，在林业统计中有关森林生态效益和社会效益的内容也要贯穿始终。

二、林业统计指标体系

林业统计指标体系相关内容的介绍就成为林业统计学的重要内容。概况来讲，本书中的林业统计指标体系包括以下 4 个内容：

1. 森林资源与利用统计

森林资源与利用统计主要是从静态和动态两个方面了解森林资源的数量、质量、结构、分布、消长与利用情况，以便为制定林业发展规划和森林资源的可持续管理提供依据。

2. 林业生产统计

林业生产统计既包括林业生产成果统计，也包括林业生产条件统计。林业生产成果统计，既表现为林业生产的使用价值量，也表现为林业生产的价值量。使用价值量是用产品的品种、质量、产量来表示。林业生产的价值量，既有产品的总价值量，也有新创造的价值和增加值。由于林业生产过程时间长，本书用 3 章的篇幅分别阐述林业生产的使用价值量统计和生产的价值量统计。

从劳动过程来看，生产是由人类生产劳动、劳动资料和劳动对象 3 个因素组成的。所以，林业生产条件统计首先研究这 3 个生产条件的统计问题。其中包括林业劳动资源与利用统计、林业固定资产与投融资统计、林业原材料、能源和动力统计。对于这 3 个生产条件，既要讲资源，也要讲利用；既要讲它们的实物量统计，也要讲它们的价值量统计。其次是阐述林业科技统计。林业科技统计既包括投入统计也包括科技活动和成果的统计。林业科技成果要在林业生产中发挥应有的作用,林业科技推广是重要的途径,因此,林业科技推广统计成为林业科技统计的重要组成部分。随着现代林业的快速发展,科技在推动林业可持续发展、提升林业三大效益上发挥着越来越重要的作用,进行科技活动的效益统计和科技对林业发展贡献的统计也必然成为人们关心的重要内容。

从价值形态上看,林业生产需要占用资金。我国是一个发展中国家,林业资金比较短缺。如何减少资金占用,提高资金的产出率,是实现我国国民经济高质量发展的重要条件。在市场经济条件下,价值规律也要求人们在再生产过程中尽可能地减少资金占用和资金耗费。所以,本书后面专章阐述流动资金、成本和利润统计问题。

3. 林业产品贸易统计

它是阐明林业产品价值实现的统计问题。在市场经济条件下,产品价值的实现是通过市场进行交换。因此,林业流通统计主要是产品贸易统计。在商品交换过程中,价格是一种重要的机制,在林业产品贸易流通统计中有必要对林产品价格进行统计。

4. 林业分配统计

林业分配是指林业实现的净基础收益在国家、企业、职工个人之间的分配,不应当把分配局限于职工的劳动报酬。国民经济宏观调控的重要内容就是将社会生产成果在各个利益相关者之间进行很好的分配,从而促进国民经济的良性发展。林业分配统计,首先应当反映和研究林业企业的收益在国家、企业和职工个人之间的分配,探索三者之间的数量界限;其次要反映和研究职工个人之间的分配问题,这些问题分别在利润、产值的构成、工资等有关章节进行论述。

以上主要是讲林业再生产的指标体系。从林业的可持续发展来看,林业的三大效益是一个贯穿生产始终的带有全局性的问题,特别是生态与社会效益的问题近年来引起了人们越来越多的关注,故本书专设一章为林业综合效益统计,分别对经济效益、生态效益和社会效益进行统计和分析。林业统计除了研究林业再生产的科学指标,还必须从整体上阐述林业统计分析问题(这不同于各章的局部问题的统计分析)。历史证明,哪个时期林业内部各种比例关系、效益关系及林业同国民经济与社会发展的关系处理得比较好,林业经济的形势就比较好,故本书还设置了林业综合分析一章。

第四节 林业统计研究的基本方法

林业统计学是从林业经济现象的数量方面研究林业经济的发展与变化,因此在进行林业统计研究时要以定量分析为主,以林业经济现象的数量作为分析研究的对象,运用统计方法以及数学模型对现象的数量关系、发展规律、变动趋势加以描述和推断,并据此预测林业经济现象未来的发展变化。但在统计分析研究的过程中要注意定性与定量的辩证统一,在林业经济理论的指导下从数量的方面发现林业经济的变动规律与趋势。

林业经济现象的纷繁复杂与多样性决定了对其认识方法的多样性。一方面,林业经济现象的性质、特征和规律需要用统计研究方法去反映和描述;另一方面,每种统计研究方法都有其特定的用途。因此,在对林业经济现象进行统计分析时要准确地把握每一种统计研究方法的适用范围和特点,对所要分析的具体林业经济现象选择出适用的统计研究方法是做好统计研究的关键一步。目前，林业统计研究中使用的最基本和最常用的统计方法可以归纳为以下 8 种。

一、统计分组法

统计分组是根据统计研究的目的和被研究现象的本质特征，将研究总体按照一定的标志分成若干部分。林业统计学是从质与量的统一中研究林业经济现象的规律，而林业经济现象是复杂多样的，只有通过统计分组，才能将通过统计调查获得的大量林业统计数据按照质与量的不同进行区分，分门别类地给出不同类型的林业统计数据，以揭示林业经济现象的总体结构、内部特征以及变动趋势，从而掌握现象之间的依存关系，准确地进行管理和调控。例如，将森林资源按人们对其经营的目的不同分为商品林和公益林；将林地按照利用类型分为有林地和无林地；将林产品按照产品特征分为木质林产品和非木质林产品等。这样的分组有利于人们对林业经济现象进行深入的研究和进行管理与调控。

二、对比分析法

对比分析法是将被研究现象的两个相互联系的指标数据进行比较，从数量上说明研究对象规模的大小、水平的高低、速度的快慢以及各种关系是否协调。在林业统计研究与分析中人们经常会对林业经济现象进行对比分析，但由于研究的目的不同所采用的对比方法也会不同。具体来讲，在林业统计研究中经常用到的对比分析方法可以分为以下 2 类。

（1）纵向对比分析法是将同一统计指标在不同时间上的统计数值进行比较。它反映研究对象随时间推移而发生的数量变化，如 2018 年我国森林资源数量与 2013 年相比发生的变化情况。

（2）横向对比分析法是现象之间的对比与分析，具体包括实际数与计划数的对比、同类现象在不同国家、地区或单位的比较等方式，如林业"十三五"计划完成情况。

三、动态分析法

动态分析法是通过对研究对象的各种动态分析指标进行计算，据此来描述研究对象的发展变化过程与结果，从而揭示研究对象的发展变化速度、趋势和规律性。一般来讲，动态分析法可以分为两类，一类是通过将各期指标数值进行平均而形成的动态平均指标，如林业平均发展速度、林业平均增长速度等；另一类是通过现象的发展水平之间的对比计算而形成的动态比较指标，如木材增长量、林业发展速度等。从时间的角度来看，人们在应用动态分析法进行分析时，主要是从中短期和长期对研究对象进行动态分析，但有些经济现象表现为明显的季节性，如林产品的采集等，因此，季节性变动分析也是动态分析中的重要内容之一。

四、因素分析法

因素分析法是根据经济现象之间的相互关系，分析研究现象变动受其他各种因素变动影响的方法。因素分析法主要包括：总和因素分析法、指数分析法和连环代替分析法。总和因素分析法就是对总体总量的变动等于影响它的各个因素变动之和的关系进行分析。如林业国内生产总值等于林业第一、二、三产业国内生产总值之和，要对国内生产总值进行因素分析时可以采用总和因素分析法对林业第一、二、三产业进行分析。指数分析法就是利用指数体系对现象总变动中各因素的影响情况进行分析。该方法应用于某一现象指标数值等于各影响因素指标数值的乘积的情况，如林产品生产总成本等于产品产量与单位成本的乘积。连环替代法是根据指数法的原理对研究对象变动受多个(3 个或 3 个以上)因素变动影响的现象进行分析时所采用的方法。如人们要对林产品原材料消耗额进行因素分析时，由于其受到产品产量、单位产品原材料消耗量以及原材料单价的影响，这时就可以采用连环代替法进行因素分析。

五、相关分析法

相关分析法就是对经济现象之间的相关关系进行分析和研究，主要是研究现象之间是否有相关关系、相关关系的强弱和方向以及相关关系的表现形式，如林业投入与地区森林生态环境改善的相关关系。在进行相关关系分析时，应注意在定性分析的基础上进行定量分析，这是正确应用相关分析的必要条件，只有这样才能保证通过相关分析得出正确的结论。

六、回归分析法

回归分析法就是对具有相关关系的变量之间的数量变化规律进行测定，将它们之间的关系用数学表达式描述出来，并据此对因变量进行估计和预测的分析方法，如研究林业投入与林业经济发展的依存关系就可以应用回归分析进行。回归分析按回归中包含的变量多少可以分为简单回归和多元回归；按变量变化的表现形式分为线性回归和非线性回归。在进行回归分析时主要是根据样本数据确定变量之间的数学表达式，对回归方程可信度进行统计检验，并根据这个方程对因变量进行估计和预测。

七、聚类分析法

聚类分析法是定量研究分类问题的一种多元统计分析方法。它是根据研究对象的多个观测指标，找出能够度量现象之间相似度的统计量，并以此为依据，采用具体的聚类方法将研究对象分别聚合到不同类别中。如在研究国有林场的经营问题时就可以按林场所处的区域自然与经济条件不同进行分类研究，从而找出更具针对性的发展策略与途径。聚类分析的具体方法有很多，但从大的方面划分可以分为分层聚类分析法和有序聚类分析法两类。分层聚类分析法是根据研究对象的多个观测指标，具体找出一些能够度量现象之间相似程度的统计量，用这些统计量作为划分被研究对象类型的依据，把一些相似程度较高的现象聚合为一类，把另外一些彼此间相似程度较大的现象聚合为另一类，关系密切的聚合到一个小类，关系疏远的聚合到一个大的分类单位，如此逐渐进行下去，直到将所有现象都聚合完毕，形成一个由小到大的分类体系。有序聚类分析法是对那些不能打乱原有的排列顺序的现象(如林业经济发展的不同阶段)进行聚类分析时，要求次序相邻的样本才能聚合在一类。

八、综合指标法

综合指标法是在对大量的林业经济数据资料进行整理与分组后，运用综合指标对林业经济现象的数量方面进行综合分析，揭示其经济现象质与量的特征的方法。由于林业经济现象复杂多样，要深入地分析与研究其发展规律与特征仅靠单一的指标是难以胜任的，必须综合运用多项指标，采用各项指标结合分析的思路才能达到人们预期的目的。在应用综合指标法研究林业经济现象时要注意把握好以下4点。

1. 总量指标与相对指标结合运用

总量指标反映现象的总体规模和水平，其表现形式是具有计量单位的绝对数。相对指标反映现象之间的联系的差异程度，但将现象的绝对水平抽象化后，说明不了现象之间的绝对量上的差异，因此在统计分析时要将两类指标结合使用，这样既可以看到相对变动也可以看到绝对数量水平，从而达到深入分析研究的目的。

2. 各种相对指标的结合使用

相对指标是用两个有联系的指标进行对比而形成的反映数量特征和数量关系的综合指标。相对指标包括计划完成相对指标、比较相对指标、比例相对指标、强度相对指标、动态相对指标等。各种相对指标的具体作用不同，说明的现象特征的方面也不同。为了很好地分析与研究林业经济现象的发展规律就必须将各种相对指标结合使用，才能得出正确的结论。

3. 运用好平均数指标

平均数是在同类现象中，将各单位的数量差异抽象化，用于反映总体在具体时间、空间条件下所达到的一般水平的综合统计指标。常用的平均数有算术平均数、调和平均数、时序平均数、众数、中位数和集合平均数等。每个平均数指标反映现象的特征方面和使用条件都不同，在具体应用时应根据研究对象的特点准确地选择适合的平均数指标。

4. 标志变异指标与平均数指标的结合使用

平均指标将总体各单位标志值的差异抽象化，反映总体的一般水平和分布的集中趋势。但总体内各单位标志值是参差不齐的，它们分布在平均数的周围，呈现出一种集中趋势或离散趋势。测定离散趋势的指标是标志变异指标，只有将平均数指标与变异指标结合使用才能了解和掌握现象总体的分布性质与特征。

本章小结

林业统计学是在统计学原理基础上发展和形成的一门专业统计学。林业统计学具有数量性与总体性。它是从数量方面研究林业经济现象的现状及其变化过程，通过大量观察，使偶然的因素相互抵消，从而概括出林业经济总体的特征和规律性。林业统计学以林业统计工作活动为研究对象，研究林业统计活动的规律和方法，研究林业的指标体系、资料的收集、整理、计算和分析的理论和方法。当前人们对森林资源的利用已经从传统的木材生产扩展到了对森林资源的全面利用，这里既包括物质产品的生产也包括生态服务产品的开发利用，具体表现为从砍伐活立木到野生动物植物的采集、驯养繁殖利用，从木材等实物产品到森林旅游等生态服务的利用。所以，林业统计学的范围不但包括营林生产统计、木材加工利用统计、非木质林产品统计，还要包括林业服务统计等内容。因此，林业统计指标体系也要反映人们对森林资源的全面利用，其主要内容有森林资源与利用统计、林业生产统计、林业产品贸易统计和林业分配统计等方面的指标，以反映森林资源的状况、林业生产的状况、林业生产的成果和人们从林业生产中所获取的各种产品和服务。而人们要从纷繁复杂的林业经济现象中发现林业经济发展的规律性就必须科学地运用统计学的方法进行统计研究与分析。在林业统计研究与分析中使用的最基本和最常用的统计方法有统计分组法、对比分析法、动态分析法、因素分析法、相关分析法、回归分析法、聚类分析法和综合指标法等，准确地把握每一种统计研究方法的适用范围和特点，对所要分析的具体林业经济现象选择出适用的统计研究方法和方法组合是做好统计研究的关键一步。

复习思考题

1. 简述林业统计学的基本内涵。
2. 简述林业统计学的研究对象。
3. 简述林业统计学的研究范围。
4. 简述林业统计研究方法的系统性。
5. 简述林业统计指标体系。

第二章 林业统计的基本分类

【本章介绍】本章主要介绍林业统计分类的概念、意义、原则、标准化等分类基本问题，林业产业分类和林产品分类的思路、原则和分类结构等内容。

林业统计分类是林业统计的基础，准确地理解与掌握林业统计分类，对于全面和深入认识林业统计对象内部结构，加强林业管理具有重要作用。

第一节 林业统计分类的基本问题

一、林业统计分类的概念与意义

(一)林业统计分类的概念

林业统计分类是根据林业统计目的，对客观存在的统计对象按照一定的标志划分为不同的组成部分，用于反映统计对象的内部结构，是统计分组方法在林业统计中的具体运用。从统计分组的角度看，林业统计分类包含 5 个基本要素：一是分类的目的，即为什么要进行这种分类，体现了分类的功能和意义，决定了分类标志的选择。二是分类的对象，即统计总体，说明的是对什么进行类别划分。三是分类的标志，即分类的依据，说明的是按什么标准来分类。四是分类的最小单位，即分类中不再进一步细分的个体，是构成一个类别的基本个体单位，决定了同一类别中不同个体之间的同质性水平。五是分类结果，即把统计对象分成了哪几类，每一类包含哪些最小单位。对 5 个分类要素的正确分析和把握是保证林业统计分类科学性的基本要求。

(二)林业统计分类的意义

林业统计分类是林业统计的基础，在林业统计和林业管理工作中具有重要的作用，主要表现为以下 3 个方面：

1. 林业统计分类是全面和深入认识林业统计对象的起点和基础

林业是一个涉及资源系统、生态系统、经济系统、社会系统等诸多方面和领域的复杂综合系统，各子系统之间、子系统内部各组成要素之间都是相互联系、相互依存和相互制约的。因此，对林业统计对象的认识，不仅是对林业统计对象的总体把握，更要深入了解、认识其内部构成。林业统计分类就是根据不同认识目的的需要，采用科学方法将林业统计对象总体的内部构成情况描述和刻画出来，形成林业统计对象总体内部结构的"解剖图"，是我们全面和深入认识林业统计对象的起点和基础。

2. 林业统计分类是林业统计数据调查和整理的依据

一方面，林业统计数据调查的对象通常是总体单位，收集的数据是分散的个体数据，只有将其汇总整理为系统化、条理化的总体数据，才能反映林业统计现象总体数量方面和数量关系。林业统计分类就是将林业统计对象总体单位数据汇总整理成类别数据，进而汇总为总体数据的依据。另一方面，林业统计分类规定了每一类别的总体单位构成，因此，林业统计分类为林业统计调查单位的确定提供了依据。

3. 林业统计分类是对林业统计对象进行结构分析的依据

结构分析是认识林业统计对象各组成部分数量关系的重要手段。通过林业统计分类，将林业统计对象总体按照特定标志划分为不同的组成部分，计算各部分所占比重或各组成部分之间的比例关系，可以从数量角度揭示林业统计对象总体内部的构成状况，反映部分与总体、部分与部分之间的数量关系，为深入认识、评价和优化林业统计对象的内部结构提供依据。

二、林业统计分类的基本原则

为了真正发挥林业统计分类的作用，进行林业统计分类时，须遵循以下 4 个基本原则。

1. 科学性原则

林业统计分类是对林业统计对象的内部构成进行统计刻画，森林资源作为一个自然生态系统，其系统运行遵循自然规律；同时，林业作为一个社会经济系统，其系统运行受社会经济规律的制约。科学性原则要求进行林业统计分类时，对于统计总体范围的确定、分类标志的选择、标志值的阈值确定和分类结果的确定，除了从统计目的出发外，必须考虑分类对象的自然和社会经济属性，遵循森林资源和生态系统发展的自然规律和林业作为产业发展的社会经济规律，从而使分类结果具有科学性。例如，在森林资源统计中，对森林资源按林龄分类时，由于不同树种的自然生长规律不同，对同一龄组中不同树种的林龄区间并不相同。又如，林业作为国民经济产业的有机组成部分，如果从产业演进角度考察林业产业结构，可将其划分为林业第一产业、林业第二产业和林业第三产业。

2. 系统性原则

林业是一个由自然和社会经济因素共同交织作用的多维复杂系统，涉及资源、生态、经济等不同领域，林业属性的多维性决定了林业系统结构的复杂性，对于复杂系统的结构描述，需要从不同方面、不同层次进行不同的分类，同一分类中也可能需要采用多个分类标志，从而形成一个分类体系。

3. 可比性原则

林业是国民经济的一个行业，为便于数据收集与交换，在涉及产业分类或产品分类等与产业相关的林业统计分类时，要与相应的国民经济统计分类相衔接，保证二者在分类的最低层级上(如行业分类的小类或产品分类的小组)的对应。同时，要在结合我国林业实际的前提下，增强林业产业分类和产品分类等主要林业统计分类与国际分类标准的可转换性，以满足林业的国际对比要求。

4. 动态化原则

林业产业与森林生态系统总是处于动态变化过程中，随着我国林业产业和林业生态事业的快速发展，林业内部结构也发生相应变化。为反映林业结果的现实状况和未来发展趋势，需要对林业统计分类进行动态修订。

三、林业统计分类标准化

(一)林业统计分类标准化的概念

统计标准化是指在统计实践中，通过制定、发布和实施统计标准，保证统计工作过程和结果的统一和一致性，以最大限度地发挥统计效益的活动。林业统计分类标准化是统计标准化的构成内容，是在林业统计工作中，制定、发布和实施林业统计分类标准的活动，具体内容包括基本术语的标准化、内容注释的标准化、分类结构的标准化、分类代码的标准化等。

林业统计分类标准按适用范围不同分为国家标准、行业标准、地方标准和企业标准。目前我国尚无专门的林业统计分类国家标准。行业标准与地方标准是由国家林业主管部门及省级人民政府标准化主管部门制定发布的，只在本行业、本地区范围内适用的林业统计分类标准。如《林业及相关产品分类》(LY/T 2987—2018)为国家林业和草原局发布的林业统计分类行业标准。企业标准是由企业单位发布的林业统计分类标准。

(二)林业统计分类标准化的作用

林业统计分类标准化是林业统计工作中的一项重要基础工作，制定、颁布和实施林业统计分类标准，具有以下 4 个作用：

(1)有利于完善林业统计制度

林业统计分类是林业统计制度的主要组成部分，林业统计分类标准化可以完善林业统计制度，促进林业统计工作标准化和规范化。

(2)有利于林业统计分类的统一和规范化

在各项林业统计调查中，除了总量数据外，通常还要调查各种构成的分组数据。林业统计分类标准化为各种林业统计调查按照统一的标准进行规范化分组提供了基本的依据。

(3)有利于实现林业统计数据的自动化处理和信息共享

林业统计分类标准化使林业统计分类中的基本术语、分类结构、指标体系、统计代码实现了统一标准，为利用计算机对大量和复杂的林业统计信息进行处理、管理、交换和共享提供了条件。

(4)有利于加强林业统计数据与国民经济统计数据的衔接以及国际对比

林业统计分类标准化通过建立林业统计分类与国民经济统计分类的衔接，以及与国际组织林业相关分类的兼容转换，实现林业统计与国民经济综合部门之间的数据交换和衔接，以及国际间林业统计数据的转换和对比。

四、林业产业和产品分类的逻辑框架

林业是国民经济的构成部门，同时林业产品是林业产业活动的成果，因此，在进行林业产业分类和林产品分类时，一方面需要将林业产业和产品分类分别与国民经济行业和产品分类有效衔接；另一方面需要建立林业产业分类与林产品分类之间的结构对应关系。为实现这两方面的要求，林业产业和产品按照林产品范围决定产业范围、林业分类与国民经济分类相一致的基本思路进行分类。具体而言，在总结和借鉴国内外研究和统计实践中对林产品范围界定的基础，结合我国的林业活动领域，科学地界定林业产品的范围，并据此确定林业产业的统计范围，在此基础上，一方面，依据国家统计局《统计用产品分类目录》确定林产品分类中的小组这一最低层次类别，根据产品的同质性原则，以各小组产品为单元组合形成各层次的林产品的综合类别，从而最终形成林业及相关产品分类；另一方面，依据国民经济产业分类标准，划分林业产业的小类行业，根据活动性质相似性原则，将各小类行业为单元组合形成各层次的林业产业的综合类别，从而最终形成林业及相关产业分类，如图 2-1 所示。

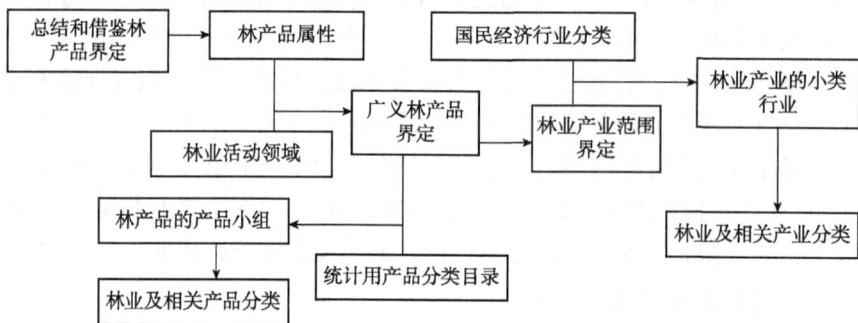

图 2-1　林业及相关产业分类和林业及相关产品分类的逻辑框架

第二节　林产品分类

一、林产品的概念、范围和属性

(一)林产品的概念、范围

从字面上看，"林产品"一词由"森林"和"产品"两个要素构成，可以理解为依托森林资源(森林、其他林地和森林以外的林木)和森林生态系统所生产的货物和服务。但目前关于林产品尚无统一的定义，不同的产品分类目录(或标准)、统计实践或学术研究中，由于目的不同，对林产品的界定也不完全相同，主要差异在于对所包含的具体货物和服务范围的界定，以及概念名称的不同，与林产品相关的还有"林业产品""林业及相关产品"等概念。有代表性的是我国国家统计局 2010 年 2 月发布的《统计用产品分类目录》、国家林业和草原局 2018 年 12 月发布的《林业及相关产品分类》(LY/T 2987—2018)、联合国《产品总分类》(Central Product Classification，CPC)等产品分类目录(或标准)，以及联合国粮食及农业组织(FAO)的林产品统计工作中，对林产品的范围进行了界定。

《统计用产品分类目录》与我国的《国民经济行业分类》相对应，将林产品范围限定为"林业"和"林业专业及辅助性活动"2 个中类产业的产品和服务，在 97 个大类产品中，与

"林业"产业相对应，专门有一个产品大类是"林业产品"（02大类），包括育种和育苗、木材采伐产品、竹材采伐产品、林产品4个产品中类；另外与"林业专业及辅助性活动"产业相对应，在"农、林、牧、渔服务"产品大类（05大类）下，专列了"林业服务"中类产品（0502中类），包括造林服务、林木抚育管理服务、林业机械服务、森林病虫害防治服务、森林防火服务、与林木生产相关的其他服务、其他林业服务共7个产品小类。

《林业及相关产品分类》（LY/T 2987—2018）将林产品范围界定为"林业及相关产业产品"，是指依托森林资源（森林、其他林地和森林以外的林木）、湿地资源和荒漠资源生产的所有有形生物产品（水生动物除外）和提供的林业服务，包括木（竹）质林产品、非木（竹）质林产品和林业服务。其中，木（竹）质林产品指依托森林资源（森林、其他林地和森林以外的林木）中获得的原木、竹材以及以木材、竹材为原料的加工产品。非木（竹）质林产品指依托森林资源（森林、其他林地和森林以外的林木）、湿地资源和荒漠资源生产的除木材、竹材和水生动物除外其他所有的有形生物产品及其加工品，包括植物类产品及其加工品、陆生野生动物及其产品和加工品。林业服务指通过利用森林（湿地、荒漠）生态系统服务功能所提供的林业旅游与生态服务，以及林业生产过程中，以森林（湿地、荒漠）资源为对象的林业生产和管理服务。

《产品总分类（2.1版）》林产品范围限定于"林业和木材采伐产品"和"林业和采伐业辅助服务"，主要包括原木、薪材、非木质林产品、苗木和营林生产服务、木材采伐服务等；另外，有关林业机械产品、林业机械服务和林业行政管理服务等并未单独成类，而是包含于其他相应产品类别中。具体而言，在"农、林、渔业产品"部门（0部门）下单列"林业和木材采伐产品"类（03类），包括未加工木材（031组）、非木质林产品（032组）2个产品组。其中，未加工木材包括针叶原木（0311级），非针叶原木（0312级）和原木、短条、细枝、捆束或类似形状的薪材（0313级）3个产品级。非木质林产品包括天然树胶和树脂、树胶树脂和含油树脂（0321级），未加工的或经简单加工的天然软木（0322级），其他野生可食用产品（0323级），观赏用的各种植物枝叶部分（花朵和花蕾除外）和草、苔藓及地衣（0324级），主要用作编结或填料或衬填用的某种植物原料；主要用于染色或鞣革的某种未加工的植物原料；未另列明的植物制品（0325级）等5个产品级。在"金属制品，机械和设备"产品部门（4部门）中，"金属制品，机械和设备除外"产品类（42类）下"其他金属制品"产品组（429组）中的"手工工具"产品级的说明中（4292级）包含林业用手工工具，但未单独列为一个产品次级；"专用机械"产品类（44类）下单列"农业或林业用机械及其零件"产品组（441组），但其下的产品级和次级是按农林业的生产环节或加工的对象产品进行分类，并未单独列示"林业机械及零件"。在"商业和生产服务"产品部门（8部门）中，"农业、狩猎、林业、渔业、矿业及公用事业辅助服务"产品类（86类）中的"农业、狩猎、林业、渔业辅助服务"产品组（861类）下，单独列有"林业和采伐业辅助服务"产品组（861组），包括苗圃服务、移植、补植、间伐、林业调查、木材评估、森林防火等林业生产有关的服务，伐木、剥皮、伐区运输等木材采伐相关的服务；"对外提供的制造服务"产品类（88类）的"金属制品，机械和设备制造服务"产品组（887组）中，"专用机械制造服务"产品级（8877级）下列有"农业和林业机械制造服务"产品次级（88771次级），但未将"林业机械制造服务"单列。在"社区、社会和个人服务"产品部门（9部门）下的

"对整个社会的公共管理和其他服务;强制性社会保障服务"产品类(91 类)下,"政府行政管理"产品组(911 组)下的"为企业更有效地经营提供的行政管理服务"产品级(9113 级)下,列有"农、林、渔和狩猎相关的行政管理服务"产品次级(91131 次级),未单独列示"林业相关的行政管理服务"。

FAO 将林产品范围界定为木质林产品、非木质林产品和森林服务 3 个类别。木质林产品是指木材实体或以木材为原料加工而成的产品,主要包括原木、木炭、木片、碎料和剩余物、锯材、人造板、木浆、纸和纸板、废纸等。关于非木质林产品,在 FAO 报告 *Report of the International Expert Consultation on Non-Wood Forest Products* 中,将非木质林产品定义为来自森林和类似土地利用的非木质生物产品和服务,并提出了一个暂时性的非木质林产品的产品分类体系,将非木质林产品分为活的植物和植物的部分、动物和动物产品、加工产品、服务共 4 个部分,其中,森林服务指依托森林形成的各类服务,包括狩猎、运动垂钓、爬山、野餐、野生动植物观赏、远足、徒步旅行、其他休闲娱乐活动等休闲娱乐服务,野生动植物场租赁、其他租赁等租赁服务,放牧等其他服务。1999 年 6 月,FAO 在关于非木质林产品定义的部门协调会议上,形成了非木质林产品 FAO 工作定义,将非木质林产品定义为:来自森林、其他林地和森林以外的林木的非木质生物有形产品①。FAO 在林产品统计实践中,目前仅统计木质林产品,包括原木,木炭,木片、木粒和剩余物,回收木材,木质颗粒和其他成型物,锯材,单板,木质人造板,木浆,其他纤维浆,回收纸,纸和纸板 12 类。

(二)林产品的属性

尽管不同的分类对林产品的范围界定不同,也表现出一些共同的属性,即森林资源起源属性、有形产品的生物质属性和服务产品的森林相关性属性。

(1)森林资源起源属性

作为林产品,必须源于森林资源(森林、其他林地和林木),即是否源于森林资源是林业产品的一个基本属性。

(2)有形产品的生物质属性

作为林产品中的有形实物产品,必须来源于森林资源中的生物体(动物、植物和微生物),一般是森林资源中的生物体本身,或对其进行初步加工的产品,即是否具有生物质是有形实物林业产品的另一个基本属性。

(3)服务产品的森林相关性属性

作为林产品中的服务产品,是森林生态系统本身提供的生态服务和以森林资源为对象的直接生产和管理服务。

二、林业及相关产品分类

2018 年 12 月,国家林业和草原局发布了林业行业标准《林业及相关产品分类》(LY/T 2987—2018),该标准对全社会林业及相关产品进行标准分类和统一编码,用于以产品为

---

① 资料来源:FAO, *Towards a harmonized definition of non-wood forest products.* http://www.fao.org/docrep/x2450e/x2450e0d.htm。

对象的林业统计调查、行业管理、信息处理与交换。

(一)分类原则

1.同质性原则

《林业及相关产品分类》按照产品同质性原则划分产品类别,即在同一个类别内产品具有某一相同的属性;并且各层次的产品不交叉、不重复。同质性主要以产品的形态与材质特征、生物学属性、用途和工艺技术属性作为分类的基本依据,同时兼顾传统的分类习惯。

2.与《林业及相关产业分类》相对应的原则

从产业源原则出发,《林业及相关产品分类》采用《林业及相关产业分类》的小类框架,即《林业及相关产品分类》的中类总体上与《林业及相关产业分类》的小类相对应。

3.与国家统计局《统计用产品分类目录》相衔接的原则

为了实现与政府综合统计部门和其他部门间的统计数据交换与共享,《林业及相关产品分类》中小组产品与《统计用产品分类目录》的小组相一致,或是《统计用产品分类目录》的小组产品的一部分。根据产品的同质性,将产品分类中相关小组重新进行了组合,形成不同层次的林业及相关产业产品类别;而且《林业及相关产品分类》的中类与《统计用产品分类目录》的中类基本对应。

(二)分类结构

根据上述分类原则,《林业及相关产品分类》按照部分、大类、中类、小类、组和小组5个层次结构,将全社会林业及相关产品分为三部分、24个产品大类、108个产品中类、487个产品小类、1261个产品组、2071个产品小组。林业及相关产业产品分类结构表见表2-1所列。

表2-1　林业及相关产品分类结构表

大类代码	部分/大类	中类	小类	组	小组
	第一部分　木(竹)质林产品	26	101	294	469
01	木竹材采运产品	2	6	14	45
02	木竹材加工产品	7	32	102	153
03	木竹家具及配件	3	10	30	44
04	木(竹)浆、纸及纸制品	6	31	100	150
05	木(竹)文教体育用品	6	20	46	75
06	木制船舶	2	2	2	2
	第二部分　非木质林产品	70	353	892	1468
07	植物非木质林产品	13	130	370	554
08	饲养陆生野生动物及其产品	4	26	55	56
09	森林食品及制品	9	35	102	222
10	果酒、配制酒及林产饮料	6	17	60	88
11	藤、棕家具及配件	2	5	12	22
12	棕、藤、柳、苇制品	4	25	25	25

（续）

大类代码	部分/大类	中类	小类	组	小组
13	中药材制品	2	15	29	198
14	林产化工与能源产品	7	26	80	115
15	驯养繁殖的陆生野生动物食品	5	17	40	44
16	陆生野生动物皮革、毛皮、蚕丝及其制品	4	11	35	60
17	陆生野生动物制服装、帽子及附件	3	9	17	17
18	林产工艺品、标本及其他制造产品	9	35	65	65
19	其他非木质林产品	2	2	2	2
	第三部分　林业服务	12	33	75	134
20	林业生产服务	2	7	20	20
21	林业旅游与生态服务	2	5	12	43
22	城市林业管理服务	2	8	15	19
23	林业科技与商务服务	3	7	18	40
24	林业公共管理服务	3	6	10	12

第三节　林业产业分类

一、林业产业的概念与范围

(一) 林业产业的概念

林业产业概念有广义和狭义之分，狭义的林业产业是指培育和利用森林资源的生产活动，包括森林资源培育、木竹材采伐、非木质林产品采集等。广义林业产业则指以森林资源为基础，以生产和提供各种木质林产品、非木质林产品、森林生态系统服务为目的，包括森林资源培育、木竹材采伐、木竹材加工、非木质林产品的采集和加工、森林生态系统管理与服务，以及直接为林业生产提供的专业和辅助性服务等产业链各环节生产活动的集合，也称为"林业及相关产业"。狭义的林业产业概念通常从产业分类角度，遵循生产活动的同质性原则进行定义，因此，在我国的《国民经济行业分类标准》和联合国的《所有经济活动的国际标准行业分类》(International Standard Industrial Classification of All Economic Activities，ISIC)中，对林业产业进行了明确的界定，但两个标准对林业的具体界定也有所差异。广义的林业产业概念通常是从行业管理角度，依据产业关联程度和产业链关系进行界定，2008年国家林业局和国家统计局联合发布的《林业及相关产业分类(试行)》明确界定了"林业及相关产业"。另外，学术文献中大多从广义角度界定林业产业。但由于研究目的的差异，不同学者对广义林业产业的界定也有所不同。

(二) 林业产业的范围

从产业分类角度对林业产业范围的界定，主要有我国的《国民经济行业分类》《林业及相关产业分类》和联合国《所有经济活动的国际标准行业分类》等产业分类目录(或标准)。

国家标准《国民经济行业分类》(GB/T 4754—2017)中,狭义的林业产业仅指"农、林、牧、渔业"门类下的大类产业"林业"(02 大类),包括林木育种和育苗,造林更新,森林经营、管护和改培,木材和竹材采运,林产品采集 5 个中类产业。广义的林业产业中,林业以外的其他产业则分属于"农、林、牧、渔业"门类下的"农业"(01 大类)、"畜牧业"(03 大类)、"农、林、牧、渔专业及辅助性活动"大类产业(05 大类)下的中类或小类产业,以及制造业,住宿和餐饮业,租赁和商务服务业,科学研究和技术服务业,水利、环境和公共设施管理业,公共管理、社会保障和社会组织等门类中。

联合国经济和社会事务部 2009 年发布的《所有经济活动的国际标准行业分类》(第四次修订)(ISIC,Rev.4)中,狭义的林业产业指"农业、林业及渔业"门类下的大类产业"林业与伐木业"(02 大类),包括造林及其他林业活动、伐木业、非木质林产品采集、林业辅助服务 4 个中类产业。广义的林业产业中,林业与伐木业以外的其他产业则分属于"农业、林业及渔业"门类下的"作物和牲畜生产、狩猎和相关服务活动"(01 大类)下的中类或小类产业,以及制造业,食宿服务活动,专业、科学和技术活动,公共管理与国防、强制性社会保障,艺术、娱乐和文娱活动等门类中。

国家林业局和国家统计局 2008 年联合发布的《林业及相关产业分类(试行)》将林业及相关产业界定为:依托森林资源、湿地资源、沙地资源,以获取生态效益、经济效益和社会效益为目的,为社会提供(也包括部分自产自用)林产品、湿地产品、沙产品和服务的活动,以及与这些活动有密切关联的活动的集合,分为林业生产、林业旅游与生态服务、林业管理和林业相关活动 4 个部分,共 13 个大类,分别是森林的培育与采伐活动,非木材林产品的培育与采集活动,林业生产辅助服务,林业旅游与休闲服务,林业生态服务,林业专业技术服务,林业公共管理及其他组织服务,木材加工及木制产品制造,以木(竹、苇)为原料的浆、纸产品加工制造,以竹、藤、棕、苇为原料的产品加工制造,野生动物产品的加工制造,以其他非木质林产品为原料的产品加工制造,林业其他相关活动。

二、林业及相关产业分类

(一)分类目的

如前所述,广义的林业(林业及相关产业)是一个由多个产业构成的产业群,并对其进行适当的产业分类,主要是为开展林业产业统计调查,满足数据需求主体对林业产业规模与结构数据的需求,以及林业产业发展的国际比较和数据交换需求。

(1)为林业产业统计数据和决策提供依据

为全面、系统、准确地统计林业生产成果,真实地反映林业产业在国民经济中的贡献和作用,提供统计的范围和分类依据,使林业统计能有效地为宏观和微观决策主体提供全面的林业统计数据。

(2)为实现林业产业统计数据的国际对比提供基础条件

林业及相关产业分类的主要目的在于,为加强对林业的行业管理,建立科学、系统、可行的林业及相关产业统计,促进林业统计的国际交流提供科学、统一的林业产业范围与定义。

(二)分类的基本原则

1. 同质性原则,同时兼顾林业部门管理的需要

林业及相关产业分类采用林业及相关经济活动的同质性原则划分产业类别,即每一个产业类别的经济活动都按照其产品的生产工艺、原料消耗和用途,或者劳务的服务对象、功能和服务方式的同一性或相近性进行归类。同时,在产业层次划分时,可以考虑林业部门管理的需要。

2. 以《国民经济行业分类》为基础

由于林业及相关产业是国民经济的组成部分,以《国民经济行业分类》中的小类行业为基本单元,根据林业及相关经济活动的性质和特点,将行业分类中相关小类行业重新进行了组合,形成不同的林业及相关产业类别。这一原则可以最大限度地实现林业及相关产业分类与《国民经济行业分类》的有效衔接,有利于产业统计数据的收集和交换。

(三)分类结构

根据上述分类原则,以《国民经济行业分类》(GB/T 4754—2017)为基础,按照部分、大类、中类、小类 4 个产业层次结构,将林业及相关产业划分为 4 个部分,14 个大类,47 个中类,152 个小类。林业及相关产业产品分类结构表见表 2-2 所列。

表 2-2 林业及相关产业分类结构表

部分/大类	中类	小类
一、林业生产	14	38
（一）森林的培育与采伐	4	7
（二）非木材林产品种植与采集	4	21
（三）林业工程施工	2	2
（四）林业专业及辅助性服务	3	6
二、林业旅游与生态服务	5	17
（一）林业旅游与休闲服务	3	8
（二）林业和草原生态保护与服务	2	9
三、林业管理	9	19
（一）林业专业技术与商务服务	3	10
（二）林业科技研究与推广服务业	4	4
（三）林业公共管理及其他组织服务	2	5
四、林业相关活动	19	78
（一）木材加工及木制产品制造	7	28
（二）以木（竹、苇）为原料的浆、纸产品加工制造	3	10
（三）竹、藤、棕、苇等制品制造	2	7
（四）以其他非木材林产品为原料的产品加工制造	6	32
（五）林业其他相关活动	1	1

本章小结

　　林业统计分类是林业统计的基础，也是根据林业统计目的，对客观存在的统计对象按照一定的标志划分为不同的组成部分，用于反映统计对象的内部结构。进行林业统计分类时，须遵循科学性、系统性、可比性和动态化原则。林业统计分类标准化，实现林业统计分类的统一和规范化，有利于实现林业统计数据的自动化处理和信息共享。林业产业分类和林产品分类是重要的林业统计基础分类，也是在科学界定林业产品的范围，并据此确定林业产业的统计范围的基础上，依据国民经济产业分类和产品分类国家标准，确定林产品分类中的小组和林业产业分类中的小类，根据产品的同质性原则，以各小组产品为单元组合形成部分、大类、中类、小类、组和小组 5 个层次的林产品分类结构；根据活动性质相似性原则，将各小类行业为单元组合形成部分、大类、中类、小类 4 个产业层次结构的林业产业分类。

复习思考题

1. 简述林业统计分类在林业统计中作用。
2. 简述林业产业分类和林产品分类中的产业原则。
3. 简述林业产业分类和林产品分类中的同质性原则与分类层次结构之间的关系。

第三章 林业统计调查

【本章介绍】本章主要介绍森林资源统计调查、林产品市场调查和林业重点工程社会经济效益监测调查的基本内容和基本方法，有助于人们更好地理解和运用林业统计的数据资料进行数量分析。

林业统计调查是获取林业统计信息的重要途径。通过林业统计调查人们可以获得林业经济的基本数据资料，为林业微观生产决策和宏观管理提供准确的数据信息，有助于决策的科学性和准确性。

第一节 森林资源统计调查体系

一、森林资源调查概述

森林资源既是一个自然范畴，又是一个历史范畴。随着人们对森林资源认识的不断深入，其内涵和外延都发生了相应的变化。目前，林学界从森林生物系统与环境的相互统一关系角度出发，认为森林资源是以乔木为主体，包括林地、森林植物、动物、微生物以及森林环境和景观等资源的总称。换言之，森林资源是森林生态系统内一切被人们所认识的资源的总和。

森林资源调查就是根据生态建设、林业生产、森林经营管理、科学研究等需要，按照数理统计的理论与方法、采用抽样技术和现代信息技术及相关标准，在确定的时空尺度范围内对森林资源分布、数量、质量、结构和动态变化，以及相关的自然和社会经济条件等数据进行采集、统计、分析和评价的工作。在森林资源调查中通过大量的外业调查和内业整理而形成系统的资料，可以使人们全面、系统掌握森林生态系统结构、功能、作用及其人类经营活动对森林生态系统影响所涉及的综合因子，满足国家制定可持续发展战略、全国生态建设和保护规划、国家重大生态建设工程规划、区域及其流域综合管理规划、林业发展战略与规划、森林经营单位从事森林经营活动等方面的需要。

二、森林资源调查的分类

根据调查的目的、范围、要求的不同，森林资源调查可分为全国森林资源清查、森林资源规划设计调查、作业设计调查、年度森林资源专项调查和专业调查 5 类：

1. 全国森林资源清查(一类调查)

一类调查是全国森林资源监测体系的组成部分，一般以省(自治区、直辖市)为单位进行。一类调查以抽样调查理论为基础，采用固定样地调查为主进行定期实测的方法，在统一时间内，按统一的要求查清全国、各省（自治区、直辖市）森林资源的现状、结构及其变化，为制定全国林业方针政策，规划、计划、预测林业的发展趋势提供依据。也是检查监督领导干部实行森林资源消长经营管理目标责任制的重要依据，一类调查每5年复查一次。

2. 森林资源规划设计调查（二类调查）

森林资源规划设计调查（简称二类调查）是以国有林业局（场）、自然保护区、森林公园等森林经营单位或县级行政区域为单位进行。通过调查查清森林、林木、林地，林区内的野生动植物和微生物等资源的种类、数量与分布，以及诸如森林权属、林种等。在调查中要查清森林蓄积量及生长量、枯损量、木材消耗量、出材量、森林更新、森林病虫害、珍稀动植物、森林多种效益状况等。此外，还调查地形、地势、土壤、植被类型等。二类调查可以为林业基层单位掌握森林资源的现状、结构和消长变化，分析检查经营活动效果，编制和修订经营单位的森林经营方案、总体设计、县级林业区划、规划、基地造林规划、建立和更新森林资源档案、制定森林采伐限额、制定林业工程规划、区域国民经济发展规划和规范森林可持续经营等提供依据。二类调查采用回归估计、抽样控制总体和小班目测等调查方法，一般每10年进行一次。

3. 作业设计调查（三类调查）

三类调查是以某一特定范围或作业地段为单位进行的作业调查，一般采用实测或抽样调查方法，对每个作业地段的森林资源、立地条件及更新状况等进行详细调查，目的是满足林业基层单位作业设计（如伐区设计、造林设计、抚育采伐设计等）、合理组织生产和科学经营利用森林资源而进行的调查。调查内容依据经营单位的要求而定，但一般调查内容要求精度较高，要能够为林业生产提供准确的数据资料。三类调查一般在生产作业开展的前一年进行。

4. 年度森林资源专项调查［核（调）查］

核（调）查是中国森林资源管理的重要手段之一，也是森林资源调查体系主体的有效补充。这类调查一般以市、县（林业局）为单位，采用现地核查的方法进行，具体的调查内容根据调查任务确定，一般包括全国森林资源调查、年度森林采伐限额执行情况、年度人工造林、年度人工促进更新、封山育林的实施及保存状况、年度征占用林地情况、重大林业生态工程完成情况等。通过调查及时掌握年度森林资源变动情况、林业生产单位林业生产计划执行情况，为林业主管部门调整年度生产计划，促进森林经营单位提高林业生产计划执行效果服务。

5. 专业调查

专业调查是根据林业生产和经营管理中特定的专业任务而开展的不定期的调查，调查的内容取决于具体的调查目的和任务，其调查成果直接为林业调查、区划、规划、设计和林业生产建设提供基础数据。

三、森林资源连续清查

（一）森林资源连续清查的目的、任务与方法

1. 森林资源连续清查的目的

森林资源连续清查（一类清查）是森林资源与生态状况监测体系的重要组成部分，其主要目的有：

(1)为制定国家发展战略提供依据

通过森林资源清查可以及时准确地掌握全国各类林业用地动态、森林资源、森林环境现状和变动趋势，从而为国家从宏观上确立林业在国民经济和可持续发展中的地位，以及制定林业发展战略提供科学的基础数据。

(2)为调整林业发展方针和政策提供决策参考

林业发展方针和政策的制定既符合国民经济发展的要求也与中国的林情相适应。为此，必须要充分掌握中国森林资源的分布、变化格局和发展潜力，根据变化后的实际情况对方针和政策进行调整，使林业得到健康的发展。

(3)为全国生态质量监控提供重要数据

森林是陆地上最大的生态系统，在整个生态系统中发挥着重要作用，森林资源清查数据是国家制定生态环境规划、调整环境政策的重要依据。

(4)为编制国家和地方林业区划、林业发展计划提供基础数据

林业区划和发展计划是进行林业宏观管理的重要途径，森林资源清查为编制国家和地方林业区划和林业发展计划提供了翔实、准确和可靠的基础资料。

(5)对林业重点工程实施效果进行监测和评价

林业重点工程在林业发展中发挥着重要作用，是林业快速发展的重要途径之一。通过森林资源清查不仅可以了解工程的进展，还可以对工程发挥的效果做出及时的监测和评价。

(6)对森林经营效果进行监测与评价

森林可持续经营是森林资源保护与发展的核心，森林经营的效果是各项森林管理和经营措施的集中表现。森林资源清查能够及时地反映所采取的森林经营措施是否有利于森林生态系统的稳定、是否有利于森林生产力的提升，从而为改善森林经营措施提供科学依据。

2. 森林资源连续清查的任务

要实现森林资源清查的目的就需要定期、准确查清全国和各省份森林资源的数量、质量及其消长动态，掌握森林生态系统的现状和变化趋势，对森林资源与生态状况进行综合评价。具体来讲森林资源清查要完成的主要任务有：

①通过清查及时掌握土地利用类型动态变化、土地植被现状及其覆盖程度。

②掌握影响森林资源分布的地理、土壤条件和分布特征。

③查清森林特征具体包括森林资源树种、龄组、森林结构和生物多样性等。

④查清公益林和商品林分布格局和变化，掌握森林生态系统健康状况、病虫害以及外来有害生物等受危害的主要类型及程度、生物多样性保护效果及其面临的主要威胁。

3. 森林资源连续清查的方法

森林资源连续清查以抽样理论为指导，利用固定样地并结合遥感技术进行定期复查的森林资源调查方法进行清查。通过设置固定样地或配置部分临时样地，定期实测样地调查因子，以样本来推算总体，反映全国和各省森林资源与生态状况。

(二)森林资源清查的主要内容

森林资源连续清查的主要对象是森林资源及其生态状况，调查的主要内容分为：①土地利用与覆盖，即土地类型(地类)、植被类型的面积和分布。②森林资源，即森林、林木和林地的数量、质量、结构和分布，森林按起源、权属、龄组、林种、树种的面积和蓄积

量，生长量和消耗量及其动态变化。③生态状况，即林地自然环境状况、森林健康状况与生态功能、森林生态系统多样性的现状及其变化情况。

(三)森林资源连续清查的样地因子

森林资源连续清查的样地因子是根据清查目的及任务要求而确定的调查项目。根据我国现行的《国家森林资源连续清查主要技术规定》，样地因子见表 3-1 所列。

表 3-1 样地因子调查表

序号	因子	序号	因子	序号	因子	序号	因子	序号	因子
1	样地号	14	沙丘高度	27	草木覆盖度	40	优势树种	53	森林灾害等级
2	样地类别	15	覆沙厚度	28	草本平均高	41	平均年龄	54	森林健康等级
3	纵坐标	16	侵蚀沟面积比例	29	植被总覆盖度	42	龄组	55	四旁树株树
4	横坐标	17	基岩裸露	30	地类	43	产期	56	杂竹株树
5	GPS纵坐标	18	土壤名称	31	土地权属	44	平均胸径	57	天然更新等级
6	GPS横坐标	19	土壤质地	32	林木权属	45	平均树高	58	地类面积等级
7	县(局)代码	20	土壤砾石含量	33	森林类别	46	郁闭度	59	地类变化原因
8	地貌	21	土壤厚度	34	公益林事权等级	47	森林群落结构	60	有无特殊对待
9	海拔	22	腐殖质厚度	35	公益林保护等级	48	林层结构	61	调查日期
10	坡向	23	枯枝落叶厚度	36	商品林经营等级	49	树种结构		
11	坡位	24	植被类型	37	抚育措施	50	自然度		
12	坡度	25	灌木覆盖度	38	林种	51	可及度		
13	地表形态	26	灌木平均高	39	起源	52	森林灾害类型		

(四)森林资源连续清查的消长动态指标

森林资源消长变化统计主要是对各类森林面积和各类森林蓄积量的变化进行统计。这里主要介绍森林蓄积量消长变化统计。

森林蓄积量是不断消长变化的，一方面，随着林木的自然生长而增加；另一方面，由于采伐森林、自然灾害、自然枯损等因素又使森林蓄积量减少。一定时期森林资源蓄积量的变化是由生长与消耗两因素综合作用的结果。因此，森林资源蓄积量消长变化的统计内容主要包括生长量统计和消耗量统计两个方面。

1. 森林资源生长量统计

林木随着年龄的增加，树高等因子在不断发生变化，这种现象称为生长，变化的数量称为生长量。林木生长量可从绝对量角度和相对量角度进行考察。

(1)绝对生长量指标

①总生长量 树木或林分在一定年龄期间内增长数量的积累总数。它等于一定时期内活立木的生长量和由于林分内林木株数减少而损失的材积量之和，反映一定时期内林木总经营成果的指标。总生长量除林龄为总平均生长量，是反映生产率的主要指标，说明一般生长水平。

②定期生长量 树木或林分生长过程中某一段时期生长量的总值。定期生长量是总生长量的一部分。定期生长量除年数，也可求定期平均生长量，说明该时期的一般生长量。

③连年生长量 即一年间的生长量。它是说明在林业生长过程中，某一年生长情况。但由于测算困难，一般以定期平均生长量代替连年生长量。

④材积生长量 即毛生长量，在一定面积上，不考虑其枯损情况，简单地根据现有林木的直径与树高的增长数量所计算的材积生长量。

⑤净生长量 即绝对生长量，是从毛生长量中扣除计算期间的枯损量后的生长量。森林年采伐量不超过年生长量是合理采育关系的基本要求，是森林资源经营中应遵循的基本原则。因此，生长量指标不仅反映森林经营成果，而且是编制生产经营计划、核定采伐限额的重要依据。

⑥进界生长量 期初调查时未达到起测径阶的幼树，在期末调查时已长大进入检尺范围以内，这部分林木的材积称为进界生长量。

（2）生长率统计

生长率是树木某一定期间生长量与总生长量的比率。它反映森林或林分蓄积量的增长速度。通常使用的指标有净生长率和总生长率两个指标，其计算公式如下：

$$P = \frac{M_{a+1} - M_a}{M_a} \tag{3-1}$$

式中　M_{a+1}——第 $a+1$ 年时的生长量；

M_a——第 a 年时的总生长量；

P——生长率。

$$净生长率 = \frac{净生长量}{前后期蓄积平均数} \times 100\%$$

$$总生长率 = \frac{总生长量}{前后期蓄积平均数} \times 100\%$$

2. 森林资源消耗量统计

森林资源采伐消耗量和枯损消耗量构成了森林资源总消耗量，其中采伐消耗又可以分为木材生产性采伐消耗、非木材生产性采伐消耗两个方面。

（1）木材生产性采伐消耗

木材生产性采伐消耗是指以生产木材为目的所采伐消耗的林木蓄积量，可根据木材产量折算蓄积量。

（2）非木材生产性采伐消耗

①基建性消耗 基建性消耗是指基本建设（如修水库、修路、开矿等）占地所造成的林木损失。

②能源性消耗 指用作燃料的林木蓄积量消耗，包括生活烧柴、工业烧柴等。

③培殖业消耗 指生产木耳、药材等消耗的林木蓄积量。

④其他 指上述非木材生产性采伐以外的其他人为采伐活动所造成的林木消耗，如乱砍滥伐等。对于非木材生产性采伐消耗蓄积量，可根据各种产品产量或工作量与相应的木材消耗系数推算。

（3）枯损消耗量

枯损消耗量是指由于森林火灾、森林病虫害及其他灾害和林木自然枯损引起的蓄积量消耗。对于自然灾害的消耗量可按灾害面积与单位面积损失推算。自然枯损量可根据林木蓄积量与自然枯损率推算。其计算公式如下：

$$自然枯损量 = 林木蓄积量 × 自然枯损率$$

森林资源蓄积量消耗量的总和可按优势树种、林龄、林种分类统计，反映森林资源蓄积量消耗的规模和构成。为了反映森林资源蓄积量消耗速度，可计算森林资源蓄积量消耗率指标。森林蓄积量消耗率是森林消耗蓄积量与森林总蓄积量之比。其计算公式如下：

$$森林蓄积量消耗率 = \frac{森林消耗蓄积}{森林总蓄积} × 100\% \tag{3-2}$$

$$总消耗率 = \frac{总消耗量}{前后期蓄积平均数} × 100\%（2014 技术规程） \tag{3-3}$$

成过熟林蓄积量是现有森林资源中可采伐利用的部分，也是森林资源蓄积量消耗的主要部分。为反映成过熟林蓄积量消耗程度，分析评价成过熟林消耗量是否合理，还应计算成、过熟林蓄积量消耗率。它是成、过熟林蓄积量消耗量与成、过熟林总蓄积量之比。其计算公式如下：

$$成、过熟蓄积量消耗率 = \frac{成、过熟林消耗蓄积}{成、过熟林总蓄积} × 100\% \tag{3-4}$$

(五) 森林资源综合评价指标

以上森林资源面积、蓄积量及其消长变动统计指标都是从某一侧面反映森林资源数量及构成。为从总体上综合反映森林资源数量、质量及变动情况，需要计算森林资源综合评价指标。它主要包括森林资源数量评价指标、森林资源质量评价指标和森林资源增长速度评价指标。

1. 森林资源数量评价指标

综合反映森林资源数量的主要指标有森林覆盖率、森林蓄积量、各类森林数量、树种组成、森林龄组结构、各种野生动物种群数量、具有经济价值的野生植物种类和数量等。人们可以依据这些指标对森林资源的数量状况和变动进行评价。

2. 森林资源质量评价指标

反映森林资源质量的指标有单位面积林木年平均生长量、单位面积蓄积量、单位面积生物量等(详见第四章)，人们可以依据这些质量指标对森林资源的质量状况进行评价。

3. 森林资源增长速度评价指标

①森林面积年平均增长率　它是评价计算期中森林面积逐年平均增长程度的指标。其计算公式为：

$$V_s = (\sqrt[n]{S_n / S_o} - 1) × 100\% \tag{3-5}$$

式中　V_s——森林面积年均增长率；

　　　S_o——计算期初的森林面积；

　　　S_n——计算期末的森林面积；

　　　n——计算间隔期。

②林木蓄积量年均增长率　它是评价计算期中森林蓄积量逐年平均增长程度的指数，公式为：

$$V = (\sqrt[n]{M_n / M_o} - 1) × 100\% \tag{3-6}$$

式中 V——森林蓄积量年均增长率；

M_o——计算期初林木蓄积量；

M_n——计算期末林木蓄积量；

n——计算间隔期。

4. 森林生态功能评价

森林不但为人类提供了物质产品还通过森林的生态功能发挥了重要的生态效益。因此，在森林资源清查中要对森林生态功能的状况和变化进行评估。森林生态功能是指森林生态系统及其生态过程所形成的有利于人类生存与发展的生态环境条件与效用，包括水源涵养功能、水土保持功能、气候调节功能、环境净化功能、生物多样性保护功能等。我国的《国家森林资源连续清查主要技术规定》要求利用反映森林生物量、生物多样性和森林结构的有关特征因子，按相对重要性来综合评定森林生态功能等级。各项评价因子及分类标准见表3-2所列。

表3-2　森林生态功能评价因子及类型划分标准

评价因子	类型划分标准			权重
	I	II	III	
1. 森林蓄积量	$\geqslant 150(m^3/hm^2)$	$50\sim149(m^3/hm^2)$	$<50(m^3/hm^2)$	0.20
2. 森林自然度	1, 2	3, 4	5	0.15
3. 森林群落结构	1	2	3	0.15
4. 树种结构	6, 7	3, 4, 5	1, 2	0.15
5. 植被总覆盖度	$\geqslant 70\%$	$50\%\sim69\%$	$<50\%$	0.10
6. 郁闭度	$\geqslant 0.70$	$0.40\sim0.69$	$0.20\sim0.39$	0.10
7. 平均树高	$\geqslant 15.0(m)$	$5.0\sim14.9(m)$	$<5.0(m)$	0.10
8. 枯枝落叶厚度等级	1	2	3	0.05

注：竹林的蓄积量统一按类型II确定。

资料来源：国家森林资源连续清查技术规定，2014。

表3-2中的森林自然度、森林群落结构、树种结构和枯枝落叶厚度等级4个森林生态功能评价因子的数值按表3-3～表3-6中的规定取值。

表3-3　自然度划分标准与代码

自然度	划分标准
I	原始或受人为影响很小而处于基本原始状态的森林类型
II	有明显人为干扰的天然森林类型或处于演替后期的次生森林类型，以地带性顶极适应值较高的树种为主，顶极树种明显可见
III	人为干扰很大的次生森林类型，处于次生演替的后期阶段，除先锋树种外，也可见顶极树种出现
IV	人为干扰很大，演替逆行，处于极为残次的次生林阶段
V	人为干扰强度极大且持续，地带性森林类型几乎破坏殆尽，处于难以恢复的逆行演替后期，包括各种人工森林类型

资料来源：国家森林资源连续清查技术规定，2014。

表 3-4　群落结构类型划分标准与代码

群落结构类型	划分标准
完整结构	具有乔木层、下木层、地被物层(含草本、苔藓、地衣)3 个层次的林分
较完整结构	具有乔木层和其他 1 个植被层的林分
简单结构	只有乔木 1 个植被层的林分

资料来源：国家森林资源连续清查技术规定，2014。

表 3-5　树种结构划分标准与代码

树种结构类型	划分标准
类型 1	针叶纯林(单个针叶树种蓄积量≥90%)
类型 2	阔叶纯林(单个阔叶树种蓄积量≥90%)
类型 3	针叶相对纯林(单个针叶树种蓄积量占 65%~90%)
类型 4	阔叶相对纯林(单个阔叶树种蓄积量占 65%~90%)
类型 5	针叶混交林(针叶树种总蓄积量≥65%)
类型 6	针阔混交林(针叶树种或阔叶树种总蓄积量占 35%~65%)
类型 7	阔叶混交林(阔叶树种总蓄积量≥65%)

资料来源：国家森林资源连续清查技术规定，2014。

表 3-6　枯枝落叶层厚度等级

等级	枯枝落叶层厚度(cm)	等级	枯枝落叶层厚度(cm)
厚	≥10	薄	<5
中	5~9		

资料来源：国家森林资源连续清查技术规定，2014。

根据各项森林生态功能评价因子的得分，可以按照下式计算某一林分的森林生态功能的综合得分，并据此对林分的森林生态功能现状进行评价。

$$Y = \sum_{i=1}^{8} W_i X_i \tag{3-7}$$

式中　Y——森林生态功能综合得分；

X_i——第 i 项评价因子的类型得分值(类型 Ⅰ、Ⅱ、Ⅲ分别取 1、2、3)；

W_i——各评价因子的权重。

森林生态功能综合得分值<1.5 为好，1.5~2.4 为中，≥2.5 为差。

四、其他森林资源调查统计

在森林资源调查体系中森林资源连续清查占有重要的位置，它所提供的森林资源数据资料对于林业的宏观管理和政策制定都起到了重要的作用。但是由于它是以省为调查单位，反映的是全国和各省份的森林资源的现状与动态，对于微观经营主体和专项科学研究所需要的数据资料就显得过于宏观，因此，需要有其他的森林资源调查来满足其特定的需要。

(一)年度森林资源专项调查

1. 全国森林调查

年度全国森林调查是森林资源调查的重要组成部分，通过年度森林调查可以及时地查清与准确掌握每年的全国和各省森林资源的种类、数量、结构、分布、质量、功能、保护与利用状况及其消长动态和变化趋势。所提供的每年森林资源现状及动态变化数据，为森林资源保护管理提供有力的支撑。

我国在 2022 年通过"2022 年全国森林、草原、湿地调查监测"工作，开始对森林资源进行年度调查，采用图斑监测与样地调查相协同的方式，准确获取森林资源种类、数量、结构、分布、质量、功能、保护与利用状况及其变化情况。每年以上年度国土变更调查数据为本底，对接上年度森林资源图，形成调查监测的图斑调查监测底图。国家和地方协同开展图斑监测和样地调查，形成点面融合、国家与地方一体的林草湿地调查成果。

2. 林地占用调查

林地占用调查是按照国家有关林业用地占用的法律和政策规定，依法对林地征占用情况进行核查的一种森林资源调查。其主要目的在于有效防范林业用地流失、确保林地用途流转和变更。调查的重点内容是征占用地手续是否合法有效，征占用地范围、规模是否与审核审批权限一致，征占用地数量、地点、规模是否与批复内容一致，行政区域内占用林地总量控制执行情况，占用林地单位森林植被恢复费缴纳与使用情况等。具体调查对象是上一年度林业主管部门审核审批的占用林地的建设工程以及违法占用林地的建设工程和项目等。

3. 营造林综合核查

全国营造林实绩综合核查是指在各级地方林业主管部门自查的基础上，按照统一的标准，采用抽样调查的方法。对各省(自治区、直辖市)营造林成效进行统一核查。目的在于及时与准确地掌握各省(自治区、直辖市)林业生产单位依据林业重点工程建设计划、营造林作业所设计的营造林任务的完成情况及其成效，以一步加强全国营造林质量管理与监督，监测和评价全国营造林及林业重点工程建设实效，为林业宏观决策和林业重点工程管理提供科学依据。核查对象为各级林业统计口径上报的上一年度造林(更新)、飞播造林、封山育林完成面积，人工造林(更新)3 年后的保存面积，以及飞播造林、封山育林达到成效年限(南方省份 5 年、北方省份 7 年)的成效面积，其中包括国家林业重点工程营造林建设额任务的完成面积。

4. 采伐限额执行情况检查

采伐限额执行情况检查的目的是依据《中华人民共和国森林法》和国家有关政策规定，按照国务院林业主管部门和各省编制的年度采伐限额和年度木材生产计划所确定的采伐限额，检查、核实森林采伐限额执行情况和超限额采伐现象的发生，实现森林资源有计划采伐管理。检查内容的重点即是否存在无证采伐、越界采伐和超量采伐现象及其数量和所带来的危害。检查数量采取抽样调查的方法确定，对抽中的采伐区，利用地形图、林相图、伐区调查设计资料，逐片(地块或小班)核对采伐地点、范围和方式。

5. "三总量"调查

"三总量"调查即林木采伐总量、木材销售总量和运输总量检查。其目的在于有效规范木材采伐、销售和运输过程，调查主要内容包括有无木材采伐、销售和运输证，是否与核定的数量和规格一致。

6. 消耗量与消耗结构调查

消耗量与消耗结构调查的目的在于及时、准确掌握森林资源消耗总量及其用于商品材、自用材、薪材等消耗结构，从而有效控制森林资源消耗，实时调整森林资源消耗结构，为森林资源限额采伐结构的确定提供依据。调查以省（自治区、直辖市）为抽样总体，按行政系统的多阶类型抽样方法进行。凡行政区域内有国有森工企业的省（自治区），则国有森工企业一律作为独立抽样总体。调查的主要内容是森林资源消耗总量、商品材、自用材、薪材等的数量及其比例。

7. 全国生态公益林界定调查与核查

全国生态公益林界定调查与核查是按照《中华人民共和国森林法》和国家的有关全国公益林划定标准要求所进行的资源调查、区划界定和核查工作。目的在于为生态公益林区划界提供基础资料，确保区划界定符合标准要求，从而为进一步采取相应的措施、调整界定结果提供依据。调查的主要内容包括环境重要性、生态脆弱性、相关的社会经济条件等调查因子。重点公益林认定核查采取抽样调查的方法，并运用现代的信息技术对抽查的面积逐一复测。

(二) 专业调查

1. 土壤调查

土壤调查的目的在于查清土壤资源，为立地类型划分、森林资源空间配置布设、造林、经营设计提供科学的依据。森林土壤调查的主要任务是查清土壤类型、分布及数量，确定土类、亚类、土属、土种和变种，并给予综合评价。森林土壤调查侧重查清土壤与森林分布、林木生长的关系，不同造林树种对土壤条件的要求和各种林业土壤管理措施等。森林土壤调查的方法分为概查和详查两种。概查是选择有代表性线路做路线调查，详查是根据不同要求，与专业协同进行对区域内每块林地都调查。

2. 森林立地类型（或林型）调查

森林立地是指在一定空间范围内，所有影响林木生长、发育的环境条件的总体，包括地质地貌、气候、土壤、水文和生物等。通过立地类型（或林型）分类和评价，可以科学地选择最具生产力的造林树种，提出适宜的营林措施，并预估森林生产力、森林经营效益，以及木材生产成本和育林投资等。所采用的调查方法有面上路线调查和点上标准调查两种。山区通过从谷底到山脊的森林立地梯度变化的路线调查，可掌握立地类型（或林型）随地形引起的自然条件变化规律性，在平原和丘陵地区通过森林立地维度变化的路线调查，可以掌握森林立地水平地带分布规律。点上标准调查可以全面掌握各立地类型（或林型）的立木组成、生长状况、其他植被层、地形、土壤、幼树更新等基本特征以及它们之间的相互关系，分析制约各立地类型（或林型）立木生产力、更新、病虫害以及采伐后演替方向的主要因素，并提出不同立地类型（或林型）的营造林技术措施。

3. 测树制表调查

林业数表在林业经营和可持续管理中发挥着重要作用，是进行林业经营管理的有效工具。常用的林业数表有森林蓄积量和产品分类计量数表（如一、二、三元立木材积表，林分断面积、蓄积量标准表，商品材出材率表等)、地位质量评价数表(如地位级表、地位指数表等)和森林经营数表(如林分生长量表、林分收获量表等)。测树制表调查就是为编制这些林业数表提供必要和准确的基础数据资料而进行的调查。由于我国幅原辽阔，各地自然条件和经营水平不同，为了便于管理和提高林业数表的适应性，林业数表都是以各省(自治区、直辖市)为单位自成体系。

4. 森林病虫害调查

森林病虫害调查的目的是摸清调查区域各主要林分类型的主要病虫害种类、数量、危害程度、分布区域、生态条件和发生情况，以及调查林分内卫生状况和害虫的天敌种类、数量和应用的可能性等，为森林经营和森林调查规划中的病虫害防治设计提供科学依据。森林病虫害调查首先收集调查区域内的相关资料如自然条件、经济条件、林区卫生状况、过去病虫害发生情况等，然后以林场为单位选择出代表性强的工作路线进行实地踏查，根据踏查得到的病虫害发生的实际情况确定出详查地点，最后对确定的详查地点进行详细调查，获取详细病虫害发生的数据资料，为后续的病虫害防治和管理提供翔实的信息。

5. 森林更新调查

森林更新调查的目的在于了解林区天然更新、人工更新情况，评定更新等级以及其与林型、立地类型、更新方式、过去的采伐方式、采伐年龄的确定、森林经营水平和造林措施的关系，为营林规划和组织林业生产提供依据。森林更新调查包括林冠下更新调查和迹地更新调查。森林更新调查有一般调查和详细调查两类。一般调查可结合森林资源调查进行。详细调查可结合林型、立地类型等专业调查进行，也可单独进行。

6. 重点保护野生植物资源调查

重点保护野生植物资源调查的目的在于摸清资源种类、分布、储量、生境状况及其开发利用状况，为国家的宏观决策提供科学依据。调查的内容主要涉及调查物种株数、分布及用材树种的蓄积量、生境状况、资源现状、保护管理现状、人工栽培和开发利用状况以及国内外贸易状况等。调查以省(自治区、直辖市)为总体进行，调查的主要对象是林区内的野生植物和林区意外的珍贵野生数目。野外调查可根据抽样调查的原理采用线路调查、样地调查，也可以结合原有资料进行逐块现场全面核查的方法。人工栽培情况调查可通过查询和收集现有资料，结合野生植物资源调查深入实地收集相关数据资料的方法进行。国内贸易调查方法主要是查阅资料、走访经营单位与经销户；国际贸易主要对海关、医药管理局、濒危物种进出口管理办公室等单位进行调查。中国重点保护野生植物资源调查始于1997 年，到目前为止进行了两次调查。

由于野生植物种类和数量繁多，要全面地进行各类野生植物的统计调查在实际中难以做到。我国在野生植物资源的统计调查中本着"服务管理、突出重点、先易后难"的原则，目前调查的主要对象是原生地天然生长的珍贵植物和原生地天然生长并具有重要经济、科学研究、文化价值的濒危、稀有植物，具体包括国家和地方重点保护野生植物；有重大经济价值而过度开发利用的野生植物；有重大科研、文化价值的野生植物；《濒危野生动植物种国际贸易公约》(CITES) 及其公约或协定中所列的物种。

7. 重点陆生野生动物资源调查

野生动物资源是指在天然自由状态下或来源于自然状态下，虽经短期驯养，但还没有产生进化变异的脊椎动物(除鱼类)。全国陆生野生动物资源调查体系由野外种群调查、圈养种群调查和市场调查 3 个部分组成。调查的目的是基本查清全国重点陆生野生动物资源现状与动态变化(包括种群数量、分布、栖息地状况),重点保护陆生野生动物种群和栖息地保护管理现状、受威胁状况与变化趋势;主要养殖陆生野生动物物种的种群扩繁、饲养繁殖、贸易及其他利用状况,从而为有效保护、科学管理、可持续利用我国野生动物资源提供依据,为国家宏观决策、履行国际公约或协定、开展国际交流及科学研究提供服务。

按照《中华人民共和国野生动物保护法》和《中华人民共和国陆生野生动物保护实施条例》的规定,每隔 10 年要开展一次野生动物资源调查。我国重点保护陆生野生动物资源调查始于 1995 年,到目前为止进行了两次调查。

全国陆生野生动物资源调查采用常规调查和专项调查相结合的调查方法。对大部分野生动物采用样带法进行调查,调查以省为总体,省内根据景观类型及野生动物资源分布状况的不同进行分层,每层作为一个副总体,在副总体布设样带,根据样带上观察记录的野生动物实体或活动痕迹的种类和数量,利用数理统计学原理,获得各副总体上野生动物的数量,由此推算各省(自治区、直辖市)野生动物资源数量进而获得全国的资源数量。对那些分布范围狭窄而集中、习性特殊、数量稀少、样带调查不能达到要求的种类或常规调查难以实施的地区,进行专项调查。

由于野生动物种类和数量繁多,要全面地进行各类野生动物的统计调查在实际中难以做到。我国在野生动物的实物量统计调查中本着"服务管理、突出重点、先易后难"的原则,目前调查的重点是在陆生脊椎动物中的兽类、鸟类、爬行类和两栖类中进行,具体包括列入《国家重点保护野生动物名录》的物种;《濒危野生动植物种国际贸易公约》(CITES)及其他公约或协定中所列物种;国家保护的有益的或者有重要经济、科学研究价值的陆生野生动物;我国特有种、环境指示种、旗舰种、伞护种及生态关键种;主要疫源物种。

8. 红树林资源调查

红树林在湿地保护、生物多样性维护和有效抵御海啸、台风等自然灾害中具有独特作用。红树林资源调查的目的在于全面、准确了解其分布格局、规模、种类,为制定和有效保护红树林资源提供依据。调查采用现代信息技术和实地调查相结合的方法进行。

此外,根据林业经营管理和研究的需要,还可以进行其他种类的专业调查,如 2020 年中国林业科学研究院资源信息研究所完成了"中国森林植被调查"。由于专业调查的特点,它提供的信息针对性更强、更具体,因而近年来调查的对象也在不断扩大,在林业调查体系中发挥的作用也越来越大。

第二节　林产品市场调查

一、林产品市场调查的意义

林业作为国民经济中的一个基础产业,为社会提供了丰富多样的林产品来满足人们的需要。但社会对林产品的需求是在不断发展与变化的,为了提升林产品供给的有效性,就要开展市场调查，及时掌握市场需求的变化及影响，改进林产品的生产与供给。因此，林产品的市场调查无论对于宏观调控还是微观调控，都具有重要的意义。

1. 市场调查有利于加强和改善林业宏观调控与管理，保证林业再生产的顺利进行

林业部门的宏观调控与管理就是通过制订一系列的林业宏观经济政策来协调和平衡林业经济各要素之间的联系，保证林业再生产的顺利进行和宏观经济目标的实现。根据林业部门的生产特点，林业的宏观调控与管理主要集中在对森林资源与木材生产上，就整个林业生产过程来看，森林资源生产居于基础地位，它关系到林业能为国民经济提供的木材数量及其结构、质量，关系到林业的生态、社会效益能否得到充分发挥，关系到林业作为国民经济的一个基础产业的功能和作用是否全面实现。但是，由于森林资源生产的长周期性，同时还受到林地生产力、立地条件等自然条件的制约，因此，要保证森林资源正常更新，总量不断增大，结构趋于合理，必须要以市场调查为基础，准确和及时地获取市场需求的全部数据资料，从远期看据此制定中长期发展规划，做到20~30年后的森林资源数量及其结构早知道、早安排，从近期看，根据市场需求情况，确定合理的采伐限额，严格控制森林资源的消耗，保证再生产的顺利进行。因此，加强市场调查对林业的宏观调控与管理具有重要意义。

2. 市场调查是林业企业经营管理的重要依据和步骤

林业生产企业是林产品的生产者和经营者，面对市场对林产品的多种需求，企业要想生存与发展、要想保证其生产的产品的价值得以实现，就必须开展市场调查，了解市场需要，掌握市场信息，及时调整产品结构和产量，制定有效的营销战略，这是市场经济的客观要求。

企业管理的关键在于经营，经营的关键在于决策，决策的关键在于对市场信息的全面掌握。因此，企业要在市场竞争中立于不败之地，就必须将经营决策建立在市场调查的基础上。

二、林产品市场调查的概念与步骤

(一)林产品市场调查的概念

市场调查是20世纪的新兴学科。从1911年美国科蒂斯公司设立第一个市场研究组织开始，由于心理学家、统计学家等的不断参与研究，使市场调查研究无论在理论还是实践上都得到不断发展，尤其是统计学与计算机科学的产生与发展。第二次世界大战后，市场调查得到了迅猛的发展。目前，无论是发达国家还是发展中国家，均十分重视市场调查工作。

市场调查的概念，从其发展来看，目前，无论是国内还是国外，均有狭义与广义之分。狭义的市场调查是以本身的消费品作为对象，采用科学的方法搜集消费者购买以及使用商品的事实、意见和动机等有关资料，而后据之进行分析研究的工作过程。它所包括的内容主要是产品营销的调查研究，如销售组织、销售政策、销售渠道、销售人员的预备、训练管理、广告、促销活动等。而广义的市场调查概念是以产品营销及其相关因素的调查，即以科学的方法搜集商品从生产者到消费者的一切与市场营销有关的资料，并予以分析和研究的工作过程。它的主要内容包括的范围较广，除了狭义概念的内容外，还包括：产品竞争能力、品质、用途调查分析，不同空间、不同阶层的消费者消费倾向、动机、习

惯的调查分析，市场性质、规模及影响销售额的各相关因素等营销环境的变动分析，商品包装适应性、新产品市场开拓等的调查分析。

依据市场调查的概念，可将林产品市场调查界定为：林产品市场调查是指个人或组织针对林产品交易主体的市场调查目的和需要，运用一定的科学方法，有组织、有计划地收集、整理、传递、分析和研究与林产品交易主体营销有关的信息数据，为林产品交易主体制定和改进营销策略提供依据的全部工作过程。

(二)林产品市场调查的步骤

林产品市场调查，因时间、地点、费用、设备等条件的不同，在具体做法上也有所不同，但一般来讲其基本步骤主要包括：

1. 确定调查主题

这是开展林产品市场调查必须首先明确的问题。确定调查主题是根据林业生产与市场营销中存在的症结所在而提出，主要包括为什么要调查、想要知道什么、通过调查解决什么问题。

2. 搜集现有资料

根据确定的调查主题，搜集与主题有关的现成资料，既包括林业生产企业内部资料，也包括企业外部环境资料；既包括历史资料，也包括现实资料；既包括初级资料，也包括次级资料；既包括数字资料，也包括情况资料。

通过对现有资料的搜集并进行有针对性地分析，而后才能知道还缺乏什么资料，还需要采用什么方法、方式搜集哪些资料。

3. 进行调查试点

为了避免调查过程的失误或偏差，完善调查方案，保证调查效果，通常在确定方案前需要组织小规模的模拟试点调查，检验预定的调查设计方案，尤其问卷或调查表是否有不妥或矛盾之处，对整个调查工作有重要作用。

4. 确定调查方案

一个完整的调查方案，一般包括以下几方面内容：①确定调查目的，即明确调查所能达成的目标及所需的人力、物力、财力等。②确定调查对象及单位，即确定向谁搜集资料，由谁提供资料。③确定调查项目，即根据调查目的具体确定调查内容，并通过问卷或其他调查表式来表现。④确定调查方法，即明确在何地以什么方法进行调查，调查方法很多，应根据不同内容、不同对象、不同条件选择适宜的方法。⑤确定调查时间及实施计划，包括经费的预算、日程安排等。⑥确定调查结果的分析标准，包括调查结果如何、报告书撰写形式等。

5. 制订调查实施计划并正式进行调查

根据确定的调查方案，就如何具体实施这一计划方案而制订。

6. 整理、分析调查资料

完成搜集资料任务后，应对调查所取得资料运用统计等方法进行归类整理，并对资料进行逻辑上的和计算上的审核，明确是否需要补充资料，补充或修正哪些资料，在此基础上再运用统计等分析方法进行具体的定量和定性分析。

7. 形成调查报告并追踪

将调查及分析的结果以书面形式形成调查报告，为经营决策者决策时参考。同时，在可能情况下，还要进行跟踪调查、检验调查分析结果及相应决策的正确性。

三、林产品市场调查的主要内容

林产品的市场调查内容十分广泛，可以从林产品宏观市场方面进行调查，从而对林产品总体市场的变化和发展趋势进行分析与把控；也可以从林产品微观生产者的营销活动进行调查，来研究林产品市场特点、林产品市场潜力以及市场占有率等方面的问题，以便于林业生产更好地满足社会的需求。但总体来讲林产品的市场调查的主要内容可以分为消费者对林产品需求方面的调查、生产者对林产品供给方面的调查、林产品销售渠道的调查、林业新产品发展趋势的调查和林产品市场竞争的有关情况调查 5 个方面。

1. 消费者对林产品需求方面的调查

消费者对林产品的需求是指在一定时期一定范围内以了解不同类型的消费者的消费心理、消费需求结构、购买能力、现实需求和潜在需求等为主要内容的调查。主要包括服务对象的人口总数或用户规模、人口结构或用户类型、购买力水平及购买规律、消费结构及变化趋势、购买动机及购买行为、购买习惯及潜在需求，对产品的改进意见及服务要求等。

2. 生产者对林产品供给方面的调查

生产者对林产品供给调查包括林产品生产能力调查、林产品质量调查、林产品价格调查 3 个方面。在调查中应侧重于林产品资源及其构成情况，林业企业的生产规模和技术进步情况，林产品的质量、数量、品种、规格的发展情况，市场占有率、原料、材料、零备件的供应变化趋势等情况，并且从中推测出对市场需求和林业企业经营的影响。

3. 林产品销售渠道的调查

林产品销售渠道调查主要是调查了解林产品销售渠道的过去与现状，包括林产品运输的各个环节和路线、推销机构和人员的基本情况、销售渠道的利用情况、促销手段的运用及存在的问题等。

4. 林业新产品发展趋势的调查

林业新产品发展趋势调查主要是为林业企业开发新产品和开拓新市场搜集有关情报，内容包括社会上的新技术、新工艺、新材料的发展情况，新产品与新包装的发展动态或上市情况，某些产品所处的市场生命周期阶段情况，消费者对林业企业新老产品的评价以及对其改进的意见等。

5. 林产品市场竞争的有关情况调查

林产品市场竞争的有关情况调查主要是指对国内外林产品生产者的生产能力、生产方式、成本价格、产品特征及其市场占有率等方面的情况进行调查。

四、林产品市场调查方法

调查方法的选择得当与否，对调查效果影响很大，同一内容的市场调查，采用的调查方法不同，得到的效果也不同。因此，应针对每项调查的具体目标、内容、对象、环境等相关因素确定适当的方法，才能达到预期调查目的。一般来说，常用的调查方法有文献调查法、访问调查法、问卷调查法、观察调查法、实验调查法、网络调查法和统计分析方法等。

1. 文献调查法

文献调查法是指对现有的林产品市场的信息资料进行收集、分析、研究和利用的过程，是获取二手资料、简介的调查方面，与其他调查方法相比，具有信息资料多、资料获取较迅速和调查费用低的特点，因此是一种最基础、用途最广泛的市场资料信息收集方法。通常是通过对现有文献的筛选、报刊剪辑分析、网上信息下载等多种方式获取调查资料。

2. 访问调查法

这是市场调查中最常用的一种方法，它是对所要调查的内容，通过书面或电话或当面向被调查者提出询问，获得资料的调查方法。这种方法的操作程序一般包括：

①规划设计　即根据调查目标主题拟订实施计划，为具体操作的依据。具体包括：调查目的、调查范围、经费预算、实施操作、管理检查等。

②确定调查对象与单位　即明确以什么方法来选择调查单位，是抽样方法还是划类选典等。

③确定调查项目并制作问卷及访问提纲　问卷的制作一般要求主题明确、事实具体、形式简明、文字通俗、给予被访问者有充分表达意见的机会。

④正式访谈　一般步骤有引导、追问、记录3种。

⑤统计　即对调查搜集的资料进行清点，并运用统计的方法进行加工处理。

⑥分析　主要包括对资料本身的分析和对资料所说明的现象进行分析两方面。通过分析，所得其结果用统计图表形式来表现。

访问调查法一般又可分为：面谈调查、电话调查、邮寄调查、留置调查4种。面谈调查又有个人面谈、小组面谈、一次面谈和多次面谈等，这种方法掌握的情况主要、准确，但费时费力；电话调查是以电话询问对方意见来搜集资料，尽管省时省力，但效果较不理想；邮寄调查，实际也是被调查者自填法，调查成本低，但由于回收率及被调查者合作密度和素质等因素带来的偏差，对调查效果有一定的影响；留置调查，是由调查人员将调查表及问卷当面交给被调查者，说明回答方法后，留给被调查者自行填写，后由调查人员定期收回，它是面交和邮寄方法的结合，优缺点介于两者之间。

3. 问卷调查法

问卷调查法是指调查者出于一定的调查目的，运用统一的设计问卷向被调查者了解情况或征求意见的一种调查方法。该方法是一种较为广泛使用的方法。问卷法大多用邮寄、个别分送或集体分发等多种方式发送问卷。由调查者按照表格所问来填写答案。一般来讲，问卷较之访谈表要更详细、完整和易于控制。问卷法的主要优点在于标准化和成本低。因为问卷法是以设计好的问卷工具进行调查，问卷的设计要求规范化并可计量。

应用问卷调查法进行市场调查时，问卷质量的好坏直接关系着问卷调查能否取得预期效果。因此，问卷的设计就是问卷调查中的关键一环，调查人员必须要对所要调查的内容和调查对象有很好的了解，才能设计出合适的问卷。同时，在问卷调查的实施过程中要根据调查内容选择好调查对象，提高问卷的回收率，提高回收问卷的有效率。只有这样才能为后续的内业整理与分析奠定了坚实的基础。

4. 观察调查法

观察调查法是调查人员或设备在调查现场，从侧面观察被调查者的行动来搜集资料的方法。它主要是对被调查者的反应或公开行动及市场环境做直接的、侧面的测度，一般采用下面方法进行分析：时间序列分析、横断面研究分析及两者结合分析。

观察调查法由于被调查者没有意识到自己正被调查，一切动作自然，故准确度较高，同时，调查者较为客观，使用仪器设备进行观察等，所得的资料也更为深入详细，但这种观察只是表面的，看不出其内在的因素，需要进行长时间的跟踪观察才能得到较为理想的结果。

5. 实验调查法

实验调查法起源于自然科学的实验求证法，随着社会的发展和认识能力的提高，逐渐移植到社会科学领域，成为市场调查的一种方法。它是在某一特定的地区和时间，组织小规模的调查，并据之检验某一林产品市场营销策略构想的方法。因此，这里的实验实质上是小规模实验。例如，销售实验调查，即先进行一项推销方法的小规模实验，然后用市场调查方法分析。这种实验性的推销方法具有大规模推行的价值。因此，这种方法应用的范围甚广，凡是某一林产品的品质、包装、价格、广告陈列方法等改变时，都可用此方法进行验证。

实验调查法由于使用方法的科学性，具有客观性的价值，但实验的时间较长，成本高，实施有一定难度。

实验调查法通常采用的方式有分割实验法和销售区域实验法两种。

6. 网络调查法

网络调查法是指通过互联网、计算机通信和数字交互式媒体，针对特定的问题在网上进行问卷填写、信息收集、记录、整理、分析和公布的一种调查方法。在应用网络调查法进行林产品市场调查时，一般包括以下几个步骤：①明确调查问题与确定调查目标。②确定网络调查对象和调查渠道。③通过制订调查计划来明确资料来源，选择合适的调查方法，确定抽样方案，设计调查问卷，测试与检查调查问卷等。④信息收集。⑤信息处理与数据分析。⑥撰写调查报告。

7. 统计分析法

统计分析法即利用企业现有的历史和现实资料，运用统计的各种分析方法进行分析研究的方法。指数分析、趋势分析、相关分析、平衡分析等都是常用的方法，如林产品的销售数量及结构、购销平衡关系、产品流向、价格变动等，均可用此方法分析研究。运用统计分析法，理论上较为科学、客观，且省时省力，但这种定量分析通常需要与定性分析相结合，才能取得理想效果。

第三节　林业重点工程社会经济效益监测调查

中华人民共和国成立以来我国先后启动和实施了十几个重点林业工程，在林业建设与发展中发挥了重要作用。林业重点工程是指以营造森林，保护林木和野生动植物资源，改善生态环境，优化生存空间，实现林业建设可持续发展为目的的工程。人们经常提起的六大林业重点工程是国家林业重点工程的主体部分。这六大工程为：天然林资源保护工程、三北及长江中下游地区等重点防护林体系建设工程、退耕还林还草工程、京津风沙源治理工程、野生动植物保护和自然保护区建设工程、重点地区以速生丰产用材林为主的林业产业基地建设工程。

为了全面、准确、及时地反映国家林业重点工程的运行情况，发现工程执行中出现的新情况和新问题，评价国家林业重点工程建设对工程区林业和社会经济发展的影响，提高林业宏观决策的科学化水平，推动国家林业重点工程的顺利实施，就必须要对工程进行统计监测调查，来了解与掌握国家林业重点工程社会经济效益的基本情况，为工程的管理和后续政策的制定提供依据。

一、调查的对象与范围

调查的对象为林业重点工程实施单位，但在具体的统计调查中要根据林业重点工程的特点、统计调查任务和调查方法的要求，确定具体的调查对象。如在天然林资源保护工程、退耕还林还草工程和京津风沙源治理工程的经济社会效益调查中，国家林业和草原局经济发展研究中心所确定的调查对象为工程范围内的 200 个工程县(重点森工企业)及其中的样本单位，即样本所在行政村(办事处)、住户及其家庭全部人口。

调查范围要满足统计调查目的并与调查对象保持一致。如国家林业和草原局经济发展研究中心在天然林资源保护工程、退耕还林还草工程和京津风沙源治理工程的经济社会效益调查中，所确定的调查范围包括天然林资源保护工程、退耕还林还草工程和京津风沙源治理工程范围内的 200 个监测点(工程县、重点森工企业)，涉及河北、山西、内蒙古、辽宁、吉林、黑龙江、江西、安徽、河南、湖北、湖南、广西、海南、重庆、四川、贵州、云南、陕西、甘肃、青海、宁夏、新疆 22 个省(自治区、直辖市)以及内蒙古、吉林、龙江、大兴安岭森工(林业)集团。

二、调查的内容与方法

林业重点工程的社会经济效益调查的主要内容为调查点基本社会经济状况和工程实施情况两项内容，这两项内容均收集时间序列数据，以进行工程前后对比。根据各个林业重点工程建设内容的不同，其具体调查内容也会不同。在天然林保护工程、退耕还林工程和京津风沙源治理工程的经济社会效益调查中，基本社会经济状况的主要内容包括土地资源、人口与就业、县村综合经济情况、农村发展、生态状况、森林资源与主要林产品生产等情况。工程实施情况主要包括工程进展、资金使用、政策兑现以及后续产业发展等方面的情况。

统计调查方法采用定点调查与专题调查相结合的方式进行。在定点调查中对调查点的选定采用抽样方法，对所抽中的样本单位进行实地访问调查，根据事先设计的调查表或问卷逐项获取调查信息。在天然林资源保护工程、退耕还林还草工程和京津风沙源治理工程的经济社会效益调查中，采取了分层重点抽样方法抽取县级(重点森工企业)样本点。即首先按工程的主要区域将各工程分成几大组，然后在各大组内抽选工程量大、投资多的县(重点森工企业)，保证调查样本既突出重点又有代表性。县级调查样本总量为 200 个(工程县、重点森工企业),其中,天然林资源保护工程重点森工企业35个,县(场)45个;退耕还林县100个,京津风沙源治理县20个。村级样本量167个,其中,天保村45个,退耕还林村100个,京津风沙源村22个。农户样本量1220个,其中,退耕农户1000户,京津风沙源农户220户,天然林资源保护工程暂不进行农户调查。

1. 村和户样本选取

(1)县抽村

每个村户调查试点县选取1个样本村。样本村选取条件:①工程量大,退耕农户多。②经济状况中等。③可能的情况下,有一个样本村不通公路。④在满足前述条件情况下,开展过此类调查的村优先考虑。

(2)村抽户

每个样本村选10个样本农户,其中,2户富裕农户,2户贫困农户,6户中等农户。

2. 样本点的定点调查

对样本点的定点调查通过县级调查表、村级调查表、农户调查表及重点森工企业调查表收集相关数据,每年进行一次。

在天然林资源保护工程、退耕还林还草工程和京津风沙源治理工程的经济社会效益调查中所使用的调查表的主要内容如下:

(1)县级调查表

该表主要包括工程县工程投资及进展情况、县主要社会经济发展、生态以及林业生产与市场等指标。该表的主要资料可从林业、统计等相关部门的业务报表中取得,用于反映林业工程对县域生态、经济和社会发展的综合影响。

(2)村级调查表

该表主要包括村林业工程实施情况,村土地及自然资源情况,村人口、劳动力、就业情况,农林牧渔业生产与销售,村经营收入与经营费用,以及村经济社会发展情况。该表的主要资料从林业及村社会经济统计报表中取得,用于反映林业工程在村级的运行情况,以及对村土地资源利用、经济社会发展及生态状况的影响。

(3)农户调查表

该表主要包括户基本情况、户参加林业工程及林地林木拥有情况、农户生产与消费情况以及有关林业工程实施情况。用于反映工程执行情况、工程对农民收入、农林牧渔生产、就业、土地资源利用等方面的影响。

(4)重点森工企业调查表

该表主要包括企业经营区范围内森林资源及社会经济的基本状况、工程投资及进展状况、政策落实情况、工程运行中出现的新情况新问题等。

专题调查主要针对各工程运行中出现的新情况、新问题展开调查,调查人员以专题调研的方式,对样本单位进行座谈和入户调查,专题调查不定期进行。

本章小结

林业经济管理决策离不开林业统计数据资料,而数据资料获取的重要途径就是林业统计调查。本章重点介绍了森林资源调查体系的构成、分类和调查结果的统计分组，有助于人们正确地理解和使用森林资源调查成果进行林业决策与管理。但对具体的森林资源调查方法没有进行详细的介绍，其原因有二。第一，森林资源调查方法的内容非常丰富，不是一个章节能够介绍清楚的，对此感兴趣的同学可以通过阅读有关森林资源调查方法的专著进行学习。第二，森林资源调查方法中的基本原理如抽样技术已在有关课程中讲授，本教材中没有必要重复。本章的要点是希望学生通过学习能够了解我国森林资源调查的体系构成，准确地理解森林资源调查的统计信息并能够科学地运用这些信息进行统计分析。林产品的生产是为了满足消费者的需求，而市场是实现这一目的重要载体。通过开展市场调查可以及时掌握市场需求的变化及影响，改进林产品的生产与供给。本章对林产品市场调查的内容、方法和步骤进行了介绍，有助于这一目的的实现。林业生产具有经济、生态与社会三大效益，长期以来人们对经济效益研究得较多，统计数据资料相对比较健全，而生态与社会效益的数据资料相对较为薄弱。本章对我国林业重点工程社会经济效益监测调查的内容和方法进行了介绍，学生通过天然林资源保护工程、退耕还林还草工程和京津风沙源治理工程的社会经济效益监测调查的学习，可以了解我国在这方面取得的进展，对于学习和研究其他林业重点工程的社会经济效益的调查以及工程的生态效益调查也具有较好的帮助。

复习思考题

1. 简述森林资源调查体系的构成。
2. 简述森林资源连续清查的目的和主要内容。
3. 简述林产品市场调查及其作用。
4. 简述林产品市场调查的主要内容。
5. 简述林产品市场调查的主要方法。
6. 简述林业重点工程社会经济效益监测调查的目的和内容。
7. 结合林业工程的生态效益评价，简述林业调查的主要内容。

第四章 森林资源与利用统计

【本章介绍】本章在明确了森林资源概念的基础上，重点介绍了森林资源统计中的分组体系、森林资源的实物量与价值量统计、森林资源利用统计与森林资源动态分析指标与方法。

森林资源是林业的基础，林业的所有生产经营与管理都是以森林资源为基础展开的，无论是林业三大效益（经济效益、生态效益和社会效益）的发挥，还是林业方针政策的制定都离不开森林资源，更离不开森林资源的统计信息数据资料。

第一节　森林资源统计的意义与任务

一、森林资源的概念及其作用

森林资源既是一个自然范畴，又是一个历史范畴。随着人们对森林资源认识的不断深入，其内涵和外延都发生了相应的变化。目前，林学界从森林生物系统与环境的相互统一关系角度出发，认为森林资源是以林木为主体，包括林地，森林植物、动物、微生物，以及森林环境和景观等资源的总称。换言之，森林资源是森林生态系统内一切被人们所认识的资源的总和。

森林资源首先作为经济资源，为国民经济和人民生活提供大量的木材、丰富的林副产品。同时，还为社会提供旅游资源等。人们通过经营可以获得经济效益。

森林资源作为陆地生态系统的主体，能够涵养水源、保持水土、调节气候、防风固沙、防治大气污染和美化环境等。它在维护生态平衡方面发挥着不可替代的作用。

森林资源的经济效益和生态效益反映在为社会服务方面，表现为森林资源可以提供生产就业的场所，同时又是物种基因的宝库、国土保安的屏障等，具有显著的社会效益。

林地作为森林资源的构成部分，是最基本的林业生产要素之一，而且具有稀缺性、不可再生性和不可替代性。因此，应充分利用有限的林地培育森林，发挥森林的多种效益，生产尽可能多的木材及其他林产品，满足国民经济和人民生活的需要。经济效益、生态效益和社会效益是森林资源所固有的。随着社会发展和科学技术的进步，人们对森林生态效益和社会效益的认识和重视程度将会日益提高。因此，世界各国不仅对森林资源经济效益进行评价，而且对生态效益和社会效益也在进行经济评价，而这一切都必须以森林资源统计为基础和前提。可见，森林资源统计在林业统计乃至国民经济自然资源统计中都占有重要地位。

二、森林资源统计的任务

森林资源是林业生产的基础，具有重大意义。森林资源统计是林业统计的重要内容。森林资源统计的主要任务是查明森林资源的数量、质量、构成和分布，以及由于森林的生长、造林更新、采伐和自然灾害等引起的森林资源的消长变化情况。森林资源统计为制订经营方案和林业方针政策提供依据；为进行林业区划，制订林业计划和长远规划提供依据；为加强林业资源核算、实行森林资产化管理、建立健全森林市场提供基础资料；为建立森林资源监测预警系统、实现森林资源管理科学化提供前提。

第二节　森林资源统计中的分组体系

森林资源调查的结果最终要按照不同的分组汇总成各种森林资源统计表，在汇总过程中主要有以下几种分组方法。

一、按所有制分组

根据我国《中华人民共和国宪法》（以下简称《宪法》）和《中华人民共和国森林法》的规定，林地权属分为国有和集体所有两种形式，林木权属分为国有、集体（农村集体经济组织所有）和个体（农户自营、农户联营、合资、合作、合股等）3 种所有形式，即国有林、集体林和个人所有林。

（1）国有林

国有林指根据法律规定属于全民所有，国家依据法律对这些森林享有占有权、使用权、收益权和处分权的森林。它主要包括《宪法》规定收归国有的原始森林以及中华人民共和国成立后由国有林业局和林场营造的森林，既包括林业系统内国有企事业单位的森林资源，也包括林业系统外的国有企事业单位和团体所属的森林资源。

（2）集体林

集体林指林权属农村集体经济组织所有的森林。

（3）个人所有林

个人所有林指在林地所有权归集体或国家所有的前提下，林地使用权、林木所有权、经营权、收益权和处置权不同程度地属于林农或私有经济组织拥有的森林。

二、按土地类别分组

土地面积是指一个地区、一个生产单位经上级主管部门批准划归本地区、本单位管理和经营的全部面积，又称经营管理面积。它反映一个地区或生产单位拥有的土地资源数量，对土地面积进行分类是经营管理和利用土地的基础。土地面积的分类方法很多，在森林资源统计中，将土地面积划分为林地和非林业用地两类。

（一）林地

林地是用于发展林业生产的土地。它包括乔木林地、灌木林地、竹林地、疏林地、未成林的造林地、苗圃地、迹地、宜林地。林地分类反映林业土地种类的数量和构成，说明林业用地的利用情况。非林业用地包括耕地、牧草地、水域、未利用地(包括雪山、沼泽地、岩石裸露地等)及建设用地(包括工矿建设用、城乡建设用地、交通建设用地和其他用地)。根据《国家森林资源连续清查主要技术规定》，各类林地具体内涵如下：

1. 乔木林地

由乔木组成的片林或林带，郁闭度大于或等于 0.20。其中，林带行数应在 2 行以上且行距≤4 m 或林冠冠幅水平投影宽度在 10 m 以上；当林带的缺损长度超过林带宽度 3 倍时，应视为两条林带；两平行林带的带距≤8 m 时按片林调查。乔木林地包括郁闭度达不到 0.20，但已到成林年限且生长稳定，保存率达到 80%(年均降水量 400 mm 以下，不具备灌溉条件的地区为 65%)以上人工起源的林分，也包括由以乔木型红树植物为主体组成的红树林群落。

2. 灌木林地

附着有灌木树种，或因生境恶劣或因人工栽培矮化成灌木型的乔木树种以及胸径小于 2 cm 的小杂竹丛，以经营灌木林为主要目的或专为防护用途，覆盖度在 30% 以上的林地。其中，灌木林带行数应在 2 行以上且行距≤2 m；当灌木林带的缺损长度超过林带宽度 3 倍时，应视为两条灌木林带；两平行灌木林带的带距≤4 m 时按片状灌木林调查。它包括以灌木型红树植物为主体组成的红树林群落。

(1)特殊灌木林地

特殊灌木林地指国家特别规定的灌木林地，按照国务院林业主管部门的有关规定执行。

(2)一般灌木林地

不属于特殊灌木林地的其他灌木林地。

3. 竹林地

附着有胸径 2 cm 以上的竹类植物，郁闭度大于或等于 0.20 的林地。

4. 疏林地

乔木郁闭度在 0.10~0.19 的林地。

5. 未成林造林地

人工造林(包括直播、植苗)和飞播造林后不到成林年限或者达到成林年限后(表 4-1)，造林成效符合下列条件之一，苗木分布均匀，尚未郁闭但有成林希望或补植后有成林希望的林地，包括乔木未成林造林地和灌木未成林造林地。

表 4-1 不同营造方式成林年限表

营造方式		400 mm 年降水量以上地区				400 mm 年降水量以下地区	
		南方		北方			
		乔木	灌木	乔木	灌木	乔木	灌木
飞播造林		5~7	4~7	5~8	5~7	7~10	5~7
人工造林	直播	3~8	2~6	4~8	3~6	4~10	4~8
	植苗、分殖	2~5	2~4	2~6	2~5	3~8	3~6

注：慢生树种取上限，速生树种取下限；短轮伐期用材林由各省自行规定；大苗造林由各省自行规定，但至少经过 1 个生长季，或者 1 年以上；青藏高原参照北方地区。

资料来源：《国家森林资源连续清查技术规定》，2014。

①人工造林后不到成林年限，成活率85%以上（含85%），其中年均降水量400 mm以下地区造林成活率70%以上（含70%）。

②人工造林后不到成林年限，成活率41%~85%（含41%），待补植的人工造林地，其中年均降水量400 mm以下地区造林成活率41%~70%（含41%）。

③飞播造林后不到成林年限，成苗调查苗木3000株/hm² 以上或飞播治沙成苗2500株/hm² 以上，且分布均匀。

④造林更新达到成林年限后，未达到乔木林地、灌木林地、疏林地标准，保存率41%~80%（含41%）（年均降水量400 mm以下，不具备灌溉条件的地区保存率41%~65%），待补植的造林地。

6. 苗圃地

固定的林木和木本花卉育苗用地，不包括母树林、种子园、采穗圃、种质基地等种子、种条生产用地以及种子加工、贮藏等设施用地。

7. 迹地

迹地包括采伐迹地、火烧迹地和其他迹地。

（1）采伐迹地

乔木林地采伐作业后3年内活立木达不到疏林地标准、尚未人工更新的林地。

（2）火烧迹地

乔木林地火灾等灾害后3年内活立木达不到疏林地标准、尚未人工更新的林地。

（3）其他迹地

灌木林经采伐、平茬、割灌等经营活动或者火灾发生后，覆盖度达不到30%的林地。

8. 宜林地

经县级以上人民政府规划用于发展林业的土地。它包括造林失败地、规划造林地和其他宜林地。

（1）造林失败地

人工造林后不到成林年限，成活率低于41%，需重新造林的林地；造林更新达到成林年限后，未达到乔木林地、灌木林地、疏林地标准，保存率低于41%，需重新造林的林地。

（2）规划造林地

未达到上述乔木林地、灌木林地、竹林地、疏林地、未成林造林地标准，经营造林（人工造林、飞播造林、封山育林等）可以成林，规划为林地的荒山、荒（海）滩、荒沟、荒地、固定或流动沙地（丘）、有明显沙化趋势的土地等。

（3）其他宜林地

经县级以上人民政府规划用于发展林业的其他土地。它包括培育、生产、存储种子、苗木的设施用地；贮存木材和其他生产资料的设施用地；集材道、运材道；野生动植物保护、护林、森林病虫害防治、森林防火、木材检疫、林业科学研究与试验设施用地；具有林地权属证明，供水、供热、供气、通信等基础设施用地等。

（二）非林地

非林地指林地以外的耕地、牧草地、水域、未利用地和建设用地。

1. 耕地

耕地指种植农作物的土地。

2. 牧草地

牧草地指以草本植物为主,用于畜牧业的土地。

3. 水域

水域指陆地水域和水利设施用地,包括河流、湖泊、水库、坑塘、苇地、滩涂、沟渠、水利设施、冰川和永久积雪等。

4. 未利用地

未利用地指未利用和难利用的土地,包括荒草地、盐碱地、沼泽地、沙地、裸土地、裸岩石砾地、高寒荒漠、苔原等。

5. 建设用地

建设用地指建造建筑物、构造物的土地。包括以下 4 类:

(1)工矿建设用地

它是指工厂、矿山等建设用地。

(2)城乡居民建设用地

它是指城镇、农村居民住宅及其公共设施建设用地。

(3)交通用地

它是指各类道路(铁路、公路、农村道路)及其附属设施和民用机场用地,不含集材道、运材道。

(4)其他用地

除以上地类以外的建设用地,包括旅游设施、军事设施、名胜古迹、墓地、陵园等。

三、按林种分组

森林有多种效用,根据国民经济的需要,可以将森林划为不同的类别,称为林种。按林种分类,可把森林分为:

1. 防护林

防护林是以发挥森林生态防护功能为主要目的的林木。它包括水源涵养林、水土保持林、防风固沙林、农田牧场防护林、护岸林、护路林和其他防护林(以防火、防雪、防雾、防烟、护鱼等其他防护作用为主要目的的森林)。

2. 用材林

用材林是以生产木材或竹材为主要目的的林木。它包括短轮伐期用材林、速生丰产林、一般用材林 3 类。

3. 经济林

经济林是以生产干鲜果品、食用油料、饮料、调料、香料,工业原料、药材和其他林副产品为主要目的的林木。它包括果树林、食用原料林、林化工业原料林、药用林和其他经济林 5 类。

4. 能源林

能源林是以生产热能燃料为主要目的的林木。

5. 特种用途林

特种用途林是以保存物种资源、保护生态环境,用于国防、森林旅游和科学实验等为主要经营目的的林木。它包括国防林(边境地区的国防林、经林业主管部门批准的军事设施周围的森林)、实验林、母树林、环境保护林、风景林、名胜古迹和革命圣地纪念林、自然保护区林 7 类。

划分林种要考虑森林所在的地理位置、坡度、风沙、干旱、水土流失等自然因子,也要考虑社会经济、科学文化的发展程度等社会因子。随着社会经济的发展、科学文化水平的提高,人类对环境的认识在不断加深,对环境质量的要求在不断提高,因而防护林、特种用途林等林种的比重在不断增大。因此,森林按林种划分,可以为不同林种的经营和分析各林种的地区布局提供依据,也为研究林业与国民经济的比例关系,反映林业满足国民经济对森林各种效用的需求程度提供依据。如全国第九次(2013—2018 年)全国森林资源清查结果表明:我国防护林面积 10 081.92 万 hm^2,特用林面积 2280.40 万 hm^2,两项合计占全国森林面积的 56.65%。这表明以发挥森林生态效益为经营目的的防护林和特种用途林成为我国森林资源的主要部分,森林资源正在向着协调发挥森林的三大效益的方向健康发展。

四、按森林所发挥的主导功能和区位分组

根据森林资源所发挥的主导功能和所处的生态区位不同,我国将森林划分为公益林和商品林两类。

1. 公益林

以保护和改善人类生存环境、维持生态平衡、保存物种资源、科学实验、森林旅游、国土保安等需要为主要经营目的的森林,包括防护林和特种用途林。根据《国家森林资源连续清查技术规定》,公益林分为国家公益林和地方公益林。国家级公益林按国务院林业主管部门的有关规定划分为 3 级;地方公益林按地方各级人民政府和同级林业主管部门的有关规定划分为 2 类(表 4-2)。

表 4-2　公益林(地)事权等级和保护等级表

项目	事权等级		保护等级				
	国家级公益林(地)	地方公益林(地)	国家级公益林(地)			地方公益林(地)	
			一级	二级	三级	重点	一般

资料来源:《国家森林资源连续清查技术规定》,2014。

2. 商品林

以生产木材、竹材、薪材、干鲜果品和其他工业原料等为主要经营目的的森林,包括用材林、能源林和经济林。商品林按经营状况划分为好、中、差 3 个等级,评定标准见表 4-3 所列。

五、按龄组分组

森林按龄组分组,可分为幼龄林、中龄林、近熟林、成熟林、过熟林。不同树种生长发育过程不同;同一树种不同地区分布,其生长发育也不相同。因此不同树种或同一树种不同地区,其龄组划分也不同。我国各树种林龄分组见表 4-4 所列。

表 4-3 商品林(地)经营等级评定标准表

经营等级	评定标准	
	用材林、能源林	经济林
好	经营措施正确、及时,经营强度适当,经营后林分生产力和质量提高	定期进行垦复、修枝、施肥、灌溉、病虫害防治等经营管理措施,生长旺盛,产量高
中	经营措施正确、尚及时,经营强度尚可,经营后林分生产力和质量有所改善	经营水平介于中间,产量一般
差	经营措施不及时或很少进行经营管理,林分生产力未得到发挥,质量较差	很少进行经营管理,处于荒芜或半荒芜状态,产量很低

资料来源:《国家森林资源连续清查技术规定》,2014。

表 4-4 优势树种(组)林龄分组表

树种	地区	起源	龄组划分					龄级划分
			幼龄林	中龄林	近熟林	成熟林	过熟林	
红松、云杉、柏木、紫杉、铁杉	北部	天然	60 以下	61~100	101~120	120~160	161 以上	20
	北部	人工	40 以下	41~60	61~80	81~120	121 以上	20
	南部	天然	40 以下	41~60	61~80	81~120	121 以上	20
	南部	人工	20 以下	21~40	41~60	61~80	81 以上	20
落叶松、冷杉、樟子松、赤松、黑松	北部	天然	40 以下	41~80	81~100	101~140	141 以上	20
	北部	人工	20 以下	21~30	31~40	41~60	61 以上	10
	南部	天然	40 以下	41~60	61~80	81~120	121 以上	20
	南部	人工	20 以下	21~30	31~40	41~60	61 以上	10
油松、马尾松、云南松、思茅松、华山松、高山松	北部	天然	30 以下	31~50	51~60	61~80	81 以上	10
	北部	人工	20 以下	21~30	31~40	41~60	61 以上	10
	南部	天然	20 以下	21~30	31~40	41~60	61 以上	10
	南部	人工	10 以下	11~20	21~30	31~50	61 以上	10
杨、柳、桉、檫、泡桐、木麻黄、楝、枫杨、软阔	北部	人工	10 以下	11~15	16~20	21~30	31 以上	5
	南部	人工	5 以下	5~10	11~15	16~25	26 以上	5
桦、榆、木荷、枫香、珙桐	北部	天然	30 以下	31~50	51~60	61~80	81 以上	10
	北部	人工	20 以下	21~30	31~40	41~60	61 以上	10
	南部	天然	20 以下	31~40	41~50	51~70	71 以上	10
	南部	人工	10 以下	11~20	21~30	31~50	51 以上	10
栎、柞、槠、栲、樟、楠、椴、水、胡、黄、硬阔	南北	天然	40 以下	41~60	61~80	81~120	121 以上	20
	南北	人工	20 以下	21~40	41~50	51~70	71 以上	10
杉木、柳杉、水杉	南部	人工	10 以下	11~20	21~25	26~35	36 以上	5

注:表中未列树种和短轮伐期用材林树种的划分标准由各省自行制定。

资料来源:《国家森林资源连续清查技术规定》,2014。

不同龄组的森林，反映不同的生长发育状况，要求采取不同的经营管理措施。幼龄林处于生长旺盛阶段，主要经营措施是抚育，以促进林木迅速生长；成熟林说明森林达到数量成熟或工艺成熟阶段，可以进行主伐利用；过熟林生长已衰退，甚至出现大量自然枯损，应尽快采伐利用，更新森林。因此，森林按龄组分类，可以反映不同龄组森林的数量、结构，为制订森林经营管理措施、调整林龄结构、实现森林资源就地利用提供依据。

六、按林木起源分组

森林按照林木的起源不同可以分为天然林和人工林两大类。天然林是指经天然下种、人工促进天然更新或萌生而形成的森林。人工林是指经由植苗（包括植苗、分殖、扦插）、直播（穴播或条播）或飞播方式形成的森林（包括人工林采伐后萌生形成的森林）。天然林由于其包含的物种丰富、生态系统完善而在森林生态系统中发挥着重要的作用，是公益林中的主要组成部分。我国的天然林面积为 13 867.77 万 hm^2，占我国森林面积的 63.55%。人工林是人们恢复森林、扩大森林资源的重要成果，在为人类提供林产品和改善生态环境中占有重要地位。我国是世界上人工林面积最大的国家，目前拥有人工林 7954.28 万 hm^2，占我国森林面积的 36.45%（《中国森林资源报告 2014—2018》）。

七、按树种组分组

我国幅员辽阔，自然条件差异很大，树种资源十分丰富。按每一树种进行统计既不可能也不必要。一般按优势树种将森林资源进行分类统计。优势树种按该树种蓄积量占林分蓄积量的 65% 以上来确定。幼龄林可依据主要树种确定。如树种很多无法确定优势树种时，可将树种合并为树种组进行分类，如将杉木、柳杉、水杉归为一组。

不同树种有不同的经济价值，要求不同的立地类型、经营措施和更新方法。按树种组分类，可为制定经营措施和主伐林种计划提供依据。

八、按地区分组

我国森林资源少，而且地区分布不均衡。森林资源主要集中于东北和西南、南方偏远地区，而广大西北、华北地区森林很少，生态环境恶劣。资源的地区分布不均还导致木材生产布局不合理，产销之间距离长。因此，调整林业生产及森林资源的地区布局对于林业及地区经济发展产生积极影响。森林资源按地区分组，就是按行政区域分组，全国按省（自治区、直辖市）分组，省按地区和县分组。通过这种分组，反映森林资源的地区构成。为研究地区森林特点、制订地区林业发展规划和生产计划，调整林业生产的地区布局，促进木材生产资源合理化提供依据。

除了上述主要分组体系外，还可以根据研究目的选择其他标志进行分类，如从森林的健康与否的角度可以将森林分为健康、亚健康、中健康和不健康 4 类；从能否开发利用角度可将森林分为可及林、将可及林和不可及林 3 类；按森林采伐是否纳入采伐管理可将森林分为纳入采伐限额管理林木和不纳入采伐限额管理林木 2 类。另外，林地按地貌可以分为极高山、高山、中山、低山、丘陵和平原。总之，人们可以根据研究目的不同将森林资源按不同的标志进行统计分组，以便于从数量的角度发现森林资源的变动规律和趋势，为森林的可持续经营与管理提供准确的数据资料。

第三节　森林资源实物量统计

一、森林实物量统计的范围

森林资源是自然资源的重要组成部分，是林业发展的基础。它不但为人类的生产与生活提供了大量的木质林产品和非木质林产品，还提供了休闲和娱乐的场所，满足了人们在精神与文化方面的需求，同时对改善生态环境也发挥了重要作用。因此，有必要对森林资源的实物量进行统计，以满足森林资源的利用与管理服务。

森林资源的实物量就是以实物单位来计量的森林资源的数量。森林资源实物量统计是森林资源统计的基础，搞好实物量统计是搞好森林资源统计的重要一环，对于做好森林资源统计分析和林业统计工作都具有非常重要的作用。具体表现在：

(1)反映森林资源的状况和森林资源经营管理水平

由于实物量能具体反映森林资源的数量和构成，直接反映了一定时期我国森林资源经营管理的成果，如森林面积、森林蓄积量等，体现了我国森林资源基本状况和森林经济管理的成果。由于实物量不受价格的影响，可以直接进行地区和国际间的对比，进行地区和国家的森林资源评价和分析。

(2)作为编制各类林业发展规划和生产计划的主要依据

编制国家林业发展规划和组织林业生产都需要以实物量的统计数据作为依据，分析国家和各个地区的实际情况，制订出森林资源的发展与消耗目标，这些都离不开森林资源的实物量统计数据。

(3)它是进行森林资源统计分析指标的计算基础

如公益林和商品林比例关系、林地实物生产力、森林资源增长速度、森林资源的龄组结构等都离不开森林资源的实物量统计。特别是在进行森林资源的价值量评估时，更是离不开实物量统计指标。

森林资源实物量统计的范围和森林资源的实物量界定是一致的，因此，森林资源的实物量统计就对森林资源中能够用实物单位计量的资源(如林地、林木、野生动植物、微生物等实物)进行统计。由于森林资源内容的多样性和丰富性，要对森林资源的全部内容进行详细地统计既没有必要也难以做到。因此，在具体的森林资源实物量统计中要根据国民经济发展和林业经济发展与森林资源经营管理的需要确定具体的统计内容。目前我国的森林资源实物量统计的范围包括林地、林木和重要的野生动植物物种(如熊猫)，以后随着社会的发展和林业的进步，统计的具体内容也会不断扩大和丰富。

二、林地资源实物量统计

林地是林业生产最基本的生产资料和物质基础，是森林资源的重要组成部分。调查、了解和分析林地，是科学配置和合理利用林地资源，推进林业生产正常进行和有效发挥森林资源效益的基本前提。林地资源实物量统计就是利用面积指标从数量和质量两个方面反映各类林地的状况。林地的类型划分根据林业发展和对森林资源经营管理的需要确定，可以按照前面的森林资源统计分组来划分，也可以根据管理和研究的需要来确定，类型会多种多样，如根据土地的覆盖和利用状况所划定的各类林地面积、根据森林起源不同所确定的林地面积（天然林地面积和人工林地面积）等。根据与森林植被生长密切相关的水热条件、地形地貌特征和土壤等自然环境因素可以对林地进行质量评价，依据评价结果对林地进行统计，如森林资源清查中将林地质量分为好、中、差 3 类，全国林地质量"好"的占 39.96%，"中"的占 37.84%，"差"的占 22.20%（《中国森林资源报告 2014—2018》）。

三、林木资源实物量统计

林木是森林植物中全部乔木的总称，是森林资源的主体部分。全面、准确地掌握森林资源的总量、构成和分布是科学地经营与管理好森林资源，充分发挥森林资源的经济、生态与社会效益的前提，也是客观评价林业改革发展成效的基础。林木实物量的统计是利用面积和蓄积量两个指标，根据森林资源经营管理需要和统计分组的标准从不同侧面反映我国森林资源现状和变化情况，如按森林起源的分组，我国的天然林面积为 13 867.77 万 hm^2，占 63.55%，蓄积量为 1 367 059.63 万 m^3，占 80.14%；人工林面积为 7954.28 万 hm^2，占 36.45%，蓄积量为 338 759.96 万 m^3，占 19.86%（《中国森林资源报告 2014—2018》）。

四、野生动植物资源实物量统计

野生动植物是森林资源的重要组成部分，它不只是重要的物质资源，也是重要的生态资源，在森林生态系统中发挥着不可替代的作用。因此，全面地了解和掌握野生动植物资源的数据资料，对于有效地保护好野生动物资源、改善生态环境、推进生态文明、确保林业的可持续发展、维护公众健康具有十分重要的意义。

野生动植物资源的实物量统计分为野生动物实物量统计和野生植物实物量统计两部分。根据野生动物与野生植物属性的不同，各自采用的实物量统计指标也有所不同。

野生动物资源实物量统计就是利用种群数量指标，对陆生野生动物分种类、年龄、受保护级别、栖息地类型、分布区域、保护区级别等进行统计。

野生植物资源实物量统计主要是针对野生植物种类和数量，统计野生植物种类，每一类数量，受保护级别，分布面积，株数等。

五、森林资源质量统计

森林资源的状况不但要用数量指标（如林地面积和森林蓄积量等）来衡量，还要对森林资源的质量状况进行统计，才能全面反映森林资源的好坏。乔木林是森林资源的主体，森林资源质量通常用乔木林的质量指标来反映。森林质量统计的主要指标有单位面积林木年平均生长量、单位面积林木蓄积量、平均郁闭度、平均胸径、平均树高、单位面积株数、树种组成结构单位面积年平均木材产量等。

1. 单位面积林木年平均生长量

它是指某一年份林木生长量与有林地面积的比值，其计算公式为：

$$单位面积林木年平均生长量 = \frac{年林木总生长量}{有林地面积} \qquad (4-1)$$

根据第九次全国森林资源清查资料,我国乔木林每公顷年均生长量为 4.73 m^3。按起源分,天然林 4.04 m^3,人工林 6.15 m^3;按森林类型分,公益林 3.96 m^3,商品林 5.79 m^3,显示出森林经营措施的效果逐步在显现。

2. 单位面积林木蓄积量

它是指某一地区或某一单位的林木总蓄积量与所占林地面积的比值,其计算公式为:

$$单位面积林木蓄积量 = \frac{森林总蓄积量}{有林地面积} \qquad (4-2)$$

以上两个指标值越高,说明林分质量越好,对于人工林而言,还可通过这两个指标考察林分是否达到速生丰产的要求。

根据第九次全国森林资源清查资料,我国乔木林每公顷蓄积量为 94.83 m^3。按起源分,天然林 111.36 m^3,人工林 59.30 m^3;按地区分组,林区的乔木林每公顷蓄积量明显高于全国平均水平,其中西藏 258.30 m^3、新疆 182.60 m^3、四川 139.67 m^3、吉林 130.76 m^3、青海 115.43 m^3、云南 105.89 m^3。我国乔木林单位面积蓄积量还有很大的提升空间,今后要逐步强化森林经营管理措施,提高森林资源的质量水平。

3. 单位面积生物量

它是指某一地区或某一单位的森林生物总量与森林面积,其计算公式为:

$$单位面积生物量 = \frac{森林生物总量}{森林面积} \qquad (4-3)$$

根据第九次全国森林资源清查资料,全国乔木林每公顷生物量为 86.22 t。按起源分,天然林 100.61 t,人工林 55.31 t,人工林低于天然林,森林的固碳和生物生产的潜力还有较大的提升空间。

4. 平均郁闭度

它是指一定时期(一年或五年)内林分郁闭度的均值,以反映森林的一般郁闭状况。根据第九次全国森林资源清查资料,我国乔木林平均郁闭度为 0.58。乔木林中郁闭度为 0.2~0.4 的面积 4505.36 万 hm^2,占 25.05%;郁闭度为 0.5~0.7 的面积为 9476.61 万 hm^2,占 52.68%;郁闭度为 0.8 以上的面积 4505.36 万 hm^2,占 22.27%。合理的林分郁闭度与林木的年龄紧密相关,因此,根据平均郁闭度指标评价森林质量时必须要区分林分的不同林龄。按照《森林采伐作业规程》(LY/T 1646—2005)规定,郁闭度 0.7 以上的天然中、幼龄林和 0.8 以上的人工中、幼龄林为过密乔木林;郁闭度在 0.2~0.4 的中龄林和近成熟林为过疏乔木林。我国过密的乔木林为 4043.71 万 hm^2,占中、幼龄林面积的 35.15%,占乔木林面积的 22.48%,过疏的乔木林面积 2235.28 万 hm^2,占乔木林面积的 12.45%。全国 1/3 的乔木林存在过密和过疏的问题,反映出森林资源经营管理有待进一步加强。

5. 平均胸径

它是衡量森林资源质量的重要指标,特别是在用材林质量评价中具有重要的作用。根据第九次全国森林资源清查资料,我国乔木林平均胸径为 13.4 cm。从林木的 4 个径级组来看,小径组(6~12 cm)1366.18 亿株,占 72.19%;中径组(14~24 cm)437.41 亿株,占 23.11%;

大径组(26~36 cm)69.60 亿株,占 3.68%;特大径组(38 cm 以上)19.21 亿株,占 1.02%;全国乔木林中大径组和特大径组林木很少,整体森林质量不高,制约了森林效益的发挥。

6. 平均树高

它是影响森林材积和质量的一个重要指标,特别在用材林质量评价中发挥着不可替代的作用。根据第九次全国森林资源清查资料,我国乔木林平均胸径为 10.5 m,其中天然林 11.2 m,人工林 8.9 m,人工林明显低于天然林。

7. 单位面积株数

它是反映对林地利用率高低的一个重要指标,合理的单位面积株树有助于很好地发挥森林的各种效益,满足人们对森林资源的需求。根据第九次全国森林资源清查资料,我国乔木林每公顷 1052 株,其中天然林 1081 株,人工林 994 株,林分密度整体上比较稀疏,林地的生产潜力没有充分发挥。

8. 树种组成结构

它是衡量林分多样性和森林质量的重要指标,树种组成结构单一会严重影响森林多种效益的发挥,不利于森林资源的可持续经营。根据第九次全国森林资源清查资料,全国乔木林中,纯林面积 10 447.01 万 hm²,占 58.08%;混交林面积 7541.84 万 hm²,占 41.92%。其中天然乔木林中,纯林面积 5821.30 万 hm²,占 47.42%,混交林面积 6454.88 万 hm²,占 52.58%;人工乔木林中,纯林面积 4625.71 万 hm²,占 80.98%,混交林面积 1086.96 万 hm²,占 19.02%。纯林面积占比过高,是当前森林资源经营管理中亟待解决的突出问题之一。

9. 单位面积年平均木材产量

它是指一定区域内年平均生产木材数量与林地面积的比值。其计算公式为:

$$单位面积年平均木材产量 = \frac{年木材产量}{林地面积} \tag{4-4}$$

生产木材是森林培育的主要目的之一,在永续利用的前提下,单位面积年平均木材产量越高,说明森林生产率越高,林分质量越好。

除了上述指标以外,还可以用其他指标如林龄结构比例、林木径级比例等指标来衡量森林质量;也可以用其他方法如根据森林的植被覆盖、森林结构、森林生产力、森林健康、森林干扰程度等方面的信息,构建森林资源质量综合评价体系,计算森林质量指数来反映森林质量状况。

第四节 森林资源价值量统计

一、森林资源价值量统计的意义

上面所论述的森林资源统计都是实物量的统计,它是价值量统计的基础。随着社会主义市场经济和国民经济核算体系的建立和发展,森林资源也需要进行价值量核算。

我国新国民经济核算体系中的社会再生产核算表,由国内生产总值及使用表、投入产出表、资金流量表、国际收支平衡表和资产负债表 5 个基本表及补充表组成。资产负债是指一定时点、一定范围内存在的以价值量表示物质资料、债权债务和其他资产的核算表。森林资源是其中的一个重要组成部分。社会再生产核算表的前 4 个基本表是反映国民经济的流量，资产负债表核算是存量的核算。它是社会再生产的基本条件，也是社会再生产进行的结果。通过资产负债的价值量核算反映国民经济各部门的资产的总量、结构，以便了解我国全部资产的总规模及其在社会各部门的分布、流向。它可为党政领导和决策部门了解我国的国情国力，了解再生产的基本条件，加强宏观经济管理，实行科学决策提供依据。此外，森林资源的价值量核算对实现森林资源的资产化管理、森林交易及市场的建立，优化森林资源的配置等也有重要的意义。

鉴于森林资源的价值量复杂，我国新国民经济核算体系也处于起步阶段，森林资源在社会再生产的基本条件补充表——自然资源表中以实物形式表示外，资产负债核算暂时不包括这部分内容。随着我国改革开放的深入发展，市场调控的分量逐渐加大，与国际对比日趋频繁，从发展的观点看，从方案的完整性、科学性看，我国的资产负债核算从口径上是应该包括这部分内容的。

二、森林资源价值量核算的范围

森林资源是重要的自然资源，它不但为人类的生产与生活提供了大量的实物产品，而且森林具有重要的生态功能和文化价值，因此，森林资源价值量核算的范围，包括实物资源价值(林地、立木、野生动植物、微生物等)、生态服务功能价值(固碳释氧、净化大气环境、保持水土等)和文化价值(森林康养、休闲体验等)3 个部分。森林资源的价值统计范围如图 4-1 所示。

三、森林资源价值量统计的方法

森林资源价值量计算的方法是一个十分复杂的问题，目前无论是在理论上还是实践中都处于不断地研究与探索阶段。所以，在此仅就一些有关森林资源价值估算的基本方法做一些简要介绍，以供参考。

(一)立木资源价值统计

1. 按现行市场价估算立木资源价值

立木资源价值是以立木蓄积量为核算对象，是立木蓄积量与相应的林价(立木价)的乘积。其计算公式为：

$$立木资源价值 = 立木蓄积量 \times 林价 \tag{4-5}$$

立木蓄积量可通过森林资源调查或推算得到，因此，计算立木资源价值的关键在于科学合理地确定林价。按现行市场价计算立木资源的价值就是将相同或相似的森林资源的现行市场成交价格作为被评估立木资源的价格来估算立木资源价值的方法。其计算公式如下：

$$P = K \cdot B \tag{4-6}$$

式中　P——立木资源市场价格；

　　　K——相同或相似立木资源的市场价格；

　　　B——林分质量调节系数。

本方法可用于不同林龄、不同林种的立木资源价值的评估。其计算结果可信度高、说

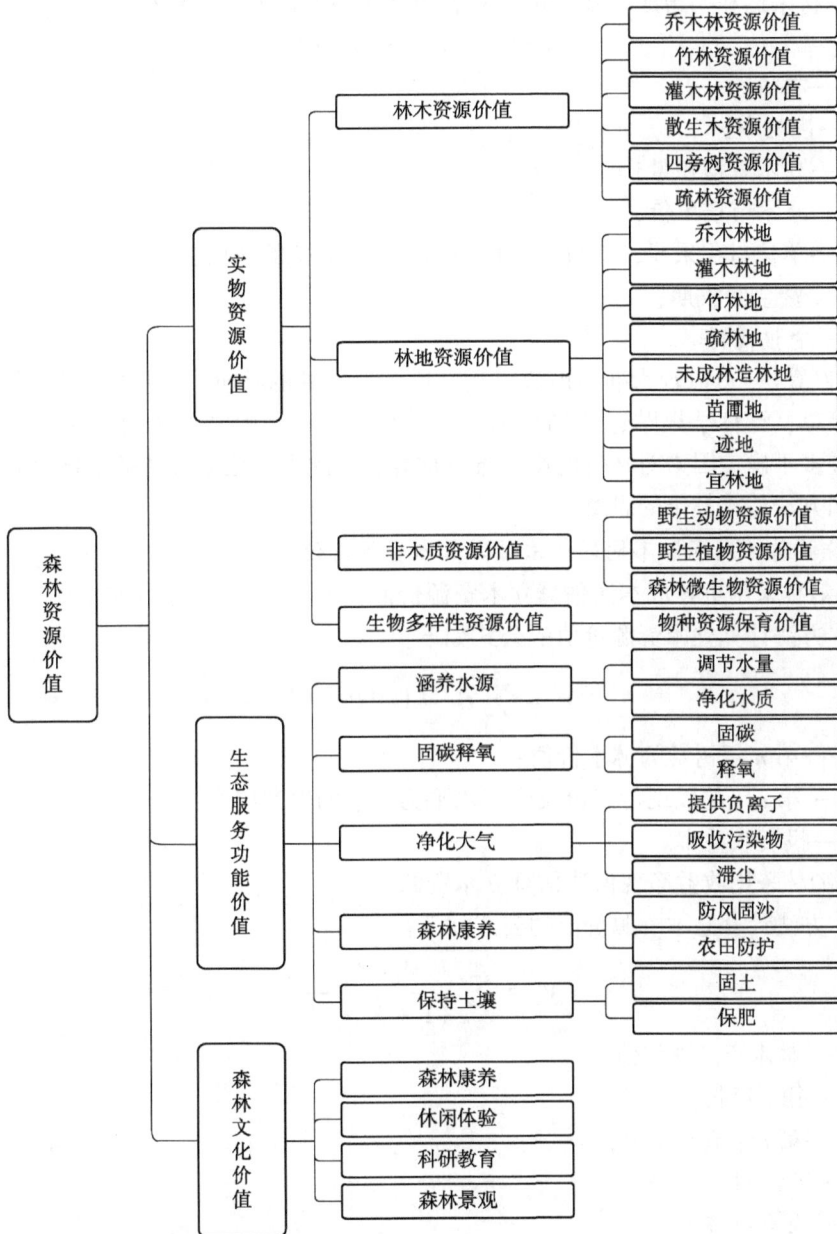

图 4-1　森林资源价值统计的范围

服力强、计算简单。因此，在能获得相关计算信息的条件下应该首选此方法进行立木资源价值的计算。但多数情况下本方法所需的相关信息难以获得，人们不得不采用其他方法进行立木资源价值的估算。

2. 按"倒算法"估算立木资源价值

在难以获得被评估立木资源市场价格的情况下，世界各国的学者对于如何获得可用于立木资源价值估算的林价进行了大量的研究，提出了许多林价计算方法和计算公式，其中"倒算法"计算林价被世界多数国家普遍采用。"倒算法"计算林价就是从木材市场价格出发，扣除木材采运和销售成本及法定利润后的余额即为林价。其基本公式为：

$$X = f[A - B(1 + mr)] \cdot V \qquad (4-7)$$

式中　X——林价；

　　　f——出材率；

　　　V——立木总蓄积量；

　　　A——原木市场单价；

　　　B——单位材积采伐、造材、运材到销售为止分摊的费用；

　　　m——资金回收期；

　　　r——企业利润率。

采用"倒算法"可以较为准确地获得近、成、过熟林的林价，它所需的资料易于获得，计算方法简单，计算结果贴近市场价值。但在估算中、幼龄林林价时由于倒推的时间较长，其间许多不确定因素对林价的影响难以估算，为此人们根据林龄的不同又提出了分林龄采用不同方法估算林价的思路。

3. 按照林龄不同采取不同的方法估算立木资源价值

(1)幼龄林采用重置成本法估算立木资源价值

采用本方法计算立木资源价值的公式如下：

$$V_n = \sum_{i=1}^{n} C_i \cdot (1 + P)^{n-i+1} \qquad (4-8)$$

式中　V_n——第 n 年树龄的林木价值；

　　　C_i——第 i 年的以现行工价及生产水平为标准的生产成本；

　　　P——投资收益率。

(2)中龄林采用收益净现值法估算立木资源价值

采用本方法计算立木资源价值的公式如下：

$$V_n = \sum_{t=n}^{u} \frac{A_t - C_t}{(1 + P)^{t-n+1}} \qquad (4-9)$$

式中　V_n——林木资产评估值；

　　　A_t——第 t 年收入；

　　　C_t——第 t 年成本支出；

　　　u——经营期；

　　　P——投资收益率；

　　　n——林分年龄。

(3)近、成、过熟林采用倒算法估算立木资源价值

采用本方法计算立木资源价值的公式如下：

$$V = W - C - F \qquad (4-10)$$

式中　V——近熟林、成熟林、过熟林的评估价值；

　　　W——木材销售总收入；

　　　C——木材生产经营成本(包括采运成本、有关税费)；

　　　F——木材生产经营段利润。

4. 立木资源价值其他估算方法

(1)经济林采用收益现值法估算立木资源价值

经济林的经营目的主要是获取果实、树液等非木质林产品，立木本身虽有经济价值但不是人们经营的目标产品。因此，人们对经济林给予了特殊的关注。但从林木本身的经济价值估算来看，多数学者建议采用收益现值法估算立木资源价值，其计算公式如下：

$$V_n = A \cdot \frac{(1+P)^{u-n}-1}{P \cdot (1+P)^{u-n}} \qquad (4-11)$$

式中　V_n——经济林评估价值；

　　　A——盛产期内年净收益；

　　　u——经济寿命期；

　　　n——经济林林木年龄；

　　　P——投资收益率。

(2)竹林采用年金资本化法估算立木资源价值

近些年来竹林的开发利用得到了快速发展，无论是开发利用的深度和应用领域的广度都有了显著的提升。因此，人们对竹林资源的关注也越来越强。其立木资源价值的估算公式为：

$$V = \frac{A}{P} \qquad (4-12)$$

式中　V——竹林价值评估值；

　　　A——竹林的年净收益；

　　　P——投资收益率。

根据第八次全国森林资源清查资料核算，截至 2013 年，我国林木资产的总价值 136 516.79 亿元(本次核算幼龄林采用重置成本法、中龄林采用收益现值法计算林木价值)。根据第九次全国森林资源清查，截至 2018 年，我国林木资产的总价值为 155 200 亿元。

(二)林地资源价值统计

林地资源价值是林地面积与林地价格的乘积，即：

$$林地资源价值 = 林地面积 \times 林地价格 \qquad (4-13)$$

可见，林地资源价值统计关键在于确定合理的林地价格。土地价格的确定方法很多，这里主要介绍较为常用的 3 种方法，即收益法、年金资本化法和温特地价模型。

1. 收益法

它以土地收益理论为依据，通过土地纯收益和还原利率的对比来确定林地价格。其计算公式为：

$$P = \frac{A}{r} \qquad (4-14)$$

式中　P——林地价格；

　　　A——年林地净收益，它是年林地总收益与年林地总费用之差，可用(林地产值—成本—投资机会成本—税金)代替；

　　　r——还原利率。

2. 年金资本化法

在永续经营条件下，将评估森林资源资产年稳定收益作为资本投资的收益，按适当的投资收益率折算林木资源资产价值的方法。

它以土地收益理论为依据，通过土地每年纯收益和还原利率的对比来确定林地价格。其计算公式为：

$$V = \sum_{i=1}^{n} \frac{A_i}{P} \tag{4-15}$$

式中　　V——林地地价；

　　　　i——林地类型的种类；

　　　　A_i——第 i 种林地类型的年平均租金；

　　　　P——投资收益率。

3. 温特地价模型

这种方法也是以土地收益理论为依据，是收益法的改进形式，其计算公式如下：

$$P = \frac{A_X - C_X}{r} \tag{4-16}$$

式中　　P——林地价格；

　　　　A_X——预期林业总收益；

　　　　C_X——预期林业总成本；

　　　　r——林业资本还原利率。

依据第八次全国森林资源清查资料，截至 2013 年，我国林地的总价值 76 434. 36 亿元。根据第九次全国森林资源清查数据，截至 2018 年，我国的林地资产价值 95 400 亿元。

(三)非木质资源价值统计

非木质资源包括森林中的野生动物资源、野生植物资源和森林微生物资源 3 个部分。由于非木质资源价值计量的复杂性与特殊性，其价值统计方法仍处于研究之中，相对来讲野生动物资源价值统计的研究进展快一些，因此，本部分介绍下我国的野生动物资源价值统计，野生植物资源和森林微生物资源价值核算可以采用一般的森林资源生态服务功能价值评估方法(如费用支出法、市场价值法、条件价值法、旅行费用法等)进行价值量的评估。

根据国家林业局 2017 年 11 月颁布的《野生动物及其制品价值评估方法》，野生动物的价值，按照对应物种的基准价值乘以相应的系数计算。国家林业局负责制定、公布并调整《陆生野生动物基准价值标准目录》，相应的系数为：国家一级保护动物为 10，国家二级保护动物为 5；地方重点保护的野生动物和有重要生态、科学、社会价值的野生动物为 1；两栖类野生动物的卵、蛋价值，按照该种野生动物价值的 10% 计算；爬行类野生动物的卵、蛋价值，按照该种野生动物价值的 1/10 计算；鸟类野生动物的卵、蛋价值，按照该种野生动物价值的 1/2 计算。人工繁育的野生动物的价值，按照同种野生动物价值的 50% 计算；列入《人工繁育国家重点保护野生动物名录》的野生动物价值，按照同种野生动物价值的 25% 计算。新增加的重点保护野生动物和有重要生态、科学、社会价值的野生动物，尚未列入《陆生野生动物基准价值标准目录》的，其基准价值按照预期同属、同种或者同目的野生动物的基准价值计算。

(四)生物多样性资源价值统计

森林资源是陆地上一个丰富的物种资源库，森林中生活着各种动植物，森林是陆地野生动植物的家园，保护好这个家园对于保护生物多样性具有十分重要的作用。根据《森林生态系统服务功能评估规范》(GB/T 38582—2020)，森林多样性资源价值可以用森林资源的物种资源保育价值表示，其计算公式为：

$$U_{总} = \left(1 + \sum_{m=1}^{x} E_m \times 0.1 + \sum_{n=1}^{y} B_n \times 0.1 + \sum_{r=1}^{r} O_r \times 0.1\right) \cdot S_{生} \cdot A \qquad (4-17)$$

式中　$U_{总}$——评估林分年物种资源保育价值(元/a)；

$\quad\quad$ E_m——评估林分(或区域)内物种 m 的珍稀濒危指数；

$\quad\quad$ B_n——评估林分(或区域)内物种 n 的特有种指数；

$\quad\quad$ O_r——评估林分(或区域)内物种 r 的古树年龄指数；

$\quad\quad$ x——计算珍稀濒危物种数量；

$\quad\quad$ y——计算特有种物种数量；

$\quad\quad$ r——计算古树物种数量；

$\quad\quad$ $S_{生}$——单位面积物种资源保育价值[元/(hm² · a)]；

$\quad\quad$ A——林分面积(hm²)。

(五)森林资源生态服务功能的价值统计

1. 森林资源生态服务功能价值的评估方法

森林资源不但能够为人类社会提供大量的物质产品，还可以提供生态服务，满足人类社会生存和发展的需求。由于森林资源所提供的生态服务功能多种多样，且互相依赖，因此对其进行价值统计和评估非常困难。但经过多年的研究，人们在其价值评估上取得了很大的进展，在此简单介绍几种常用的方法如下：

(1)条件价值法(contigent value method，CVM)

该法也称调查法(survey method)，适用于缺乏实际市场和替代市场交换的商品的价值评估，是目前环境经济学中应用最广泛的评估方法。他们认为，商品价值可由支付意愿表示，即：

$$任何商品的价值=人们对该商品的支付意愿$$

这种方法认为森林资源生态服务价值就是人们对森林资源这种公共商品的支付意愿，可从消费者角度出发，在一系列假设条件下，通过调查，问卷、投标等市场调查方式直接咨询消费者对森林资源生态服务的支付意愿或净支付意愿，从而得到森林生态服务的价值。

(2)费用支出法(expenditure method)

该法是一种古老而简单的方法，它以人们对森林的某种生态服务的支出费用来表示该服务的经济价值。如森林游憩价值，是以游憩者支出的费用总和(包括往返交通费、餐饮费、住宿费、门票费、设施使用费、摄影费等一切支出的费用)作为森林游憩的经济价值，也可以用游客支出的部分费用(交通费、住宿费、餐饮费、门票费)作为游憩价值。

(3)市场价值法(the market method)

该法适合于没有费用支出但有市场价格的定量的森林资源生态服务的价值评估。这种方法是先定量被评价的某种森林生态服务的效果，再根据这些效果的市场价格来计算生态服务的经济价值。其计算公式为：

$$V = \sum P_i \Delta R_i \qquad (4-18)$$

式中　V——森林生态服务的经济价值；

　　　P_i——某种生态服务的 i 种效果的市场价格；

　　　ΔR_i——某种生态服务引起的 i 种效果的定量值。

市场价值法还可根据森林生态服务效果的正负来分别评价。如评价森林涵养水源，产生氧气的价值可先测定每年涵养水源的吨数，每年供给氧气的吨数等；再求出"影子价格"，森林涵养水源效益的定价可依据水库工程的蓄水成本，供给氧气的吨数可按氧气的市场价格确定；最后根据公式 $V = \sum P_i \Delta R_i$ 计算生态服务效益的年总经济价值。环境损失为评价出水土流失、河道等损失的价值，也可按上述单位进行计量。

(4)旅行费用法(travel cost methcd，TCM)

该法属于间接性经济评价方法，与游憩费用支出法不同的是它不是以游憩费用作为森林游憩的价值，而是利用游憩的费用(常以交通费和门票费作为旅行费用)资料求出"游憩商品"的消费者剩余，并以其作为森林游憩的价值。这种方法是目前发达国家最流行的游憩价值评价标准方法。

根据上述各方法计算的结果就是森林资源年提供的生态服务价值，为了反映核算时点森林资源生态服务价值问题(即存量)，可通过对各年生态服务价值量进行贴现，以森林资源生态服务价值现值表示核算时点森林资源生态服务价值存量。其计算公式如下：

$$P = V_1 + V_2 + \cdots + V_n = V + V/(1+r) + V/(1+r)^2 + \cdots + V/(1+r)^n = V[(1+r)^{n+1}-1]/r(1+r)^n$$

若时间年限 n 认为是无穷大，即 $n \to \infty$，则

$$P = \lim_{n \to \infty} V[(1+r)^{n+1}-1]/r(1+r)^n \qquad (4-19)$$
$$= V(1+r)/r$$

式中　P——核算时点森林资源生态服务价值存量；

　　　V——森林资源生态服务年价值量；

　　　r——贴现率(一般可取 $r=10\%$)；

　　　n——时间年限。

(5)等效替代法

人类社会对资源的需求是多方面的，如果某种资源有限时人们往往用另外一种资源作为替代物加以利用。从替代效应的角度来看，等效应的两种资源应该具有相同的价值，这样就可以借助于替代物来估算被替代资源的价值。

森林资源具有多种形式的生态效益，而多数的生态效益是没有市场价格的，如森林涵养水源的效益，可用水资源价格或废水处理的成本信息来估算森林涵养水源的价值。

2. 森林资源生态服务功能价值估算

森林资源能够为人类提供极为多样的生态服务，要对其进行全面、准确地计算目前还难以做到，但通过国内外大量学者的研究与努力对其中的主要一些生态服务功能价值的估

算提出了可行的估算思路与方法，下面对其进行简单的介绍。

（1）涵养水源价值

森林涵养水源的功能是通过林地土壤吸纳水分和净化水质的能力表现出来，其价值也是由这两部分组成，具体的计算是首先估算出调节水量和净化水质的量，然后乘以相应的价格后获得森林涵养水源的价值量。具体计算公式如下：

①年调节水量价值

$$U_{调} = 10C_{库} \cdot A \cdot (P-E-C) \cdot t \tag{4-20}$$

式中　$U_{调}$——实测森林年调节水量价值(元/a)；

　　　A——林分面积(hm^2)；

　　　P——实测林分林外降水量(mm/a)；

　　　E——实测林分蒸散量(mm/a)；

　　　$C_{库}$——水资源市场交易价格(元/m^3)；

　　　C——实测林分地表快速径流量(mm/a)；

　　　t——价格参数换算系数。

②年净化水质价值

$$U_{水质} = 10K \cdot A \cdot (P-E-C) \cdot t \tag{4-21}$$

式中　$U_{水质}$——实测林分净化水质价值(元/a)；

　　　A——林分面积(hm^2)；

　　　P——实测林分林外降水量(mm/a)；

　　　E——实测林分蒸散量(mm/a)；

　　　K——污水处理成本(元/m^3)；

　　　C——实测林分地表快速径流量(mm/a)；

　　　t——价格参数换算系数。

（2）固碳释氧价值

森林植物在生长过程中要吸收二氧化碳并释放出氧气，从而固定了大气中的二氧化碳和提高了大气中氧气的含量，这对维持大气中二氧化碳和氧气的动态平衡具有重要作用。根据光合作用化学反应式，森林植被每积累 1.00 g 干物质，可以吸收 1.63 g 二氧化碳，释放出 1.19 g 氧气。森林固碳释氧功能价值的计算公式如下：

①固碳价值　森林资源的固碳是由森林植被固碳和森林土壤固碳两部分构成，因此其固碳价值也由两部分加总化的。植被和土壤年固碳价值为：

$$U_{碳} = A \cdot C_{碳} \cdot (1.63R_{碳} \cdot B_{年} + F_{土壤碳}) \cdot t \tag{4-22}$$

式中　$U_{碳}$——实测林分年固碳价值(元/a)；

　　　A——林分面积(hm^2)；

　　　$B_{年}$——实测林分年净生产力[t/($hm^2 \cdot a$)]；

　　　$F_{土壤碳}$——单位面积林分土壤年固碳量[t/($hm^2 \cdot a$)]；

　　　$R_{碳}$——二氧化碳中碳的含量，27.27%；

　　　$C_{碳}$——固碳价格(元/t)；

　　　t——价格参数换算系数。

②年释氧价值

$$U_{氧} = 1.19 C_{氧} \cdot A \cdot B_{年} \cdot t \tag{4-23}$$

式中 $U_{氧}$——实测林分年释氧价值(t/a);

A——林分面积(hm^2);

$B_{年}$——实测林分年净生产力[$t/(hm^2 \cdot a)$];

t——价格参数换算系数;

$C_{氧}$——制造氧气的价格(元/t)。

(3)净化大气环境价值

森林能够有效吸收有害气体和阻滞粉尘,还能提供负氧离子等有益于人类身体健康的物质。有些学者提出目前森林资源净化大气环境的价值可以用估算森林提供负氧离子的价值、森林吸收污染物的价值和滞尘3部分价值构成,具体计算公式如下:

①年提供负氧离子的价值

$$U_{负离子} = 5.256 \cdot 1015 \cdot A \cdot H \cdot K_{负离子} \cdot t \cdot (Q_{负离子} - 600)/L \tag{4-24}$$

式中 $U_{负离子}$——实测林分年提供负离子价值(元/a);

A——林分面积(hm^2);

$Q_{负离子}$——实测林分负离子单位体积浓度(个/cm^3);

H——林分高度(m);

L——负离子寿命(min);

$K_{负离子}$——生产费用(元);

t——价格参数换算系数。

②吸收气体污染物价值 森林吸收气体污染物价值可以用森林吸收大气中的主要污染物二氧化硫、氟化物和氮氧化物来代替,具体计算公式为:

年吸收二氧化硫价值(SO_2):

$$U_{二氧化硫} = K_{二氧化硫} \cdot Q_{二氧化硫} \cdot A \cdot t \tag{4-25}$$

式中 $U_{二氧化硫}$——实测林分年吸收二氧化硫价值(元/a);

A——林分面积(hm^2);

$Q_{二氧化硫}$——氟化物单位面积实测林分年吸收二氧化硫量[$kg/(hm^2 \cdot a)$];

$K_{二氧化硫}$——二氧化硫的治理费用[$元/(kg \cdot a)$];

t——价格参数换算系数。

年吸收氟化物价值:

$$U_{氟化物} = K_{氟化物} \cdot Q_{氟化物} \cdot A \cdot t \tag{4-26}$$

式中 $U_{氟化物}$——实测林分年吸收氟化物价值(元/a);

A——林分面积(hm^2);

$Q_{氟化物}$——单位面积实测林分年吸收氟化物量[$kg/(hm^2 \cdot a)$];

$K_{氟化物}$——单位面积实测林分年吸收氮氧化物量[$kg/(hm^2 \cdot a)$];

t——价格参数换算系数。

年吸收氮氧化物价值:

$$U_{氮氧化物} = K_{氮氧化物} \cdot Q_{氮氧化物} \cdot A \cdot t \tag{4-27}$$

式中 $U_{氮氧化物}$——实测林分年吸收氮氧化物价值(元/a);

A——林分面积(hm^2);

$Q_{氮氧化物}$——单位面积实测林分年吸收氮氧化物量[$kg/(hm^2 \cdot a)$];

$K_{氮氧化物}$——氮氧化物治理费用(元/kg);

t——价格参数换算系数。

③年滞尘价值

$$U_{滞尘} = K_{滞尘} \cdot Q_{滞尘} \cdot A \cdot t \tag{4-28}$$

式中 $U_{滞尘}$——实测林分年滞尘价值(元/a);

A——林分面积(hm^2);

$Q_{滞尘}$——单位面积实测林分年滞尘量[$kg/(hm^2 \cdot a)$];

$K_{滞尘}$——降尘治理费用(元/kg);

t——价格参数换算系数。

(4)森林防护

森林植被的根系能够固定土壤和改善土壤结构,地上部分可以降低风速保护地面植物免受风害的影响,从而改善农牧业的生产条件和人们的生活环境。森林防护功能的价值估算可以将森林的防风固沙价值和农田防护价值加总来获得,具体计算公式如下:

①防风固沙功能价值量

$$U_f = A_t \cdot K_f \cdot t \tag{4-29}$$

式中 U_f——森林防风固沙功能的价值量(元/a);

A_t——实测林分防风固沙林面积(hm^2);

K_f——认领治理沙漠出资额度[$元/(hm^2 \cdot a)$];

t——价格参数换算系数。

②农田防护功能价值量

$$U_a = K \cdot V_a \cdot ma \cdot t \tag{4-30}$$

式中 U_a——实测林分农田防护功能的价值量(元/a);

K——平均 1 hm^2 农田防护林能够实现农田防护面积为 19 hm^2;

V_a——农作物、牧草的价格(元/kg);

ma——农作物、牧草平均增产量(kg/a);

t——价格参数换算系数。

依据第八次全国森林资源清查资料,我国森林生态服务总价值量为 126 800 亿元/a,其中涵养水源价值 31 822.85 亿元/a,保育土壤价值 20 036.85 亿元/a,固碳释氧价值 10 735.90 亿元/a,净化大气环境价值 11 773.57 亿元/a,生物多样性保护价值 43 347.04 亿元/a,农田防护与防风固沙价值 548.81 亿元/a,森林游憩价值 8498.79 亿元/a。根据第九次森林资源清查数据(2014—2018 年),全国森林生态系统提供生态服务总价值为 158 800 亿元。与第八次全国森林资源清查期间(2009—2013 年)相比,全国森林生态服务年实物量增长明显。其中,涵养水源功能中调节水量增加 8.31%,保育土壤功能中固土量增加 6.80%、保肥量增加 7.50%,净化大气环境功能中提供负离子量增加 8.37%、吸收污染气体量增加 5.79%、滞尘量增加 5.36%。全国森林生态服务年价值量从 126 800 亿元增长到 158 800 亿元,增长 25.24%。

(六)森林文化价值统计

森林文化价值是人类与森林生态系统长期交往互动、和谐共生中所发育形成并提供给人们的精神服务和文化产品的总和,是森林资源价值的重要组成部分。从森林文化价值的内涵来讲,它所指的就是森林文化满足人类需求,对人类的地理历史、游憩康养、科研教育、民族习俗、精神信仰、审美感知及其艺术创造等方面所产生的影响和作用,给予人类文明物质文化和精神文化的滋养、培育和支撑的服务功能和能力的价值。许多专家学者对森林文化价值进行了大量的研究,提出了对森林文化价值估算的不同方法,如游憩康养的价值建议采用森林旅游与休闲产业及休闲康养产业的价值进行估算,科研教育价值用森林科研价值和科普与教育价值进行估算,森美艺术价值可以从森林景观价值进行估算。

2021 年 3 月 12 日国家林业和草原局、国家统计局联合发布了第三期中国森林资源核算研究成果,其中公布了首次开展评估的森林文化价值的评估结果约为 31 000 亿元。在评估研究中,课题组提出了"人与森林共生时间"核心理论,创建了森林文化物理量和价值量的评估方法,构建了森林文化价值评估指标体系,在全面、准确地估算森林文化价值方面取得了重要的进展。但总体来讲,目前人们对森林文化价值的认识和价值估算方法的研究还处于探索与完善中。

森林资源价值统计与估算是个十分复杂的问题,虽然经过国内外学者多年的不懈努力已取得了不少的成果,但要准确地计量森林资源的全部价值还需要人们继续进行深入的研究与探索。但我们相信,随着科学技术的进步,森林资源价值核算研究的深入和统计水平与手段的不断提高,森林资源价值核算体系定将日臻完善并广泛应用,为各决策主体提供更为丰富的森林资源信息。

第五节　森林资源利用统计

森林资源培育与利用是林业生产中矛盾运动的两个方面,二者既对立又统一。森林资源培育是森林资源利用的前提和基础。森林资源的数量、结构、分布决定森林资源的利用规模和效果;而森林资源利用则是森林资源培育的目的和结果。森林资源利用情况与效果反过来又影响森林资源的数量、质量与分布。为了反映森林资源培育与利用的矛盾运动,研究二者的数量关系及其变化,提高森林资源利用程度,保证森林资源永续利用,加强森林资源和利用统计具有十分重要的意义。

森林资源是一个多要素的综合体,因此森林资源利用的范围十分广泛,既包括林地、林木资源的利用,也包括森林动植物、微生物及森林环境资源的开发利用。由于全面地对森林利用情况进行统计目前还难以做到,本节主要介绍林地、林木与野生动物资源利用情况统计的有关指标。

一、林地资源利用情况统计

反映林地资源利用情况的主要指标有森林覆盖率、林木绿化率、各类林业用地面积结构、采伐迹地更新率及林地生产率等。

（一）森林覆盖率

森林覆盖率是森林面积与土地总面积的比，反映森林覆盖陆地的程度。我国现行的森林覆盖率计算公式为：

$$森林覆盖率 = \frac{（乔木林地面积+竹林地面积+特殊灌木林地面积）}{土地总面积} \times 100\% \quad （4-31）$$

式（4-31）表明，林地利用充分与否决定林地面积大小，从而决定森林覆盖率的高低，因此森林覆盖率是反映林地资源利用程度的最基本的指标。

森林覆盖率的大小是评价一个国家或地区生态环境好坏的重要指标。一般认为，一个国家或地区森林覆盖率达到30%以上，且分布均匀时，则该国家或地区的生态环境较好，气候较正常，农牧业稳定高产就有环境保障。

森林覆盖率大小还是制定林业建设方针和经营管理措施的重要依据。一般而言，森林覆盖率高的地区，其森林资源比较丰富，林业建设方针应该是加强现有森林资源的保护与管理，合理规划与利用，在发挥森林的各种效用的同时，为社会提供更多的木材及其他林产品，而对于森林覆盖率低的地区，其林业建设应以在保护现有资源的基础上，采取努力开展植树造林和森林抚育，扩大森林资源的方针。

我国森林资源少、林木覆盖率低，据第九次全国森林资源清查结果表明，我国森林覆盖率为22.96%，而世界平均水平为30.7%。可见，我国森林资源与世界平均水平相比还有较大差距。因此，在保护现有森林资源的条件下，大力开展植树造林和森林抚育、不断扩大森林面积、提高森林覆盖率是今后林业发展的基本任务。

另外，森林覆盖率按地区分布可以形成覆盖率的截面数据，反映森林资源分布得均匀程度，为因地制宜地制定各地区林业方针政策提供依据。

（二）林木绿化率

林木绿化率是另一个反映森林覆盖陆地的程度的指标，其计算公式为：

$$林木绿化率 = \frac{（乔木林地面积+竹林地面积+灌木林地面积+四旁树占地面积）}{土地总面积} \times 100\%$$

$$（4-32）$$

注：四旁树占地面积按 1650 株/hm² 计（每亩* 110 株）。

绿化祖国、改善生态环境、满足人们对美好生态环境追求的愿望是林业建设的重要目标之一，林木绿化率就是进行这方面评价的重要指标。目前我国整体来讲林木绿化率不高，加强造林绿化、提高林木绿化率仍然是今后一项长期的工作任务。

（三）各类林业用地面积结构

林业用地包括乔木林地、竹林地、疏林地、灌木林地、未成林造林地、苗圃地、迹地、宜林地，把上述各类土地与林业用地总面积进行对比，便可反映林业用地的利用情况。一般而言，林地利用率越高，林木所占面积比重越高，而疏林地、迹地、宜林地的面积比重越低。尽快在迹地、宜林地上进行造林和改造疏林地是充分利用林地资源的最终目标。

---

* 1 亩 = 666.7m²

目前, 我国林业用地利用率还很低。第九次全国森林资源清查资料表明: 全国林地面积为 32 368.55 万 hm^2。其中, 乔木林地面积为 17 988.85 万 hm^2, 占 50.57%; 竹林地 641.16 万 hm^2, 占 1.98%; 疏林地 342.18 万 hm^2, 占 1.06%; 灌木林地 7384.96 万 hm^2, 占 22.82%; 未成林造林地 699.14 万 hm^2, 占 2.16%; 苗圃地 71.98 万 hm^2、迹地 242.49 万 hm^2、两项合计占 0.97%, 宜林地 4997.79 万 hm^2, 占 15.44%。可见, 我国林地结构仍旧不合理, 今后应大力发展植树造林, 扩大森林面积, 最大限度地减少迹地、宜林地和疏林地, 充分利用有限的林地资源。

(四) 采伐迹地更新率

森林资源是可再生资源。森林采伐或发生火灾以后, 必须及时更新, 才能恢复森林, 保证森林资源的永续利用。因此, 我国《森林采伐更新管理办法》规定, 采伐林木的单位和个人, 应当按照人工更新、人工促进天然更新、天然更新相结合的原则, 在采伐的当年或次年内必须完成更新造林任务。

更新率就是反映采伐与更新之间关系的指标。它是人工更新和人工促进天然更新造林合格面积与相应时期采伐面积和火烧迹地面积之比。可以计算报告期一年的更新率, 称为年新率, 它是本年更新造林合格面积与上年造林结束以后至本年造林开始前采伐和火烧迹地面积的比, 反映当年更新造林与森林消耗(采伐面积和火烧迹地面积)间的比例关系。也可以计算一定时期内的总更新率, 称为一定时期更新率或总更新率, 它是一定时期更新造林成效面积(包括采伐迹地人工更新造林保存面积和天然更新成效面积)与同一时期采伐面积和火烧迹地面积的比, 它反映一个时期内更新造林跟上或超过采伐面积和火烧迹地面积的程度。其计算公式为:

$$年迹地更新率 = \frac{年更新造林合格面积}{年采伐面积 + 火烧迹地面积} \times 100\% \qquad (4-33)$$

$$一定时期更新率 = \frac{一定时期内更新合格面积}{同一时期内采伐面积 + 火烧迹地面积} \times 100\% \qquad (4-34)$$

以上两个指标中, 以一定时期更新率更为主要。因为它反映了采伐面积和火烧迹地面积与更新的长期比例关系, 能更全面准确地说明采育关系是否协调, 在定期更新率中, 分子是各年更新造林面积乘以至计算年为止的保存率, 分子减分母之差, 若为负值, 称为负账面积; 若为正值, 表示超过面积, 即森林资源面积扩大了。

更新包括人工更新、人工促进天然更新、天然更新。人工更新质量优于其他更新方式, 因此, 在计算分析更新率时, 还应分析人工更新面积占总更新面积的比重, 以反映采用人工方法恢复森林的程度。

更新率指标主要是从采伐迹地和火烧迹地的森林恢复角度来说明林地资源利用情况。一般而言, 更新率越高, 尤其是人工更新率越高, 则林地利用程度越高。

(五) 林地生产率

林地生产率是指单位林地面积年产量或产值, 它反映林地的利用程度和效果, 以年产量表示的林地生产率称为林地生产率实物指标, 以主要产品的实物量计算, 实质上就是指林分年生长量。以产值表示的林地生产率称为林地生产率价值指标。它除了包括主要产品外, 还包括林地上生产的其他产品, 如树枝、树液、林粮间作及其他动植物等。由于林业生产周期长，有些产品生产是间歇性的，为反映一个生产周期的一般水平，通常计算生产周期内的年平均林地生产率。其计算公式为：

$$林分平均林地生产率实物指标 = \frac{生产周期内林分蓄积量}{林地面积 \times 生产周期} \tag{4-35}$$

$$林分平均林地生产率价值指标 = \frac{生产周期内林业总产值}{林地面积 \times 生产周期} \tag{4-36}$$

二、林木资源利用情况统计

(一)森林资源开发率

森林资源开发率是指已开发利用的森林资源占全部森林资源的比，可按面积，也可按蓄积量计算，用于反映森林资源开发利用的程度。其计算公式为：

$$森林资源开发率 = \frac{已开发森林资源面积(蓄积)}{全部森林面积(蓄积)} \times 100\% \tag{4-37}$$

(二)采伐面积、蓄积量、出材量与出材率

森林采伐包括主伐、低产林改造和成林抚育间伐。主伐既是获取木材的手段，也是森林更新以保证林业再生产连续进行和最大限度地发挥森林多种效益的必要前提。森林进入成熟期后，生长缓慢，自然枯损日益严重，生态功能开始下降，从获取木材角度看，必须进行成熟林采伐，以获取最大数量的木材，取得最佳经济效益，从发挥森林生态效益角度看，也必须进行采伐更新，实现生态效益的再生产。对于低产林改造和成林抚育间伐，除了获取部分用材外，其主要功能在于促进林分生长，提高森林生长率，是森林经营管理中的重要林学措施。可见，森林采伐是林业再生产中的重要环节。

1. 采伐面积

它是指报告期实际采伐的伐区面积，包括本年新采伐面积和回头采伐面积。

采伐包括渐伐、经营择伐和皆伐(小面积皆伐、块状皆伐)3 种主伐方式。其中回头采伐面积和皆伐面积应单独列出。

2. 采伐蓄积量

它是指报告期森林主伐、低产林改造和成林抚育间伐的实际采伐蓄积量。可根据伐前调查设计的各林班蓄积量扣除保留木的蓄积量计算，即用伐前蓄积量减伐后蓄积量求得。也可根据伐区调查设计的各林班的应伐木的蓄积量求得。采伐蓄积量指标是计算蓄积量出材率的基础，也是检查森林采伐限额执行情况的重要依据。

3. 出材量与出材率

出材量是指报告期实际采伐的林班面积中生产的原条、原木、小规格材和薪材的数量。不包括枝桠、树皮、伐根等。统计出材量时，一般分主伐出材量和抚育伐出材量，而且在出材量合计中要分别列出针叶树种和阔叶树种。出材率是指出材量与采伐蓄积量的比率。它是反映森林资源利用情况的重要指标，出材率高，表明林木资源利用好；反之，说明利用差。

由于森林主伐与抚育伐是两种不同性质和目的的采伐活动。主伐的主要目的是获取木材，其利用率越高，经济效益越高。而抚育伐的目的主要是提高森林生长率，获取木材并

非主要目的。因此，抚育伐利用率不是追求高利用率，而是在做好抚育的前提下，追求合理的利用率。所以，根据生产经营管理的需要，出材率可分别计算森林资源主伐出材率和森林资源抚育伐出材率。其计算公式为：

$$森林资源主伐出材率 = \frac{主伐出材量}{主伐蓄积量} \times 100\% \tag{4-38}$$

$$森林资源抚育伐出材率 = \frac{抚育伐出材量}{抚育伐蓄积量} \times 100\% \tag{4-39}$$

(三)采伐限额执行情况指标

我国是个少林国家，为了实现控制我国森林资源消耗，保证实现森林资源永续利用，我国森林法规定，省、自治区、直辖市人民政府林业主管部门根据消耗量低于生长量和森林分类经营管理的原则，编制本行政区域的年度采伐限额，国家严格执行采伐限额制度，即对森林资源按限额采伐。森林资源年采伐限额所指的采伐限额是依照法定的程序和方法，通过对本行政区内森林进行科学的测算，并经国家批准，在一定行政区域或经营区内森林资源采伐的最大限量。它是国家对森林资源有限额消耗的法定控制指标，一经制定，必须严格遵守。森林资源采伐限额执行情况可通过计算采伐限额少采率(超采率)和采伐限额少采量(超采量)指标进行反映。采伐限额少采量是指按采伐限额规定少采了多少立木蓄积量；超采量是指按采伐限额规定多采了多少立木蓄积量；采伐限额少采率(超采率)则是少采量(超采量)的程度。其计算公式为：

$$采伐限额少采量(超采量) = 采伐限额 - 实际采伐量 \tag{4-40}$$

$$采伐限额少采率(超采率) = 1 - \frac{实际采伐量}{采伐限额} \times 100\% \tag{4-41}$$

计算结果若为正数，反映少采率或少采量；若为负数，反映为超采率或超采量。

(四)采伐剩余物综合利用率

在森林资源采伐利用过程中，会产生大量的伐区剩余物，如梢头、枝桠、树皮、树叶等，据有关资料表明，我国森林资源经采伐和造材所得原木，约为立木的80%，其余20%均成为采伐剩余物。随着林产工业技术的发展，充分利用伐区剩余物和加工剩余物开展森林资源综合利用，不仅能为国家提供更多的产品，而且对节约森林资源、相对减少采伐面积、促进采育比例协调具有重要意义。反映采伐剩余物综合利用的指标是采伐剩余物综合利用率。其计算公式为：

$$采伐剩余物综合利用率 = \frac{剩余物综合利用量}{采伐剩余物总量} \times 100\% \tag{4-42}$$

采伐剩余物各不相同，计算单位也不一样。各种剩余物应分别计算。利用量可根据产品验收记录计算，剩余物总量可通过抽样调查或典型调查进行推算。

三、非木质资源利用情况统计

1. 野生动物资源的利用

野生动物资源的利用方式主要有科学实验、观赏、动物及其制品的商品贸易等。野生动物利用表现在狩猎，也在饲养场、野生动物园、动物园等饲养场所进行驯养繁殖。驯养繁殖利用类的统计指标主要有圈养野生动物种类、种群数量、雌雄比例。饲养场所狩猎等利用类的统计指标主要有狩猎数量，狩猎动物种类、数量及来源等。

2. 林下资源的利用

近些年我国林下经济得到了快速发展，人们不采伐林木而充分利用林下资源，发展林业经济，创新林业生产经营模式，形成了如林下种植模式、林下养殖模式、林下产品采集加工模式和林下旅游模式等多种利用林下资源的经营利用方式，林下资源利用的产值逐年得到了提高。为了充分反映林下资源的开发利用情况，可以根据不同的利用方式对林下资源利用的种类、数量、规模和效益进行统计和分析，及时地反映林下资源的利用情况和发展方向。

3. 森林生态与景观资源利用

在现代林业中人们在注重对森林资源的经济效益开发利用的同时，将注意力越来越多地放到森林的生态效益的开发利用上。因此，在森林资源的利用统计中要对森林资源生态效益的利用方式、种类、规模、数量以及取得效益方面开展统计，以全面反映森林生态效益与景观资源利用的情况。目前，我国在这方面的统计研究与工作还处于探索之中，相信随着研究的深入和统计工作的加强，相关的统计体系会逐步建立起来。

第六节 森林资源动态分析

森林资源是林业的基础，掌握森林资源的动态变化是森林资源清查的主要目的之一，也是森林资源管理的基本要求。森林资源动态分析主要运用对比分析方法，分析不同时期森林资源数量、质量、结构的变化方向和变化程度，揭示森林资源经营成果，为改进经营管理措施、检查和调整林业方针、制定规划和计划提供重要依据。森林资源动态分析的内容和种类是多方面的，根据研究目的要求，可进行全面分析，也可进行专题分析，在此仅介绍森林资源动态分析的一般内容和方法。

一、森林覆盖率和森林总蓄积量的变动分析

森林资源数量规模集中体现于森林面积与森林总蓄积量两个方面，分析其增减变化可以从整体角度反映森林资源再生产状况，反映林业建设方针的贯彻执行情况。

1. 森林覆盖率变动分析

森林覆盖率是从相对角度反映一个国家或地区森林面积的大小。其变化是森林面积变化的综合体现与结果，通过报告期与基期森林覆盖率之差可以说明森林资源面积变化的程度。如我国2013—2018年森林资源清查结果表明有林地覆盖率为22.96%，比2008—2013年清查结果的21.63%净增1.33%，这说明两次清查间隔期森林面积继续扩大，延续了自20世纪80年代末以来森林面积连续保持增长的态势。

2. 森林总蓄积量变化分析

分析森林总蓄积量变化：可通过计算森林总蓄积量增减量和增减率指标，反映森林总蓄积量增减的绝对量及增减幅度。

$$森林总蓄积量增减量 = 报告期森林总蓄积量 - 基期总蓄积量 \qquad (4\text{-}43)$$

$$森林总蓄积增减率 = \frac{森林总蓄积增减量}{基期森林总蓄积} \times 100\% \tag{4-44}$$

由于不同增减量和增减率的指标的时间间隔可能不同，为消除时间间隔长短的影响，计算年均增减量和平均增减率。

$$年均增减量 = \frac{森林资源增减量}{间隔期} \tag{4-45}$$

$$年均增减率 = \sqrt[n]{V_n / V_o} - 1 \tag{4-46}$$

式中　V_n——报告期森林总蓄积量；

　　　V_o——基期森林总蓄积量；

　　　n——间隔期。

如我国 2013—2018 年的第九次全国森林资源清查结果表明全国森林蓄积量为 175.6 亿 m^3，与第八次清查相比森林蓄积量净增 22.79 亿 m^3，呈现快速增长势头。

二、土地利用结构变化的分析

森林覆盖率变化分析是从总体上说明森林面积变化情况，为了进一步揭示森林面积结构变化，找出变化的原因，需要对土地利用结构变化进行分析。分析时可以计算报告期与基期相比各类林业用地(乔木林地、疏林地、灌木林地、竹林地、未成林造林地、苗圃地、迹地、宜林地)面积的年均增减量和增减率，同时进一步分析林业用地中各林种(用材林、防护林、能源林、特用林、经济林)和迹地(采伐迹地、火烧迹地、其他迹地)及宜林地中各类土地(造林失败地、规划造林地、其他宜林地)面积的增减变动情况。通过各类土地面积增减变动情况，可以揭示森林面积变化的原因。一般而言，森林采伐、火烧、病虫害等是森林面积减少的原因。而造林更新、幼龄林郁闭又增加了森林面积。可以分别各种原因分析其对森林面积变化的影响，但通常以主伐和更新为分析重点，通过计算更新率说明更新跟上或超过采伐的程度。

三、森林蓄积量结构变动分析

森林总蓄积量变动分析是从整体上反映森林蓄积量的消长变动情况，以反映森林蓄积量变动的内部结构，揭示蓄积量的变化情况。分析时可以计算报告期与基期相比各类活立木蓄积量(林分蓄积量、疏林蓄积量、散生木蓄积量，四旁树蓄积量)的增减量、年均增减量及平均增减率。各类活立木中，林分蓄积量变化是分析的重点，并可进一步分析林分蓄积量中各林种(用材林、防护林、能源林、特殊用途林)蓄积量增减量及增减率。在分析林分蓄积量变化时，要分别对公益林和商品林进行分析，公益林分析的重点是通过森林蓄积量的变动看森林生态功能发挥得如何；商品林通过计算各用材林各林龄(幼龄林、中龄林、近熟林、成熟林、过熟林)蓄积量的增减量与增减率指标，分析对木材产品的供应保证程度和森林可持续经营的发展趋势。通过各类蓄积量增减变动情况，可以揭示森林总蓄积量变化的原因。一般而言，森林采伐(包括主伐、间伐、次生林改造)、火烧、乱砍滥伐、森林病虫害、自然枯损是森林蓄积量减少的主要原因。而活立木生长则引起森林蓄积量增加。通常情况下，以分析森林蓄积量消耗为主，在各种消耗中区分正常的生产经营性消耗

（主伐、间伐、次生林改造）和非正常生产经营性消耗（火烧、乱砍滥伐、森林病虫害和自然枯损），对于非正常生产经营性消耗，应尽量减少甚至杜绝。

四、生长量与采伐量的比例关系分析

采伐量不大于生长量是实现森林资源永续利用的前提条件，是林业再生产中应遵循的一条重要原则，正因为如此，我国《中华人民共和国森林法》规定了严格控制采伐量，根据消耗量低于生长量来制定年度采伐限额的制度。这一规定，就是我们评价采伐量是否合理的准则。通过生长量与采伐量的比较分析，可从反映森林资源再生产规模的变动情况，说明森林资源的变化趋势。一般而言，在不考虑其他资源消耗因素的前提下，若生长量大于采伐量，表明森林资源规模在扩大，属扩大再生产；若生长量等于消耗量，表明森林资源规模不变，属简单再生产；若生长量小于消耗量，表明森林资源规模缩小，属缩小再生产。

五、森林资源质量变动分析

森林资源的动态变化不仅体现于森林资源数量的增减变动，还体现在森林资源质量的提高或降低。反映森林资源质量的指标很多，在进行森林资源质量变动分析时可以将本章第三节给出的单位面积年平均生长量、单位面积林木蓄积量和单位面积株数等 8 个指标作为森林资源质量动态分析的基础指标。分析时可分别林种、林龄计算各质量指标，通过报告期与基期质量指标的对比分析说明森林资源质量的动态变化。

根据第九次全国森林资源清查资料，全国乔木林每公顷蓄积量 94.83 m^3，其中天然林 111.36 m^3，人工林 59.3 m^3；每公顷年均生长量 4.73 m^3，平均郁闭度 0.58，平均胸径 13.4 cm，每公顷 1052 株。而第八次全国森林资源清查森林每公顷蓄积量 89.79 m^3，其中天然林 104.62 m^3，人工林 52.76 m^3；每公顷年均生长量 4.23 m^3，平均郁闭度 0.57，平均胸径 13.6 cm，每公顷 953 株。两次调查对比，除了平均胸径以外其他各项指标第九次清查都好于第八次，反映出我国森林资源的质量进一步提高。

六、野生动植物资源变动分析

野生动植物资源变动分析重点是分析随着时间的推移和各项野生动植物保护工程的实施后，各类野生动植物总体变化情况和未来的变动趋势。这里首先要关注国家重点保护的野生动植物，特别是列入濒危物种名录的野生动植物保护进展情况，从数量和分布上进行分析，说明我国野生动植物的动态变化。

本章小结

森林资源是林业的基础资源也是核心资源，所有的林业生产经营与管理都是以森林资源为核心而展开的，其目的是实现森林资源的可持续经营和人能够长期的获取森林的三大效益。为了实现这一目的，人们必须要了解森林资源及其利用的信息，以便能够做出科学的经营决策。

本章首先给出了森林资源的概念，虽然对森林资源的界定有不同的表述，但一般来讲

森林资源被认为是以林木为主体,包括林地,森林植物、动物,微生物以及森林环境和景观等资源的总称。森林资源统计理论上来讲就是依据森林资源的概念,对森林资源的各个组成部分进行数据的收集和分析。但由于森林资源的内容非常丰富,目前的森林资源统计只是对其中的主要部分进行的。随后的内容介绍了森林资源统计中的分组体系,主要包括按所有制分组、按土地类别分组、按林种分组、按森林所发挥的主导功能和区位分组、按龄组分组、按林木起源分组、按树种组分组和按地区分组,这部分内容有利于人们正确地理解和使用森林资源统计的数据资料。然后本章介绍了森林资源的实物量和价值量统计内容和方法,相对于实物量统计森林资源的价值量统计更具有挑战性,这部分内容的介绍有助于读者理解和科学准确地对森林资源进行统计和分析。最后介绍了森林资源利用统计和动态分析的内容以及所使用的统计指标,而且随着人们对森林资源利用的范围和规模不断扩展,这部分的内容也会逐渐丰富起来。

复习思考题

1. 简述森林资源的基本内涵。
2. 简述森林资源统计分组体系的主要内容。
3. 简述森林资源的实物量统计及森林资源的实物量统计的主要作用。
4. 简述森林资源价值量统计及森林资源价值量统计的主要作用。
5. 简述森林资源价值量统计的范围与方法。
6. 简述森林资源利用统计的主要统计指标。
7. 简述森林资源动态分析的主要内容。

第五章　林业生产统计

【本章介绍】本章通过对营林生产与木材加工生产过程中的基本内涵、核心统计指标及统计与分析方法的介绍，全面且系统地反映营林生产和木材加工生产的全貌，为林业生产管理和可持续经营提供基础的信息资料。

林业生产是通过培育和经营森林资源为社会提供森林产品和森林生态系统服务、通过对森林产品进行加工和再加工为社会提供木材加工和林化产品的生产过程。从林业生产的全过程来看，它既包括营林生产也包括木材加工生产。因此，林业生产统计是由营林生产统计和木材加工生产统计两部分构成。

第一节　林业生产统计的意义和任务

一、营林生产统计的意义和任务

营林是扩大森林资源的手段，营林生产决定着林业生产的规模、数量和质量。要实现森林资源永续经营利用，必须以营林为基础。我国森林资源少，生态环境差，木材供应不足，要满足国民经济发展和人民生活对林产品的需要，林业要努力提高森林覆盖率、提升森林资源质量和林产品的有效供给以及更好地发挥森林生态服务功能，实现林业的可持续发展。为此，必须大力进行植树造林，保护和经营好现有森林，迅速扩大森林面积、提升森林质量。

营林生产包括从采种、育苗、造林、更新、幼龄林抚育、成林抚育、森林保护直至森林成熟进行木材采伐和非木质林产品采收的整个过程。林业生产周期长，从造林到森林成熟并获取木材产品和非木质林产品期间，大部分产品都处在"在制品"阶段，产成品很少。这就使营林生产统计表现为大量的生产工作量统计和工作质量统计。所谓工作量是指进行林业生产过程的某一阶段或作业工作的数量。工作量的多少，说明森林培育过程某一阶段或作业完成数量的多少，可以反映森林培育的规模。但是，工作量毕竟不是产品产量。林业生产是复杂的，它以土地为基本生产资料。人们的劳动是通过土地，在自然再生产和社会再生产的结合下进行的。它不仅受社会因素的影响，而且受自然因素的影响。相同的劳动量投入在不同地区、不同类型的土地上，效果是不同的。可见工作量只能一定程度和间接地反映产品的产量，间接地反映产品的生产规模和质量。

营林生产统计的主要任务是：反映林业生产发展的规模和速度，为研究林业和国民经济各部门的比例关系、"以营林为基础"的方针贯彻执行情况和林业内部的比例关系提供资料；为制订和检查林业生产计划，指导生产，计算劳动生产率，工资、成本等提供资料；为研究森林培育过程中各种技术措施的经济效果，总结推广先进经验提供资料；为实现森林资源的资产化管理，使森林走向市场提供资料。

二、木材加工生产统计的意义和任务

木材加工业是以森林产品为劳动对象进行生产活动，对林产品进行加工和再加工的社会物质生产部门，包括木材加工、林产化学加工等，是制造业的重要部门之一。

木材加工业是国民经济与社会发展的基本条件之一。木材加工业的主要产品有锯材、木片、胶合板、纤维板、刨花板、细木工板，木炭、松香、松节油、木材水解乙醇、纸浆、厚纸板、家具等，这些产品是采矿业、制造业、建筑业、交通运输、仓储和邮政业、农业等产业和人民生活的重要物资，几乎国民经济和社会发展的各个部门和各个方面无不与木材加工业产品有着直接与间接的联系。因此，加强木材加工生产统计，准确、及时、全面、系统地获取木材加工生产发展情况的信息，对于林业的可持续发展和木材加工企业管理有着重要的现实意义。

木材加工生产统计的主要任务是：利用相应的统计指标(如产品品种统计指标、木材加工生产质量指标等)，科学、准确地反映木材加工生产过程中的各种计划任务的完成情况，表明木材加工生产的规模和水平，并在此基础上，对木材加工产品生产进行深入统计分析，为木材加工全面的综合分析提供资料。

第二节　种子和育苗统计

良种壮苗是人工造林、更新的物质基础，是森林速生、优质、丰产的必要条件，要扩大造林更新规模，必须增加采种量，扩大育苗面积，增加苗木产量，使种子、苗木和造林更新相平衡。

一、母树林、种子园面积

种子遗传品质的好坏，对林木的生长速率、材质和造林成活等影响极大。用良种培育的苗木，造林成活率高，林分生长快，木材质量好。繁育良种的主要措施是通过建立母树林及种子园来实现的。母树林面积是指遗传品质有一定程度改良的专供采种的林分面积，即选择人工林或天然林的优良林分，通过留优去劣、疏伐改造并进行抚育管理已成定型的实际面积。种子园是在优良植株上采集的种子或枝条，经过嫁接、扦插或用实生苗，按合理方式配置，以生产具有优良遗传品质的林木种子为目的而建立起来的树木园。种子园面积是指定植嫁接3年后保存株数达到原设计株数85%以上的已成园的实际面积。母树林和种子园是繁育良种的基地，其面积的多少，说明良种基地的规模。

为了掌握林木种子基地的建设情况，母树林、种子园建立以后，要建立台账。台账基本内容包括：地理位置、土壤气象因子、面积、树种、林龄、每亩株数、用工、投资、结实情况等。种子林台账表示见表5-1所列。

表 5-1 种子林台账

项目	内容	项目	内容	项目	内容
树种		所属单位		改造(或移大树、新植)	
面积		所在地址		林班	
海拔(m)		年平均气温(℃)		林龄	
坡向		最高气温(℃)		起源	
坡度		最低气温(℃)		组成	
土层厚度(cm)		全年无霜期(d)		树高(m)	
基岩种类		初霜日期		胸径(cm)	
土壤质地		终霜日期		病虫害情况	
pH 值		年降水量		主要植物种类	
郁闭度		每亩株数		平均活枝下高(m)	
结实情况					

二、育苗面积

育苗面积是指为造林、更新培育苗木所实际利用的苗圃面积,包括临时性的灌溉排水设施和苗床间步道等,不包括苗圃休闲地、固定性或永久性的灌溉排水设施和道路、建筑物等面积。

育苗面积,按所育树种进行分类,可分为红松、落叶松、油松、杨树、杉木、马尾松、华山松等;按苗龄分类,可分为一年生、二年生、三年生等;按照施业类别分类,可分为新播、留床、移植。

三、单位面积产苗量

单位面积产苗量是反映苗圃地利用效果的重要经济指标,可按树种、苗龄、施业分别计算。

$$单位面积产苗量 = \frac{苗木总产量(万株)}{育苗面积(hm^2)} \qquad (5-1)$$

单位面积产苗量提高,生产同样多的苗木,就可以少占用苗圃地。育苗时的整地、除草、灌水等工作量的大小与面积直接相关。单产高,劳动生产率高;成本低,经济效果好。可见,提高单位面积产苗量具有重要的经济意义。

四、合格苗产苗率、废苗率和 I 级苗产苗率

(1)合格苗产苗率

它是指 I 、II 级的合格苗株数占育苗总株数的百分比,可反映苗木生产的质量。其计算公式如下:

$$合格苗产苗率 = \frac{合格苗株数}{苗木产量总株数} \times 100\% \qquad (5-2)$$

(2)废苗率

它是指废苗株数占育苗总株数加废苗株数的百分比。废苗是苗木中的"废品",是生产

中的一种浪费。废苗率与成苗率不同，它从相反的方面说明苗木的质量。

$$废苗率=\frac{废苗株数}{苗木产量总株数+废苗株数}\times100\% \qquad (5-3)$$

合格苗产苗率说明所培育的苗木中合格苗木占的比例大小、质量好坏。废苗率，也说明苗木质量的好坏。影响苗木质量的因素很多，与施肥、间苗、除草、灌水、病虫害防治等有关，也与种子的遗传品质有关。应加强育苗过程中的质量管理，不断提高成苗率，降低废苗率。

（3）Ⅰ级苗产苗率

如前所述，苗木分为 3 级，Ⅰ级苗的株数与苗木产量总株数的比，即Ⅰ级苗产苗率。

$$Ⅰ级苗产苗率=\frac{Ⅰ级苗木株数}{苗木产量总株数}\times100\% \qquad (5-4)$$

苗木质量好坏，对造林成活率、造林后林木生长有重要影响。壮苗根系发达、抗灾害能力强、造林成活率高、生长快、速生丰产，是提高苗木生产经营效果的重要途径之一。

五、良种使用率

良种使用率是指育苗生产中使用良种的面积占育苗总面积的百分比。该指标说明了优良林木种子的应用情况，它将关系到苗木生产的质量和苗圃地生产力的发挥。

$$良种使用率=\frac{\sum调查的育苗使用良种面积}{\sum调查的育苗总面积}\times100\% \qquad (5-5)$$

六、苗木产量、质量调查

为了解每年苗木生产的成果，做好苗木生产、供应计划，在秋季需要对苗木的产量和质量进行调查。苗木的调查方法有两种，一种是抽样调查，另一种是常规调查。

（一）苗木的抽样调查

抽样调查是按数理统计中的抽样估计原理，在苗木调查区内，按照要求的精度，随机抽取一部分地段进行调查，然后推算总体的一种调查方法。这种方法的优点是事先可以控制精度，调查工作量小、速度快、效率高。苗木调查内容包括苗木数量、苗高、地径 3 个指标。抽样调查的步骤如下：

（1）划分调查区，确定具体抽样调查方式

苗木调查需按树种、苗龄、施业别分别进行。先把树种、苗龄、施业别相同的育苗地划为一个调查区，测量其育苗面积。同时将苗床或地垄按顺序编号，以便抽取样地。再根据同一调查区内苗木的密度及生长差异情况，确定应采取的具体抽样调查方法。如密度和生长情况比较均匀，可用简单随机抽样；如差异显著可采用分层抽样，以提高调查精度。

（2）确定样地形状和面积

抽样调查所抽取的地段，称为样地。样地根据形状的不同，可以分为样段、样方和样圆。条播苗以样段为宜，撒播苗宜用样方。样地面积的大小与调查的精度有关。样地面积越大，变动系数越小。在样地数量相同的情况下，样地面积大，调查精度高；样地面积小，则精度低。但样地面积增大到一定程度时，变动系数则减少不多。而相同样地数量的情况下，样地面积大，调查工作量就大；样地面积小，调查工作量也小。所以，应根据样地数量多少、苗木生长整齐程度即密度变动系数两个因素进行综合考虑，确定样地的面积。

（3）确定抽样地数目

由于苗木调查总体一般遵从正态分布，所以计算抽取样地数目，可按重复抽样公式进行计算，其计算公式如下：

$$n = \frac{t^2 \cdot c^2}{E^2} \tag{5-6}$$

式中　n——样地数目；

　　　t——可靠性指标；

　　　c——变动系数；

　　　E——允许误差百分数。

可见，抽取样地数目与人们对调查提出的可靠性和精度要求及苗木调查标志值的变动系数等因素有关。可靠性指标、允许误差根据生产上的要求确定，变动系数是未知数，但可以用过去的调查资料代替。

例如，调查某苗圃二年生落叶松移植苗，要求可靠性 90%，则 $t=1.65$，精度规定达到 95% 则允许误差为 1-95%=5%，根据过去调查资料，其变动系数为 10.7%，而样地的数目初步定为 n'，则计算结果如下：

$$n' = \frac{1.65^2 \times 10.7^2}{5^2} \approx 12 \tag{5-7}$$

由于计算的 $n'=12 \leqslant 50$，属于小样本，需按小样本估计总体平均数方法重新计算样地数目 n''。根据自由度 $k=n-1=12-1=11$ 和可靠性 90%。经查小样本 t 分布数，得 $t_0=1.80$，代入公式：

$$n'' = \frac{t_0^2 \cdot c^2}{E^2} = \frac{1.80^2 \times 10.7^2}{5^2} = 14.84 \approx 15 \tag{5-8}$$

即满足 90% 的可靠性和 5% 的允许误差，需抽取 15 块样地。为确保调查结果达到精度要求，可再加 10% 的保险系数，则 $n=n'' \times 110\%=15 \times 110\%=16.5 \approx 17$（块），这样，最后确定需要抽取 17 块样地，才能保证调查精度的要求。

如果没有过去变动系数的资料，也可以在抽样前进行一次预备性调查，求得方差材料，再计算抽样数目。

但预备性调查取得方差材料往往比较麻烦，因此也可按全距法估计标准差代替之。在正态分布的情况下，概率 99.73% 处于 $\bar{x} \pm 3\mu_{\bar{x}}$ 之间，$\bar{x}-3\mu_{\bar{x}}$ 为最小，$\bar{x}+3\mu_{\bar{x}}$ 为最大，则全距 $R=6\mu_{\bar{x}}$。$\mu_{\bar{x}}$ 是抽样误差，即样本平均数的标准差。

例如，二年生落叶松移植苗。以面积为 0.33 m²（0.5 m×0.66 m）的育苗地为样地，粗估平均密度为 39 株。在调查区内找出同样面积苗木密度最大的样地，其株数为 51 株，再找一块密度最小的样地，其株数为 26 株。计算极差：

$$R = 51 - 26 = 25 \tag{5-9}$$

$$粗估标准差\ S = \frac{R}{6} = \frac{25}{6} = 4.17 \tag{5-10}$$

$$粗估变动系数\ c = \frac{S}{\bar{x}} \times 100\% = \frac{4.17}{39} \times 100\% = 10.7\% \tag{5-11}$$

根据粗估变动系数，代入公式，同样可计算出粗估需抽取 17 块样地数的结果。

(4)样地设置

要保证调查结果达到一定设计的精度和可靠性要求，必须根据随机原则，把样地布设在调查区内。例如，上述二年生落叶松移植苗，共 51 垄，需设 17 块样地。每 3 垄设一块（51÷17=3），从第二垄设一块，随后依次按每隔 2 垄设一块，被抽中的垄为 2、5、8、11、14、…在抽中的垄或床各设一块样地。确定样地在垄(床)的具体地点，首先需测垄(床)的长、宽，求出育苗净面积，填入外业调查表(表 5-2)。其次在随机数表上任意指定一个随机数，从此数起向下或其他方向，取垄长以内的数字，作为各垄样地的中心点。从中心点向两侧延伸，确定样地的位置和面积。

表 5-2　苗木外业调查表

_____ 省 _____ 县

树种 _____　　苗龄 _____　　苗木种类 _____　　育苗地总面积 _____ m²

育苗地净面积 _____ m²　　垄数 _____　　育苗净面积占总面积 _____ %

样地面积 _____ m²　　每亩产苗量 _____ 万株　　总产苗量 _____ 万株

平均苗高 _____ cm　　平均地径 _____ cm

调查床垄序号	育苗净面积(m²)					样地(样群)株数						样地苗木质量调查苗高(cm)/地径(cm)	其他
	床垄长(m)	床垄宽(m)			面积(m²)	序号	株数						
				平均			1(样段)	2(样段)	3(样段)	合计(样段)			
1						1							
2						2							
3						3							
4						4							
5						5							
6						6							
7						7							
8						8							
9						9							
10						10							
11						11							
12						12							
13						13							

注：①苗高要求测量精度为小数点后 1 位，地径要求测量精度为小数点后 2 位，单位用 cm；

②育苗地面积根据实测地块长与宽求出(包括步道、垄沟或临时水渠等)；

③其他是指样方(样段)内生长不正常的苗木的株数，如无顶芽、病虫害及针叶树种有明显二次生长双顶苗等株数。

（5）确定抽查苗木株高和地径的抽查株数

在样地内除调查苗木株数外，还要调查苗高和地径。应抽查多少株苗木测其苗高和地径需根据可靠性指标、允许误差和变动系数进行计算。

例如，计算结果需抽取180株进行调查，粗估每块样地平均39株，按机械抽样抽取样苗，其间隔为：

调查间隔株数＝（样地数×粗估样地平均株数）/需抽取的苗木株数＝（17×39）÷180＝3.7≈4株，即在样地内每隔3株测定一株苗高和地径并把样地内调查的苗木株数、苗高、地径填入苗木外业调查表，见表5-2所列。

（6）内业计算

根据外业调查所记录的调查表，应计算产苗量、苗高和地径是否达到规定的精度要求。如达不到要求，需进行补充调查。如达到要求应对调查区苗木的产量和质量进行估计。17块样地产苗量资料见表5-3所列。

表5-3　二年生落叶松苗产量抽样精度计算表

样地号	株数 x	离差 $x-\bar{x}$	离差平方 $(x-\bar{x})^2$	样地号	株数 x	离差 $x-\bar{x}$	离差平方 $(x-\bar{x})^2$
1	46	4	16	10	40	−2	4
2	42	0	0	11	41	−1	1
3	38	−4	16	12	41	−1	1
4	43	1	1	13	42	0	0
5	48	6	36	14	36	−6	36
6	49	7	49	15	39	−3	9
7	43	1	1	16	37	−5	25
8	45	3	9	17	40	−2	4
9	44	2	4	Σ	714		212

根据表5-3的资料计算如下：

①平均数 $\bar{x}$

$$\bar{x}=\frac{\sum x}{n}=\frac{714}{17}=42（株）\tag{5-12}$$

②样本标准差 S

$$S=\sqrt{\frac{\sum(x-\bar{x})^2}{n-1}}=\sqrt{\frac{212}{17-1}}=\sqrt{13.25}=3.64\tag{5-13}$$

式中　$n-1$ 为自由度。

③标准误差 $S_{\bar{x}}$

$$S_{\bar{x}}=\frac{S}{\sqrt{n}}\tag{5-14}$$

本例中因是小样本，所以标准误差公式应改写为：

$$S_{\bar{x}}=\frac{S}{\sqrt{n-1}}=\frac{3.64}{\sqrt{16}}=0.91\tag{5-15}$$

④允许误差百分比 E

$$E = \frac{t \cdot S_{\bar{x}}}{\bar{x}} \times 100\% = \frac{1.75 \times 0.91}{42} \times 100\% = 3.79\% \tag{5-16}$$

⑤精度 P

$$P = 100 - E = 100 - 3.79\% = 96.21\% > 95\% \tag{5-17}$$

计算结果已达到规定的精度要求。如达不到要求，需再增设样地进行补充调查。

⑥调查区苗木总产和单产估计值 $\hat{Y}$

$$调查区面积 = 调查区长(m) \times 宽(m) \div 666.7 \tag{5-18}$$

上述调查区长 115 m，宽 33.66 m，面积为 5.8 亩。

$$调查区育苗净面积 = 垄(床)长 \times 宽 \times 垄(床)数 \div 666.7$$
$$= 114.5 \times 0.66 \times 51 \div 666.7 = 5.78(亩)$$

调查区产苗量估计值：

$$\hat{y} = 垄(床)长 \times 宽 \times 垄(床)数 \times \frac{样地平均苗木株数}{样地面积}$$

$$= 114.5 \times 0.66 \times 51 \times \frac{42}{0.33} = 490\,518(株)$$

调查区每亩产苗量估计值：

$$\hat{Y} = \frac{调查区总产苗量}{调查区面积} = \frac{490\,518}{5.8} = 84\,572(株/亩)$$

⑦结论 以90%的可靠性对5.8亩二年生落叶松移植苗圃的总产苗量进行估计，估计区间在 [509 109，471 927] 株，估计精度达 96.21%。

苗木质量，即苗高和地径进行精度检查的方法与产量相同。根据苗高和地径生长情况的调查，可根据规定的质量标准，计算出各级苗木的产量及其比重，以评价育苗工作达到的质量水平。把将要出圃的苗木调查结果，按树种、育苗方式、苗龄、产量、苗木等级填入苗木调查汇总表，作为安排苗木生产和供应的依据。苗木调查汇总表见表5-4所列。

表5-4 苗木调查汇总表

_____省_____县_____乡_____村 年 月 日

树种	苗木种类	育苗方式	苗龄	面积	总产苗量	可供造林用苗数							留圃		
						合计	I级苗			II级苗			合计	$\bar{H}$	$\bar{D}$
							计	$\bar{H}$	$\bar{D}$	计	$\bar{H}$	$\bar{D}$			

（续）

树种	苗木种类	育苗方式	苗龄	面积	总产苗量	可供造林用苗数							留圃		
						合计	I 级苗			II 级苗			合计	$\overline{H}$	$\overline{D}$
							计	$\overline{H}$	$\overline{D}$	计	$\overline{H}$	$\overline{D}$			

注：①$\overline{H}$、$\overline{D}$分别为各级苗木的平均苗高、平均地径，以 cm 为单位，$\overline{H}$取小数点后 1 位，$\overline{D}$取小数点后 2 位；
②产苗量以千株为单位；
③苗木等级按照《主要造林树种苗木质量分级》(GB 6000—1999)为准，标准内没有的树种以目前各地规定的规格为准。

（二）苗木的常规调查

这种方法调查面积的比例是根据要求确定的，一般规定抽查的面积占育苗面积的 2%~4%。其具体步骤简述如下：

第一步，测量调查区育苗面积，包括毛面积和净面积。

第二步，根据规定比例确定抽查的面积、标准地大小和标准地数目。

$$样地数 = \frac{育苗面积(m^2) \times 抽取百分比}{每个样地面积(m^2)} \quad (5-19)$$

$$样段数 = \frac{育苗行数 \times 行长(m) \times 抽取百分比}{样段长(m)} \quad (5-20)$$

第三步，在调查区内按等距选出调查行（床），称为标准行。把应设标准地均匀布设在标准行内，取样示意分别如图 5-1、图 5-2 所示。

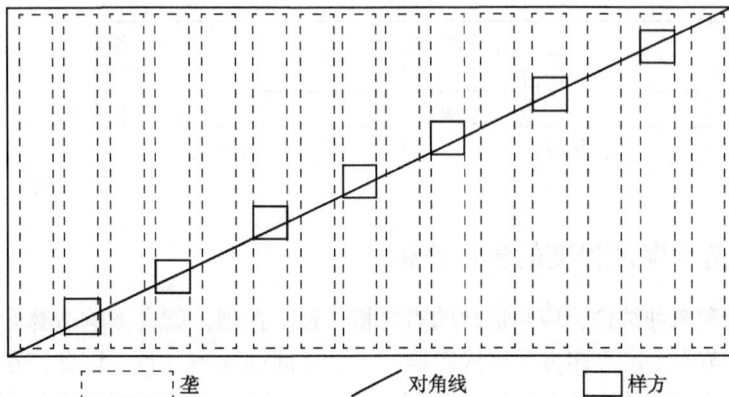

　　┈┈垄　　　╱ 对角线　　　□ 样方

图 5-1　取样示意（1）

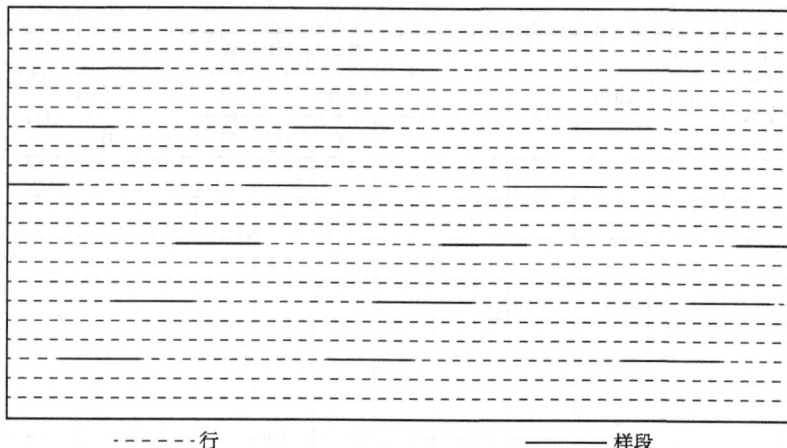

------ 行　　　　　　　　──── 样段

图 5-2　取样示意(2)

第四步，调查标准地内苗木的株数、苗高和地径，登记在苗木调查野账。把调查结果按苗高和地径进行分组，计算出标准地平均株数和各级苗木株数，并推算出作业区苗木单产、总产和各级苗木数量。最后登记在苗木调查汇总表。苗木调查野账见表5-5所列。

表 5-5　苗木调查野账

单位：_____　　　　　　　编号：_____

树种：_____　作业区：_____　施业别：_____

苗龄：_____　标准地面积：_____

标准地检查记录

苗高 H(cm)	地径 D(cm)					小计
合计						

每亩总株数：_____，其中成苗：_____（Ⅰ级：_____、

Ⅱ级：_____），幼苗：_____

作业区面积：_____；总株数：_____，其中成苗：_____

（Ⅰ级：_____、Ⅱ级：_____），幼苗：_____

调查人：_____　　　　　　　　　　　　　年　　月　　日

七、造林苗木保证程度的预计分析

育苗的数量和树种结构，应与造林的需要相一致。否则，就会影响造林计划的完成或造成苗木的浪费。苗木生产受多方面因素影响，二者之间往往不一致。因此，在苗木调查的基础上要对所属单位造林苗木的保证程度进行预计分析研究。造林苗木保证程度的预计分析，可用苗木供需平衡表(表5-6)进行。并在此基础上进行余缺调剂，保证造林计划的完成。

表 5-6　造林苗木供需平衡表　　　　　　　　　　hm²、万株

单位	树种	苗木供应量						造林需苗量			余+ 缺-
		自产苗木数量			调出	调进	可供本单位 造林用苗量	植苗造林 面积	密度	需要 苗木量	
		育苗面积	单产	总产							

第三节　造林更新统计

造林更新是恢复和扩大森林资源的基本手段之一，是林业再生产的主要环节。本节主要讲述用人工的方法进行成片造林更新和"四旁"零星植树工作量、工作进度和质量统计。

一、造林更新和零星植树工作量统计

(一)造林面积

造林面积是指报告期在荒山、荒地、荒沙、退耕地等可以造林的土地上，采用人工播种、植苗、飞机播种等方法新植的成片乔木林和灌木林，经过检查验收符合造林技术规程要求，成活率达85%以上(含85%，年降水量在400 mm以下且无浇灌条件的地区造林成活率需达70%以上)的面积。造林面积反映造林工作的成果和规模。其基本含义包括：

①它是指在原来不是森林植被的土地上的造林，属于林业的外延扩大再生产。原来是森林植被的土地上的造林，是森林资源的内涵再生产，不包括在造林面积中。

②造林面积是生产工作的成果，仅指人工造林和飞机播种造林面积。全部依靠自然再生产形成的森林，如封山育林不应包括在造林面积中。

③它是指成片造林，将来可形成森林环境的人工林。"四旁"植树虽然也属造林总概念的范围，但由于零星分散，故另行统计。两者的界限是：一侧造林4行以上，连续面积在0.067 hm²以上为造林面积，以下为"四旁"植树。

④它是报告期新植的造林面积，补植、经济林的垦复不得计算在造林面积中。

⑤它有一定质量标准，必须经过检查验收，成活率达85%以上才统计为造林面积。成活率在85%以下，必须重造，直到符合质量标准，成活率达85%以上才统计造林面积。

(二)人工更新面积

人工更新面积是用人工种植的方法重新形成幼龄林的造林面积。人工更新是在原有森林的迹地(新旧采伐迹地、火烧迹地和林中空地)上，用直接播种、栽植苗木、插条或分根等方式重新造林以恢复森林的过程。它是我国森林更新的主要方法，是及时更新采伐迹地的重要手段。其优点是更新时间短、成效快、质量高，但所需投资比天然更新高。

(三)零星植树

零星植树是指在村旁、宅旁、路旁、水旁等土地上零星栽植的树木和竹子的成活株数。零星植树又称"四旁"植树,它不仅可美化环境,发挥森林的防护效益。而且"四旁"立地条件好,林木生长快。在平原和少林地区"四旁"树的蓄积量,在森林的总蓄积量中占了不少的比重,对维持农区生态平衡,改变单一农业经济结构,满足农村用材都具有重要意义。

(四)封山育林面积

封山育林是指将荒山、荒地、疏林地、采伐迹地、火烧迹地采取划界封禁,严禁开荒,限制樵采和放牧、禁绝山火,利用树木的自然繁殖能力逐渐培育成森林。封山育林面积是指实际封禁的面积。

(五)退化林修复面积

退化林是指由于自然、人为等因素形成的森林生产力和生态服务功能出现逆向改变的退化林地。退化林修复面积是指当年采取各类修复措施实际修复的面积。退化林分修复要根据不同林种、不同退化程度采取不同的修复措施。一般来讲退化林形成的原因有如下几种:第一,立地条件、造林树种选择不当,造林违背适地适树的原则,形成了退化林林地,这是导致林分退化的重要因素。第二,人工林因树种单一,生长不良,抗性又差,致使虫害不断发生并蔓延迅速形成了退化林。第三,天然林由于樵采过度,可更新的优质种源严重缺乏,导致森林出现逆行演替而发生的森林退化。第四,由于气候变暖造成林地旱化或由于大量砍伐森林、林内放牧造成森林生态环境剧烈改变,都可能造成森林的退化。第五,其他因素造成林分退化,如初植密度过大。随着林分郁闭,未能及时抚育间伐,造成林地卫生状况差、病虫害发生严重,抑制林木生长,致使林分整体质量出现退化。

为了满足林业生产、经营管理等方面的需要,造林面积可按以下标志进行分类:

1. 按所有制分组

①国有造林　指由国有单位营造,林权属国家所有的造林面积。

②合作造林　指不同所有制单位合作营造,林权属合作单位共有,收益按一定比例分成的造林面积。

③集体造林　指各种集体所有制单位营造,林权属集体所有的造林面积。

④个人造林　指农民个人在个人具有土地使用权的土地上造林,其林权属个人所有的造林面积。

2. 按林种分组

造林面积按林种分,可分为用材林,经济林、防护林、能源林和特种用途林。

3. 按树种分组

东北林区可分为红松、落叶松、樟子松等。华北地区可分为油松、杨树、刺槐、泡桐等,南方地区可分为杉木、马尾松、云南松、桉树等。

4. 按造林方法分组

①人工造林　包括人工植苗造林、挖坑直播造林等。

②飞机播种造林　包括飞机播种和人工大面积撒播造林。

5. 按造林工程的性质分组

造林面积按工程的性质可以分为林业重点生态工程造林和非林业重点生态工程造林。

目前林业重点生态工程造林包括天然林资源保护工程造林、退耕还林还草工程造林、京津风沙源治理工程造林、石漠化治理工程造林、三北及长江中下游地区等重点防护林体系工程造林和国家储备林建设工程。其他造林如速生丰产林工程造林等为非林业重点生态工程造林。按工程性质分别进行造林面积统计。

二、造林更新中心工作进度统计

造林更新是森林资源再生产的关键性环节。造林季节时间短，节令性强，生产任务集中，所以，各生产单位都很重视，把它作为中心工作来抓。为配合这一中心工作，需要在造林季节开展造林中心工作进度统计，及时反映造林工作的进度及其存在的问题。

造林进度统计设置的指标因地制宜，要少而精，并且要考虑以前年度，即指标设置要有动态连续性。一般常设4个指标：造林更新面积(分树种、当日完成和累计完成)；补植；用苗量(或用种量)；参加人数。有的单位在春季造林时还把育苗中的新播、移植与造林一起统筹安排，因此还可再增设育苗进度指标。

造林更新面积完成量，结合计划造林更新工作量进行分析，可反映计划完成的进度。利用完成造林更新进度、参加人数和人日工效，可预测造林季节完成和超额完成计划任务的可能性。用苗量的进度，与苗木供应量相结合进行分析，反映造林更新苗木的保证程度。

三、造林更新的检查验收统计

造林更新质量的好坏是苗木能否成活的关键。为确保造林更新达到规定的质量标准，在造林结束后，要按小班进行严格的检查验收。检查验收除核实面积、整地质量以外，主要是检查栽植的质量，如抽查是否窝根、露根，覆土深度是否适宜等。通过检查对造林更新的质量做出全面评价。造林作业检查验收的指标和表式见表5-7所列。

表5-7 作业检查验收证附表

工区：_____ 施业分区：_____ 小班：_____ 检查验收日期：____年____月____日

标准地(行)号	标准地面积(hm²)	标准地(行)内植点数	不合格数量												
			植点检查										面积检查		
			小计	穴径不合格	穴深不合格	穴面不合格	苗不直	露根	窝根	踩得不实	抚育不合格点数	补植不合格点数	合格面积	不合格面积	占标准地面积(%)

标准地合计

折合每公顷数

合计占小班施业面积(%)

检查验收意见：

在各小班造林更新检查验收的基础上，进行汇总。根据汇总资料，即可计算造林更新作业合格率，反映造林更新作业的质量水平。造材更新合格率是合格面积与全部造林更新面积的比。其计算公式如下：

$$造林更新合格率 = \frac{合格面积}{全部造林更新面积} \times 100\% \tag{5-21}$$

四、造林更新成活率统计

为了全面了解造林更新的成果，并为制定提高造林的质量措施和补植计划提供依据。秋季要对前一年雨季和当年春季造林的各小班，逐块进行成活率调查。造林面积大，种植点多，为节省人力和财力，又能比较准确地反映造林更新的成活情况，一般采用标准地调查法。标准地设在造林地斜对角线宽 4 m 之内。在标准地内调查种植点数、成活株数、死亡株数和漏植点数。迹地更新常有野生苗，在符合标准密度情况下，应把目的树种野生苗计算进去。飞播造林，幼苗必须分布均匀，每平方米要有 1 株以上的幼苗。造林更新成活率或保存率调查表式见表5-8所列。

表5-8 成活率或保存率野外调查表

_____县 _____林场 ___年___月___日 hm²、株、%

小班号	造林年度	树种	密度	面积	标准地号	标准地		成活株数	死亡株数			成活率或保存率	原因分析
						面积	栽植株数						

根据野外调查，可计算成活率。它是指造林地成活的种植点数占全部种植点数的百分比，是反映造林更新的主要质量指标。其计算公式如下：

$$小班造林更新成活率 = \frac{成活的种植点数}{全部种植点数} \times 100\% \tag{5-22}$$

或

$$小班造林更新成活率 = \frac{标准地成活种植点数}{标准地全部种植点数} \times 100\% \tag{5-23}$$

林场、企业报告期平均造林更新成活率，是报告期各小班或林场的加权平均数。

$$平均造林更新成活率 = \frac{\sum 小班面积 \times 小班成活率}{\sum 小班面积} \times 100\% \tag{5-24}$$

第四节　森林抚育统计

造林更新以后直到森林成熟主伐以前，要对森林进行经营和管理。需要根据森林生长的规律，采取各种人工措施，创造有利于林木生长发育的环境条件，以促进成林、成材、速生、优质、丰产。森林抚育是林业生产的重要内容之一，内容多样、时间长、工作量大。本节的内容包括幼龄林抚育、成林抚育、低产林改造、造林保存率等统计。

一、幼龄林抚育统计

幼龄林抚育面积是指为了促进幼龄林生长，对郁闭度0.2以下(包括0.2)的新造幼龄林(人工造林不满3~5年，飞机播种造林不满5~7年)进行中耕松土、培土、除草、灌溉、防寒等抚育工作的面积。

为观察受抚育的幼龄林面积和抚育的工作量，幼龄林抚育面积统计分为如下几个指标：

1. 幼龄林抚育作业面积

幼龄林抚育作业面积是指报告期完成的幼龄林抚育作业有多少面积，以"hm^2·次"为计量单位。

2. 幼龄林抚育实际面积

幼龄林抚育实际面积是指报告期实际抚育的幼龄林有多少面积，不管同一公顷幼龄林报告期抚育一次或几次，实际抚育面积就是1 hm^2。

幼龄林抚育作业完成后，也要进行质量检查验收。验收是按小班选标准行或设标准地逐穴逐株进行调查。调查结果记录于幼龄林抚育作业质量验收单，见表5-9所列。

表5-9　幼龄林抚育作业质量检查验收表

编号：_____

1. 更造地位置：_____ 支线_____ 林班_____ 小班_____；

2. 更造时间：_____年_____月_____日

3. 小班面积：_____hm^2；更造树种：_____

4. 初值密度：_____株/hm^2；保存密度：_____株/hm^2

5. 抚育方式和方法：_____；第_____次抚育

6. 抚育时间：_____年_____月_____日；每公顷用工：_____个

7. 参加抚育单位：_____；现场员：_____

8. 标准地检查记录：

标地序号	标地面积	被检查株(穴)数							记事
		小计	合格	草不净	穴面小	伤苗	漏穴	露漏根	

（续）

标地序号	标地面积	被检查株(穴)数							记事
		小计	合格	草不净	穴面小	伤苗	漏穴	露漏根	
合计									
	平均								

9. 小班抚育合格率：＿＿＿＿＿＿＿%；每公顷实际抚育：＿＿＿＿＿＿＿株(穴)数；小班实际抚育：＿＿＿＿＿＿＿株(穴)数

10. 抚育质量评价及验收人意见：

单位＿＿＿＿＿＿＿＿＿＿，验收人＿＿＿＿＿＿＿＿＿，＿＿＿＿＿年＿＿＿＿＿月＿＿＿＿＿日

根据验收记录进行汇总。并可按下列标志进行分类：

（1）按树种分

树种不同，抚育的方式、强度要求也不同。

（2）按林龄分

同一树种林龄不同，抚育次数也不尽相同。随着林龄增大，年抚育次数逐渐减少。

（3）按林班分

不同林班，同一树种抚育次数不一。按林班分，可为核算资料提供数据。

（4）按抚育方式分

抚育方式不同，劳动消耗量、作业成本、经济效果均有区别。按抚育方式分，可分为计算成本、劳动生产率，反映新技术应用，为进行技术经济分析提供资料。

3. 幼龄林年抚育率

幼龄林抚育作业面积和幼龄林抚育实际面积都是反映幼龄林抚育工作量指标。用幼龄林抚育实际面积除以该树种、林龄的全部幼龄林面积，即可求得幼龄林抚育率。其计算公式如下：

$$幼龄林年抚育率 = \frac{幼龄林抚育面积}{全部幼龄林总面积} \times 100\% \qquad (5-25)$$

4. 幼龄林平均抚育次数

各树种、不同年龄林分幼龄林抚育作业面积除以同一树种、林龄的幼龄林全部面积得平均抚育次数，反映集约经营的程度。其计算公式为：

$$幼龄林平均抚育次数 = \frac{幼龄林作业面积}{全部幼龄林面积} \qquad (5-26)$$

二、成林抚育统计

随着幼龄林逐渐长大，由森林形成时期过渡到森林速生时期。成林抚育是郁闭度达 0.2 以上(不含 0.2)的人工林和天然林，为改善林木组成，提高森林质量，促进林木生长而进行的间伐、松土、施肥等。成林抚育除集约经营的经济林、种子园、母树林以外，一

般抚育间隔时间长，因此，只统计实际面积。

在成林抚育中，以抚育间伐最普遍、最重要，抚育间伐可分为透光伐和疏伐两类。抚育间伐除用面积反映工作量以外，还用间伐强度、出材量、出材率等经济指标反映数量和质量。本节仅就间伐强度进行说明，其他指标将在其他章节详细介绍。

间伐强度是指伐除的林木与间伐前全部林木之比。一方面表明间伐保留林木的稀疏程度，另一方面表明林分进行中间利用的程度。间伐强度可用蓄积量表示，也可用株数表示。其计算公式为：

$$间伐强度 = \frac{间伐蓄积量}{伐前林分总蓄积量} \times 100\% \tag{5-27}$$

或

$$间伐强度 = \frac{间伐株数}{伐前林分总株数} \times 100\% \tag{5-28}$$

用蓄积量表示的间伐强度指标，可与出材量、劳动消耗量、成本、利润一起进行研究。用株数表示的间伐强度，可与保留木的营养空间、生长量的变化一起进行分析。两种指标在经济上都有重要的意义。

分析间伐强度是否合理，必须根据林业主管部门的有关规定，并结合树种的生物学特性、自然条件、木材生产过程中的一系列技术经济指标，从多方面进行综合分析。

抚育间伐后要检查验收，根据验收记录登记于抚育间伐明细台账，再记入森林小班卡片。抚育间伐明细台账见表5-10所列。

三、造林保存率

造林后到森林成熟，要经过漫长的培育期，而生产过程又是在露天的林地上进行，常由于管护不力而造成损失。造林保存率就是用于反映造林后森林保存程度的指标。

狭义的造林保存率是指幼龄林郁闭时保存的幼龄林面积与造林面积的比，反映幼龄林阶段管护的质量。其计算公式为：

$$造林保存率 = \frac{幼龄林保存面积}{造林面积} \times 100\% \tag{5-29}$$

广义的森林保存率是指森林成熟时保存的森林面积与造林面积之比，综合反映整个森林培育期管护的质量。其计算公式为：

$$造林保存率 = \frac{森林成熟时保存的森林面积}{造林面积} \times 100\% \tag{5-30}$$

要提高整个培育周期的保存率，必须加强各年的管护。整个周期的总保存率，可以分解为年保存率，各年保存率的连乘积等于总保存率。

设：造林面积为 a_0，造林后第一年的保存面积为 a_1，第二年为 a_2，第三年为 a_3，森林成熟时保存面积为 a_n，则各年的保存率分别为：$\frac{a_1}{a_0}$，$\frac{a_2}{a_1}$，$\cdots$，$\frac{a_n}{a_{n-1}}$。

表 5-10 抚育间伐明细台账

省(自治区、直辖市)_____ 县_____ 林场_____ 工区_____ 天然林/人工林_____

作业时间	林班/小班	林分起源	面积(hm²)	林分组成	林龄(年)	平均直径(cm)	平均高(cm)	郁闭度	蓄积量(m²/hm²)	株数(株/hm²)	抚育种类	抚育强度		出材量			薪炭林	收支情况		清理林地方法	施工员，检查员签名和检查结果评语	备注
												蓄积量(m³)	株数(株)	合计(m³)	规格材(m³)	非规格材(m³)		收入	支出			
年	—			—				—	—	—												
月																						
年	—			—				—	—	—												
月																						
年	—			—				—	—	—												
月																						
年	—			—				—	—	—												
月																						
年	—			—				—	—	—												
月																						
年	—			—				—	—	—												
月																						
年	—			—				—	—	—												
月																						

注：林木组成、郁闭度、蓄积量、株数用分数式表示，分子表示抚育前，分母表示抚育后。

各年保存率与总保存率的关系为：

$$\frac{a_1}{a_0} \cdot \frac{a_2}{a_1} \cdot \cdots \cdot \frac{a_n}{a_{n-1}} = \frac{a_n}{a_0} \tag{5-31}$$

造林保存率是反映营林生产成果保存情况的重要经济指标，是森林资源再生产中一个十分突出、十分重要的问题。提高保存率对于扩大森林资源面积，增加森林资源总蓄积量，提高林业劳动生产率，降低生产成本等都有重要的作用。

第五节　森林灾害与保险统计

森林火灾和病虫害是森林的大敌，它给森林资源造成巨大的损失。保护森林防止森林火灾和病虫害，是发展林业的一项具有重要战略意义的任务。

一、护林防火设施统计

森林火灾应以预防为主，采取有效措施，尽量避免森林火灾的发生。例如，建立防火组织，实行护林防火承包责任制，修筑防火公路，购置防火专用车辆、电台和灭火机具，在防火季节设立进山检查站等。

（1）瞭望台

瞭望台就是为及时发现森林火灾，确定火灾发生的地点，在林区高处设立的观察场所。一个林区的森林面积与瞭望台数量的比，为平均每个瞭望台监视的森林面积，反映瞭望台的密度。密度的大小，与地形有密切的关系。平原地区稀些，山区需密些。

（2）防火线

防火线是指为防止森林火灾的蔓延和扩大，在林区内开辟的无林和无杂草的宽带状空地。以"km"或"m"为单位统计，反映报告期拥有的防火线长度。

防火线在幼龄林时开辟，以后根据杂草生长情况，需不断进行维修。除了统计防火线总长度外，还需要设置本期新辟和维修两个指标。

防火线长度除以森林面积，得单位森林面积平均防火线的长度，说明防火线的密度。其计算公式为：

$$防火线密度 = \frac{防火线长度(m)}{森林面积(hm^2)} \tag{5-32}$$

有些单位在防火线营造耐火的阔叶树种，在林区形成防火林带。防火林带具有良好的防火效果。所以，在研究防火线密度时上述公式应为防火线和防火林带的密度，分子应包括防火林带的长度，才能正确地反映单位森林面积拥有防火设施的数量。

（3）航空护林站

自1952年我国成立航空护林站以来，航空护林事业不断发展。航空护林站有专业扑火队伍，并配备护林防火的飞机、直升机及现代化的灭火工具和设备，执行空中巡护报警、侦察火场和指挥空运灭火人员、空投物资等任务。航空护林和空降灭火对发现和扑救偏远林区的森林火灾，不仅快速及时，而且能节省人力、物力，起到地面防火设施无法起到的作用。发展航空护林站，做好护林防火，是保护我国森林资源的一项重要措施。

二、森林火灾统计

(一)森林火灾的分类

因火灾烧毁成片林木，不论成熟林还是幼龄林均按森林火灾统计。

1. 按危害程度分类

(1)森林火警

受害森林面积不足 1 hm² 按森林火警统计。

(2)一般火灾

受害面积 1 hm² 以上但不足 100 hm² 的为一般森林火灾。

(3)重大火灾

受害面积在 100 hm² 以上不足 1000 hm² 的为重大森林火灾。

(4)特大火灾

受害面积在 1000 hm² 以上的为特大森林火灾。

2. 按发生原因分类

(1)生产用火

如烧荒开垦、烧炭、机车喷火等。

(2)生活用火

如吸烟、取暖、烧烤食物等。

(3)迷信用火

如上坟烧纸。

(4)自然原因

如雷电触击森林起火等。

(5)人为故意纵火。

(二)森林火灾损失统计

森林火灾造成的损失包括森林资源的损失和扑灭森林火灾而耗费的人力和物力。

1. 森林资源的损失

森林资源的损失包括直接损失和间接损失。反映森林资源的损失一般用火灾受害森林面积、成灾受害面积和烧毁林木数量 3 个指标进行反映。森林火灾重者使森林化为灰烬，轻者也影响森林的生长量，故凡被火烧过的森林，不论火烧程度如何，均属火灾受害森林面积。在受害森林面积中，凡单位面积被烧毁或烧死成林株数在 30% 以上，幼龄林在 60% 以上统计为成灾森林面积。烧毁或烧死的森林除用面积表示损失外，还必须调查其株数和材积反映火灾损失的数量(表 5-11)。

表 5-11 森林火灾统计报告表

填报单位：

发生火灾地区	森林火灾（次）					各种起火原因次数（次）			受灾森林面积（hm²）					烧毁林木		动员扑火人工日	扑火伤亡人数（人）	
	合计	森林火警	一般火灾	重大火灾	特大火灾				合计	其中：成灾森林面积	成灾森林面积中：			成林（m³）	幼龄林（株）		受伤	死亡
											成林面积	幼龄林面积						
总计																		

2. 扑灭森林火灾的损失

（1）扑火经费

包括交通费、消耗物资的价值、扑火人员经费等。

（2）动员扑火人工数

参加扑灭森林火灾的实际工日数。

（3）伤亡人数

因扑火而造成人身伤亡的总人数。

三、林业有害生物防治统计

林业有害生物是森林资源的主要威胁之一，对林业有害生物进行防治也是在森林经营管理中经常要面对的日常工作。目前林业有害生物防治统计主要是对森林病虫鼠（兔）害和有害植物防治进行统计，以及时反映林业有害生物发生和防治的基本情况。研究林业有害生物发生和发展的规律，以便采取有效的防治措施，保护好现有的森林资源。

（一）林业有害生物发生面积

林业有害生物发生面积是指报告期内发生各种森林病虫鼠害和有害植物的全部林地面积。分病害发生面积、虫害发生面积、鼠（兔）害发生面积和有害植物发生面积进行统计。如在同一块林地上发生多种灾害，则以其中较严重的一种填报。

（二）林业有害生物发生率

林业有害生物发生率是指报告期内发生林业有害生物的森林面积占森林总面积的比

率。其计算公式如下：

$$林业有害生物发生率 = \frac{发生面积}{森林总面积} \times 100\% \tag{5-33}$$

(三)林业有害生物防治面积

林业有害生物防治面积包括在尚未发生林业有害生物灾害和在已发生林业有害生物灾害的林地进行预防和治理的面积，分病害防治面积、虫害防治面积、鼠(兔)害防治面积和有害植物防治面积进行统计。按防治方法的不同对林业有害生物的防治分为两类：

1. 无公害防治

该方法指对人、畜、禽、鱼及其他生物比较安全，对生态与环境危害较轻的防治措施。包括：

①生物措施 病原微生物制剂、天敌昆虫、益鸟益兽等。

②物理措施 灯诱、地箭、灭鼠雷等。

③人工措施 捕捉、砸卵、草把诱捕、诱饵木、虫源木清理等。

④仿生制剂防治 灭幼脲类等。

⑤部分化学防治 以非国家明令禁用农药为主剂的毒绳、毒环、毒签、树干注药、局部熏蒸等。

⑥植物源农药防治 烟参碱类等。

⑦其他防治 性引诱剂、植物源引诱剂、阿维菌素等。

2. 化学防治

该方法指采用化学药剂的方法进行林业有害生物防治。在进行统计时要分防治实际面积和防治作业面积分别统计，为林业有害生物防治管理工作提供相应的数据信息。

(1)防治实际面积

它是指施行各种对林业有害生物防治措施的实际森林面积。不论报告期在同一林地上防治的次数多少，只按一次计算，说明报告期经过林业有害生物防治的森林面积有多大。

(2)防治作业面积

它以防治作业为统计对象，是实际防治面积与次数的乘积，说明报告期完成的林业有害生物防治作业量，用"hm² · 次"来表示。

(四)林业有害生物成灾率

成灾率是指林业有害生物实际成灾面积占现有林和未成林面积的千分比，计算公式如下：

$$成灾率 = \frac{全年实际成灾面积}{(现有林面积 + 未成林面积)} \times 1000\text{‰} \tag{5-34}$$

实际成灾面积是指本年度内达到林业有害生物成灾界定标准的面积之和，成灾面积以亩为统计单位，年终报表时实际成灾面积不重复计算。成灾界定标准分为林业检疫性有害生物和非林业检疫性有害生物两类，具体规定如下：

1. 林业检疫性有害生物

在未发生区新发现或已发生区的新造林地发生检疫性有害生物的为成灾；在已发生区检疫性有害生物造成寄主植物死亡的为成灾；未造成寄主植物死亡的按上述相应指标

降低 5%~10% 界定成灾标准(达到检疫性有害生物成灾标准的整个小班面积均计入成灾面积)。

2. 非林业检疫性有害生物

①叶部病虫害 失叶率 60% 以上,或感病指数 50 以上,或死亡率 3% 以上。

②蛀干病虫害 受害株率 30% 以上,或树木死亡率 3% 以上;其中,小蠹虫类、萧氏松茎象:受害株率 60% 以上,或死亡率 6% 以上。

③种实病虫害 种实受害率 20% 以上。

④鼠、兔害 未成林造林地寄主死亡率 15% 以上,或成林死亡率 3% 以上,或成林受害株率 30% 以上。

⑤有害植物 有害植物盖度 60% 以上,或树木死亡率 3% 以上。

⑥上述以外的林业有害生物成灾标准为受害植株死亡率 6% 以上。

⑦发生在经济林或行道树、景观林的林业有害生物,分别相应降低一定数值:失叶率、感病指数、受害株率、种实受害率、盖度降低 10%;死亡率降低 1%(其中未成林造林地鼠、兔害寄主死亡率降低 5%)。如叶部病虫害发生在行道树或景观林中,成灾标准为失叶率 50% 以上,或感病指数 40 以上,或死亡率 2% 以上。

(五)林业有害生物防治率

防治率是指林业有害生物实际防治面积与灾害发生面积的比值。其计算公式如下:

$$防治率 = \frac{全年实际防治面积}{发生面积} \times 100\% \tag{5-35}$$

由于化学防治会对环境造成一定程度的影响,因此在林业有害生物防治中要尽可能采取无公害的防治措施,为了反映一定时期和各单位无公害防治工作的成效,还要统计无公害防治率。无公害防治率是指无公害防治面积占总防治面积的百分比。其计算公式如下:

$$无害化防治率 = \frac{无公害防治面积}{总防治面积} \times 100\% \tag{5-36}$$

四、森林保险统计

森林保险是以林木、砍伐后尚未集中存放的原木、竹林等为保险标的,投保方(林业经营主体)与承保方(保险公司)达成合同约定并缴纳保费,承保保险公司对合同约定时期内可能遭遇的自然或意外灾损提供经济保障的一种保险。森林生长过程中面临的主要灾害有火灾、病虫害、风灾、雪冻、洪水等,依据承保责任范围可将森林保险分为单一责任险、混合责任险、一切险。依据险种可将森林保险分为火灾险、病虫害险、风灾及冰雪霜冻险等。由于诸种原因所限,我国目前开办的森林保险主要以森林火灾险和森林综合险(主要承保林木因受到不可抗的自然灾害而受到的损失,如林木生产工程中发生的火灾、虫灾、暴雨、暴风、洪水、泥石流、冰雹、霜冻、台风、暴雪、雨凇等)为承保责任。森林保险统计就是及时反映森林灾害保险的参保种类、参保规模、各级政府对森林保险的补贴和森林灾害理赔情况,研究森林灾害保险的发展趋势,改进森林保险的规章制度,更好地实现对林业生产力的充分保护;帮助林业生产经营者在灾后迅速恢复林业生产,促进林业稳定发展。

(一)森林灾害参保规模

森林保险的参保率是指全国实际参加森林保险的森林面积占全国应参加森林保险的森林总面积的百分比。

森林火灾保险的参保率是指全国实际参加森林火灾保险的森林面积占全国应参加森林火灾保险的森林总面积的百分比。

森林综合险保险的参保率是指全国实际参加森林综合险保险的森林面积占全国应参加森林综合险保险的森林总面积的百分比。

参保面积占全国森林面积的比率是指已参保的森林面积与全国应该参加保险的森林面积之比。

参保面积是指在保险合同规定内的森林面积。

承保额即保险金额,是指一个保险合同项下保险公司承担赔偿或给付保险金责任的最高限额,即投保人对保险标的的实际投保金额;同时又是保险公司收取保险费的计算基础。

(二)森林灾害保费补贴

我国的森林保险保费遵循"政府引导、市场运作"的原则,采取中央、省、市(县)三级保费补贴联动的补贴模式给予森林经营者资金支持,与森林经营者共同负担森林灾害保险费用方式来促进森林保险的发展。

森林灾害保费分担率是指各出资主体所支出的保费与总保费的比例,反映各主体在森林保险中的贡献程度。

森林灾害保费中央补贴额是指中央政府给予森林经营主体参加森林灾害的补助金额。

森林灾害保费省政府补贴额是指省政府给予森林经营主体参加森林灾害的补助金额。

森林灾害保费市县补贴额是指市县政府给予森林经营主体参加森林灾害的补助金额。

(三)森林灾害保险理赔

森林保险理赔额是指森林灾害保险事故发生后,保险公司根据实际情况给予赔偿的金额。

森林保险理赔面积是指森林灾害保险事故发生后,保险公司根据实际情况给予赔偿的森林面积数。

森林保险赔付率是指保险公司森林保险赔款支出与森林保费收入之间对比关系,这在一定程度上可以看出保险公司的经营情况。赔付率有多种计算方法,对森林保险而言,可以计算简单赔付率,反映报告期赔款与保费收入的简单比例关系;能从一定程度上反映保险公司未来现金流动情况。其计算公式如下:

$$简单赔付率 = \frac{已决赔款 + 未决赔款}{保费收入} \times 100\% \tag{5-37}$$

第六节　木材生产统计

林木生长成熟以后就要进行采伐作业,这一阶段又称为木材生产阶段。木材生产是森林资源的采伐利用,例如,减少木材生产中森林资源的消耗,提高资源利用率,提高劳动生产率，降低成本等，都要求加强木材生产各阶段的管理和统计。

我国地域辽阔，各地区地形、气候、交通条件，树种等差异很大，使各地区各企业木材生产工艺过程各不相同。有的企业实行机械化常年流水作业，有的是季节性生产；有陆运也有水运；陆运有森铁运材，也有汽车运材；有一次运抵最终贮木场，也有经过多次转运才能运抵最终贮木场；有拖拉机集材，也有架空索道集材，还有马套子集材等。由于生产工艺过程的不同，各段落工作量指标的设置也应各有所别。一般而言，木材生产可分伐区作业、运材作业和贮木场作业 3 个阶段。现就 3 个阶段的生产工作量、工作质量和在产品结存量统计做简要介绍。

一、伐区作业统计

伐区工作主要包括林木采伐、集材与清林等。统计内容包括以下 5 点：

(一) 采伐量

采伐是伐区生产的第一道工序，它是将立木伐倒，打枝而成原条，或在山上把原条进行造材而成为不同材种的原木和薪材。东北、内蒙古等运输条件较好的林区，多采用原条流水作业；南方地形起伏较大，原条运材有困难的林区，多数采用原木生产。因此，采伐量分为采伐原条和原木量。

采伐原条是指将立木伐倒、打枝，在山场不进行造材的原条。

采伐原木(亦即山上造材量)是指伐木、打枝后，并经造材符合木材规格标准的原木。

(二) 集材量

集材是将分散在伐区的原条或原木、薪材集中到山楞或中楞。集材是伐区生产中的重要工序，成本约占伐区生产成本的 67%。集材必须根据伐区的具体条件，因地制宜，既可以是一次集材，也可以是多次集材。所以，集材量是指将采伐的木材从山上集中至山楞或中楞、或先小集中后再集材至山楞或中楞的木材的集材工作量(其中应包括小集中作业工作量)。

统计采伐量和集材量一般根据劳动组织或承包情况确定检尺次数。如果采伐为一个工组，集材为另一个工组，则在采伐和集材后分别进行检尺；如果采伐和集材在一起由一个工队负责，则在集材后进行检尺。检尺后根据检尺记录进行汇总，便可得工组、工段、林场和企业的采伐工作量和集材工作量。

(三) 平均集材距离

集材量是从整个木材生产过程角度，反映由一个阶段到另一个阶段的木材数量，它对指挥生产和研究段落间的平衡与衔接具有重要意义。但是就集材来说，在一定时间内一定机械所能完成的集材量，与距离的远近有关。在载量相同的情况下，距离近，趟数就多，完成的集材量就多；距离远，趟数就少，完成的集材量就少。因此，除了计算集材量外，还必须计算集材距离和集材工作量，以便计算和分析劳动、机械效率和集材机械消耗等。一个伐区的平均集材距离可从伐区工艺设计的资料获得。

林场报告期的平均集材距离是林场各伐区集材距离与集材量的加权平均数。企业报告期的平均集材距离是各林场的加权平均数。其计算公式为：

$$平均集材距离 = \frac{\sum(集材距离 \times 集材量)}{\sum 集材量} \tag{5-38}$$

例如，某林场有 3 个伐区，根据各伐区的集材距离和集材量，计算林场的平均集材距离，见表 5-12 所列。

表 5-12　某林场平均集材距离计算表

伐区名称	集材距离(km)	集材量(m³)	集材工作量(m³·km)
一号伐区	0.7	19 390	13 573
二号伐区	1.0	6840	6840
三号伐区	0.8	14 798	11 838.4
合计	—	41 028	32 251.4

表 5-12 中，林场平均集材距离 $=\dfrac{32\ 251.4}{41\ 028}=0.786(\text{km})$，即该林场报告期平均集材距离为 786 m。

(四)伐区作业质量统计

伐区在采伐和集材后，要进行质量检查验收，严格把好质量关。伐区质量的好坏，主要是以林业再生产为出发点，提出各项作业所应达到的质量标准。包括的内容有采伐质量、清林质量和森林资源利用的质量。伐区质量检查验收，应设标准地，并根据规定项目逐项进行实测。调查结果记录于伐区作业联合检查野账，并对各项质量进行评比记分，符合质量要求的发给采伐合格证。根据伐区工艺设计和伐区联合检查野账的资料，登记伐区拨交验收统计表。

根据检查验收资料，可以计算出实际采伐强度和伐区森林资源出材率等指标。采伐强度是采伐蓄积量与伐前森林资源蓄积量的比率。出材率分原条生产与原木生产。原条生产是伐区森林资源原条出材率，简称原条出材率，它是原条产量与采伐蓄积量的比率。原木生产是森林资源木材出材率，简称木材出材率，它是木材产量与采伐蓄积量的比率，也称森林资源采伐利用率。

$$\text{伐区森林资源原条出材率}=\frac{\text{原条产量}}{\text{采伐蓄积量}}\times 100\% \qquad (5-39)$$

$$\text{森林资源采伐利用率}=\frac{\text{木材产量}}{\text{采伐蓄积量}}\times 100\% \qquad (5-40)$$

森林资源采伐利用率是森林资源利用情况的指标，是企业生产经营水平的重要标志。我国森林资源少，有计划地提高森林资源采伐利用率，是合理利用森林资源的重要途径。森林采伐伐区拨交验收统计表汇总了各伐区作业质量的检查情况，可以计算出林场和企业报告期伐区质量合格率。它是报告期采伐经检查验收合格的伐区面积，与报告期采伐检查验收的全部伐区面积的比率，综合反映了伐区各项作业的质量。

$$\text{伐区质量合格率}=\frac{\text{合格的伐区面积}}{\text{全部伐区面积}}\times 100\% \qquad (5-41)$$

(五) 途中拨交

把木材集运到中楞，其中，一部分直接把木材拨交给需材单位，由需材单位自己把木材运到需材单位所在地；另一部分由企业把木材运到最终贮木场。中楞拨交，在南方原木生产的企业所占的比重大，在东北国有林区原条生产的企业较少。除了中楞拨交外，还有山上拨交和运输途中拨交等。凡在最终贮木场以上把木材拨交给需材单位的，通称途中拨交。途中拨交视为完成企业的生产过程，统计入木材产量中。

二、运材作业统计

1. 运材量

它是指从运材起点将木材运到最终目的地贮木场或指定调拨点或销售点的木材数量。各林区自然条件和工艺过程各不相同，有一次直达或多次转运抵达的木材。在核算运材工作量时，应分别具体情况设置统计指标。

2. 运输周转量

它是运输量与运输距离的乘积，反映运输工作量的大小，也是考察运输任务完成情况的主要依据之一。其单位为"$m^3 \cdot km$"或"$t \cdot km$"。

3. 平均运材距离

它是企业实际运材周转量除以运材量，或各批木材的运距与运量的加权平均数，反映报告期企业木材由运输起点至终点的平均长度。其计算公式为：

$$平均运材距离(km) = \frac{\sum(运材距离 \times 运材量)}{\sum 运材量} \qquad (5-42)$$

4. 木材运输损失量和损失率

木材在装运或推河时进行检尺，是木材发运时的数量。但木材在运输过程中常造成一定的损失，其中，以水运过程中的损失较为严重。木材水运的损失量是推河木材数量与出河木材数量之差。木材水运损失率是损失量与推河量的比率，反映木材水运过程中木材的损失程度和运输的质量。其计算公式为：

$$木材水运损失率 = \frac{推河量 - 出河量}{推河量} \times 100\% \qquad (5-43)$$

陆运过程中也有掉道材，它与装运质量有关，因此有的企业也计算运材损失率。

三、贮木场作业统计

(一) 造材作业

1. 造材量

造材是把原条截成符合各种规格标准的原木材种，称为造材。截成的原木材积数量为造材量。造材是木材生产中的一个关键工序。合理造材，对充分利用森林资源，提高产品质量，保证材种计划的完成，增加产值和利润都有重要的意义。

在我国，除贮木场造材外，还有其他地点的造材。为反映不同地点造材及其经济效益, 造材工作量分为山上造材、山楞原条造材、中楞原条造材、贮木场原条造材 4 种。

2. 原条造材出材率

原条经造材、生产成为原木、薪材。原条造材出材率是考核生产原木及其损耗的重要经济指标, 也是造材工序的重要质量指标。其计算公式为:

$$原条造材出材率 = \frac{原木产量}{耗用原条总量} \times 100\% \tag{5-44}$$

3. 造材设计方案的质量比较

造材不仅要求出材率高, 而且只有在经济材中提高特种用材、优质材和长材的比重, 才能增加每立方米木材的价格, 增加产值, 增加收入。在这个环节中量材员起着关键的作用, 由于每根原木长度、弯曲、缺陷各不相同, 因此, 很难用一个统一标准衡量造材设计的质量水平。在实践中是在造材台上任意抽取一定数量已设计而未截造的原条, 由检查员重新设计, 这样造材设计就有原设计方案与改正方案两个不同方案。分别两个方案逐根逐段地检查材种、材长、径级, 并计算出相应的产值和每立方米木材的平均价。将两个方案的产值进行对比求出两个方案的产值差额和产值提高率, 以此反映造材设计方案的工作质量。

两个设计方案每立方米木材产值差额: 改正方案产值-原设计方案产值。

$$改正方案产值提高率 = \frac{两个方案产值差额}{原方案木材产值} \times 100\% \tag{5-45}$$

(二) 装卸归作业

木材经过集运, 从山上到中楞, 从中楞到贮木场, 经过造材和选材归楞, 销售装车, 完成生产和销售的过程。每次转运都需要装卸, 在东北林区, 贮木场是装卸归最集中的地方, 管理也较细致。

1. 装卸归工作量统计

(1)装车(或船)工作量

山楞、中楞装森铁车辆、汽车或船的工作量和贮木场装大火车、汽车或船的工作量。

(2)卸车工作量

在中楞卸汽车的工作量和贮木场卸森铁车辆、汽车的工作量。

(3)归楞工作量

将集运到山楞、中楞或贮木场的木材进行堆垛的工作量。

2. 楞场工作质量统计

楞场是国家木材仓库, 实行木材商品化管理。木材应按材种、树种、材长、等级进行准确地选材和归楞, 楞垛要整齐, 并按订货单位合同要求的材种质量进行装运, 保证供货的产品质量。

(1)分级归楞合格率

分级包括材种的长级、径级和等级。长级、径级不同, 价值也不相同, 因此, 归楞时每楞的材种质量必须一致, 不许混楞。经抽检一定数量的木材, 量其材长和径级, 凡长度或径级大于和小于该楞规定的为不合格。通过检查计算出长级和径级合格率, 反映选归工作的质量。

（2）账货误差率

木材归楞后记入野账，它就是入库木材产品的数量。木材收拨账实应相符。在某一时点进行抽检，实际木材材积与账面材积之差，为账实误差数。误差数除以账面数，为误差率，它反映了检尺和统计工作中的质量。

四、木材在产品结存量统计

统计木材在产品结存量的目的在于了解报告期各段木材在产品结存数量，提供平衡各段木材生产和安排木材生产计划的参考。

各段木材在产品结存量，指在最终贮木场以上各生产段落的结存，不包括最终贮木场的库结量。木材在产品结存数量中应将原木、原条和薪材的结存量分别列出。

1. 各段木材在产品结存量包括的范围

①木材采运工人生产的木材各段在产品结存量。

②营林单位抚育改造采伐生产待运出的木材各段在产品结存量，不包括企业自用材各段木材在产品结存量。

2. 木材在产品结存量统计

（1）账面结存量

根据报告期初各段在产品账面结存量，加报告期内各段生产量，减报告期各段集、运出的数量，计算求得期末各段在产品账面结存量。即：

期末账面结存量＝期初账面结存量＋本期生产量－本期集运出木材数量

计算各段账面结存量时，"生产量"，山上按报告期实际采伐量计算；山楞、中楞以各段实际到材（或按检尺小票验收木材）数量计算。"集运出木材数量"，山上按报告期实际集运出木材数量计算；山楞、中楞按实际装车发运的木材数量计算。不得以贮木场到材经检尺验收木材数量推算山楞、中楞结存。

（2）实际结存量

报告期末实际进行盘点，各段实际木材结存量。盘点结果，实际结存量多于账面结存量称为盘盈，小于账面数称为盘亏。造成账实不一的原因是多方面的，较常见的是检尺误差；其次是一些新建企业，道路未通就开始生产，或伐区生产大于运输能力，木材不能及时运出而产生的腐烂；此外，还有山火烧毁、山洪冲失等。通过盘点应查明原因，加强管理，杜绝木材的损失和浪费。

第七节　木材加工业生产统计

一、木材加工业产品品种统计

产品品种是基本经济用途相同的同一类产品在其具体性能和实际经济用途中有差别的产品种数，属经济范畴。木材加工业产品品种问题，是木材加工业生产中的重要问题。木材加工业产品品种统计的基本任务是统计木材加工业企业和整个部门的产品品种数量，研究其发展变化情况，反映在扩大品种生产上取得的成就；检查产品品种计划完成情况，以促进企业乃至部门全面完成品种计划，提高经济效益。

（一）木材加工业产品品种数

木材加工业产品品种数量是指报告期内实际投产的品种数。木材加工业产品品种指标，可以反映品种发展的规模，对搞好品种规划和产供销平衡工作有一定作用。通过不同时期产品品种数的对比，可以反映产品品种的增长变动情况，从一个侧面反映生产发展水平。木材加工业产品品种，根据需要又有以下 3 种形式：

1. 企业生产品种数

企业在报告期已经生产和正在生产的产品品种数。这一指标比较粗略，它不管每个品种的产量多少，也不管是否完成了产量计划，只要符合主管部门关于品种的规定，均计入品种数中。企业产品品种数增加，是企业生产技术水平提高的标志。

2. 企业完成计划产量的品种数

企业在报告期已完成该品种计划产量的品种数，是考核企业品种计划完成情况的依据。

3. 某一部门或地区生产的品种数

它是将某一部门或地区内各企业生产品种汇总所得到的品种数。但在汇总时，应将企业间重复生产的品种数扣除。

（二）品种计划完成情况

反映木材加工业产品品种计划完成情况的指标主要有品种计划完成率、品种计划完成程度、完成品种计划的企业所占百分比等。

1. 品种计划完成率

企业品种计划完成情况，必须结合产品产量计划完成情况进行考核。品种完成率指标，是根据完成产量计划的产品品种数计算的，不包括虽已投产但并未完成产量计划的品种和计划外品种。其计算公式为：

$$品种计划完成率 = \frac{报告期完成计划产量品种数}{报告期计划产品品种数} \tag{5-46}$$

品种计划完成率对完成计划产量程度这个因素考虑得不够，如完成产量计划 90% 和 10% 的都不能列为完成计划品种，因而应补充新的指标。

2. 品种计划完成程度

这个指标弥补了品种计划完成率的不足。它是以各品种完成计划产量的程度作为计算依据的。其计算公式为：

$$品种计划完成程度 = \frac{\Sigma 计划内各品种完成计划产量百分比}{计划内产品品种数} \tag{5-47}$$

计划内各品种完成计划产量百分比，是按"不抵补原则"加总的，即超额完成计划产量的，超过部分不能计入，就是说不能以超补亏。在式（5-47）计算中，它实际是完成计划品种数的"当量"。假设计划内有 A、B、C 3 个品种，A 完成计划产量 50%，相当于完成了 0.5 个品种，B 完成计划产量 100%，是完成了 1 个品种，C 完成计划产量 150%，也是完成了 1 个品种，A、B、C 合计相当于完成了 2.5 个品种，与品种计划完成率相比能更准确地表明了品种计划数的完成程度。因为，A 产品虽没有完成产量计划，但该企业也为完成 A 产品生产，为完成品种计划，做了一定程度（50%）的工作。

品种计划完成程度，还可以直接综合各品种的产量（混合产量）或产值来计算。其计算公式为：

$$品种计划完成程度=\frac{计划内品种实际产量（产值）之和（超计划部分不计）}{计划内品种计划产量（产值）之和}\times100\%$$

$$(5-48)$$

例如，某企业报告期品种计划完成情况（表5-13）。其品种计划完成程序计算如下：

表 5-13 某企业报告期品种计划完成情况

产品	产量（件）			产值（元）				完成产量计划百分数（超100%部分不计）
	计划	实际	实际（扣除超计划部分）	不变价格	计划	实际	实际（扣除超计划部分）	
甲	150	150	150	10	1500	1500	1500	100
乙	100	80	80	5	500	400	400	80
丙	200	250	200	20	4000	5000	4000	100
丁	550	400	400	4	2200	1600	1600	72.7
戊		150		10		1500		
合计	1000	1030	830		8200	10 000	7500	

按混合产量计算：

$$品种计划完成程度=\frac{830（件）}{1000（件）}\times100\%=83\%$$

按产值计算：

$$品种计划完成程度=\frac{7500（元）}{8200（元）}\times100\%=91.46\%$$

按完成计划产量百分比计算：

$$品种计划完成程度=\frac{100\%+80\%+100\%+72.7\%}{4}=88.2\%$$

从上例可以看出，计算方法不同，计算的结果也不同。

按完成计划产量百分比计算，是将4个品种的产量计划完成百分比简单平均，既不受各品种计划产量多少的影响，也不受各品种产品价格高低的影响。

按混合产量计算，要受各品种计划产量多少的影响，计算结果之所以低于按完成计划产量百分比计算的结果，是由于未完成产量计划的丁产品，其计划产量占总产量的1/2以上。

按产值计算，不仅受各品种计划产量多少的影响，还受价格高低的影响。完成产量计划的品种是价高的甲和丙产品，未完成产量计划的品种是价低的乙和丁产品。所以，按产值计算的结果，高于按混合产量计算的结果。

3. 完成品种计划的企业所占百分比

这一指标可以说明一个部门或地区(如林业厅或一个市)的全部木材加工业企业中完成产品品种计划的企业所占的比例情况。其计算公式为:

$$完成品种计划的企业所占比重 = \frac{部、林业厅或地区所属完成品种计划的企业}{部、林业厅或地区所属规定有品种计划的企业总数}$$

(5-49)

二、木材加工生产质量统计

在木材加工生产中不但要关注产品品种是否按计划进行生产,还要关注所生产产品的质量状况,企业中常用的反映产品生产工作质量的统计指标有:

1. 产品合格率

产品合格率是指合格品数量占全部送检数量的比重。其计算公式为:

$$产品合格率 = \frac{合格品数量}{全部送检数量} \times 100\%$$

(5-50)

送检产品数量包括合格品数量、次品数量和废品数量。这个指标是从有效生产成果的角度来评价生产工作质量的水平。木材加工业企业产品合格率,指标如下:

(1)胶合板合格率

它是指胶合板合格品产量对受检胶合板数量的百分比。其计算公式为:

$$胶合板合格率 = \frac{胶合板合格品产量(m^3)}{受检胶合板数量(m^3)} \times 100\%$$

(5-51)

胶合板合格品产量包括符合国家胶合板标准的和按供需双方订货合同规定合格的胶合板产量。

(2)木质纤维板合格率

它是指木质纤维板合格品产量占受检木质纤维板数量的百分比。其计算公式为:

$$木质纤维板合格率 = \frac{木质纤维板合格品产量(m^3)}{受检木质纤维板数量(m^3)} \times 100\%$$

(5-52)

(3)刨花板合格率

它是指刨花板合格品产量对受检刨花板数量的百分比。其计算公式为:

$$刨花板合格率 = \frac{刨花板合格品产量(m^3)}{受检刨花板产量(m^3)} \times 100\%$$

(5-53)

2. 产品一次合格率

如果合格品是在返修、重新再生产中达到的,则在此过程中又重新花费了人力、物力,并加大了合格品的成本,则不能认为这是企业工作质量好的一种表现。为了控制这种情况,产品一次合格率也是反映企业工作质量好坏的一个重要指标。其计算公式为:

$$产品的一次合格率 = \frac{某产品一次合格的数量}{某产品的总数量}$$

(5-54)

显然，非一次合格品必然会给企业带来损失。对此可以计算非一次合格品损失率：

$$非一次合格品损失率 = \frac{非一次合格品损失额}{本期产值 + 非一次合格品损失额} \qquad (5-55)$$

非一次合格品损失额包括不可修复废品的损失金额及返修所耗用的材料及人工费。

此外，产品出厂后也会遇到质量问题，以致用户要求索赔或退货（非流通环节损失）。因此，产品质量厂外损失率也是考核企业工作质量好坏的一个方面。其计算公式为：

$$产品质量厂外损失率 = \frac{本期厂外损失额}{本期总产值 + 本期厂外损失额} \qquad (5-56)$$

厂外损失额包括索赔费用额、退款额和保修费。

3. 废品率

产品经过检验，符合产品质量标准技术要求的产品为合格品，否则是不合格品。不合格品又可分为次品和废品。次品是指产品的某些次要的质量特性不合格，但仍可按原定用途使用和作为木材加产品销售的产品。废品是指产品的某些主要质量特性不合格，而且不能按原定用途使用的产品，其中又分：

①可整废品（又称返修品） 可能经过返修达到合格的废品。

②不可整废品 无法返修而报废的废品。

废品率是废品量占受检总量（合格品量+次品量+废品量）的百分比，反映产品和工作的质量。其计算公式为：

$$废品率 = \frac{废品量}{受检产品总量} \times 100\% \qquad (5-57)$$

废品是生产中的浪费，会给企业造成经济损失，为此，不仅要统计废品量、计算废品率，而且应进一步分析产生废品的原因，提出防止产生废品的办法，使生产废品的损失降至最低程度。

4. 返修率

返修率是指返修品数量与全部受检产品数量之比，也是一个工作质量指标。其计算公式为：

$$返修率 = \frac{返修品数量}{受检产品总量} \times 100\% \qquad (5-58)$$

本章小结

林业生产从采种育苗、造林、森林抚育、木材采伐、林产品采集、木材加工的生产全过程短则十来年，长则要几十年甚至上百年，其长期性的特点主要体现在营林阶段。因此，如何做好营林生产的统计，准确地收集和保存营林生产中的数据信息对于林业生产经营管理和林业效益的评估具有重要的作用。在本章中依据林业生产的自然过程重点介绍了营林生产统计的内容、主要的统计指标和方法。木材加工生产相对营林来讲时间短、工厂化作业，统计工作的规范化更强，本章主要介绍了木材加工生产中的主要统计指标及其统计分析方法。通过本章的学习，学生可以全面地了解林业生产全过程，并对林业生产中的统计指标和分析方法有清晰的认识和把握。

复习思考题

1. 简述营林生产的主要内容。
2. 简述木材生产过程包括的环节及主要的统计指标。
3. 简述木材加工生产的主要统计指标。
4. 简述森林灾害统计的主要内容。
5. 简述森林抚育统计的主要指标。

第六章 林业产品产量统计

【本章介绍】本章主要介绍林业产品产量统计的意义和任务、范围和原则，木(竹)质林产品、非木(竹)质林产品产量和林业服务数量，以及林业产品质量统计的主要指标等内容。

林业产品产量是林业生产的直接有效成果，它反映了林业生产的实际水平、规模和质量，是核算林业产值的基础和编制林业发展规划、制定林业政策和生产经营决策的重要依据。

第一节 林业产品产量统计的基本问题

一、林业产品产量统计的意义和任务

林业产品包括木质林产品、非木质林产品和林业服务。林业产品产量指林业生产经营者在一定时期内生产，并符合产品质量要求的林业产品数量。林业产品产量是林业生产的直接有效成果，它反映了林业生产的水平、规模和质量，以及林业行业向社会提供物质产品和服务的数量。产量资料是编制林业发展规划，各级政府部门指导林业生产、制定方针政策，分析林业经济效果的重要依据。

木质林产品和非木质林产品的产量统计是采用实物单位计算其产品，最大的特点就在于能够具体地、明确地反映各种产品的使用价值量。木质林产品和非木质林产品实物产量是最直接、最基本的林业产品产量指标。首先，重要的林业产品实物量或人均实物量是反映一个国家林业发展水平和经济实力的重要标志，也是进行国际间对比的重要资料。其次，林业产品实物量指标是制订和检查林业生产计划的重要依据，同时也是研究物资平衡和各企业、各部门之间关系的基础数据。最后，林业产品实物量指标也是林业统计中计算和分析其他经济指标的基础。

林业服务与木质林产品和非木质林产品不同，它是无形产品，对其进行产量统计时要依据其本身的特点设置产量指标。在本章中，林业服务的产量统计就是对林业服务的数量统计，反映了林业服务的生产水平和规模，并为制定林业服务业发展规划提供基础的数据资料。

林业产品产量统计的基本任务是：科学、准确地核算各种林产品产量指标，反映了林业生产规模和产品构成；计算产品质量指标，反映了林业产品的质量水平和林产品生产工作质量。

二、林业产品产量统计的范围

统计范围是统计指标的内涵要素，明确统计范围是开展林业产品产量统计的前提。林产品产量统计范围主要从生产主体和生产活动两个方面确定。从生产主体看，林产品产量统计范围包括本国单位生产的林产品；从生产活动看，林产品产量统计遵循生产性原则：一是纳入产量统计的林产品一定是直接生产的成果，直接购入或非目的产品不统计产量；二是只要完成了全部生产工艺过程、验收合格，不论产品是否销售，也不论其原料来源，都纳入产量统计范围。

(一)林产品产量统计包括的内容

只是针对来料加工产品，根据订货企业性质和结算方式的不同，区分由加工企业还是委托企业进行产量统计，具体如下：

①林业生产单位自备原材料所生产的全部产品产量，不论是要销售的商品量还是生产单位的自用量，均应统计生产的产品产量。用订货者来料生产的产品，并且林产品加工企业只收取加工费的，如果订货者为境内非工业企业和境外企业，其产品生产量由林产品加工企业统计；如果订货者为境内工业企业，产品生产量由委托企业统计，林产品加工企业不统计。

②经正式鉴定合格的新产品、生产设备，未正式投入生产以前试生产合格品，以及基本建设附产的合格品，都应包括在产品产量中。

③在我国经济领土范围内的中外合资经营企业、中外合作经营企业、外资企业生产的林产品，其产品产量全部统计在国内林产品产量中。

④用进口原材料或关键零件生产的林产品，无论在国内还是国外销售，产量均应统计在国内林产品产量中。例如，用进口纸浆生产的各种机制纸。

⑤用进口整套散装零件及用进口组装件加工、装配的产品，以及外商来料、来件加工装配的林产品，不管是在国内销售还是外商经销，产量均统计在国内林产品产量中。

(二)林产品产量统计中不包括的内容

①在生产林产工业产品的同时，产生的下脚余料和废料，如木材工业的锯末一般作为下脚料出售，不应统计为产品产量。

②生产单位从外购进的林产品，未经本单位任何加工的，一般不得作为本生产单位的产品产量计算。

三、林业产品产量统计的原则

林业产品产量统计原则是一切产品必须符合规定的质量标准或订货合同规定的技术条件，方可统计产量。林业产品的质量标准一般有国家标准、行业标准、企业标准，或供需双方在订货合同中商定的产品质量标准。林业产品产量统计时间是报告期产品产量，应以报告期截至最后一天为止，检验合格并办理入库手续的产品产量。规定要求包装的产品，必须包装好，才能计算产品产量。至于报告期最后一天以哪个班作为计算产量的班次截止，一经确定，不得改变。林业产品产量统计时应按照《林业及相关产品分类》行业标准、工业产品产量统计目录和相应统计规定进行统计与填报。

在统计实践中，为确保计算的准确性，还特别强调了以下计算原则：

1. 质量原则

林业产品产量是表明某种使用价值的数量。为适应社会生产和人民生活的需要，产品的内在质量和外观质量必须符合规定的质量标准。经检查合格才能计入产量。次品也应计算产量，但应与合格品分别统计。

2. 入库原则

林业产品产量是表明林业生产单位可以随时提供以满足社会需要的林业产品数量。产品只有入库或办完入库手续之后，即为生产过程的结束。入库是产品由生产领域向流通领域转移的分界线，证明它已具备了销售的条件，因此，计算产量必须坚持入库原则。对于完成全部生产工序，检验合格，直接销售的产品，视为产品入库，统计产品产量，如南方集体林区山场采伐直接销售的杉木原条、毛竹等。

3. 时限原则

林业产品是一定时期内林业生产的直接有效成果，产品产量是指一定时期内的产品数量，而产品生产过程是连续的，为了准确地计算产量，必须规定一个时间界限，避免产量计算时出现重复或遗漏。产量计算截止时间一般是期末最后一天，如企业采用多班制，必须固定截止班次。一经确定，不得随意变动。

4.《目录》原则

林业产品产量统计必须严格按照《工业产品目录》和《林业及相关产品分类》规定的产品类别、产品名称、代码，包括范围、计量单位进行统计，确保产量统计的统一及准确。

第二节 木(竹)质林产品产量统计

木(竹)质林产品是指木材实体或以木材为原料加工而成的产品，主要分为原木、薪材、竹材、锯材、人造板、木竹家具、木制品、木(竹)浆、纸和纸板、木炭、木片等。按产业源区分，原木、薪材、竹材为森林培育与采伐产业的产出，属于第一产业产品；锯材、人造板、木竹家具、木制品、木(竹)浆、纸和纸板、木炭、木片等为原木、薪材、竹材等为原料的加工制造产品，属于第二产业产品。

木(竹)质林产品产量统计的主要任务是统计各类木(竹)质林产品生产的实物数量。

一、木竹材采运产品产量统计

(一)木材产量

木材产量是指森林和林木经采伐、打枝、集材、运材、造材等工序完成本企业木材生产全部过程，经检尺验收或途中拨交给需材单位，符合国家和行业标准或双方合同规定的质量要求的木材，木材产量包括原木产量和薪材产量。"原木"是指符合国家和行业的原木标准的各种规格的原木，包括直接用原木、特级原木、加工用原木、原条、小径原木、车立木和等外造纸材。"薪材"是指不符合部颁的原木标准的木材(不包括枝桠材)，只统计供市场销售部分，企业林场职工集体用薪材不计入。一般按体积或重量统计，计量单位为 m^3 或 kg。

全部木材产量即全社会木材产量，指国有、集体所有和其他所有制企业、事业单位和林农经营的森林和林木，以及农民自留山上的林木(不包括薪炭林)经过采伐(包括主伐、抚育伐、卫生伐、林分改造等各种采伐方式)所生产并经过检尺验收，符合国家及林业部颁布标准的木材产量(包括途中拨交和企业自用)。

全部木材产量不包括从农民自留山上的薪炭林及房前屋后自有零星林木所采伐的木材，收购的各种木材，农村居民个人从自留地上采伐并自用的木材，生产运输过程中损失和自然消耗的木材。

1. 全部木材产量按生产单位的性质分类

①林业系统内国有企业单位(林业局、森工局，采伐场、伐木场)生产的木材。

②林业系统内国有林场、事业单位生产的(包括抚育伐)木材。

③林业系统外企事业单位采伐国有林地生产的木材。

④乡(镇)集体企业及单位生产的木材。

⑤各级合作组织和农民生产的木材。

2. 木材产量统计中的几项具体规定

①木材采运企业在山场、山楞和中楞用原木加工成锯材，应以加工前的原木材积列入木材产量。农村集体和个人生产的锯材运出以后，也应换算为原木材积统计木材产量。其折算标准以 $70\ m^3$ 锯材折合为 $100\ m^3$ 原木计算。

②薪材产量中不包括制材厂、木材综合加工厂(车间)加工后的剩余物，如截头、板皮和废料等。

③有些地区薪材根据重量折合为材积时，统一采用 $800\ kg=1\ m^3$ 的折合比例换算。

(二)竹材产量

竹材产量是指运出可供销售和自用的竹材，包括胸径围长 23 cm 以上的毛竹(楠竹)和胸径围长 16 cm 以上的篙竹，不包括杂竹或小竹。毛竹和篙竹按计数统计，计量单位为根；杂竹按重量统计，计量单位为 t 或 kg。

二、木竹材加工制造产品产量统计

(一)锯材产量

锯材产量是指以原木为原料，利用锯木机械或手工工具将原木纵向锯成具有一定断面尺寸，并符合国家或行业标准及供需双方商定标准的木材加工产品数量。它包括独立核算和非独立核算的制材厂、木材综合加工厂，以及木材采运企业附属的制材车间生产的锯材，也包括山地加工锯材。按体积或重量统计，计量单位为 m^3 或 kg。

根据国家锯材标准规定，锯材长度在 1 m(包括 1 m)以上的计算产量。长度 0.99 m 以下的小规格锯材不包括在锯材产量中(其中长度 0.5~0.99 m 的锯材单独统计)。但供需双方有协议的锯材，不论长度多少，均统计在锯材产量内。

(二)人造板产量

人造板产量是指用木材及其剩余物、竹材、棉秆、甘蔗渣等植物纤维为原料，加工成符合国家和行业标准的各种胶合板、纤维板、刨花板、细木工板和木丝板数量。按重量或体积统计，计量单位为 kg 或 m³。

1. 胶合板产量

它是指用原木经锯（刨）切成单板，再经干燥、涂胶、组坯、热压而成，符合国家和行业标准及供需双方协议订货的各种规格的胶合板数量。

2. 纤维板产量

它是指用木材碎料和棉秆、甘蔗渣等植物纤维作原料，经纤维分离、铺装成型、热压而成的各种纤维板数量，包括木质纤维板和非木质纤维板。

3. 刨花板产量

它是指用木材及其他纤维碎料为原料，经刨削成刨花，通过干燥、加胶、铺装成型、热压而成的各种刨花板数量，包括木质刨花板和非木质刨花板。

4. 木丝板产量

它是指用木材刨成木丝、搅拌水泥或菱苦土、铺装成型、加压、干燥而成的木丝板数量。

5. 细木工板产量

它是指中间层用小方木条、两面用单板胶合的制品。一般细木工板是用木质材料，根据需要两面也可用塑料或金属胶压。

（三）木竹地板产量

木竹地板是指以实木、人造板、竹材等为主要材料加工形成的地面装饰材料。包括实木地板、实木复合地板、浸渍纸层压木质地板（强化木地板）、竹地板（含竹木复合地板）、其他木地板（含软木地板、集成材地板等）。一般按面积统计产量，计量单位为 m²；进出口贸易中通常按重量统计，计量单位为 kg。

①实木地板　指直接用实木经烘干，加工后形成的地板材料。

②实木复合木地板　以实木板或单板（含重组装饰单板）为面板，以实木拼板或胶合板为芯层或底层，经不同组合层压加工而成的地板。

③浸渍纸层压木质地板（强化木地板）　以一层或多层专用纸浸渍热固性氨基树脂，铺装在刨花板、高密度纤维板等人造板基材表层，背面加平衡层，正面加耐磨层，经热压、成型的地板。

④竹地板（含竹木复合地板）　是以天然竹材为主要材料，采用黏胶剂经无害处理，高温高压而成的地板，或竹材和木材经不同组合层压加工而成的地板。

（四）单板产量

单板是指原木和竹材通过旋切或刨切获得的，厚度≤6 mm，用于制造胶合板和其他胶合层积材等人造板材的木竹质材料，包括刨切单板、旋切单板、微薄木、其他单板。一般按重量统计，计量单位为 kg。

（五）木片和木粒产量

木片和木粒是指用机械方法将木材制成小片（扁平刚硬且粗制成方形）或小粒（细小且有柔性），用于机械法、化学法、机械—化学法制纤维素浆，或制造纤维板及木质碎料板。

按重量统计，计量单位为 kg。

(六)木竹家具产量

木竹家具指主要部件中装饰件、配件除外，其余采用木材、竹材、人造板等天然材料制成的家具，包括木家具、竹家具。按计数或重量统计，计量单位为个、套、件或 kg。

1. 木质家具产量

它是指以天然木材和木质人造板为主要材料制作的家具，包括木质普通家具和木质工艺家具。其中，木质普通家具包括卧室用木质家具、木质坐具，办公室用木质家具，客厅、餐厅用木质家具，厨房用木质家具，其他木质普通家具。木质工艺家具指以天然木材为主要材料，经雕刻工艺制作的木质家具(如经过雕刻工艺的明清式红木家具等)，包括红木雕刻工艺家具、其他木质工艺家具。

2. 竹家具产量

它是指以毛竹、篙竹、杂竹等天然竹材为主要材料制作的家具，包括卧室用竹家具、竹制坐具、竹制桌、竹制柜、竹制箱、其他竹家具(如竹书架、竹花架等)。

(七)纸及纸制品产量

它是指以原木、竹材、废纸为原料生产的原生纸浆、化学溶解浆和废纸浆，以及纸、纸板和纸制品。按重量统计，计量单位为 kg。

1. 木竹浆产量

它是指以原木、竹材为原料生产的原生纸浆、化学溶解浆，以及以废纸为原料生产的纸浆。包括木浆、竹浆、废纸浆。

2. 纸和纸板产量

它是以木浆、竹浆、废纸浆生产的纸、纸板和纸制品。包括机制纸及纸板、加工纸、手工制纸及纸板、纸制品。

(八)其他木(竹)质林产品产量

1. 木制船舶产量

它是以木材为主要材料制造的船舶数量，包括木渔船和客货运输用木船等。按计数或吨位统计，计量单位为艘或 t。

2. 其他木竹制品产量

除上述产品外的，以木材、竹材为主要材料生产的其他木竹质产品数量，包括建筑用木料及加工木材组件、木容器、软木及软木制品、木制餐具及相关木制品、竹制品等。在对不同种类的木质林产品产量统计时，应根据林产品的物理特性进行实物量的统计。

第三节　非木(竹)质林产品产量统计

非木(竹)质林产品是指依托森林资源(森林、其他林地和森林以外的林木)生产的除木材、竹材以外其他所有的有形植物类产品及其加工品、陆生野生动物及其产品与加工品。具体包括：植物非木质林产品，饲养陆生野生动物及其产品，森林食品及制品、饮料及制品，藤、棕家具及制品，中药材制品，林产化工与能源产品，其他非木(竹)质林产品。从产业源看，植物非木质林产品，饲养陆生野生动物及其产品属第一产业产品，其他类别产品属第二产业产品。

非木(竹)质林产品产量统计的主要任务是统计各类非木(竹)质林产品生产的实物数量。

一、非木(竹)质林产品产量统计方法

非木(竹)质林产品统计方法有直接汇总法和间接推算法。直接汇总法就是将某一地区各生产单位的某种非木(竹)质林产品直接汇总得到该地区的总产量。间接推算法是根据非木(竹)质林产品种植面积或驯养的陆生野生动物数量，或根据抽样调查或典型调查取得的单位面积产量或动物产品生产率指标来推算。

二、植物种植采集与动物驯养繁殖产品产量统计

1. 植物非木质林产品产量统计

植物非木质林产品主要包括林木种苗、木本粮油与森林果蔬、茶及饮料原料、中草药材、林产工业原料、花卉及园艺产品等。

(1)林木种苗产量

①种子产量　指报告期为育苗、造林、更新和贸易的符合质量标准的乔木和灌木种子。根据《林木种子质量分级》(GB 7908—1999)标准，种子质量以种子净度与发芽率，或与生命力，或与优良度和含水量指标划分为Ⅰ级、Ⅱ级和Ⅲ级3个等级。种子产量为Ⅰ、Ⅱ、Ⅲ级种子数量的总和。按重量统计，计量单位为kg。

②穗条产量　指从林木上剪取，用于扦插育苗的枝条数量。按计数统计，计量单位为根或条。

③产苗量　指生产苗木的总株数。它是育苗阶段的生产成果。苗木有半年生、一年生、二年生、三年生等，所以，产苗量的含义也不相同。它可以是一年生、二年生未出圃的苗木产量，也可以是育成后的苗木产量。

苗木育成起苗后，要进行选苗分级，以保证苗木的质量。通常将苗木分成三级：Ⅰ、Ⅱ级苗为可出圃的合格苗，Ⅲ级苗不能出圃造林更新。受机械损伤、有病虫害，针叶树苗双顶、无顶等不能用于造林更新，也没有继续培育价值的苗木为废苗。苗木产量为Ⅰ、Ⅱ、Ⅲ级苗木数量的总和，废苗不得计入苗木产量。按计数统计，计量单位为株。

(2)木本粮油与森林果蔬产量

它是指依托森林资源培育和采集的木本水果和坚果、木本油料、木本淀粉类产品、森林蔬菜和调料等产品产量。根据不同产品物理特性，按鲜重、去皮果实、籽实干重等标准统计，计量单位为kg或t。

①木本水果和坚果　主要包括苹果、梨、柑橘类水果，葡萄、桃等木本水果，以及核桃、板栗、松子、椰子等食用坚果。

②木本油料　包括油茶籽、油橄榄、油用牡丹籽等木本油料果实。

③木本淀粉类产品　主要包括木薯、葛根等淀粉类木本植物根茎产品。

④森林蔬菜和调料　主要包括竹笋(干)、山野菜、食用菌类等蔬菜，以及花椒、胡椒、八角、桂皮、丁香、豆蔻、小茴香等调料。

（3）茶及饮料原料产量

茶及饮料原料产量主要包括茶叶、咖啡豆、可可豆等产品数量。茶叶产量指从成片茶园和零星种植的茶树以及其他茶树上所采摘的全部茶叶数量，按经过初步加工的干毛茶的重量统计。咖啡豆以去除外皮、果肉、内果皮后的生咖啡豆干重统计。可可豆产量以去除豆荚外壳和内膜，经干燥后的可可豆干重统计，计量单位为 kg 或 t。

（4）中草药材产量

中草药材产量指人工种植和野生采集的中草药材数量。按采收后经干燥(烘干或晾晒)的药材重量统计，计量单位为 kg 或 t。

（5）林产工业原料产量

林产工业原料产量主要包括天然橡胶乳，天然生漆、松脂等树脂树胶，栲胶原料，油桐籽、乌桕籽、文冠果、山苍籽等非食用果类，五倍子等染色、鞣革用植物原料，藤条、柳条、柠条、荆条等编结用材料，以及棕片等其他工业原料产品的数量。

这类产品种类繁多，根据不同产品物理特性，按重量统计，计量单位为 kg 或 t。例如，油桐籽、乌桕籽、核桃、文冠果按去掉果皮、外壳的干籽计算产量；五倍子以干籽计算产量；天然橡胶乳、生漆、松脂按从树上割下来的天然橡胶乳、生漆、松脂计算产量；棕片按干片计算产量；紫胶(虫胶)按原胶计算产量。

（6）花卉及园艺产品

花卉及园艺产品包括盆栽花、鲜切花及花蕾、切枝、切叶、盆景等产品数量。

2. 驯养陆生野生动物及其产品产量统计

该方法是指依据国家相关法律法规规定，依法饲养的以商业利用为目的陆生野生动物及其产品数量。包括：①牲畜的繁殖、增重；②屠宰禽畜后获得的产品，如生皮等；③不伤及禽畜本身获得的产品，如鹿茸、禽蛋等；④其他小动物饲养产品，如蜂蜜、蚕茧等。

根据农业农村部国家禽畜遗传资源委员会办公室《国家禽畜遗传资源品种目录(2021版)》，梅花鹿、马鹿、驯鹿、雉鸡、鸸鹋、鸵鸟、绿头鸭、番鸭、水貂(非食用)、银狐(非食用)、北极狐(非食用)、貉(非食用)等陆生野生动物属于目录内特种养殖种类。

（1）牲畜的繁殖、增重产量

畜群体重总产量＝报告期繁殖仔畜体重＋低龄组转入高龄组时牲畜体重差额－
死亡损失的牲畜体重

或

畜群体重总产量＝期末牲畜体重＋出售和屠宰的牲畜体重－期初牲畜体重－
期内购入的牲畜体重

（2）屠宰禽畜后获得的产品产量

它是指陆生野生动物出售和屠宰后获得生皮及其他产品数量。可按皮毛类禽畜出栏数量估算。

（3）不伤及禽畜本身获得的产品产量

如鹿茸、禽蛋等；可以通过生产产品的禽畜数量和单位禽畜产品生产率推算，以间接推算鹿茸产量为例：

$$鹿茸产量＝产茸鹿只数×平均每只鹿年产鹿茸量$$

其中，鹿年产鹿茸量可以通过抽样调查或典型调查获得。

（4）其他小动物饲养产品产量

如蜂蜜、蜂蜡、蚕茧等。以蜂蜜产量间接推算为例：

$$蜂蜜产量 = 蜂箱数 \times 单位蜂箱年产蜜量$$

其中，单位蜂箱年产蜜量可以通过抽样调查或典型调查获得。

三、非木(竹)质林产加工产品产量统计

非木(竹)质林产加工产品是以植物种植采集与动物驯养繁殖产品为原料，加工制造而形成的产品，主要包括森林食品、饮料及制品，藤、棕家具及制品，中药材制品，林产化工与能源产品，驯养繁殖的陆生野生动物食品及制品，其他非木(竹)质林产品。

1. 森林食品、饮料及制品产量

它主要指对以木本粮油、森林蔬菜、林果、茶、咖啡、可可等为原料加工制造的产品数量。按重量或容积统计，计量单位为 kg、t、L。

（1）森林食品及制品产量

它包括木本植物油及制品，木薯、葛根淀粉及制品，森林蔬菜加工品，林果加工品，林产罐头及其他森林食品的数量。

（2）果酒及林产饮料产量

它包括葡萄酒和酿酒葡萄汁，果酒及配制酒，果汁、果粉、茶饮料、咖啡饮料等林产软饮料、精制茶及茶制品。

2. 藤、棕家具及制品产量

它是指利用藤条、柳条、荆条及类似材料、棕片等材料生产的家具及家具配件、容器、日用杂货等产品数量。按计数或重量统计，计量单位为件、个、kg 等。

（1）藤、棕家具产量

它包括卧室用藤家具、藤制桌、藤制坐具、藤制柜、藤制箱等藤家具，棕床垫等棕制家具数量。

（2）藤、棕制品产量

它包括棕席、棕坐垫等棕制品，藤制席、藤篮、藤帽等藤制品，柳条筐、柳条箱、柳条帽等柳(荆)条制品的数量。

3. 中药材制品产量

它是指以中草药材为原料加工制成的中药饮片和中成药产量。中药饮片按重量统计，计量单位为 kg 或 t；中成药根据产品实物特征按不同单位统计。

4. 林产化工与能源产品产量

它是指木质生物能源、木(竹)质活性炭、林产化学产品、林产天然香料，以及其他林产化工产品。按重量统计，计量单位为 kg、t。

（1）木质生物能源产品

它包括以木本含油果类生产的林木生物制燃油、以木(竹)质原料生产的生物质致密成型燃料。

（2）林产化学产品

它包括松节油、松香、栲胶、樟脑、冰片（龙脑）、五倍子单宁产品、紫胶、木材水解产品、木（竹）材热解产品等。

（3）林产天然香料产品

它包括以蒸馏或冷榨冷磨方式生产的橙油、柠檬油、八角茴香油、桉叶油、玫瑰油等各种木本植物精油，以浸提方式生产的桂花浸膏、茉莉浸膏等各种浸提类木本植物香料。

5. 驯养繁殖的陆生野生动物食品及制品产量

它是指对陆生野生动驯养繁殖活体产品和屠宰产品进行加工生产的食品和制品数量。

（1）驯养的陆生野生动物食品产量

它包括鲜（冻）鹿肉、鸵鸟肉等肉类产品，鹿茸、鹿血粉等保健品等。以间接推算肉产量和禽类总量为例：

$$肉产量 = 出栏牲畜头数 \times 平均每头出栏牲畜体重 \times 出肉率$$

$$禽类总产量 = [（年末禽类只数 - 年初禽类只数）+ 年内出售和自食指数] \times 平均每只禽类体重$$

其中，平均每头出栏牲畜体重、出肉率、每只禽类体重可以通过抽样调查或典型调查获得。

（2）驯养的陆生野生动物毛皮产量

它包括鹿、鸸鹋、水貂、银狐、北极狐、貉等动物毛皮产量。

第四节　林业服务产出数量统计

一、服务生产特点与服务量统计

生产活动的成果按形态可分为有形的实物产品和无形的服务。服务生产的特点是生产的过程同时就是消费的过程，因此生产量就是消费量。换言之，服务活动产出实物量可以从生产环节统计，也可以从消费环节统计，即服务消费者消费的服务数量。由于服务产出是无形的，其数量无法根据物理特征进行计量，通常采用服务工作量来度量服务产出数量。

服务产出数量与服务对象的数量、服务内容的数量与复杂程度、提供服务的时间长短，以及服务的质量等因素有关。通常用影响服务工作量的各因素乘积结果来度量服务工作量的实物量大小，统计单位多采用实物复合单位。

$$服务工作量 = 因素1 \times 因素2 \times \cdots \times 因素 n$$

例如，货物运输服务工作量由货物重量和运输距离复合而成，计量单位为"吨千米"；经济合作与发展组织（OECD）用"学生小时数"度量教育服务产出数量，"学生小时数"是选课学生人数与课程学时数的乘积；荷兰统计局在假定学生接受教育时间固定不变的前提下，采用通过质量调整的学生人数度量教育服务产出数量：教育服务产出数量 = 学生人数 ×（名义学习时间/期望学习时间）。

二、林业服务产出数量统计

林业服务产出是林业行业为社会提供的一类重要的劳动成果，其产出数量是指一定时期内，林业生产服务部门所做的实际工作量。由于林业服务包括五大类和众多的小类，服务的种类繁多，难以用统一的指标进行产出数量的统计。因此，在对林业服务产出进行数量统计时，应该针对不同类别的服务内容设计具体的统计指标。

（一）林业生产服务数量统计

林业生产服务是林业部门为林业生产单位提供的森林培育服务、陆生野生动物繁育与利用服务。在森林培育服务的产出统计中可以按照林业服务工作的内容进行实物量的统计。

1. 森林培育服务数量

（1）人工造林服务数量

可按照造林作业工序的工作量进行统计，如整地面积（hm^2）、造林面积（hm^2）、植苗数量（株）、播种数量（kg）等。

（2）林木抚育管理、森林病虫害防治、森林防火服务等

可用服务活动的作业面积（hm^2）数来表示林业服务产出的数量，例如，森林（幼龄林、中龄林）抚育作业面积（hm^2），森林病（虫、鼠、有害植物）害防治作业面积（hm^2），森林防火监测面积（hm^2）。

2. 陆生野生动物繁育与利用服务数量

在陆生野生动物繁育与利用服务产出统计中根据服务的具体内容，可以采用反映服务对象实物量或所提供的服务量来进行统计。例如，兽医服务、动物病防治服务等可以按照被服务的动物头（只）数进行统计，如预防接种动物数量、疫病治疗动物数量，计量单位为头、只。

（二）林业旅游与生态服务数量统计

林业旅游与生态服务是为了维持和持续发挥林业资源的经济生态和社会效益所提供的管理、保护和对受益群体的各项服务的活动。

1. 林业旅游和休闲服务数量

在林业旅游和休闲服务的统计中以林业旅游人次为统计指标，综合反映一定时期内林业旅游与休闲服务的产出总量。

2. 林业生态保护服务数量

在林业生态服务的产出统计中按照被服务对象的数量指标进行统计，如自然保护区管理服务、野生动物保护服务和野生植物保护服务按照所服务的保护区、动物园和植物园等单位数量、规模（面积）、保护和培育的植物数量、保护和饲养的动物数量等指标进行统计；同时为了更全面地反映所提供服务的数量还应统计所提供的服务人次或人日指标。

（三）城市林业管理服务数量统计

城市林业管理服务对于很好地发挥城市林业的作用，改善人们的生活环境与生活质量具有重要作用。城市林业服务包括城市绿化管理服务和城市公园管理服务，在统计服务产出时要根据服务内容设置相应的指标进行产出统计。

1. 城市绿化管理服务数量

在城市绿化管理服务产出数量统计中可以利用实物量指标进行统计，包括：

（1）城市草坪维护服务数量

可统计维护草坪面积、草坪维护作业面积(hm^2)。

（2）城市鲜花管理维护服务数量

可按鲜花栽培面积或鲜花布置面积(m^2 或 hm^2)统计。

（3）城市树木管理维护服务数量

可统计绿化植树数量(株)、树木管护数量(株)。

2. 城市公园管理服务数量

在城市公园管理服务的产出统计中可以用一定时期内接受服务的公园接待游客的人次数来反映服务产出的数量。

（四）林业科技与商务服务数量统计

林业科技与商务服务对于促进林业科技的发展与应用以及林业商务活动高质量的发展都具有重要作用，包括林业研发与推广服务数量、林业专业技术服务数量和林业商务服务数量。

1. 林业研发与推广服务数量

林业研发服务产出数量主要是统计林业研发成果数量，如获批专利数量(个)、植物新品种权数量(个)，发表的科技论文数量(篇)等。林业科技推广服务的产出统计主要是统计林业科技推广项目数量(项)、林业科技成果转化项目数量(项)、林业科技成果试验示范基地数量(个)或面积(hm^2)、扶持指导科技推广面积(hm^2)、林业科技培训数量(人次)等指标。

2. 林业专业技术服务数量

林业专业技术服务主要包括林业技术检测与标准认证服务、陆生野生动物检验服务、森林植物检验服务、林业认证服务、自然生态监测服务和林业设计与规划服务等。在林业专业技术服务的产出统计中按照提供服务对象的总量进行统计以反映服务产出的数量与规模，如林业技术检测与标准认证服务需要统计被检测野生动物数量、野生植物数量和获得进行森林认证的项目数量。林业设计与规划服务产出的统计应该按所接受服务工程的数量和规模进行统计。

3. 林业商务服务数量

林业商务服务主要包括林业资产评估服务、林业专业咨询服务等。林业资产评估服务可用完成的评估对象数量反映服务产出实物量，如评估林地资产的宗地数或面积数、评估林木资产的面积或蓄积量。林业资产咨询服务可按照完成的咨询业务量反映服务产出数量，如完成咨询项目数量或单位数量。

（五）林业公共管理服务数量

林业公共管理服务是保证林业事业健康发展和林业可持续发展的重要保障。它包括国家林业行政管理服务、林业社会团体服务和基金会服务。反映该类服务产出的数量统计指标可用所提供的服务量，如森林消防作业面积(hm^2)反映森林消防服务数量，受理或查处林政案件数量(件)、办理各类林业证件数量、调处林权(或林业合同)纠纷数量、受理林业承包合同纠纷数量等反映林业行政执法服务产出数量。用举办活动数量、参与活动人次或人日等反映林业社会团体服务产出数量。

第五节 林业产品质量统计

产品实物量包括数量和质量各个方面，产品质量统计是产品实物量统计的重要内容。质量是事物本身所具有的内在的质的规定性；产品质量就是产品具有的能够满足社会某种需要的能力，是产品使用价值的内涵。

一、产品质量标准

产品质量标准，是对各种产品的质量特性提出统一要求而形成的技术文件，也称产品技术标准或产品标准，是衡量产品质量高低的基本依据。产品质量标准是对产品质量特性的技术参数或指标作出的规定，一经发表就成为法规，在一定范围内执行。目前，产品标准主要有 4 种：

（1）国际标准

这是一定的国际性组织制订的为世界各国承认和采用的技术标准，主要指国际标准化组织（ISO）、国际电工委员会（IEC）等机构制定的标准。

（2）国家标准

这是由国家市场监督管理总局、中国国家标准化管理委员会发布的，在全国范围内统一采用的标准（代号 GB）。

（3）行业标准

这是指全国性的各专业范围统一采用的标准。是由全国各行业主管部门制定，在全国行业范围内采用的标准。如国家林业和草原局制定的有关木材标准、人造板标准。

（4）企业标准

这是企业自行制定，经上级主管部门或国家市场监督管理总局审批并发布使用的标准。已有国家标准或行业标准（或专业标准）的产品，企业也可制定更高的质量标准，但不得与国家标准、行业标准（或专业标准）相抵触。某些规格特殊的产品，可以根据用户要求，以双方签订的合同规定的技术标准为质量标准。

二、林业产品质量的主要统计指标

反映产品本身质量水平的指标由能够说明各种产品的性能及其满足社会生产和人民生活的需要程度的指标构成，主要有以下指标：

1. 产品平均性能指标

产品质量水平高低，往往是用一系列技术经济参数来衡量。有些产品用其中一个最重要的参数即可大体判定其质量高低。在这种情况下，可以计算产品的平均性能指标，其计算公式如下：

$$某产品平均特性（性能）指标 = \frac{\sum（样本实际参数值 \times 代表产量）}{\sum 代表产量}$$

例如，用松节油产品中松节油的纯度来衡量松节油产品的质量，其计算公式如下：

$$松节油平均纯度 = \frac{\sum(实际纯度 \times 样本代表样品)}{\sum 样本代表产量}$$

产品平均特性(性能)指标,既可用平均绝对值表示,也可用平均相对值表示。它的适用范围仅限于一种产品,表明一种质量特性的总水平。这个指标,可以进行企业间的对比,也可以进行汇总,作为宏观质量指标。

2. 产品等级指标

产品一般分为合格品和不合格品。合格品虽然达到了质量标准规定的要求,但是它还有好坏之分。为了划分合格品的质量差别,可根据一系列经济系数将合格品划分为若干等级,如优等品、一等品等。产品等级指标反映了合格品质量差别的指标。常用的等级指标有产品等级率和产品平均等级两种。

(1)产品等级率

它是指在合格品中各等级产品的数量占总合格品数量的比重,又称正品率。

其中高等级产品比重越大,反映合格品质量越高。如某种产品划分为优等品和一级品,则可以分别计算优等品率和一级品率。其计算公式为:

$$优等品率 = \frac{优等品产量}{合格品产量} \times 100\%$$

$$一级品率 = \frac{一级品产量}{合格品产量} \times 100\%$$

如主要木质林产品和林化产品的等级率指标如下:

①原木特级品率　特级原木产量占原木产量的百分比,是反映原木产品质量的指标。其计算公式如下:

$$原木特级品率 = \frac{特级原木产量(m^3)}{原木产量(m^3)} \times 100\%$$

②锯材特等、一等品率　锯材特等、一等品产量占锯材分等级产量的百分比,是反映锯材产品质量的指标。其计算公式如下:

$$锯材特等、一等品率 = \frac{锯材特等、一等品产量(m^3)}{锯材分等级的产量(m^3)} \times 100\%$$

凡检验符合国家锯材标准的特等和一等的锯材产量,均可计入锯材特等、一等品产量。锯材中的其他特殊材种有等级标准的,按分等级标准计算,没有等级标准的可在子项、母项中都不包括计算,但应以文字说明情况。

③胶合板一、二等品率　指胶合板一、二等品产量与胶合板分等级的产量之百分比,是反映胶合板产品质量的重要指标。其计算公式为:

$$胶合板一、二等品率 = \frac{胶合板一、二等品产量(m^3)}{胶合板分等级的产量(m^3)} \times 100\%$$

④木质纤维板一、二等品率　木质纤维板一、二等品产量与木质纤维板分等级的产量的百分比,是反映木质纤维板产品质量的指标。其计算公式如下:

$$木质纤维板一、二等品率 = \frac{木质纤维板一、二等产量(m^3)}{木质纤维板分等级的产量(m^3)} \times 100\%$$

⑤刨花板一、二等品率

$$刨花板一、二等品率 = \frac{刨花板一、二等品产量（m^3）}{刨花板产量（m^3）} \times 100\%$$

⑥松香优级品率　松香特级品、一级品、二级品产量占松香产量的百分比，是反映松香产品质量的指标。其计算公式如下：

$$松香优级品率 = \frac{松香特级、一级、二级品产量（t）}{松香产量（t）} \times 100\%$$

⑦栲胶一、二等品率　栲胶一、二等品产量占栲胶产量的百分比，是反映栲胶质量的指标。其计算公式如下：

$$栲胶一、二等品率 = \frac{栲胶一、二等品产量（t）}{栲胶产量（t）} \times 100\%$$

⑧紫胶优级品率　紫胶特级、一级、二级品产量占紫胶产量的百分比。其计算公式如下：

$$紫胶优级品率 = \frac{紫胶特级、一级、二级品产量（t）}{紫胶产量（t）} \times 100\%$$

（2）产品平均等级

有些产品等级级别较多，为综合反映合格品总的质量水平，可以计算平均等级指标。其计算公式为：

$$产品平均等级指标 = \frac{\sum（产品等级 \times 该等级产量）}{合格品总产量}$$

在产品价格贯彻优质优价的原则下，可以用平均价格来代表平均等级。平均价格越高，说明产品质量越好，可由此计算由于产品平均等级变化而带来的收益或损失。

3. 产品质量综合指数

产品质量统计，不但要反映一定时期内产品质量的水平，还要综合研究产品质量的变动及产品质量的差距，如此则要编制产品质量指数。

产品质量指数是一个在理论上需要探讨，在实践中需要摸索的新课题，在此不作赘述。

本章小结

产量统计是按照产品的物理特征、服务的对象和内容，以实物量单位统计产品的生产量或服务的提供数量。林业产品产量统计是遵循质量原则、入库原则、时限原则、《目录》原则，科学、准确地核算本国常住单位生产的各种林产品实物量指标，包括木（竹）质林产品产量、非木（竹）质林产品产量和林业服务数量。木（竹）质林产品产量统计主要包括原木、薪材、竹材等木竹材采伐产品，以及锯材、人造板、单板、木竹地板、木竹家具、木（竹）浆、纸和纸板、木片和木粒等木竹材加工产品的产量统计。非木（竹）质林产品产量统计主要包括植物非木质林产品，饲养陆生野生动物及其产品等资源培育和采集产品，以及森林食品及制品、饮料及制品、藤、棕家具及制品，中药材制品，林产化工与能源产品等非木(竹)质林产品加工制造产品产量统计。非木(竹)质林产品种类繁多,其产量统计方法有直接汇总法和间接推算法。林业服务产出数量是一定时期内,林业生产服务部门所做的实际工作量。由于林业服务包括林业生产服务、林业旅游与生态服务、城市林业管理服务、林业科技与商务服务和林业公共管理服务5类和众多的小类,服务的种类繁多,难以用统一的指标进行产出数量的统计。因此,在对林业服务产出进行数量统计时,针对不同类别,考虑服务的对象数量、服务的内容数量、服务的时间长短以及服务的质量等因素设计具体的统计指标。林业产品质量统计以产品平均性能指标和产品等级指标反映产品本身质量水平。

复习思考题

1. 简述林业产品产量统计的意义与任务。
2. 简述林业产品产量统计的范围与原则。
3. 简述木(竹)质林产品产量统计的主要对象。
4. 简述非木(竹)质林产品产量统计的主要对象和统计方法。
5. 简述设计林业服务产出数量统计指标。

第七章　林产品价值量统计

【本章介绍】本章主要介绍营林总产值、林产加工业总产值、林业服务业总产值、林业商品产值和林业增加值的统计。

林业生产的产出统计，不但要有实物量和服务量统计，反映林业生产为社会所提供的各种实物产品和服务的数量，还要有价值量的统计，综合反映林业生产的总成果。

第一节　营林总产值统计

林业统计只计算营林产品的实物量及其工作量指标是不够的，还必须计算以货币表现的产量指标。因为各种营林产品的使用价值不同，它们的实物产量不能直接相加。例如，林木生长量，林木种子产量，橡胶、松脂等产品的产量，它们的实物产量都是不能直接相加的，因而用实物产量指标就无法表明营林生产的总成果。为了反映营林生产的全部成果，就必须计算以货币为计量单位的产值指标。

一、营林总产值的统计范围

营林总产值是以货币形式表现的营林产品总量，是营林生产的总成果。它是农业总产值的一个重要组成部分，是反映营林生产发展水平、评价营林生产成果、确定营林生产发展规模和速度及进行科学决策的一个重要经济指标。同时，正确核算营林总产值，也为正确地计算营林增加值、营林商品产值及林业总产值提供了基础资料。

营林总产值计算的报告期为日历年度，即从当年1月1日至12月31日所生产的全部营林产品，每年计算一次。各地区的营林总产值为该行政区域内各种形式所有制单位及个人在报告期年度内所生产的全部营林产品的价值。

营林总产值统计范围包括：人工林林木生长量产值、竹木采伐产值、植物非木质林产品产值和饲养陆生野生动物及其产品产值。

二、营林总产值的计算方法

营林是农、林、牧、渔产业门类中农业、林业、渔业、牧业四产业之一，它的产值计算应遵循农业总产值的计算方法。我国现行农业总产值是按"产品法"的原则计算。它是用价格乘产量的办法求出每种产品的产值，然后把它们加总求得各业的产值，最后四业产值相加求出农业总产值。农业总产值的这种计算方法是和农业生产的特点相联系的。农业是经济再生产和自然再生产交织在一起的。任何一种农产品一经生产出来，它就具备完备的形态，并且每种农产品的生产都是一个完整的生物过程。农业中各部门有着密切的联系，它们互为生产资料。例如，畜牧业的厩肥是农业和林业的肥料，森林保持水土、涵养水源、防风固沙，为农牧业的稳产高产提供了良好的生态环境。农业中各产品之间的这种关系，并不因为生产单位的变化而改变。因此，在计算一个单位的农业总产值时，没必要也不应扣除本单位内部农、林、牧、渔业之间互为生产资料的价值。由于在计算农业总产值时，是用当年生产的每种产品的全部产量乘以价格计算，不扣除用于当年农产品生产消耗的那部分产品的产值，所以这种计算方法又称"总周转额法"，农业总产值又称农业总周转额。

1. 人工林木生长量的产值(或称营造林产值)

它是指人工营造的林木年材积净生长量的产值，这是营林总产值的主要组成部分。人工林木生长量是指当年内新增的材积量。由于林木在一年中新增长的材积量是很难准确计算的，我国长期以来没有每年林木生长量的统计数据。因此，在营造林总产值的统计中规定：以营造林生产的主要生产活动的成本来代替营林总产值。营林生产的主要生产活动为：育苗面积、人工造林面积、迹地更新面积、幼林抚育面积、成林抚育面积和"四旁"植树株数。这6项生产活动的实际完成工作量乘以各项生产活动的单位成本，就得到人工林生长量产值(营造林产值)的近似值。该计算办法由于存在用投入代替产出，与总产值定义不一致，且包含的计算项目也不是营造林的全部成本项目等问题，难以反映人工林生长量的实际价值，人们长期以来希望通过研究来找到更好地替代办法。《2022年全国森林、草原、湿地调查监测技术方案》显示，通过调查监测可以提供年度森林资源变动统计数据，有望解决长期以来困扰营林总产值的林木生长量难以获得的问题。这样人工林林木生长量的总产值就可以通过人工营造的林木年材积净生长量乘以林价获得。

2. 竹木采伐产值

竹木采伐传统上称为木材生产作业是指对林木和立竹的采伐、运输和集材作业后所获得的木材和竹材产品的生产过程，其产值就是将竹木采伐产量乘以价格。

3. 植物非木质林产品产值

植物非木质林产品包括林木种苗、木本粮油与森林果蔬、茶及饮料原料、中草药材、林产工业原料、花卉及园艺产品和其他林产品采集。产值的计算是上述产品产量乘以价格，即得植物非木质林产品产值。

4. 饲养陆生野生动物及其产品产值

饲养陆生野生动物及其产品是指依法饲养的特种禽畜及其产品数量，包括牲畜的繁殖和增重、动物产品、生皮、鹿茸、禽蛋、蜂蜜、蚕茧等。其产值的计算是将上述产品产量与价格相乘后汇总。

三、营林总产值计算资料的来源

营林总产值计算资料可由营林生产年报及定期报表、农林牧渔业统计报表、林业部门财务统计报表等取得。

四、营林总产值的计算价格

产品的产值等于产品产量与价格的乘积。所以，合理选定营林产品的价格也是计算营林总产值的一个重要问题。计算营林总产值时，一般采用 3 种价格：现行价格、可比价格和不变价格。这样营林总产值就有 3 套数字：一是按现行价格计算的营林总产值；二是按可比价格计算的营林总产值；三是按不变价格计算的营林总产值。

(一)现行价格

现行价格就是当年产品市场上的实际成交价格。按现行价格计算营林总产值，可以反映在当年市场价格水平的条件下，当地营林生产的实际情况及其比例关系，可以直接和生产成本、利润或收益等联系起来，分析营林业生产活动的经济效益。同时对于计算和分析研究营林增加值等也是必不可少的。

由于产品的价格是由市场供需状况决定的，因而在不同地区和不同时期，产品的价格也就存在着差异。所以按现行价格计算的营林总产值，不同时期、不同地区是不可比的。

(二)可比价格

不同时期按现行价格计算的营林总产值指标，包含了各年间价格变动的因素，难以准确地反映实物量的实际变动情况。因此，必须消除价格变动因素后再进行对比，以反映营林产出的真实水平。这时一般可以采用可比价格代替现行价格进行计算。可比价格是指各种总量指标所采用的扣除了价格变动因素后的价格，用可比价格计算出的营林总产值可以在不同时期间进行对比分析。按可比价格计算总量指标有两种方法：一种是直接用产品产量乘以某一年的不变价格计算；另一种是用价格指数将现行价格调整为可比价格后与相应的产量相乘获得总产值数值。

(三)不变价格

不变价格是在一定时期内固定用它来计算产值的价格。采用不变价格计算营林总产值，可以消除各企业、地区和各个时期价格不同或价格变动的影响，保证不同单位、不同时期产值资料的可比性。因此，研究营林生产的增长变化，预测其发展趋势，编制营林生产的发展规划，分析营林生产的经济效益时，都可以采用按不变价格计算的营林总产值。不变价格是由国家发展和改革委员会和国家统计局会同企业主管部门统一确定的。不变价格也不是永久固定不变的，而是随着与市场价格间的差距逐步拉大，随着新产品的不断涌现，不变价格每隔一定时期就要重新修正一次。中华人民共和国成立以来，我国先后采用过 1952 年的不变价格、1957 年的不变价格、1970 年的不变价格、1980 年的不变价格和1990 年的不变价格。从 2003 年起，使用可比价格计算产值，取消了不变价格。

五、计算人工林生长量产值时的林价问题

在计算人工林生长量总产值时除了人工林生长量外，另一个重要资料是价格即林价。如何确定林价？目前在理论界和实务工作者中存在如下几种看法：

1. 采用序列林价

营林生产前期投入的生产费用多，后期投入的生产费用少，与此相对应的是林木蓄积量的增长却是前期小、后期大。根据价格形成的原理，林木在各阶段的价格也相应有所不同。序列林价的计算公式，就是运用林木生长费用和林木生长规律而确定的在各个时点(年)上的价格。其计算公式如下：

$$T_i = \frac{\sum_{i=1}^{n} F_i(1 + L)^{n-i+1}(1 + p)}{V_i(1 - s)(1 - c)}$$

式中 T_i——序列林价(元/m³)；

       F_i——单位面积上第 i 年投入的费用(元/hm²)；

       V_i——第 i 年的单位面积林木蓄积量(m³/hm²)；

       L, p, c, s——分别为利率、利润率、税率和林木损失率(%)；

       i——年龄序列，$i = 1, 2, \cdots, n$(年)。

2. 倒算法计算林价

由于序列林价不能反映木材市场价格变动对活立木林价的影响，有些专家提出了用倒算法计算活立木林价的方法。所谓倒算法计算林价，就是以各树种的木材市场销售价格扣除采运成本、利润及各种税金来求得立木林价。

利用倒算法计算林价过程中，有几个关键问题需要解决。首先是利润，当前利润率的确定方法很多，有工资利润率、成本利润率和资金利润率等。采用哪种方法最为合适，尚无定论，有待进一步研究。其次是中、幼龄林的林价如何测定。用倒算法计算出成熟林的林价以后，采用什么方法来确定中、幼龄林的折算系数，是关系到能否准确确定中、幼龄林林价的关键问题之一，应深入研究，找出合理、科学的计算方法。

3. 市场价格法

经过我国多年的林业经济改革，特别是在南方集体林改以后建立了许多林权交易中心，活立木交易的案例和价格信息有了大幅地增加，为人们利用市场价格计算活立木价值提供了可能。因此，在能够获取相关活立木市场价格信息的情况下可以采用市场价格的方法计算林木总产值。但由于活立木不同于一般的工业产品，每个地块的林木与其他地块的林木都不会完全一样，人们所获得林木市场价格也就不可能与所要计算的林木所需的价格完全一致，因此，对所获得价格信息进行必要的调整就显得非常必要和关键，也是难点之一。

第二节   林产加工业总产值统计

传统上对木材进行进一步加工的产业称为森林工业，但新的国民经济产业分类体系将森林工业划归为制造业。为了便于与历史上指标的对比，在这里我们对林产加工业总产值仍旧采用森林工业总产值的提法。

一、森林工业总产值的概念

森林工业总产值是以货币表现的林产加工企业在一定时期内生产的林产加工产品总量。一个林产加工企业的森工总产值是这个企业生产的全部林产加工产品的总量。一个地区或省份的森工总产值是该地区或省份内所有林产加工企业总产值之和，各省份森工总产值的汇总，就得到全国林产加工业总产值。因此，森工企业总产值的计算是全国林产加工业总产值核算的基础。只有准确、及时地核算企业森工总产值，才能保证一个地区或全国森工总产值统计的正确性和时效性。因此，必须认真做好林产加工企业总产值的统计。

二、森工总产值的计算方法

森工总产值按"工厂法"计算。用"工厂法"计算森工总产值，是以林产加工企业作为一个整体，按林产加工企业进行林产加工生产活动的最终成果来计算产值，企业内部不允许重复计算，不能将企业内部各车间生产成果相加来求得企业总产值。如一个林业企业生产锯材和家具，林业企业森工总产值是家具商品量和锯材商品量的价值，林业企业内生产家具所耗用锯材的价值不再计算总产值。按"工厂法"计算森工总产值的原则，现举例说明如下（表7-1）：

表7-1 某林业企业按"工厂法"计算的森工总产值 　　　　　　　　　　　元

产品名称	期初未完成品价值	本期生产的成品价值	企业内进一步加工产品价值	期末未完成品价值	企业最终产品价值
锯材	10 000	250 000	110 000	150 000	280 000
家具	—	400 000	—	—	400 000
全局	10 000	650 000	110 000	150 000	680 000

按"工厂法"计算森工总产值，有两种计算方法：

（1）根据各车间生产的产品价值之和，减去企业内进一步加工的产品价值来计算，加上期末期初未完成产品结存价值差额。本例中本期各车间生产产品价值总计为650 000元，其中企业内进一步加工产品价值为110 000元，则：

$$森工总产值=650\ 000-110\ 000+（150\ 000-10\ 000）$$
$$=680\ 000（元）$$

（2）根据企业生产活动的最终成果来确定，即直接把企业在报告期生产的最终产品价值相加计算。

在本例中，林业企业在报告期内生产的家具产品以及期末结存的本期生产的锯材产品，均是本期企业生产活动的最终成果，应计入本期总产值。但期末结存量中所包含的上期结存下来的锯材产品，属于上期的生产成果，上期已计算过产值，却又转入本期生产的产品价值中，根据"工厂法"计算原则，企业内产品、价值不允许重复计算，故这部分价值应从本期总产值中扣除。所以，本例中企业最终产品的价值为：家具产品价值加上期末处于企业最终产品栏的锯材价值，即：

$$森工总产值 = 280\ 000 + 400\ 000 = 680\ 000(元)$$

为了反映森工总产值的产品构成，一般采用第二种方法计算森工总产值。

按"工厂法"计算森工总产值，可以保证在企业范围内不会发生产值重复计算的问题，但并不排除企业之间的重复计算。为了避免总产值计算在一定范围内的重复计算问题，除"工厂法"以外，还有"公司法""工业局法""部门法"和"工业法"等总产值计算方法。公司法总产值是把公司作为一个整体，按照公司的最终成果来计算，公司之内不允许产值重复计算，公司之间允许重复计算。"工业局法"等也是在工业局内不允许产值重复计算，局之间可以重复计算。我国的工业生产基本核算单位是企业，因此统计制度规定按"工厂法"计算工业总产值。

三、森工总产值包括的范围

根据森工总产值的概念和"工厂法"的要求，森工总产值包括本年生产成品价值，对外加工费收入和自制半成品、在制品期末期初差额价值三部分，即：

森工总产值 = 本年生产成品价值 + 对外加工费收入 + 自制半成品或在制品期末期初差额价值

（一）本年生产成品价值

本年生产成品价值是指企业本年生产，并在报告期内不再进行加工，经检验、包装入库的已经销售和准备销售的全部林产加工产品(成品和半成品)价值合计。成品价值包括：

①企业自备原材料生产的已经销售和准备销售的成品价值。

②企业自备原材料生产的已经销售和准备销售的半成品价值。

③企业生产的自制设备。

④企业生产的提供给本企业在建工程、其他非工业部门和生活福利部门等单位使用的成品价值。

（二）对外加工费收入

对外加工费收入是指企业在报告期内完成的对外承做的工业性加工(包括用订货者来料加工生产)的加工费收入和对外工业品修理作业所收取的加工费收入。对外加工费收入具体包括如下几项：

①对外承做的工业品修理的加工费收入。

②对外来的零件、配件进行的装配工作所收取的加工费。

③对外承做的工业品加工所收取的加工费。

（三）自制半成品、在制品期末期初差额

企业在本期生产的半成品、在制品，除了本期生产消耗和已出售外，还有一部分作为结余储存下来以供下期生产之用。同样，本期生产的产品在开始时也使用了上期结余的半成品和在制品，这部分半成品和在制品的价值已包括在成品价值中，但它们是上期生产的成果而不是本期生产的成果。为了准确地计算本期生产成果，避免本期生产成果的遗漏和上期生产成果的重复计算，用期末期初差额价值表示报告期的生产成果，计入本期森工总产值。但在现行统计制度中为了保持统计核算与会计核算的一致及便于增加值计算，自制半成品和在制品期末期初差额价值按下列规定执行，即如果会计产品成本核算中不计算自制半成品、在制品成本，则不计入森工总产值；如果会计产品成本核算中计算自制半成品、在制品成本的，则计入森工总产值。

对本企业非工业部门提供的加工修理、设备安装价值，由于这部分价值的计算难度大，在许多企业的总产值中所占份额较小，故在核算森工总产值中可以忽略不计。但如果企业核算基础较好，能取得这部分资料，而且这部分价值所占比重较大，不计算会影响历史资料的对比，则可将其价值计入"对外加工费收入"指标内。

四、按"工厂法"计算的森工总产值指标的作用及其局限性

(一) 森工总产值指标的作用

①森工总产值可以反映林产加工企业生产的总水平和总规模。林产加工企业是独立的基本生产单位，它向社会提供各种林产加工产品，促进了国民经济的发展。产品的这种流动与原材料和半成品在企业内部生产过程中的流动不同，它表明了产品在国民经济中的周转。以货币形式表明各企业向社会提供产品总量的总产值指标，反映了林产加工生产的总规模和总水平。

②森工总产值指标是计算森工增加值等经济指标的依据。

③森工总产值指标与劳动消耗量指标联系起来，可以反映劳动生产率的水平；与销售产值联系，研究林产加工生产中产销状况，反映林产加工产品符合社会的程度；还可以与原材料的有关指标联系起来，研究供应和生产的关系，反映原材料的利用效果。

④"工厂法"计算森工总产值，其核算资料易于取得，简便易行。

(二) "工厂法"总产值指标的局限性

1. 森工总产值受产品中转移价值大小的影响

由于产品的价值包括转移价值(原材料、燃料等的价值)，因此生产产品品种和结构不同，其产品中所包含的转移价值量也不同，从而使得总产值不同。这样就使得原材料工业(诸如锯材生产)的总产值必然低于加工工业(如家具生产)的总产值。因此，它难以反映企业的真实经营水平。

2. 按"工厂法"计算的森工总产值的影响

此方法虽然不允许同一产品价值在企业内部重复计算，但允许企业之间重复计算，在此基础上汇总生成的地区和林业部门森工总产值便包括了产品价值在企业之间重复计算部分。林产加工工业的改组、企业的拆并、专业化程度的发展都会对地区和林业部门的森工总产值产生影响。

3. 森工总产值的大小不受企业生产起点变化的影响

由于森工总产值指标是按企业最终产品计算的，因此，只要企业最终产品不变，不论其生产起点如何变化，企业森工总产值不变。例如，某一胶合板厂从外购单板改为自己生产，生产起点提前到单板生产，因为总产值是按"工厂法"计算的，尽管企业的生产工作量增加了，但自产自用的单板价格并不能单独计算后再加到企业总产值中；反之亦然。使得工业总产值指标不能真实反映企业生产工作量的增减变化。

五、计算林产加工业总产值的一些具体问题

林产加工业总产值由木材加工产值、林产化学工业产值、林产加工业其他产品产值构成。在按"工厂法"的原则计算工业总产值的原则下具体的计算方法如下：

(一)木(竹)材加工产值的计算

木材加工产值包括木材加工、人造板制造和木制品制造三部分。总产值按工厂法计算但在计算中还要注意以下问题。

1. 独立核算的木材加工企业的木材加工产值的计算

自备原材料生产的产品按全价计算；用定货者来料生产的产品按收取的加工费计算；用本企业生产的原材料进一步加工生产的产品，因原材料已计算了产值，故只能计算加工费。

2. 企业附属木材加工厂(或车间)的木材加工产值的计算

利用本企业生产的锯材，进一步加工成其他产品，因锯材已计算了产值，根据"工厂法"原理，这部分锯材价值不应重复计算，故只能计算加工费(但如果用外单位购进锯材进行生产，则按全价计算加工产值)。所以，木材加工总产值的计算公式如下：

木材加工总产值=报告期加工产品数量×产品不变价格-实际耗用本企业原材料数量
　　　　　　×原材料不变价格

(二)林化产品产值计算

松香、松节油、栲胶、纸浆等林化产品的总产值，以最终产品产量乘以单位产品现价或可比价格求得。如利用本企业生产的木材继续加工成纸浆，则只计算加工费。利用剩余物加工的产品产值，按全价计算。

(三)林产加工业其他产品产值计算

林产加工业除了进行上述产品的生产以外，还包括木、竹、藤、棕制品的制造，木、竹、藤家具制造，木、竹、苇浆造纸和纸质品，木质工艺品和木质文教体育用品制造和非木质林产品加工制造等。在计算这些林产品的总产值时均需采用"工厂法"计算。

六、计算林产加工业总产值不应包括的项目

①非本企业生产的工业产品价值　如购自厂外而在本企业未做任何加工又转售的产品价值，如煤、炭等。

②本企业非工业活动单位的非工业产品价值和收入　如农、畜产品，基本建设部门的建筑安装价值，运输部门的运输收入等。

③本企业工业生产过程中产生的废料出售价值　如出售板皮、锯屑价值。

④进一步用于本企业工业生产的各种自制材料，成品、半成品、动力、工具等　这些产品的价值在生产过程中已转移到所生产的产品中去了，根据"工厂法"的原则，企业以最终产品计算产值，这些产品不单独计算产值。

⑤为本企业的生产设备、交通运输工具进行的中小修理，是为保证生产进行所必需的，其价值已在产品价值中体现，故不单独计算产值。

⑥企业自制或外购一次性使用包装器材，如木桶、木箱等，其价值已包括在被包装的产品价值中，不单独计算产值。

七、森工总产值的计算价格

计算森工总产值的价格与前面计算营林总产值一样，也可以采用不变价格、现行价格和可比价格来计算。

第三节　林业服务总产值统计

林业服务业属于第三产业，其总产值计算采用第三产业(服务业)总产值计算方法。林业服务业按照服务提供的目的，可分为经营性林业服务和非经营性林业服务两类。林业服务总产值就是林业服务产出数量的价值量，经营性林业服务的总产值就是营业收入，非经营性林业服务由于没有经营性收入，一般以服务生产过程的投入代替产出计算服务总产值。

一、服务总产值计算方法

1. 经营性林业服务总产值计算方法

经营性服务是以营利为目的、通过提供有偿服务获得营业收入和利润的生产性活动。由于林业服务的生产和消费同时发生、处于同一过程，产品形态是无形的，无法像有形产品一样按照产品的物理特征采用计数方式统计产量和制定产品单价，因而无法按照产量乘以价格的方式计算总产值，只能把服务产出数量按照一个整体计算其价值，即提供服务的营业收入，这种按营业收入计算服务总产值的方法称为业务收入法，适用于执行企业会计制度法人单位的服务总产值计算。

$$服务总产值 = 主营业务收入 + 其他业务收入$$

2. 非经营性服务总产值计算方法

非经营性服务以公共服务为主，没有市场交易，或者收取服务费远低于服务生产成本，无法按业务收入法计算服务产出。由于服务产出是服务投入运用的成果，在生产率不变的前提下，以投入代替产出统计服务产出价值，即以报告期为服务生产而发生的费用支出计算服务价值量，这种按费用支出计算服务总产值的方法称为经常性业务支出法。但需要强调的是，投入和产出是两个性质不同的指标，以业务支出度量的服务总产值并不是产出本身，而是一种对产出数据的近似度量。经常性业务支出法一般适用于执行行政事业会计制度的法人单位的服务总产值计算。

$$总产值 = 经常性业务支出 + 固定资产折旧$$
$$经常性业务支出 = 人员支出 + 公用支出 + 对个人和家庭补助支出 -$$
$$与报告期服务生产本身无直接关系的费用支出$$

其中，与报告期服务生产本身无直接关系的费用支出主要包括：各种设备、交通工具及图书资料购置费等资本性支出，助学金、抚恤和生活补助、就业补助费等转移支出。

$$固定资产折旧 = 固定资产原价 × 折旧率$$

对于部分执行行政事业会计制度的法人单位，如果存在经营性收入和收支结余，则总产值计算中应将提供服务对应的收支结余计入服务总产值。其计算公式如下：

$$总产值=经常性业务支出+固定资产折旧+收支结余\times$$
$$[(事业收入+事业单位经营收入)/本年收入合计]$$

二、林业服务总产值统计

林业服务包括林业生产过程中进行的林业专业及辅助性服务、林业旅游和生态服务、林业管理等服务活动，根据不同林业服务活动的目的和性质，可分别采用业务收入法和经常性业务支出法统计林业服务总产值。

1. 林业专业及辅助性服务总产值统计

林业专业及辅助性服务主要包括为林业生产服务的病虫害防治、森林防火、陆生野生动物疫病防治服务；对各种木质林产品进行去皮、打枝等，对非木质林产品进行脱水、凝固、打蜡、去籽、净化、分类、晒干、剥皮、初烤、大批包装等以提供初级市场的服务，以及林业剩余物回收处理、林业专业合作社服务等各种支持性活动。对于其中的经营性林业服务活动采用业务收入法统计总产值，对非经营性的林业服务活动采用经常性业务支出法统计林业服务总产值。

2. 林业旅游与生态保护服务总产值统计

林业旅游与生态保护服务包括林业旅游与休闲服务、林业生态保护与服务活动。林业旅游与休闲服务指在森林公园、自然保护区、国家公园以及其他森林类型的景区内为游人提供休闲、观光、游玩、度假、垂钓、野营、科普等服务的各类服务活动。林业生态保护与服务是指对森林生态系统、荒漠生态系统等自然生态系统的保护管理，野生动植物保护、动物园和植物园等生物多样性保护管理，以及城市林业生态等服务活动。

林业旅游与休闲服务多为经营性服务，总产值按营业收入计算。营业收入包括门票、公园或景区内的住宿、餐饮、摄影、垂钓、旅游商品和林特产品销售、与旅游休闲相关的服务等项目的收入，不包括游人发生在公园或景区外的消费支出。

林业生态保护与服务中大部分为非经营性林业服务，但也有部分经营性服务活动，如野生动物园的服务活动。对于其中的经营性林业服务活动采用业务收入法统计总产值，非经营性的林业服务活动采用经常性业务支出法统计林业服务总产值。

3. 林业管理服务总产值统计

林业管理服务包括林业专业技术与商务服务、林业科技研究与推广服务、林业公共管理及其他组织服务等生产活动。林业专业技术与商务服务主要包括林产品检验检疫和检测、森林与林产品认证、林业生态资源监测、野生动物疫源疫病防控监测等为主要内容的林业质检技术与生态监测服务活动，林业工程勘察、林业工程设计、林业调查规划设计为主要内容的林业勘察设计与规划服务活动，以及林业专业咨询与商务服务活动。林业科技研究与推广服务主要包括林业科学研究和试验发展、林业工程与技术研究和试验发展、林业技术推广等服务活动。林业公共管理及其他组织服务主要包括林业行政管理和林业监督检查管理机构的公共管理活动，以及林业专业性团体和行业性团体的服务活动。其中林业专业技术与商务服务以经营性服务为主，林业科技研究与推广服务、林业公共管理及其他组织服务则主要是非经营性服务。对于其中的经营性林业服务活动采用业务收入法统计总产值，非经营性的林业服务活动采用经常性业务支出法统计林业服务总产值。

第四节 林业商品产值统计

在市场经济中，林产品作为商品提供给社会消费和使用。为了反映一定时期内林业企业或部门向国民经济各生产部门和消费领域所提供的林产品的价值总量，就要计算林业商品产值，即营林和森工商品产值。

一、营林商品产值统计

1. 概念

营林商品产值是营林生产单位在一定时期内生产的预定发售到营林生产单位以外的营林产品的总价值，是营林生产单位可能获得的货币收入。营林商品产值按"产品法"计算，就是以各种营林产品的商品量乘以出售价格。

2. 内容

营林商品产值的内容包括可供出售的林产品价值；已经出售或准备出售的活立木价值。

营林商品产值是营林生产中的一项重要指标，它的大小说明营林生产能够投入市场进行交换的营林生产产品价值量的大小，与有关的财务指标和销售指标联系起来，可以研究营林生产的经济效益和对市场的适应程度。由于营林生产的主产品——活立木生长周期长，活立木交易市场还未完全形成，加之生态效益核算还处于研究阶段，目前可以进入市场进行交易的营林产品品种少，使得营林商品产值偏低，难以反映营林生产的实际情况。如何准确核算营林商品产值还有待进一步探讨。

二、森工商品产值统计

1. 森工商品产值

它是林产加工企业在一定时期内生产的可以作为商品销售并构成本企业货币收入的产品总价值。它反映一定时期内林产加工企业为社会提供的商品总量。将它与企业同期的销售收入比较，大体可以说明企业生产的产品与市场需求相适应的情况。

森工商品产值按"工厂法"计算，它是企业报告期所生产的可供作商品销售的林产加工产品价值之和。因此，企业之间的商品产值也存在重复计算问题。

2. 森工商品产值的内容

根据森工商品产值的概念，应计入森工商品产值的内容有：企业自备原材料生产的可供销售的成品价值和准备或已出售的半成品价值；用订货者来料生产的成品的加工价值；已经完成的对外工业品加工和修理价值。

三、森工商品产值与森工总产值的区别

森工商品产值与森工总产值都是反映林产加工企业工业生产活动成果的价值指标，但两者之间有着显著差异，归纳起来有以下区别：

森工总产值包括自制半成品、在制品期末期初的差额价值，而森工商品产值则不包括。总产值中包括提供给本企业的基本建设部门、其他非工业和生活福利部门的成品价值，而森工商品产值不包括这部分内容。

第五节　林业增加值统计

一、林业增加值的概念和意义

林业增加值是国内生产总值的重要组成部分。它反映林业行业在一定时期(如年、季)内用货币表示的全部经济活动的最终成果，是在一定时期内林业行业生产货物或提供服务活动而增加的价值，为林业总产值扣除林业生产过程中的中间投入后的余额。

增加值与总产值相比较，一个最大的优点在于增加值避免了中间产品的重复计算，消除了总产值计算时的重复因素。因此，林业增加值是衡量林业行业发展规模、速度、结构、效益的综合性指标，是林业行业全部林业生产经营单位增加值的总和，也是林业行业内各产业增加值的总和。它不仅反映木质林产品、非木质林产品生产的增长情况，而且反映林业服务业的增长情况。因此，正确的核算林业增加值，对准确计算国内生产总值和全面观察林业经济增长，深入研究林业经济发展趋势，研究林业产业结构和布局具有十分重要的现实意义。

二、林业增加值的计算方法

林业增加值的计算方法有两种即生产法和分配法。另外，统计实践中，通常也采用增加值率估算法。

(一)生产法

生产法是从林业生产角度出发，从林业总产出中扣除中间消耗价值求得林业增加值的方法。其计算公式为：

$$林业增加值=林业总产出-林业中间消耗$$

林业总产出是林业生产部门在一定时期内全部生产活动的总成果。它包括本期生产已出售和可供出售的物质产品和服务的价值。从核算的方法和内容来看与林业总产值一致，之所以在计算林业增加值时用林业总产出而不是林业总产值，是由于国民经济核算体系中，全社会生产成果总量指标用总产出指标度量，与此相适应，在计算林业增加值时使用林业总产出，实际上林业总产出与林业总产值并无实质性的差异。林业总产值的计算方法在前面的章节已有论述，这里主要探讨林业中间消耗的计算问题。

中间消耗是指在生产过程中消耗或转换的物质产品和服务价值。计入中间投入必须具备两个条件：一是与总产出相对应的生产过程所消耗或转换的货物和服务；二是本期消耗的不属于固定资产的非耐用品。

1. 林业中间消耗的货物

林业中间消耗的货物包括种子、饲料、肥料、农药、燃料、电力及农机具购置、办公用品购置和其他货物消耗。具体项目如下：

①种苗　包括育苗、飞播造林用的种子和造林用的苗木。

②饲料　役畜消耗的各种精饲料和粗饲料。

③肥料　林业生产中所消耗的化肥、饼肥、绿肥和作肥料用的农作物副产品（如秸秆还田用作肥料）等。

④燃料　指林业机械所耗用的汽油、柴油、煤炭等燃料及润滑油。

⑤农药　指林业生产所使用的各种农药。

⑥用电　指林业生产所耗用的全部电量，包括外购的和本企业发电用于林业生产的部分。

⑦林业小农具购置　指当年购置、未列入固定资产的小型农机具。

⑧办公用品购置　指林业生产经营单位购买的各种办公用品。包括纸张、笔墨、低值易耗品。

⑨原材料　主要指木材采伐生产所耗用的劳动对象，包括直接材料、辅助材料、修理用零件、包装材料。

⑩其他物质产品消耗　林业生产过程中直接消耗的除上述货物以外的其他货物。

2. 林业中间消耗的服务

林业中间消耗的服务是指对林业生产过程中直接购买的各种服务支出，包括金融保险服务费、广告费、技术咨询费、差旅费、运输费、邮电费、修理费和其他服务支出等。

（二）分配法

分配法是从生产要素所有者获得收入的角度出发，将各收入项目相加来求得林业增加值。其计算公式为：

增加值＝劳动者报酬＋固定资产折旧＋生产税净额＋营业盈余

固定资产折旧是核算期内为补偿生产经营中所耗用的固定资产而提取的价值。包括固定资产折旧费和大修理费用。在固定资产折旧的处理上，有两种做法：一是对实提固定资产折旧的单位，将核算期内实提的固定资产折旧计入增加值；二是对不提取固定资产折旧的单位，采用虚拟折旧的方法，即参照类似的固定资产的使用年限对固定资产提取的折旧。大修理费用按实际发生额计算。

劳动者报酬是指林业生产经营的劳动者在生产经营活动中取得的以各种形式支付的报酬和收入，包括货币性收入、实物收入、年终分红等劳动报酬和个体林业生产经营者从事各种林业生产经营活动得到的纯收入扣除折旧后的余额。核算实践中，劳动者报酬可根据生产经营单位的会计资料进行调整计算。

劳动者报酬＝差旅费中属于劳动者报酬的部分＋工会经费×职工个人支出比例＋劳动、失业保险费＋养老保险和医疗保险＋住房公积金和住房补贴＋本年应付工资总额＋本年应付福利费总额

其中，职工个人支出比例是工会经费支出中最终形成职工个人收入的各项支出额占工会经费总额的比例。

生产税净额是指各生产经营单位向国家缴纳的有关生产、销售、购买、使用货物和服务的税金与政府向各生产经营单位支付的生产补贴（如价格补贴、亏损补贴、退税收入等）相抵后的差额。

营业盈余是生产要素在生产中创造的剩余价值。它等于生产经营单位创造的增加值在对固定资产进行补偿、对劳动者支付报酬和上交国家税后余下的部分，同时它又可以作为生产法和分配法计算增加值的一个平衡项。核算实践中，营业盈余通常可根据生产经营单位的会计资料进行估算。

$$营业盈余 = 工会经费 × (1 - 职工个人支出比例) + 营业利润 + 补贴收入$$

(三) 增加值率估算法

增加值率是增加值占总产出的比重。一般认为，短期内产业发展的技术进步速度较慢，如果某一产业在一定时期内的产品生产技术工艺、中间消耗结构相对稳定，各计算期的增加值率也变化不大，这样就可以测定各产业增加率，作为一段时期内计算产业增加值的参数，报告期只要统计总产出，将总产出和增加值率相乘即可估计产业增加值。

$$林业增加值 = 总产出 × 增加值率$$

本章小结

林产品价值量是以货币计量的林业生产活动成果，可用林业总产值、林业商品产值和林业增加值等指标反映，计算产值所采用的价格由现行价格、可比价格和不变价格。总产值和商品产值指标中包括重复计算，增加值指标不含重复计算，客观反映了林业生产经营单位生产活动所形成的新增价值。各产值指标可分别按营林生产、林产工业和林业服务业进行统计。林业总产值是以货币计量的林业总产品和服务的数量，其中营林总产值是以货币形式表现的营林产品总量，是营林生产的总成果，包括人工林林木生长量产值、竹木采伐产值、植物非木质林产品产值和饲养陆生野生动物及其产品产值。营林总产值按"产品法"计算，即以营林产品产量与产品价格相乘计算总产值。林产工业总产值(森工总产值)是以货币表现的林业加工企业在一定时期内生产的林产加工产品总量，按"工厂法"计算，以林产加工企业作为一个整体，按林产加工企业的企业最终产品来计算产值，企业内部不允许重复计算。森工总产值包括本年生产成品价值，对外加工费收入和自制半成品、在制品期末期初差额价值 3 部分，其中成品价值是产品产量(含对外销售的半成品)与价格的乘积。林业服务总产值就是林业服务产出数量的价值量，经营性林业服务的总产值采用"业务收入法"计算，服务生产单位的营业收入就是其总产值；非经营性林业服务总产值采用"经常性业务支出法"计算，服务总产值等于服务生产单位为提供服务而发生的经常性业务支出和固定资产折旧之和。林业商品产值是一定时期内林业企业或部门向国民经济各生产部门和消费领域所提供的林产品的价值总量，包括营林商品产值和森工商品产值。林业增加值是国内生产总值的重要组成部分。它反映林业行业在报告期内用货币表示的全部经济活动的最终成果，是在一定时期内林业行业生产货物或提供服务活动而增加的价值，为林业总产值扣除林业生产过程中的中间投入后的余额。林业增加值的计算方法有生产法、分配法和增加值率估算法。生产法计算的林业增加值等于林业总产出中扣除林业生产的中间消耗价值的余额；生产法计算的林业增加值等于劳动者报酬、固定资产折旧、生产税净额和营业盈余之和；增加值率估算法计算的林业增加值等于林业总产出乘以林业增加值率。

复习思考题

1. 简述反映林产品价值量的统计指标。
2. 简述"工厂法"和"产品法"计算总产值的特点及其适用行业。
3. 简述计算林业服务业总产值。
4. 简述林业总产值、林业商品产值和林业增加值的关系。
5. 简述林业增加值的计算方法。

第八章 林业劳动力资源及利用统计

【本章介绍】本章主要介绍林业劳动力资源的数量、质量与变动的统计指标、林业劳动力时间利用统计指标、林业劳动报酬的统计指标，阐述劳动生产率的计算与分析方法，有助于清晰的了解林业劳动力资源统计的基本问题。

劳动者、劳动资料和劳动对象是生产力的 3 个基本要素。任何社会生产过程都是为运用劳动资料作用于劳动对象，使其成为适合人类需要的产品的过程。在这一过程中，劳动者起到决定性的作用。没有具备一定生产技能并掌握生产工具的人的劳动，一切社会生产都将无法进行。劳动者始终是生产力中最高级、最活跃的决定因素。充分调动劳动者的生产积极性，提高劳动生产率是实现经济社会发展的根本途径。为此，需要了解劳动力资源状况和利用情况，研究合理分配使用劳动力以充分利用劳动力资源等问题。

第一节 林业劳动力资源统计

林业劳动力是社会劳动力资源的有机组成部分，对其资源状况及其利用情况进行统计，是林业劳动力资源统计的基本任务，在林业统计中占有十分重要的地位。

一、林业系统从业人员人数统计

林业系统从业人员是指林业系统内的国有经济、集体经济以及其他各种经济单位内从事一定的社会劳动并取得劳动报酬或经营收入的各类人员。

（一）林业系统从业人员的统计范围

（1）从单位的性质来看

林业系统从业人员包括林业系统内企业、事业和机关中的全部实有人员。

（2）从职工的工作性质看

它包括林业生产人员，也包括非林业生产人员。林业系统内的企业为了保证生产的正常进行和职工、家属的需要，一般除设置从事林业生产所必需的生产部门外，还附设有一定数量的非林业生产机构，如职工医院、子弟学校、托儿所、商店等。在这些附设机构中工作的人员，同样归属林业企业统一领导，具体分配工作和进行管理。因此，在统计林业系统从业人员人数时，不但包括从事林业生产的各种人员，而且要包括从事非林业生产的各种人员。

（3）从职工的使用期限看

它包括长期工，也包括临时工。长期工是指用工期限在一年以上（含一年）的从业人员，包括原固定职工、合同制职工、长期临时工以及国有单位使用的城镇集体所有制单位的人员和其他使用期限在一年以上的原计划外用工。临时工是指用工期限不超过一年的从业人员，包括签订一年内劳动合同或使用期限不超过一年的临时性、季节性用工。林业生产具有很强的季节性，企业经常会根据具体的季节性生产任务的需要聘用一些季节性临时工来弥补企业劳动力资源的不足。因此，长期工和临时工都要作为林业从业人员进行统计。

（4）从支付劳动报酬的经费来源看

它包括由工资科目开支工资的人员，也包括由其他经费（如福利基金、营业外支出等）支付工资的人员。不论其经费来源和支付形式，他们都是林业系统实际使用的人员，均应作为林业系统从业人员进行统计。

（5）从劳动计划管理看

它包括计划内从业人员，也包括计划外从业人员。由于种种原因，林业系统往往在劳动计划以外，通过各种形式吸收部分人员，直接组织安排生产或工作，并支付劳动报酬。这部分计划外用工也是林业系统实际使用的人员，应作为林业企业从业人员予以统计。在林业企业里经常有少数由企业支付工资而不在企业内工作的人员，如借出人员，送厂外培训和送到学校培养深造、出国援外人员等。这些人员在未办理正式调离手续之前仍属本单位职工。同时，本企业也可能为厂外代培人员、借入人员等，他们虽在本企业工作，但由原单位支付工资。为了避免同一人员被两个单位重复统计或发生遗漏，同时也为了和工资总额统计口径一致，以便计算平均工资。统计职工人数时应坚持"谁发工资谁统计"的原则，对那些虽不在本企业内工作，而由本企业支付工资的人员，仍作为本企业职工统计。在本企业工作或学习，但不由本企业支付工资的人员，则不应作为本企业职工人数统计。

（二）林业系统从业人员人数统计指标及其计算方法

林业系统的从业人数总是处于不断变动的过程中，为了真实地反映某一特定时点林业系统从业人员的实有规模和特定期间的平均规模，通常计算期末人数与平均人数两个指标。

（1）期末人数

它是指报告期最后一天实际拥有的人数，如月末、季末或年末人数。期末人数反映报告期最后一天这个时点上的从业人员实有量，是编制检查劳动计划、考核定员执行情况和研究劳动力配备、安排福利待遇的重要依据。

（2）平均人数

它是指一定时期内平均每天拥有的人数。它反映报告期从业人员平均占用水平，是计算劳动生产率和平均工资的依据。其计算公式如下：

$$报告期平均人数 = \frac{报告期每日人数之和}{报告期日历日数} \tag{8-1}$$

统计中，通常按月、季、年计算平均人数。其计算公式分别为

$$月平均人数 = \frac{报告月每日实有人数之和}{报告月日历日数} \tag{8-2}$$

如果报告期内人数增减变动不大，或缺乏逐日人数资料时，月平均人数也可采用如下公式简便计算：

$$月平均人数 = \frac{月初人数(即上月末人数) + 月末人数}{2} \tag{8-3}$$

$$季平均人数 = \frac{季内各月平均人数之和}{3} \tag{8-4}$$

$$年平均人数 = \frac{年内各月平均人数之和}{12} \tag{8-5}$$

在计算平均人数指标时应注意的问题是：①每日人数是指企业所任用的职工，不论是否出勤均应计算在内。②节假日和公休日人数，按前一天人数计算。③平均人数所反映的是整个报告期平均每天占用的劳动力数量。因此，在计算时，无论在报告期内开工时间长或短，都用日历天数计算，以保证资料能逐级汇总和比较。

例 8-1　某地甲企业有职工 930 人，因故于 1 月 15 日停产关闭，全部职工调入新建的乙企业。乙企业于 1 月 16 日开工，第一季度内乙企业人员变动如下：

(1)2 月 6 日招收新徒工 28 人进厂。

(2)3 月 3 日 7 人调离。

根据上述资料，计算甲企业 1 月平均人数和乙企业各月平均人数及第一季度平均人数如下：

$$甲企业：1 月平均人数 = \frac{(930 \times 15)}{31} = 450(人)$$

$$乙企业：1 月平均人数 = \frac{(930 \times 16)}{31} = 480(人)$$

$$2 月平均人数 = \frac{[930 \times 5 + (930 + 28) \times 23]}{28} = 953(人)$$

$$3 月平均人数 = \frac{[958 \times 2 + (958 - 7) \times 29]}{31} = 951(人)$$

$$第一季度平均人数 = \frac{(480 + 953 + 951)}{3} = 795(人)$$

例 8-1 中需注意的是 1 月甲、乙两企业平均人数均应以日历天数 31 d 计算，而不是以平均开工日 15 d 计算，这样：

$$两企业合计的 1 月平均人数 = \frac{(930 \times 15 + 930 \times 16)}{31} = 930(人)$$

$$或 = 450 + 480 = 930(人)$$

这一结果与两企业实际人数相符，若采用开工日数计算平均人数，则：

$$甲企业 1 月平均人数 = \frac{(930 \times 15)}{15} = 930(人)$$

$$乙企业 1 月平均人数 = \frac{(930 \times 16)}{16} = 930(人)$$

两企业合计的 1 月平均人数 = 930 + 930 = 1860(人)。

显然，这一结果只能说明在开工期间，甲、乙两企业的平均人数，并不能代表整个 1 月的平均人数，因为，甲、乙两企业无一在 1 月始终保持 930 人，若把两个企业看成一整体从没有达到每日占用 1860 人的水平，所以采用开工日计算平均人数是错误的。

二、林业系统从业人员构成统计

林业生产发展不仅要求有一定数量的林业从业人员，而且要求在系统内具有合理的结构，即林业从业人员在企业、事业单位和机关各个部门、各地区之间、各行业之间的合理分布以及林业系统内部各类不同劳动力之间的适宜比例关系。只有这样，才能保证劳动力资源的充分、有效、合理地利用以及劳动生产率的不断提高。因此，林业从业人员统计不仅要反映林业系统从业人员的总规模，还必须进一步研究其构成情况。

研究林业系统从业人员的构成可从林业系统整体和林业企业两个层次进行。从整个林业角度考察林业系统从业人员的构成，主要分析林业系统从业人员在国民经济各行业以及林业部门内部各产业的分布。从林业企业角度分析劳动力构成，主要研究企业内部各类劳动力的比例。

(一)林业系统从业人员按国民经济行业分组

按国民经济行业分类，是根据林业系统的企事业单位的主要经济职能来划分。划分国民经济部门的基本单位，以经济上独立的单位为准。其附属工厂、车间职工依企业的主要经济职能划分到相应部门。根据我国现行的国民经济行业分类标准的要求，林业系统从业人员按行业划分如下：

1. 农、林、牧、渔业

(1)林木育种育苗。

(2)营造林。

(3)木竹采运。

(4)经济林产品种植与采集。

(5)花卉及其他观赏植物种植。

(6)陆生野生动物繁育与利用。

(7)其他。

2. 制造业

(1)木材加工及木、竹、藤、棕、苇制品业。

(2)木、竹、藤家具制造业。

(3)木、竹、苇浆造纸业。

(4)林产化学产品制造。

(5)其他。

3. 服务业

(1)林业生产服务。

(2)野生动植物保护和自然保护区管理。

(3)林业工程技术与规划服务。

(4)林业科技交流与推广服务。

(5)林业公共管理和社会组织。

①林业行政管理、公安及监督检查机构。

②林业专业性、行业性团体。

(6)其他。

(二)林业企业从业人员的构成

研究企业职工构成情况，由于研究目的和要求不同，林业企业职工分类方法也不同。为满足企业生产与管理的需要，根据国家统计制度规定，林业企业职工分类一般有以下几种形式：

1. 按工作岗位分组

这种分组是以岗位分类为基础，同时考虑直接生产人员与非直接生产人员的区别，是研究林业企业构成的重要方法。现行劳动统计制度将企业职工划分为以下六类：

(1)工人

它是指直接从事物质生产和辅助生产的全部工人。包括基本生产单位、辅助生产单位和附属生产单位的工人。

(2)学徒

它是指在熟练工人指导下在生产劳动中学习生产技术，领取学徒工待遇的人员。

(3)工程技术人员

它是指担负工程技术工作，并且有工程技术工作能力的人员。包括：①取得工程技术职务资格，已被聘或任命工程技术职务，并担任工程技术工作的人员；②无工程技术职务，但取得工程技术职务资格或从大学、中专理工科系毕业，并担任工程技术工作的人员；③未取得工程技术职务资格或无学历，但实际担任工程技术工作的人员；④已取得工程技术职务资格或大学、中专理工科系毕业，在企业中担任工程技术管理工作的人员。不包括已取得工程技术职称或大学、中专理工科系毕业、未担负任何工程技术工作的人员。

(4)管理人员

企业的厂长，经理以及在各职能机构、基本生产车间和辅助车间(或附属辅助生产单位)中从事行政、生产、经济管理和政治工作的人员。包括长期(6 个月以上)脱离生产岗位从事管理工作的工人在内。

(5)服务人员

它是指服务于职工生活或间接服务于生产的人员。包括食堂，托儿所(幼儿园)，文化教育，卫生保健，警卫消防，林区公、检、法工作人员，住宅管理与维修人员，勤杂人员(车间勤杂人员属于辅助工人)。此外，还包括与企业生产经营无直接关系、由企业举办的社会性服务机构的人员。如企业办中、小学人员，企业办大学人员，企业办医院人员，企业办商店人员等。

(6)其他人员

它是指由企业支付工资，但所从事工作与企业生产基本无关的人员。包括农副业生产人员、长期(连续 6 个月以上)学习人员、长期病假人员、出国援外人员、派出外单位工作人员等。

按职工的岗位分类研究企业内从业人员的构成，可以反映各岗位人员的比例同生产的实际需要的适应程度，为劳动组织管理提供依据。

2. 按用工形式分组

按用工形式可分为固定职工、合同制职工、临时职工和长期职工。

（1）固定职工

它是指经国家劳动部门或人事部门正式分配、安排和批准招收的没有使用期限的人员。

（2）合同制职工

它是指根据国家规定通过签订劳动合同录用的使用期在一年以上的人员，以及在实行全员劳动合同制的单位中，使用期在一年以上的全部人员。

（3）临时职工

它是指用工期限不超过一年的职工。包括根据国家有关规定招用的、签订一年或一年以上的劳动合同或使用期不超过一年的临时性季节性用工。

（4）长期职工

它是指用工期限在一年以上的职工。包括原固定职工合同制在一年以上的合同制职工、农民轮换工、长期临时工以及国有企业使用的城镇集体所有制单位的人员。

按用工形式对林业劳动力进行分类，可以反映各种劳动力的比重，分析林业企业劳动力队伍的稳定性或变动因素，观察固定职工的数量及其对企业基本生产岗位的保证程度。

（三）林业企业工人的分类

林业企业的生产工人是直接从事林业生产活动的人员，在企业全部职工中占有很大比例。现行统计制度将林业企业的生产工人分为以下几类：

（1）营林生产工人

它是指从事营林生产活动的全部工人。包括林木种子采集、育苗、造林、抚育、护林等工人。

（2）木材采运工人

它是指从事木材采运生产（包括伐区、运材、贮木场各阶段）的全部基本生产工人，辅助生产工人（包括生产机械设备维修）和生产准备作业等工人。

（3）木材加工工人

它是指从事制材、胶合板，纤维板、刨花板、削片、木器家具等生产的基本生产工人和辅助生产工人。

（4）林产化学工人

它是指从事栲胶、松香、酒精、活性炭、纸浆等生产的基本生产工人和辅助生产工人。

（5）机械制造及修理工人

它是指从事森工机械、营林机械制造及修理的工人，以及从事木材采运、木材加工、林产化工等生产设备大、中、小修的工人。

(6)电力生产工人

它是指发电厂、变电所、配电站及输电线路维修工人等。

(7)基本建设工人

它是指建筑安装、勘察设计及基本建设筹建单位的工人。

(8)其他生产工人

它是指林业企业所属的砖瓦厂、砂石场、制药厂、粮油加工厂、食品厂等的生产工人。

除上述各主要分类外，还可根据研究目的按其他标准对林业从业人员进行分类，如按年龄、按性别等进行分类。

三、林业系统从业人员素质统计

林业系统从业人员，不仅指由一定数量劳动者构成的总体，而且包括一定的质量特征，即劳动力素质，林业从业人员概念是量与质的统一。从业人员素质的高低是决定林业生产技术水平和管理水平及劳动生产率高低的重要因素，因此不断提高从业人员素质必将对企业生产乃至国民经济发展产生深远的积极影响。

从业人员素质包括政治思想素质、文化素质、技术素质和身体素质等基本方面。

(一)反映从业人员素质的分类

1. 按文化素质分类

从业人员的文化程度是反映其文化素质高低的重要标志。因此，研究林业从业人员文化素质的高低，可按从业人员的文化程度进行分类，将从业人员分为：①高中及高中学历以下；②中专及大专学历；③大学本科学历；④研究生学历。

通过这种分类，可反映林业从业人员在不同文化水平上的分布状况，从而为制订继续教育和职工培训计划提供依据。

2. 按技术素质分类

在企业从业人员总体中掌握生产和管理技术的人员主要是生产工人、工程技术人员和管理人员，三者之间技术性质差异较大，因此一般研究企业从业人员的技术素质状况时可分3种类型进行研究：

(1)研究生产工人的技术素质

它生产工人的技术等级是生产工人技术素质高低的重要标志。因此，研究生产工人的技术素质状况，可根据生产工人的技术等级对其进行分类。

(2)研究企业工程技术人员的技术素质

可以根据其所具有的初、中、高级职称分类。

(3)研究企业管理人员的管理素质

可以依其所获学历分类，也可根据管理人员的技术职称分类。

在上述分类的基础上，计算各类人员占全部人员的比例，通过各类人员构成分析评价从业人员技术素质的高低。

(二)反映从业人员素质的分析指标

根据上述分类，可以计算相应的反映从业人员素质的分析指标。

（1）从业人员平均文化程度，综合地反映企业从业人员平均受教育的程度。其计算公式如下：

$$从业人员平均文化程度 = \frac{\sum（在校学习年限 \times 人数）}{全部人数} \qquad (8-6)$$

将不同时期从业人员平均文化程度资料做对比，可以研究劳动者文化素质提高的程度。

（2）工人平均技术等级指标，可以反映企业生产工人技术素质的一般水平。其计算公式如下：

$$工人平均技术等级 = \frac{\sum（技术等级 \times 工人人数）}{全部工人个数} \qquad (8-7)$$

（三）反映从业人员培训的统计指标

从业人员素质的高低，一方面取决于学校教育；另一方面，多种形式的继续教育和岗位培训是提高从业人员素质的主要手段。为了反映从业人员各方面素质不断提高的状况，可以计算以下反映从业人员培训的指标：

（1）培训从业人员总数

它是指报告期内已参加各类学校或培训班学习的人数和正在参加学习的人数总和。利用培训从业人员总数的信息，可以计算比重指标来反映报告期内已参加或正在参加各类学校学习的人员数占全部人员的比例。其计算公式如下：

$$培训从业人员总人数比重指标 = \frac{培训人员总人数}{报告期末人员总人数} \times 100\% \qquad (8-8)$$

（2）全员培训率

它是指参加过脱产或业余学习并取得毕业（结业）证书的人数占全部人员的比例。其计算公式如下：

$$全员培训率 = \frac{已参加过脱产或业余学习的累计人员数}{全部人员平均人数} \times 100\% \qquad (8-9)$$

第二节　林业从业人员变动统计

林业企业在生产发展过程中，对从业人员的数量和质量的要求是不断变化的，生产规模的扩大会带来对人力需求的增加，新技术与新的生产工艺的应用又会导致对人员需求的减少和人员素质的高要求。同时，企业原有人员的退职、退休、死亡和调离等，也会带来人员数量上的变化。这些变化对林业生产发展、劳动生产率及企业管理等都会产生直接的影响。因此，林业从业人员统计必须对林业人员变动的结果及变动的原因与过程进行反映，为改进和加强劳动管理、调整劳动政策、促进劳动力合理流动提供依据。

一、林业从业人员变动过程统计

分析林业从业人员变动过程，可以编制林业从业人员人数的时间序列和平衡表两种基本方法：

（1）编制林业从业人员人数的时间序列

它是将逐年林业从业人员的数量按时间顺序编成时间序列，用来反映林业从业人员总规模的变动趋势。

（2）编制林业从业人员平衡表

无论是就整个林业部门，还是某一林业企业，一定时期内从业人员的变动过程总是存在如下平衡关系。

$$期初人数+本期增加人数 = 本期减少人数+期末人数$$

根据这一平衡关系式和本期增加人数与减少人数的具体项目，就可编制出林业从业人员平衡表，用以反映林业从业人员的增减规模和增减原因。林业从业人员变动统计主要研究固定职工与合同制职工的变动情况，因此，实际中一般编制固定职工与合同制职工平衡表，见表8-1所列。

表 8-1　固定职工与合同制职工

项目	合计	项目	合计
一、期初人数 二、本期新增加人数和调入数 1. 新增加人数 （1）从农村招收的人员 （2）从城镇招收的人员 （3）录用复员军人 （4）录用转业军人 （5）录用大学毕业生 （6）录用中专毕业生 （7）录用技工学校毕业生 （8）停薪留职人员复职 （9）临时职工转为合同制职工 （10）计划外用工转为合同制职工 （11）其他 2. 调入		三、本年减少和调出人数 1. 减少人数 （1）退休 （2）离休 （3）退职 （4）停薪留职 （5）参军 （6）除名 （7）开除 （8）辞退 （9）辞职 （10）合同制工终止合同和解除合同 （11）死亡 （12）其他 2. 调出 四、期末人数	

二、林业从业人员人数变动指标

为反映某一时期林业从业人员变动程度，可计算林业从业人员人数动态指标和变动程度指标。

1. 林业从业人员人数动态指标

它表明在一定范围内，不同时期林业从业人数发展变化的速度。其计算公式为：

$$林业从业人员人数变动程度指标 = \frac{报告期林业从业人员数量}{基期林业从业人员数量} \times 100\% \qquad (8-10)$$

2. 林业从业人员数量变动程度指标

它表明报告期内林业从业人员人数净增或净减的程度。其计算公式为：

$$\text{林业从业人员人数动态指标} = \frac{\text{期末人数} - \text{期初人数}}{\text{期初人数}} \times 100\% \qquad (8-11)$$

如果期内增加人数与期内减少人数相等，则期内从业人员总数不变，即期末人数与期初人数相等。但这并不一定在期内没有发生劳动力的增加或减少的变动。可见，林业从业人员人数变动程度指标只反映从业人员变动的总的结果，而不能反映变动的过程。为此，有必要分别计算从业人员人数增加程度指标和减少程度指标，以分别反映现有从业人员中所增人数或减少人数所占比重。其计算公式如下：

$$\text{林业从业人员人数增加程度指标} = \frac{\text{期内增加人数}}{\text{期末人数}} \times 100\% \qquad (8-12)$$

$$\text{林业从业人员人数减少程度指标} = \frac{\text{期内减少人数}}{\text{期初人数}} \times 100\% \qquad (8-13)$$

上述 4 个林业从业人员人数变动指标可以根据"时点人数"计算，以反映从业人员人数的变化，也可以用"平均人数"计算，以便同其他经济指标如产量、产值、固定资产等的动态指标联系起来对比分析有关重要经济内容。

第三节　劳动时间利用统计

劳动时间是衡量劳动量的尺度。而生产过程同时又是劳动的消耗过程，表现为劳动时间的消耗过程。劳动时间的节约是生产过程中劳动效率提高的集中体现。所以，企业合理分配和使用劳动力的关键就在于如何充分利用其劳动时间。而在企业全部从业人员中，生产工人是企业生产过程的直接劳动者，其劳动时间是否充分利用与企业生产成果密切相关，从而直接影响企业劳动生产率和经济效益的提高。因此，加强劳动时间利用统计与分析是企业经营管理工作的重要内容。它可以为企业进行劳动考核，实行合理分配；制定劳动定员定额，合理安排使用劳动力，实现劳动组织和管理的科学化；降低劳动消耗，提高劳动生产率和经济效益提供依据。

一、劳动时间的核算与构成

林业统计中，生产工人劳动时间的核算通常采用"工日"和"工时"两种单位。"工时"和"工日"都是复合单位，工日是工人数与以日为计量单位的劳动时间长度的乘积。一个工日就是一个工人在一天内实际参加生产的劳动时间，非生产时间和非全日缺勤时间。工时是工人数与以小时为计量单位的劳动时间长度的乘积，工时相对工日而言，能更准确地反映生产工人实际参加工作的时间。

林业生产中，营林工人和采运工人，由于多为野外作业，一般采用工日作为计算单位考核劳动时间的利用情况。木材加工、林产化学、林机修造等工人，一般采用工时为计算单位，这样能更准确地反映劳动时间的利用情况。

生产工人劳动时间构成与核算中的基本概念如下：

（1）日历工日数，日历工时数

分别是指以工日和工时表示的报告期可供利用的劳动时间的最大自然界限，表明工人在全部日历时间内都进行工作所能达到的最大劳动量。日历工日数等于报告期每天(包括公休日)实有人数之和,或等于报告期的平均人数乘以日历天数。日历工时数则等于日历工日数乘以标准工作长度,即乘以每个工作日制度规定的工作时数。

$$日历工日 = \sum 报告期每日实有工人数 \tag{8-14}$$

或
$$日历工日 = 报告期平均工人数 \times 日历天数 \tag{8-15}$$

$$日历工时 = 日历工日 \times 标准工作日长度 \tag{8-16}$$

根据国家劳动制度规定,工人享有法定休息日即节假日和公休日。因此,日历工日(工时)又分为制度公休工日(工时)和制度工作工日(工时)两部分。

(2)制度公休工日,制度公休工时

制度公休工日是按国家劳动制度规定,职工应享受休息的节假日。公休工日数等于报告期内每个公休日的人数之和,或以平均人数乘以公休日数。用工时表示则为公休工时数。

$$制度公休工日数 = \sum 报告期公休日实有人数 \tag{8-17}$$

或
$$制度公休工日数 = 报告期平均工人数 \times 公休节假日 \tag{8-18}$$

$$制度公休工时数 = 制度公休工日数 \times 标准工作日长度 \tag{8-19}$$

在制度公休工日中,工人实际休息的工日数,称为实际公休工日数。由于某种原因,工人在公休日加班满一轮时,这部分时间为公休加班工日,应计入实际工作工日数。但工人因病、伤等各种原因,请假期间的公休日仍应算作公休工日,不算缺勤。制度公休工日数等于实际公休工日数与公休加班工日数之和。

(3)制度工作工日数,制度工作工时数

分别是指报告期按国家劳动制度规定职工必须工作的时间,是制度规定的企业最大可能利用的劳动时间,又称最大可能工日数。它是考核劳动时间利用情况的标准。制度工作工日数等于日历工日数减去制度公休工日数,或是每个制度工作日的实有人数之和,或以报告期平均工人数乘以制度工作日数。用工时表示则为制度工作工时数。

$$制度工作工日数 = \sum 报告期制度工作日每日实有人数 \tag{8-20}$$

或
$$制度工作工日数 = 日历工日数 - 制度公休工日数 \tag{8-21}$$

或
$$制度工作工日数 = 报告期平均工人数 \times 报告期制度工作日数 \tag{8-22}$$

$$制度工作工时数 = 制度工作工日数 \times 标准工作日长度 \tag{8-23}$$

或
$$制度工作工时数 = 日历工时数 - 制度公休工时数 \tag{8-24}$$

制度工作工日(工时)数包括出勤工日(工时)数和缺勤工日(工时)数两部分。

(4)出勤工日数,出勤工时数

出勤工日数是指在报告期制度工作日中,每日出勤人数之和。它是企业实际可能利用的劳动时间。一个工人在一个轮班内出勤不考虑其是否从事本岗位工作,也不论其工作时间的长短,均算一个出勤工日。出勤工日包括出勤后停工工日,非生产工日,所以不能准确地反映实际工作时间。出勤工时数则是指报告期的实际的出勤工时数。它可按每班每人实际出勤的小时数汇总计算,也可用出勤工日数乘以标准工作长度,再减去缺勤工时数求得。

$$出勤工日数 = \sum 报告期制度工作日每日出勤人数 \qquad (8-25)$$

或
$$出勤工日数 = 制度工作工日数 - 缺勤工日数 \qquad (8-26)$$

$$出勤工时数 = \sum 报告期制度工作日每班每人实际出勤小时 \qquad (8-27)$$

或
$$出勤工时数 = 出勤工日数 \times 标准工作日长度 - 缺勤工时数 \qquad (8-28)$$

（5）缺勤工日数，缺勤工时数

缺勤是指按制度规定应该上班，但因故（病假、事假、产假、工伤假、旷工等）未能出勤。凡缺勤不满一个轮班的称为非全日缺勤，以工时为单位计算。非全日缺勤数工时不能折算为全日缺勤工日。缺勤工时数等于期内全日缺勤工时与非全日缺勤工时数之和。

$$缺勤工日数 = \sum 报告期每天全日缺勤人数 \qquad (8-29)$$

或
$$缺勤工日数 = 制度工作工日数 - 出勤工日数 \qquad (8-30)$$

$$缺勤工时数 = 制度工作工时数 - 出勤工时数 \qquad (8-31)$$

（6）停工工日数，停工工时数

停工是指在出勤时间内，由于某种原因（如停水、停电、设备故障、气候不良等）而未能从事生产工作。凡停工时间满一轮班的称为全日停工。停工工日数是指在报告期出勤时间内全日停工的人数之和。凡停工时间不满一个轮班的称为非全日停工，以工时为单位计算，非全日停工工时不能折算成全日停工工日。停工工时等于期内全日停工工时与非全日停工工时之和。

停工以后，安排从事非本职工作的生产时间称为停工被利用的时间。全日被利用的工日数称作停工工日中被利用的工日。全日和非全日被利用的工时数称作停工工时中被利用的工时。如从事非生产活动则不能称作被利用。

由于事先预知的原因（如计划停水），企业将公休日与工作日对调，则工人在公休日工作不算加班，在工作日休息不算停工。

（7）非生产工日数，非生产工时数

非生产时间是指执行国家或社会义务，或经企业安排在班内从事其他社会活动而未能从事生产活动的时间，如参加防汛、各种会议等。非生产工日或非生产工时，既不算缺勤时间，也不算实际工作时间。凡非生产活动满一个轮班的称为全日非生产时间，按工日计算；不满一个轮班的称为非全日生产时间，按工时计算。非全日非生产工时不能换算为全日非生产工日。但需注意，为避免重复，把停工后被利用从事非生产性的工作时间包括在停工时间中，而不包括在非生产时间内。

（8）制度内实际工作工日数，制度内实际工作工时数

制度内实际工作日数是指报告期工人在制度规定的工作时间内实际工作的工日数。制度内实际工作工时则是指报告期工人在制度规定的工作时间内实际工作的工时数。

$$制度内实际工作工日数 = 制度工作工日数 - 全日缺勤工日数 - 全日停工工日数 - 全日非生产工日数 \qquad (8-32)$$

$$制度内实际工作工时数 = 制度内实际工作工日数 \times 标准工作日长度 - 非全日缺勤工时数 - 非全日停工工时数 - 非全日非生产工时数 \qquad (8-33)$$

(9)实际工作工日数，实际工作工时数

实际工作工日数是指工人在报告期内实际从事生产活动的工日数。它包括制度内工作工日数和加班工日数，也就是报告期内每天实际参加生产工作的人数之和。它等于日历工日数减公休工日数加停工工日中被利用的工日数，减非生产工日数，加公休日加班工日数。

实际工作工时数是指报告期内以工时为单位计算的实际工作时间。包括制度内实际工作工时数和加班加点工时数。不包括工作日内没有进行工作的工时数，如非全日的停工、缺勤、非生产、迟到、早退等时间。

实际工作工日数 = 日历工日数－公休工日数－全日缺勤工日数－全日停工工日数＋
      停工工日中被利用的工日数－非生产工日数＋公休日加班工日数

$$(8-34)$$

或　　　　　实际工作工日数 = 制度内实际工作工日数＋公休加班工日数　　(8-35)

实际工作工时数 = 制度内实际工作工时数＋公休加班工时数＋加点工时数

$$(8-36)$$

加点工时数是指工人在工作班外加班的时间。它不能换算成加班工日。

为了便于观察上述多种工日与工时的关系，用图示说明并举例如下：

例：假定某人造板厂有工人 400 人，2021 年 4 月制度公休日 6 d，每天工作日长度为 8 h，各月考勤记录和工时利用记录汇总资料：

全日缺勤 700 工日；非全日缺勤 2000 工时；

全停工 200 工日；其中被利用 120 工日；

非全日停工 2200 工时；其中被利用 800 工时；

全日非生产 100 工日；非全日非生产 300 工时；

公休日加班 240 工日；加点工时 500 工时。

第一，对该厂工人劳动时间进行核算：

日历工日数 = 400×30 = 12 000（工日）

日历工时数 = 12 000×8 = 96 000（工时）

制度公休工日数 = 400×6 = 2400（工日）

制度公休工时数 = 2400×8 = 19 200（工时）

制度工作工日数 = 12 000－2400 = 9600（工日）

制度工作工时数 = 9600×8 = 76 800（工时）

出勤工日数 = 9600－700 = 8900（工日）

出勤工时数 = 8900×8－2000 = 69 200（工时）

缺勤工时数 = 700×8＋2000 = 7600（工时）

制度内实际工日数 = 8900－100－200＋120 = 8720（工日）

制度内实际工时数 = 69 200－（200－120）×8－（2200－800）－100×8－300 = 66 060（工时）

实际工作工日数 = 8720＋240 = 8960（工日）

实际工作工时数 = 66 060＋240×8＋500 = 68 480（工时）

第二，绘制工人劳动时间构成图：

①以工日表示的各种时间指标构成图

日历工日数 12 000				
公休工日数 2400		制度内工作工日数 9600		
	加班工日数 240	出勤工日数 8900		缺勤工日数 700
	加班工日数 240	制度内实际工作工日数 8720	全日停工 80	非生产工日数 100
	实际工作工日数 8960			

②以工时表示的各种时间指标构成图

日历工时数 96 000				
公休工时数 19 200		制度内工作工时数 76 800		
实际公休工时数 17 280	加班工时数 1920	出勤工时数 69 200		缺勤工时数 7600
	加班工时数 1920	制度内实际工作工时数 66 060	停工工时 2040	非生产工时数 1100
	实际工作工时数 68 480			
	加点工时数 500			

二、劳动时间利用程度指标

对劳动时间进行分类核算，只是从绝对量角度反映了劳动时间的构成和利用规模。为了进一步研究劳动时间的利用程度，需要计算反映劳动时间利用情况的相对指标，主要有出勤率、出勤时间利用率和制度时间利用率3类指标：

（一）出勤率

出勤是劳动时间利用的首要前提，出勤率是从出勤角度研究工人制度工作时间利用程度的指标。其计算的基本公式为：

$$出勤率 = \frac{出勤时间}{制度时间} \times 100\% \tag{8-37}$$

由于度量劳动时间的基本单位有"工日"和"工时"，同样，计算出勤率也可以采用工日或工时为单位进行计算，但采用不同的计量单位，计算的结果则不同。因为出勤工日数中包括非全日缺勤时间，所以工日出勤率只反映全日缺勤工日对制度工作时间利用情况的影响，而工时出勤率还反映非全日缺勤工时数对制度工作时间利用情况的影响。其计算公式分别如下：

$$工日出勤率 = \frac{出勤工日数}{制度工日数} \times 100\% \tag{8-38}$$

$$工时出勤率 = \frac{出勤工时数}{制度工时数} \times 100\% \qquad (8-39)$$

缺勤率是与出勤率相对应的一个指标，反映缺勤时间占制度工作时间的比重。它是从反向角度来反映制度工作时间的利用程度。其计算公式如下：

$$缺勤率 = \frac{缺勤时间}{制度工作时间} \times 100\% = 1 - 出勤率 \qquad (8-40)$$

在实际工作中，出勤率和缺勤率两个指标只计算其中一个，而且多为计算出勤率。因为出勤率更直接地反映了劳动时间的利用程度。

(二) 出勤时间利用率

出勤率只是从出勤角度反映制度工作时间的利用情况。但工人出勤后，由于种种原因可能发生停工或进行非生产活动，因此，为了进一步反映出勤后劳动时间的有效利用程度，即出勤时间中用来从事实际生产活动的时间所占比重，还需计算出勤时间利用率。出勤时间利用率可分别采用"工日"和"工时"为单位进行计算。但计算结果也是有差异的，出勤工日利用率只反映全日停工、全日非生产工日对出勤时间利用的影响；而出勤工时利用率不仅反映全日停工、全日非生产工日对出勤时间利用率的影响，而且反映非全日停工和非全日非生产对出勤时间利用率的影响。其计算公式如下：

$$出勤工日利用率 = \frac{制度内实际工作工日数}{出勤工日数} \times 100\% \qquad (8-41)$$

$$出勤工时利用率 = \frac{制度内实际工作工时数}{出勤工时数} \times 100\% \qquad (8-42)$$

(三) 制度时间利用率

影响劳动时间利用的主要因素是缺勤、停工和非生产3个主要方面。出勤率只反映了缺勤对劳动时间利用的影响，而出勤时间利用率只反映停工和非生产对出勤时间利用的影响。为全面反映缺勤、停工、非生产时间对劳动时间利用的综合影响，还需计算制度时间利用率。这是制度内实际工作时间占制度工作时间的比重，表明制度工作时间被实际利用的程度。同样，制度时间利用率也可采用工日或工时为单位进行计算，但计算结果有差异。其计算公式如下：

$$制度工日利用率 = \frac{制度内实际工作工日数}{制度工作工日数} \times 100\% \qquad (8-43)$$

$$制度工时利用率 = \frac{制度内实际工作工时数}{制度工作工时数} \times 100\% \qquad (8-44)$$

制度工日利用率只反映全日缺勤、全日停工和全日非生产时间对制度工作时间利用的影响程度。制度工时利用率不仅反映全日缺勤、全日停工和全日非生产对制度工作时间利用的影响程度，而且反映非全日缺勤、非全日停工和非全日生产的影响程度。

上述 3 个指标存在以下关系：

$$制度时间利用率 = 出勤率 \times 出勤时间利用率 \qquad (8-45)$$

上式表明：要提高劳动时间利用率，不仅要提高出勤率，而且要提高出勤时间利用率。

三、劳动时间平衡表

劳动时间的分类核算及劳动时间利用程度指标是从绝对量和相对量角度反映劳动时间的利用程度。为了进一步找出影响劳动时间充分利用的具体原因。提出改进劳动时间利用的措施，为改进和加强劳动组织和管理提供依据，还需要编制劳动时间平衡表。

劳动时间平衡表由劳动资源和劳动消耗两部分组成。劳动资源是指制度内工作时间，即决定的最大可能利用的劳动时间。劳动消耗是指制度工作时间的消耗，除列出制度内实际工作工时外，还对未能使用的时间加以细分类。按其发生的原因逐项列出，并计算各项时间占制度工时的比重。另外，附上加班加点时间以备分析之用。

根据上例，编制某厂4月劳动时间平衡表见表8-2所列。

表8-2 劳动时间平衡表

劳动时间资源		劳动时间消耗		
项目	工时数	项目	工时数	比重(%)
		1. 制度内实际工作工时	66 060	86.02
		缺勤工时	7600	9.90
		其中：		
		(1)病假	2303	3.00
		(2)事假	383	0.5
		(3)产假	768	1.0
		(4)工伤假	3840	5.00
		(5)旷工	230	0.30
		(6)迟到或早退	76	0.10
1. 日历工时数	96 000	2. 非生产工时	1100	1.43
2. 减：制度公休时数	19 200	3. 停工工时	2040	2.65
		(1)由于设备事故	1498	1.95
		(2)由于原料不足	499	0.65
		(3)由于动力不足	—	—
		(4)由于缺乏工具或图纸	—	—
		(5)由于无生产任务	—	—
		(6)其他	43	0.05
3. 制度工作工时数	76 800	合计(制度工作工时数)	76 800	100
		加班加点工时数	2420	
		其中：公休加班工时数	1920	
		加点工时数	500	

运用劳动时间平衡表可进行以下分析：

(1)分析劳动时间未能充分利用的原因

表明制度工时利用率只有86.02%，尚有13.98%的制度工时未被利用。主要原因是缺勤比较严重，缺勤工时占制度工作工时的9.90%。而其中又以工伤假和病假比重最大，分别为劳动时间资源的5.0%和3.0%。因此，企业今后应加强职工安全生产教育，抓好安全生产工作，同时提高职工的卫生保健和劳保福利水平。

分析劳动时间未能充分利用的原因时，应特别注意对停工工时的分析，因为停工工时是企业可以利用而未被利用的劳动时间。其主要原因是生产管理中存在薄弱环节所致。通过加强管理可以不断减少停工工时，上例中，停工未被利用工时占劳动时间资源的2.65%，而主要原因在于原料不足和设备故障，分别占0.65%和1.95%。所以企业应加强设备管理和物资供应工作。

（2）分析劳动时间未能充分利用而造成的损失

劳动时间未能充分利用意味着部分劳动量的损失，这种损失最终表现为劳动力损失和产量损失两个方面。其计算公式分别如下：

$$劳动力损失 = \frac{报告期未被利用的工时数}{报告期每个工人制度工时数} \tag{8-46}$$

$$产量损失 = 未被利用的工时 \times 平均工时产量(值) \tag{8-47}$$

分析加班加点的时间是劳动者超出法定劳动时间以外的消耗，从维护劳动者权益角度出发，加班加点时间应严格控制。但由于企业临时性生产任务或其他因素，临时性的加班加点难以避免。它增加了工人的劳动强度，因此统计应予以反映。特别是对于制度工时未被充分利用前提下的加班加点更应注意研究并找出原因，加强劳动组织与管理。

反映加班加点情况，一般可计算加班加点比重指标和加班加点强度指标。其计算公式分别如下：

$$加班加点比重指标 = \frac{加班加点工时数}{制度内实际工时数 + 加班加点工时数} \times 100\% \tag{8-48}$$

$$加班加点强度指标 = \frac{加班加点工时数}{制度内实际工时数} \times 100\% \tag{8-49}$$

加班加点比重指标反映加班加点工时数占实际工作工时数的比重。加班加点强度指标反映了工人劳动强度增加的程度。

第四节　林业劳动生产率统计

一、林业劳动生产率统计的意义

林业劳动生产率是劳动者在一定资源状况及技术水平的条件下，在一定时间内生产产品(或作业量)的效率。它是林业生产中劳动者的生产成果和相应的劳动耗用量之间的比率。

林业劳动生产率是林业生产力发展水平的重要标志，通过劳动生产率的提高来增加产出量，是增加林产品产量、满足城乡人民对林产品需要的重要途径之一。林业劳动生产率是评价企业和部门经济效益的主要综合指标之一。正确统计劳动生产率可为企业改善经营管理、合理安排劳动力、提高劳动生产率、降低成本、提高经济效益提供依据。

从理论上讲，劳动生产率应指包括活劳动和物化劳动在内的全部劳动与其所创造的产出量的比率。在统计工作实践中，从计量方便和比较实用等方面考虑，通常将活劳动生产率作为研究和统计的重点。以全社会和物质生产的全过程看，现期的物化劳动，为另一生产体系的活劳动所创造。全部劳动生产率最终能够归为活劳动生产率。若不特别加以说明，本教材中所称劳动生产率即是指活劳动生产率；与之相对应，若不加以说明，劳动仅指活劳动。

二、林业劳动生产率的基本计算方法

劳动生产率的基本计算方法有两种：

（1）用单位劳动消耗量所生产的产品数量表示，称为劳动生产率正指标：

$$劳动生产率 = \frac{产品产量}{劳动消耗量} = \frac{Q}{T} = q \tag{8-50}$$

单位劳动时间内平均产量的多少，表明了劳动生产率水平的高低。

（2）用单位产品所消耗的劳动量来表示，称为劳动生产率逆指标：

$$劳动生产率 = \frac{劳动消耗量}{产品产量} = \frac{T}{Q} = t \tag{8-51}$$

单位产品劳动消耗量减少，说明劳动生产率水平越高，反之，亦然。

劳动生产率的正指标与逆指标只是形式上不同，实质是相同的，他们两者之间互为倒数。

$$\frac{产品产量}{劳动消耗量}（正指标）= \frac{1}{劳动消耗量/产品产量}（逆指标）\tag{8-52}$$

即：

$$\frac{Q}{T} = \frac{1}{T/Q} \tag{8-53}$$

这两种指标各有其不同的作用，从不同角度来反映劳动生产率水平。正指标被广泛用来说明各企业、各产业以及全社会的劳动生产率水平。逆指标一般在企业内部使用，主要用来表现劳动效率、制定劳动定额和安排作业计划等。

三、林业劳动生产率指标的计算原则

为了正确计算劳动生产率，必须注意劳动消耗量与产品产量的因果关系，具体有以下几点：

（1）产品产量和劳动消耗量在时间上必须一致

即在计算劳动生产率时采用某时期生产的产品产量，则劳动消耗量必须是该时期所消耗的劳动量。

（2）产品产量和劳动消耗量在范围上必须一致

计算某单位的劳动生产率时，产量必须是该单位生产的产品产量，劳动消耗量则是该单位的劳动消耗量。

（3）产品产量与劳动消耗量之间保持着直接的依存关系

即产品应是这些劳动消耗量所生产的全部产量，而劳动消耗量则是这些产量所消耗的全部劳动量。

四、林业劳动生产率水平的计算

根据需要不同，产品产量与劳动消耗量可以采用不同的指标。

(一)按不同产量指标计算的劳动生产率

由于产品产量有不同的表示方法，劳动生产率可分为：

1. 按产品实物指标计算的劳动生产率

$$\text{劳动生产率的实物指标} = \frac{\text{产品实物量}}{\text{劳动消耗量}} \tag{8-54}$$

这种以实物形态计算的劳动生产率指标为实物劳动生产率指标。它形象直观，可以明确地反映劳动者在单位时间内生产某种产品的效率。它是最主要的劳动生产率指标之一。林业统计中要求上报实物劳动生产率的产品有：木材、锯材、胶合板、木质纤维板、刨花板、栲胶、紫胶等。

实物劳动生产率，有利于企业间、地区间和国家间同类产品的生产工人的劳动生产率水平的比较，但在不同产品或不同产业间实物劳动生产率没有可比性。

作为实物劳动生产率指标还有一种变通形式，即按标准产品实物指标计算的劳动生产率。就是把各种产品按照一定的换算系数折合为某一标准产品的数量，然后汇总统计的方法。其计算公式为：

$$\text{劳动生产率} = \frac{\text{按标准产品计算的实物产量}}{\text{劳动消耗量}}$$
$$= \frac{\sum (\text{某种产品产量} \times \text{折算系数})}{\text{劳动消耗量}} \tag{8-55}$$

$$\text{折算系数} = \frac{\text{某种产品规格}}{\text{标准品规格}}$$

2. 按价值指标计算的劳动生产率

为了综合反映生产各种不同产品的劳动生产率水平及其变动情况，必须利用价值指标。

(1)按总产值计算的劳动生产率，计算公式如下：

$$\text{劳动生产率} = \frac{\text{总产值}}{\text{劳动消耗量}} \tag{8-56}$$

总产值是用货币表现的企业在报告期内生产的产品总量，是生产活动的最终结果。但按"工厂法"计算总产值时是以整个工业企业作为计算单位，同一产品的价值在企业内不允许重复计算，但在各企业之间允许重复计算。该指标具有综合反映生产多种产品生产效率的优点，应用广泛。但总产值包含着转移价值，存在着重复计算，转移价值高，劳动生产率就高，转移价值少，劳动生产率就低。由于存在着转移价值的重复计算，不能正确地反映生产成果，因而也影响在劳动生产率指标上，这是应用总产值劳动生产率时应注意的。

(2)按增加值计算的劳动生产率，其计算公式如下：

$$\text{劳动生产率} = \frac{\text{增加值}}{\text{劳动消耗量}} \tag{8-57}$$

增加值是指通过企业的生产活动而增加到产品中的价值，或者说是企业在报告期内以货币表现的生产活动的最终成果（C_1+V+M）。增加值不像总产值包括中间投入的重复计算，包含着必要的物质基础即劳动资料（C_1）的价值和新创造的价值（$V+M$）。所以增加值反映社会的生产成果比总产值更全面更确切。用这个指标计算劳动生产率，优于总产值劳动生产率，是世界各国普遍采用的劳动生产率价值指标，也是劳动生产率价值指标的主要指标。

另外，还可以按产品劳动力（定额工时）计算的劳动生产率，不同产品（含不同规格）的产量无法比较，需要把工时定额折算成实际完成的定额工时汇总，再与相应产品实耗工时比较，即可得到劳动生产率工作量指标。其计算公式为：

$$劳动生产率 = \frac{实际完成的定额工时}{生产实耗工时} \times 100\% \qquad (8-58)$$

由于不同企业管理水平和技术水平不同，所以产品的定额工时并不相同，所以该指标在企业间不具有可比性，一般只在企业内部使用。

（二）按不同人员范围计算的劳动生产率

1. 基本生产工人劳动生产率

基本生产工人是企业直接从事产品生产的工人，是决定企业劳动生产率水平高低的主要因素。

$$基本生产工人劳动生产率 = \frac{产品产量（或产值）}{基本生产工人（包括学徒）平均人数} \qquad (8-59)$$

2. 生产工人劳动生产率

生产工人包括基本生产工人和辅助生产工人，生产工人劳动生产率水平，直接影响到整个企业全员劳动生产率水平。

$$生产工人劳动生产率 = \frac{产品产量（或产值）}{生产工人（包括学徒）平均人数} \qquad (8-60)$$

该指标中，除了基本生产工人的劳动生产率这个主要因素外，基本生产工人在全部生产工人中的比重也是一个重要因素，即：

$$生产工人劳动生产率 = \frac{产品产量（或产值）}{基本生产工人平均人数} \times \frac{基本生产工人平均人数}{生产工人平均人数} \qquad (8-61)$$

3. 全员劳动生产率

全员劳动生产率是指以企业全部职工为人员范围计算的劳动生产率。

$$全员劳动生产率 = \frac{产品产量（或产值）}{全部职工（包括其他人员）平均人数} \qquad (8-62)$$

这里的全部职工可有两种划分方式：林业生产全部人员；包括非生产人员在内的全部人员。因而有林业生产人员全员劳动生产率和企业全部人员（包括非工业生产人员在内）全员劳动生产率之分。根据研究问题需要，人员范围还允许有其他变动。

计算全员劳动生产率具有重要意义。它可以综合反映企业全部人员的利用情况，同产业间、企业间全员劳动生产率比较，可以从总体上反映出企业的差异，与基本生产工人劳动生产率和生产工人劳动生产率指标连锁比较，能够有效地反映各类人员比重、劳动组织、劳动管理水平等对企业生产效率的影响。这项指标与前述指标的关系可用公式表示为：

$$全员劳动生产率=生产工人劳动生产率×生产工人占全员比重$$
$$=基本工人劳动生产率×基本工人占生产工人比重×$$
$$生产工人占全员比重$$

(三)按不同时间单位计算的劳动生产率

根据研究的不同需要,一般计算劳动生产率的时间单位,采用时、日、月、季和年等。

1. 计算公式

$$小时劳动生产率=\frac{产品产量}{耗用工时} \tag{8-63}$$

$$日劳动生产率=\frac{产品产量}{耗用工日} \tag{8-64}$$

月(季、年)劳动生产率=全月(季、年)产品量/月(季、年)平均人数,它们之间存在如下关系:

$$日劳动生产率=\frac{产品产量}{实际作业工时}×\frac{实际作业工时}{实际作业工日} \tag{8-65}$$

$$=小时劳动生产率×实际工作日平均长度(h)$$

$$月劳动生产率=\frac{产品产量}{实际作业工时}×\frac{实际作业工时}{月生产工人平均人数} \tag{8-66}$$

$$=日劳动生产率×实际工作日天数$$

$$=时劳动生产率×实际工作日平均长度(h)×月实际工作日平均天数$$

2. 特征

劳动生产率计算单位越长,包含的时间利用因素越多,反映的情况越全面、越真实。时、日、月劳动生产率只应用于计算生产工人劳动生产率时采用。在经济分析和研究比较中,采用最为广泛的是年劳动生产率。

五、林业劳动生产率动态统计

(一)劳动生产率动态统计的意义和一般计算

劳动生产率指标是反映一个国家经济发展水平的重要标志,除了测定劳动生产率已经达到的水平外,还必须研究劳动生产率变动趋向、速度,分析其影响因素和影响的程度。

劳动生产率动态统计是通过编制劳动生产率指数进行的。劳动生产率指数是两个不同时期劳动生产率水平的对比。这个指标可以用正指标或逆指标进行计算。

$$劳动生产率正指标指数(q_2)=\frac{报告期产量(Q_1)}{报告期劳动量(T_1)}/\frac{基期产量(Q_0)}{基期劳动量(T_0)}=\frac{q_1}{q_0} \tag{8-67}$$

q_2 值的统计意义是:若 $q_2>1$,则表明报告期劳动生产率比基期有所提高,提高的幅度为 $(q_2-1)×100\%$;若 $q_2=1$,则表明报告期劳动生产率与基期相同没有变化;若 $q_2<1$,表明与基期相比,报告期劳动生产率有所下降,下降幅度为 $(1-q_2)×100\%$。

$$劳动生产率逆指标指数(t_2)=\frac{报告期劳动量(T_1)}{报告期产量(Q_1)}/\frac{基期劳动量(T_0)}{基期产量(Q_0)} \tag{8-68}$$

t_2 的统计意义是：若 $t_2<1$，则报告期劳动生产率比基期有所提高，提高幅度为：$(1/t_2-1)\times100\%$；若 $t_2=1$，说明报告期劳动生产率与基期相比没有变化；若 $t_2>1$，则表明与基期相比较，报告期劳动生产率有所下降，下降的幅度为：$(t_2-1)\times100\%$。

劳动生产率逆指数的第二种计算形式是：

$$t_2=\frac{基期劳动量(T_0)}{基期产量(Q_0)}\bigg/\frac{报告期劳动量(T_1)}{报告期产量(Q_1)}=\frac{t_0}{t_1} \tag{8-69}$$

这种计算方式与正指标指数计算相同，即这时是 $q_2=t_2$，统计意义也完全相同。

但无论采取哪种劳动生产率指数，必须保证报告期基期，即同一比较系统统计口径的一致性。

在实际统计工作中，通常采用正指标计算劳动生产率指数。

（二）劳动生产率指数

劳动生产率指数对于全社会、产业或者企业，是两个时期的劳动生产率总平均水平的比值。故而，又称劳动生产率指数为劳动生产总平均指数。

计算劳动生产率指数，除了观察其变化总趋势外，还要分别观察和研究组成总体的各单位劳动生产率水平，以及人员构成变化情况对于指数的影响程度。这就要分别采用劳动生产率指数的3种形式，即可变组成指数、固定组成指数和结构影响指数。

1. 劳动生产率可变组成指数

可变组成指数是说明劳动生产率这个总平均指标在两个时期对比关系的指数，它既反映了各组劳动生产率水平的变动，也表明了各组从业人员人数占总体人员比重（即结构变动）的影响。它包括结构变动影响的劳动生产率的总平均指数，称为劳动生产率的可变组成指数。其计算公式为：

$$劳动生产率总平均指数（可变组成指数）=\frac{\overline{q_1}}{\overline{q_0}}=\frac{\sum q_1T_1}{\sum T_1}\bigg/\frac{\sum q_0T_0}{\sum T_0}=\frac{\sum q_1T_1\big/\sum T_1}{\sum q_0T_0\big/\sum T_0} \tag{8-70}$$

式中 $\overline{q_0}$，$\overline{q_1}$——报告期和基期的劳动生产率总的平均水平；

q_1，q_0——报告期和基期各组劳动生产率水平；

T_1，T_0——报告期和基期各组职工人数；

$T_1\big/\sum T_1$，$T_0\big/\sum T_0$ 分别表示报告期和基期各组人员比重，即人员结构。

2. 劳动生产率固定组成指数

固定组成指数是将总体各组的人员结构固定在报告期，以消除人员结构变动的影响，只反映各组劳动生产率水平变动程度的指数。

$$劳动生产率固定组成指数=\frac{\sum q_1T_1}{\sum T_1}\bigg/\frac{\sum q_0T_1}{\sum T_1} \tag{8-71}$$

该指数分子为报告期总的劳动生产率水平，分母为在假定各组人员结构与报告期相同情况下的基期劳动生产率总水平。它们的差别是由于两个时期各组劳动生产率水平变动所造成的。

3. 劳动生产率结构影响指数

结构影响指数是用以分析总体结构变动对劳动生产率总水平变动影响的指数。它将各组从业人员的劳动生产率水平这个因素固定在基期水平上，计算公式为：

$$劳动生产率结构影响指数 = \frac{\sum q_0 T_1}{\sum T_1} / \frac{\sum q_0 T_0}{\sum T_0} \tag{8-72}$$

该指数分子是假定各组劳动生产率水平维持在基期水平不变情况下的报告期劳动生产率总水平，分母是基期实际劳动生产率总水平。两者对比结果，表明两个时期中各组成职工人数构成变动对劳动生产率总水平变动的影响程度。

4. 可变组成指数、固定组成指数和结构影响指数之间的关系

可变组成指数、固定组成指数和结构影响指数的关系，即劳动生产率指数体系，它们之间具有内在的经济联系，并形成一个完整的指数体系。

从相对数看它们之间的关系：

劳动生产率可变组成指数 = 劳动生产率固定组成指数 × 劳动生产结构影响指数

$$\frac{\sum q_1 T_1}{\sum T_1} / \frac{\sum q_0 T_0}{\sum T_0} = \left(\frac{\sum q_1 T_1}{\sum T_1} / \frac{\sum q_0 T_1}{\sum T_1} \right) \times \left(\frac{\sum q_0 T_1}{\sum T_1} / \frac{\sum q_0 T_0}{\sum T_0} \right) \tag{8-73}$$

从绝对数看他们的关系：

$$\left(\frac{\sum q_1 T_1}{\sum T_1} - \frac{\sum q_0 T_0}{\sum T_0} \right) = \left(\frac{\sum q_1 T_1}{\sum T_1} - \frac{\sum q_0 T_1}{\sum T_1} \right) \times \left(\frac{\sum q_0 T_1}{\sum T_1} - \frac{\sum q_0 T_0}{\sum T_0} \right) \tag{8-74}$$

从指数体系中任何已知的两个指数，即可推算出第3个指数。

(三) 影响劳动生产率的因素分析

影响劳动生产率变动的因素是多方面的，主要研究以下几方面：

1. 企业人员构成的变动对劳动生产率的影响分析

企业人员中只有生产工人才是产品的直接生产者，所以，在全部职工中，增加生产工人的比重，是提高全员劳动生产率的一个重要因素。

全员劳动生产率 = 生产工人劳动生产率指数 × 生产工人在全部职工中的比重指数

$$\frac{q_1' T_1'}{q_0' T_0'} = \frac{q_1' T_1'}{q_0' T_1'} \times \frac{q_0' T_1'}{q_0' T_0'} \tag{8-75}$$

式中 q_1', q_0'——报告期和基期生产工人劳动生产率水平；

T_1', T_0'——报告期和基期生产工人占全部职工比重。

上式表明，全员劳动生产率的提高速度取决于生产工人劳动生产率的提高速度和生产工人占全部职工中比重的变动。

2. 生产工人劳动时间的利用对劳动生产率影响的分析

劳动时间利用的好坏，也是影响劳动生产率的重要因素，可用月劳动生产率指数指标进行分析。

月劳动生产率综合反映纯劳动时间的劳动效率、劳动组织的合理程度和劳动时间的利用程度，并受小时劳动生产率、工作日长度、工作月天数等因素的影响。

月劳动生产率指数=小时劳动生产率指数×实际工作日长度指数×实际工作月天数指数

$$\frac{q_1}{q_0}=\frac{a_1b_1c_1}{a_0b_0c_0}=\frac{a_1b_1c_1}{a_0b_1c_1}\times\frac{a_0b_1c_1}{a_0b_0c_1}\times\frac{a_0b_0c_1}{a_0b_0c_0} \tag{8-76}$$

式中　a_1，a_0——报告期和基期的小时劳动生产率；

　　　b_1，b_0——报告期和基期的实际工作日长度；

　　　c_1，c_0——报告期和基期的实际工作月天数；

　　　q_1，q_0——报告期和基期的月劳动生产率。

3. 技术装备情况对劳动生产率影响分析

提高劳动生产率的关键在于提高劳动的技术装备程度。技术装备程度指标有两种表现形式：一种是以价值表现的每一个劳动力所装备的固定资产，另一种是以千瓦表示的平均每一劳动者的动力装备程度。

$$平均每一劳动者装备固定资产(元)=\frac{报告期固定资产平均原值}{报告期平均人数} \tag{8-77}$$

$$平均每一劳动者动力装备程度=\frac{报告期用于工业生产的总动力}{报告期平均人数} \tag{8-78}$$

技术装备程度的提高，为劳动生产率的不断提高创造了条件。要提高劳动生产率，还必须提高固定资产的利用程度，所以还需要计算固定资产的利用指标或每千瓦提供的产品产量。

$$固定资产利用指标=产量(或总产值)/固定资产平均原值 \tag{8-79}$$

$$平均每一千瓦实际提供产量=\frac{产量(或总产值)}{用于工业生产的总动力(千瓦)}$$

这样，

劳动生产率=劳动技术装备程度指标×固定资产利用指标

即：$\dfrac{产量}{平均人数}=($固定资产平均原值/平均人数$)\times($产量/固定资产平均原值$)$

可得，劳动生产率的一个指数体系：

劳动生产率指数=劳动技术装备程度指数×固定资产利用指数

(四)劳动生产率的变化对总产量和劳动量耗用变化的影响

劳动生产率、劳动消耗量和产量之间有这样的关系：

生产量=劳动消耗量×劳动生产率

从中可以看出，劳动生产率变动会发生两个方面的基本影响：

1. 劳动生产率变动对产量影响分析

分析劳动生产率变动对产量或总产值的影响是将报告期劳动生产率减基期劳动生产率，然后乘以报告期工人人数计算而得。

2. 劳动生产率的变动对劳动力数量的影响分析

$$劳动力数量=生产量/劳动生产率 \tag{8-80}$$

即劳动力数量是与产量增加呈正比，与劳动生产率呈反比。

六、林业劳动生产率统计分析中的几个特殊问题

林业具有生产周期长、地域广阔、受自然地理因素影响大等特点，反映在林业劳动生产率统计工作中，必然呈现出特殊性，大致有以下几个方面：

(1)以工作量表示的劳动生产率占有重要地位

在造林、营林及森林抚育等生产环节中，不可能用最终产品来计算劳动生产率，而只能用完成多少造林面积、森林抚育面积等实物工作量来反映劳动生产率的高低。

(2)营林劳动生产率在不同地区间一般不能直接对比以说明劳动者的生产效率

因为森林是人类与自然力共同创造的，气候及土壤肥力等自然因素的差异，决定着同一劳动者在同样劳动组织形式和技术体系下，在不同地区从事营林生产，能够取得不同的营林成果。但这种对比的专门应用是可以的，地区之间营林劳动生产率的差异，在生产组织形式和技能技术水平相同(或基本相同)的情况下，正好反映了土地的级差收益。林地的级差收益反映在林业生产的各个阶段：成熟林蓄积量不同影响营林劳动生产率，成熟林蓄积量及出材率的不同，影响木材采运劳动生产率，木材材质好坏的差异也影响着木材加工业劳动生产率。

(3)木材采运劳动生产率的高低直接受到运材距离的影响

运材距离有不断延伸的趋向，即木材采运劳动生产率在其他条件不变的情况下会不断降低，故而，在不同企业或者同一时期木材采运劳动生产率统计时，一定要看到运材距离的长短延伸因素。

(4)用产值指标来计算木材采运劳动生产率

在森林市场尚未形成以前，即森林无价的情况下，若用总产值劳动生产率指标与其他行业比较往往是偏低，故而，最好采用增加值劳动生产率指标，才能较好地反映木材采运劳动生产率水平。

第五节　林业劳动报酬统计

林业劳动报酬是指林业系统各单位在一定时期内直接支付给本单位全部从业人员的劳动报酬总额，包括工资和工资外的劳动收入。现阶段，职工的劳动报酬通常是采取工资的形式进行分配，故而劳动报酬统计亦是工资统计。

工资统计的主要任务是：正确统计工资总额，研究工资总额的增长变化情况、检查工资情况、分析研究职工工资水平及其变化情况，为制订工资政策、改革调整分配制度安排生产和生活提供依据。

一、工资总额统计

工资总额是国家或企业在一定时期内支付给全部职工的劳动报酬总额。正确核算工资总额，必须遵守以下几项原则：

(1)工资总额必须是全部从业人员的工资总额

它包括固定职工、合同制职工、临时职工、计划外用工等所有领取工资的编内编外的

生产人员和非生产人员的全部工资。

（2）工资总额必须是属于劳动报酬性质的开支

凡不属于劳动报酬性质的开支，如劳动保险费（包括抚恤金、丧葬补助费、退休金等）、职工福利费（困难补助费、公费医疗费等）、劳动保护费以及由成本中直接开支的一些费用，均不应计入工资总额。

（3）工资总额

它包括以货币形式支付的工资和以实物形式支付的数额。

（4）工资总额按报告期实发数统计

本来工资总额是一定时期内支付给从业人员的劳动报酬，按照因果一致性原则，应与同时期工作量一致，即工资总额应为这一时期应付工资额，即包括应付未付工资，不包括预付及补发工资，但是，在统计工作中，其着眼点是反映工资的实际支付情况，便于研究购买力与市场消费品供求平衡关系，规定工资总额按报告期实发数统计。

工资总额按不同管理范围统计，采用逐级汇总方式计算企业、地区或部门的从业人员工资总额。

二、工资总额的构成统计

工资总额的构成统计，是根据统计研究的目的，按一定的标志将工资进行分组统计，计算各组工资总额的比重，用以反映一定时期工资总额的基本内容分配形式的主要特征。

工资总额主要由以下几部分构成：

（1）计时工资

它是指按计时工资标准和工作时间支付的劳动报酬，分为基础工资和职务工资两部分。包括正常上班的职工的计时工资和因病、伤、产、事假，探亲假，停工，执行国家或社会公务等原因按计时工资标准或计时工资标准的一定比例支付的工资，还包括学徒的生活津贴和服装费。

（2）计件工资

它是指按计件单价支付的劳动报酬。包括直接计件、累进计件和计件超额工资等。

计件工资和计时工资是工资总额的基本部分，也称标准工资。

（3）工资性奖金

它是指为了奖励先进，对在生产、工作中有优良成绩的职工在标准工资以外支付给职工的劳动报酬。包括生产业务类奖、优质奖、超产奖、综合奖、年奖、节约奖（如特定燃料、原材料节约奖）、劳动模范竞赛奖（如发给先进集体、先进个人、劳动模范的各种实物奖和奖金）。

（4）津贴和补贴

它是指为了补偿职工额外特殊的劳动消耗，以及为了保证职工的工资水平不受特殊条件或物价变动的影响，而以津贴或补贴形式支付给职工的劳动报酬。包括某些特殊工种的津贴，如高空津贴、高温津贴、井下津贴、野外津贴、林区津贴、冷库低温津贴；夜班津贴、班组长津贴、技术性津贴、物价补贴等。

（5）加班加点工资

它是指对法定节假日和休假日工作的职工以及在正常工作日以外延长工作时间的从业人员按规定支付的工资(实行不定时工作制的从业人员除外)。

（6）特殊情况下支付的工资

它是指根据国家法律、法规和政策规定，对从业人员因病、婚、丧、产假、工伤及定期休假等原因支付的工资。

三、平均工资及其变动分析

工资总额的大小取决于工资水平、从业人员人数及其构成变化等多种因素，因而，工资总额不能说明从业人员工资水平及其变动情况，也不能用以进行地区间，企业间以及各类人员间的对比。为此，必须进行平均工资统计。

（一）平均工资统计

平均工资表示一定时间内平均每一从业人员的工资数，它是反映从业人员工资一般水平的指标。

$$平均工资 = \frac{工资总额}{从业人员平均人数} \tag{8-81}$$

计算该指标必须遵循平均指标一般计算原则，即工资总额与平均人数的计算口径必须一致，即分子、分母在时间上必须是同一时期的资料，在范围上，工资总额必须是相应的全部从业人员的工资总和。

平均工资可以按不同的管理范围(企业、地区、部门)计算，也可以按不同的从业人员范围，即除计算全部从业人员的平均工资外，还可分别计算各类人员的平均工资。

计算平均工资时，根据需要，既可以计算月平均工资、季或年平均工资，也可以计算时和日平均工资。但计算月平均工资较为常见。

（二）平均工资的变动分析

（1）平均工资的动态分析

平均工资的动态分析主要用以说明不同时期从业人员工资水平变动的情况和变动原因。全部从业人员平均工资的变动，一方面受各类从业人员工资水平变动的影响；另一方面还受工资水平不同的各类从业人员人数占全部从业人员人数比重变动的影响。平均工资的动态分析，就是用平均指标指数的因素分析方法，说明这两个因素对平均工资的影响方向和程度，并对全部从业人员平均工资变动的原因给予科学的解释。

（2）平均工资与劳动生产率关系的分析

平均工资的增长速度应与劳动生产率增长速度保持一定的比例关系，这种比例关系是通过平均工资指数与劳动生产率指数进行对比分析的。其计算公式为：

$$平均工资指数 \div 劳动生产率指数$$

$$\frac{X_1}{X_0} : \frac{q_1}{q_0} \tag{8-82}$$

式中 X_1, X_0——报告期和基期的平均工资。

若比值大于1，说明工资增长超过劳动生产率增长；反之，则说明工资增长低于劳动生产率增长的程度；若比值等于1，说明工资增长与劳动生产率增长同步。

$$上式可变为：\frac{X_1}{X_0}:\frac{q_1}{q_0}=\frac{X_1}{q_1}:\frac{X_0}{q_0} \tag{8-83}$$

此即为不同时期的平均工资占劳动生产率比重的变动程度。

必须指出，劳动生产率增长是工资增长的基本前提，从全社会来看，工资增长必须低于劳动生产率的增长，劳动生产率决定的不同产业不同企业工资水平及其增长的差异，这是社会劳动力资源有效配置的机制。从国家宏观调控的角度看，制定相应的工资法规，可以有效地调节社会劳动力资源。

（3）实际工资变动分析

所谓实际工资是指职工通过货币工资能够实际购买到的消费品和服务的数量。它是以货币工资除以生活费指数推算的。

$$实际工资=\frac{货币工资}{生活费指数} \tag{8-84}$$

四、林业从业人员福利统计

从业人员的实际收入，除了作为劳动报酬的工资之外，还享受一定的福利待遇。这些福利待遇，有的是以货币或实物形式发给从业人员个人的，有的是提供集体享用的福利设施。福利费与从业人员工资不同，从业人员工资是按其工作中贡献大小分配的，而福利费是在国家、地区、部门或企业财力许可的条件下，按从业人员在生产和生活中实际需要支付的。福利费对改善从业人员物质文化生活起着重要的作用。

（一）福利费用总额统计

福利费用总额是指工资以外实际支付给从业人员个人和用于集体福利设施的费用。从业人员福利费用由以下3个部分组成。

（1）为从业人员生活提供方便、减轻家务劳务而举办的集体福利设施，如食堂、哺乳室、托儿所、幼儿园、浴室、理发室、缝纫组、洗衣房、医务所、疗养院等集体福利部门的设备、设施及维修保养费用和福利部门工作人员的工资薪金、社会保险费、住房公积金、劳务费等。

（2）为解决从业人员不同需要、满足从业人员保健、生活、住房、交通等方面需求、减轻其生活费用开支而建立的各项福利补贴，如生活困难补助、上下班交通补贴、探亲路费、洗理费、房租补贴、水电补贴、煤贴、供暖费补贴、防暑降温费、食堂经费补贴、卫生费、书报费、企业向从业人员发放的因公外地就医费用、未实行医疗统筹企业从业人员医疗费用、从业人员供养直系亲属医疗补贴、丧葬补助费、安家费等。

（3）为活跃和丰富从业人员文化生活建立的各种文化设施，如图书馆、文化宫、俱乐部、体育场馆等。

（二）福利费的分析

在统计福利费用总额的基础上，须对福利费用进行分析。

(1)福利费总额变动分析

在统计分析中应将福利费变动与工资总额变动联系起来进行分析,看福利费的变动是否处于合理空间。要坚持福利费的增长幅度不得超过工资总额增长幅度,不得超范围、超标准列支福利费项目。

(2)福利费与工资总额的对比分析

从业人员福利费是从业人员获得的有助于增进从业人员物质利益的一种收入,与工资收入一样对改善从业人员的生活质量具有重要作用。但二者应有一个合理的比例。一般说来,工资应占较大比重,以体现按劳分配;福利费也应有一定比重,以保证从业人员生活的稳定与改善。

本章小结

林业劳动力资源是林业生产所依赖的重要资源。林业劳动力资源的数量、质量以及利用的是否有效都直接关系着林业效益的高低。因此,对林业劳动力资源及其利用情况进行统计与分析具有重要意义。本章重点讲述了林业系统从业人员的范围、林业从业人员的统计指标和计算与分析方法,具体包括了劳动力人员的数量、质量、构成等静态统计指标,也包括林业从业人员变动统计指标。在劳动时间利用统计方面介绍了劳动时间构成与变动的统计指标和计算方法。针对林业劳动生产率的统计,重点从劳动生产率的基本计算公式、劳动生产率的动态统计分析方法与指标上进行介绍,并就林业劳动生产率的特殊性进行了分析,有助于人们更好地理解与分析林业劳动生产率。最后在林业劳动报酬统计部分,从工资总额、平均工资及其变动、福利费用总额介绍了相关的统计指标与方法。

复习思考题

1. 简述林业系统从业人员构成统计的主要内容。
2. 简述林业系统从业人员素质统计的主要内容及主要的统计指标。
3. 简述劳动时间的构成指标。
4. 如何分析劳动时间的利用情况?
5. 劳动生产率统计的意义。
6. 劳动生产率的基本计算公式。
7. 简述劳动生产率的变动情况分析及林业劳动生产率的特殊性。
8. 简述工资总额统计应遵守的原则。
9. 简述平均工资的变动分析方法。

第九章　林业生产设备和林区道路统计

【本章介绍】通过本章的学习，要明确林业设备和林区道路统计的意义，掌握林业生产设备统计的范围以及相关的统计指标，了解随着林业不断发展，林业生产设备与道路统计出现的一些新变化，并能够运用到实际统计工作中。

林业生产设备和林区道路是保证林业生产顺利进行的最基础的物质条件。做好林业生产设备和林区道路统计，能够全面掌握各类林业生产设备的拥有情况和林区道路的现状，可以为林业生产经营管理提供科学依据。本章围绕林业生产设备和林区道路统计进行介绍，包括林业生产设备的概念、数量与利用统计指标，林业生产能力统计和林区道路统计。

第一节　林业生产设备数量统计

一、林业生产设备的概念

林业生产设备是指在林业生产中直接作用于劳动对象或参加产品生产工艺过程，改变其物质形态或化学成分及存在位置，形成具备一定使用价值的产品的固定资产。从上述概念可以看出，作为生产设备必须具备以下两个条件：

①生产设备必须是直接作用于劳动对象的劳动资料。

②生产设备必须是属于固定资产条件的劳动资料。

劳动资料中的厂房以及直接作用于劳动对象但不属于固定资产的简单生产工具，都不是生产设备(林业生产用的油锯、电锯等例外)。

例如，木材加工中的各种锯机(带锯机、圆锯机等)改变了原木的几何形状；林产化学工业中的部分设备改变了原材料的化学成分；木材采运中的集材拖拉机、运材汽车，水运中的拖船等改变了木材的存在位置，它们都是直接作用于劳动对象的固定资产，因此，都是生产设备。

二、林业生产设备的分类

不同的生产设备在生产过程中起到不同的作用，因此，进行生产设备统计时，必须对各种生产设备进行分类。

(1)按物质生产部门分类

按物质生产部门的不同，可将林业系统的生产设备分为工业生产设备、营林生产设备、施工生产设备和农业生产设备。按产业部门的不同，又可分为木材采运设备、木材加工设备、林产化学加工设备、机械修造设备、电力工业设备、建筑材料工业设备等。

(2)按生产设备用途分类

按照生产设备在各个物质生产部门的不同，将生产设备分为通用设备和专用设备两类。

通用设备是指各部门均能使用的设备，如金属切削机床和锻压设备，它是机械工业的主要生产设备，同时也是各部门用于维修各种专业设备的检修设备，具有各部门通用性质。

专业设备是指某一特定生产部门生产该部门特定产品所需要的专门设备，如挖坑机、植树机等是营林专业设备；推土机、压路机、铲运机等是施工专业设备；播种机、联合收割机等是农业专用设备。统计专业设备的数量、能力和技术水平，对于研究产品生产能力，确定生产规模，增加产品的规格和品种都有重要意义。

(3)按生产设备在生产过程中的作用分类

按照生产设备在生产过程中的作用分为基本生产设备和辅助生产设备。

①基本生产设备　直接参与产品制造过程的设备，如大带锯、小带锯等是锯木制材工业的基本生产设备；栲胶设备、松香设备等是林产化学工业的基本生产设备；运材汽车、集材拖拉机等是木材采运的基本生产设备。基本生产设备是生产产品的主要设备，是进行设备能力平衡的中心环节。

②辅助生产设备　不直接参与产品的制造过程，但为了保证这个过程正常进行而提供必要条件的生产设备。如木材采运中，主要是为了设备检修用的金属切削机床等。

③其他分类　设备分类是一种统计分组法，它是根据分析研究任务的不同，建立在不同标志的基础上的。因此，在研究生产能力大小时，将设备分为大、中、小型设备；在观察设备精度时，将设备分为普通设备和高精度设备；在研究设备自动化程度时，将设备分为自动化设备、半自动化设备和数控设备；在观察设备来源及自给程度时，将设备分为引进(进口)设备和国产设备等。

三、林业生产设备数量统计

统计生产设备数量，必须在科学分类的基础上，按照上级统一规定的"生产设备目录"分门别类地进行统计。

(一)生产设备数量的统计范围与计量单位

生产设备数量是计算产品生产能力的基本因素之一。为了准确统计生产设备数量，必须首先明确生产设备的统计范围与计量单位。

生产设备数量应该包括：自有的和租入、借入的设备，已安装、未安装以及在安装中的设备，使用的、备用的、检修的及待修的，停用的、封存的及存放于仓库尚未配属使用的设备。不应包括已经批准报废、订购尚未运到的以及租出、调出、借出的设备。

统计生产设备数量的计量单位，有数量、能力两种。

"数量"是指用实物单位计量，一般用台、部、套、辆表示。如拖拉机按台计量。有些设备还可用复合单位表示，某些生产设备仅用数量还不能明确反映其数量和规模，还要采用能力指标。如木质纤维板、刨花板、胶合板设备用 m³/套表示，松香设备、栲胶设备、紫胶设备用 t/套表示。

(二)生产设备数量统计

反映生产设备数量的指标，即设备的时点指标与设备的平均指标。

(1)设备的时点指标是指报告期内某一时点上的设备数量。按现行统计制度规定，一般是统计报告期末的设备数量。例如，统计年报要求统计的是年末(12月31日)实有设备台数。

(2)设备的平均指标是指报告期内平均每一时点上的设备数量。其计算公式为：

$$设备期内平均指标=\frac{报告期内每日设备数量之和}{报告期内日历日数} \qquad (9-1)$$

在统计工作实践中，计算生产设备平均指标时，一般计算月、季、年的平均指标。在特定情况下，也计算年初至报告月为止的"累计平均指标"。季、年或年初至报告月为止的平均指标一般在"月平均指标"的基础上按下式计算：

$$季(年)平均指标=\frac{报告期各月平均数量之和}{3(或12)} \qquad (9-2)$$

$$年平均指标=\frac{报告期各季平均数量之和}{4} \qquad (9-3)$$

$$年初至报告月止累计平均指标=\frac{报告期各月平均数量之和}{报告期月份数} \qquad (9-4)$$

需要指出，用各月平均指标计算季(年或累计)平均指标时，比直接用每日实有数计算的方法较为简单，但计算的结果，因四舍五入次数不同，可能稍有出入。

生产设备数是一个时点性指标，统计设备的期末数量，主要是反映实际拥有的设备数量，为编制下期生产计划提供依据。统计设备的平均指标，主要是为分析生产情况及设备利用情况提供依据。

第二节　林业生产设备利用情况统计

林业生产设备是产品生产过程中的主要力量，在很大程度上决定着产品的数量与质量。所以，及时反映林业生产设备的利用情况，充分发挥设备的作用，不断挖掘设备的潜力，是林业生产设备统计的一个重要方面。

研究生产设备利用情况，一般从数量、时间、能力和综合利用几个方面进行。

一、林业生产设备数量利用指标

研究林业生产设备数量利用情况，必须弄清现有生产设备的技术状态。在一个时期内所拥有的全部设备中，一类是已安装的设备，另一类是未安装和正在安装的设备。在已安装的设备中，有一部分是技术状态良好的完好设备，另一部分是技术上有缺陷的非完好设备；在完好设备中，一部分是报告期使用过的设备，另一部分是未使用的设备。各类设备的关系如图9-1所示。

实有设备			
已安装设备			未安装设备
完好设备		非完好设备	
实际使用设备	未使用设备		

图 9-1　各类设备关系

根据图 9-1，可计算各类设备利用率指标如下：

$$实有设备利用率 = \frac{实际使用设备数}{实有设备数} \times 100\% \qquad (9-5)$$

$$实有设备安装率 = \frac{已安装设备数}{实有设备数} \times 100\% \qquad (9-6)$$

$$已安装设备利用率 = \frac{实际使用设备数}{已安装设备数} \times 100\% \qquad (9-7)$$

实有设备的利用程度大小取决于实有设备的安装程度和已安装设备的利用程度两方面的影响。因此从指标关系看，实有设备利用率是实有设备安装率和已安装设备利用率的综合反映。即实有设备利用率等于实有设备安装率和已安装设备利用率的乘积。

上述各类指标中：实有设备是指实际拥有可供调配的全部设备，包括自有、租用和借用的，已安装及未安装的设备。不包括已经上级机关批准报废以及租借给外单位和订购尚未运抵本单位的设备。

已安装设备是指已经安装完毕，经过验收正式投入生产的设备，包括正常开动、备用、封存保管，因故障不能开动而等待修理或正在修理改装中的设备以及可以移动使用（无须安装）的设备。

实际使用设备是指在报告期内已使用的设备。实际统计时，凡报告期使用的所有设备，不管使用时间长短，都算作实际使用设备。

以上各类指标，可按某一时点（如月末、年末）的设备数量计算，反映该时点生产设备的利用程度；也可按报告期（如某月、某年）设备的平均数计算，反映报告期内生产设备的平均利用程度。

二、林业生产设备时间利用指标

生产设备数量利用指标是从数量上观察设备的利用情况，只能比较粗略地反映设备的利用程度，并不反映设备在时间方面的利用情况。因此，需要从时间上考察各类设备的利用状况。

生产设备在使用过程中处于各种不同的状态，考察设备时间利用情况时，需要把这些不同的状态加以分析（图 9-2）。

日历时间					
制度时间					节假日停用时间
计划作业时间			检修时间	备用时间	
实际作业时间		停用时间			
运转时间	辅助时间				

图 9-2　设备时间利用情况分析

根据生产作业特点及设备管理水平，可用台日、台班或台时作为设备运转时间的计量单位。计量单位越细，反映设备利用情况越精确。在林业统计工作实践中，考虑到木材生产条件艰苦分散，台时记录不易准确，故木材采运等设备用台日作计量单位较为适合。

（1）日历台日数是报告期每天配属设备台数相加之和，不论设备生产班次多少，是否运用和每天工作时间长短，均按日历昼夜数计算。它包括实际作业台日、停用台日、检修台日、备用台日、公休日停用台日。

（2）实际作业台日数是报告期每天实际运用台数之和，不论设备工作时间长短，短至一个轮班以下，长至三个轮班，均作一个台日计算。

（3）停用台日数是指报告期每天因故停止使用的台数之和。停用原因可分为气候不良、无生产任务、缺乏油脂燃料、机械破损等。机械破损是指因缺少某些零件、部件和处于技术状态不良而不能正常运转的设备，不包括计划安排停机待修的设备。

（4）检修台日数是指报告期每天检修台数及停机待修台数之和。

（5）备用台日数是指报告期内为保证生产作业正常进行充作后备设备的台日数之和。

（6）公休日台日数实际上也属于停用台日，但它是专指报告期内各节假日实际停用台数之和。在节假日照常工作的台数应计入实际作业台日数内，不应计入本项范围内。

在进行上述分类的基础上，可以计算设备台日利用率、设备停用率、检修率和备用率。设备台日利用率是现行统计制度中主要观察的设备时间利用指标。其计算公式如下：

$$设备日历台日利用率 = \frac{实际作业台日数}{日历台日数} \times 100\% \tag{9-8}$$

$$设备制度台日利用率 = \frac{实际作业台日数}{制度工作台日数} \times 100\% \tag{9-9}$$

实际作业台日数是指报告期每天实际作业的台数之和（日历台日数、制度工作台日数）。是指在报告期内每天配备的设备按日历时间、制度时间计算的台日数之和。

设备停用率、检修率及备用率可以仿照利用率公式进行计算。

林业生产设备台日利用率指标，可按某种单项设备计算，如集材拖拉机、运材汽车、绞盘机等设备的台日利用率，也可以根据不同目的地需要对某些设备计算其综合台日利用率。

木材采运设备日历（制度）台日利用率

$$= \frac{各项木材采运设备实际木材采运设备综合作业台日数之和}{各项木材采运设备日历（制度）台日数之和} \times 100\%$$

$$\tag{9-10}$$

在具备条件的地方，为了较细致地反映木材采运生产设备的时间利用情况，也可以用台班和台时进行计算。

三、林业生产设备能力利用指标

设备在数量上、时间上即使被充分利用了，也不能完全说明设备的利用程度，还必须考察设备能力利用程度，计算设备能力利用指标。

设备能力是指单项设备的能力，也就是每台设备在单位时间内（年、月、日、时）最大可能产量。考察设备能力利用情况，通常采用设备效率与设备能力利用率等指标。

(一)设备效率

设备效率通常是指每台设备在单位时间内的实际产量(或工作量),所以也称为设备实际能力。林业的主要生产设备通常计算台年或台月效率。例如,每台油锯年(或月、班)采伐量,每台拖拉机年(或月、班)集材量,每台运材车年(或月、班)运材量,每台绞盘机年(或月、班)装、卸、归工作量等。其计算公式的基本形式为:

$$设备效率 = \frac{产量(或工作量)}{设备的平均数量} \tag{9-11}$$

设备效率有时也用台时产量表示,即:

$$设备效率 = \frac{产量}{设备实际作业时间(台时)} \tag{9-12}$$

应该指出设备效率属平均指标,它所反映的只是设备能力实际达到的一般水平。设备效率高,说明其能力发挥得好;反之,则相反。

(二)设备能力利用率

设备能力利用率是指设备实际能力与设备理论能力的比率。其计算公式为:

$$设备能力利用率 = \frac{设备实际能力}{设备理论能力} \times 100\% \tag{9-13}$$

式中的设备实际能力就是上面所讲的设备效率,设备理论能力一般是按设计能力或查定能力计算。

在实际工作中,由于生产设备复杂多样,生产能力的表示方法也多种多样,因此,各类生产设备能力利用程度指标名称、计算方法也不相同。

四、林业生产设备综合利用指标

生产设备的时间利用指标和能力利用指标,分别从设备的外延方面和内涵方面反映了设备的利用情况。生产设备综合利用指标是同时考虑设备时间和能力两个因素综合利用的情况。它是报告期设备实际产量(或工作量)与设备可能产量(或工作量)的比率,它等于设备能力利用率与时间利用率的乘积。其计算公式为:

$$设备综合利用指标 = \frac{报告期设备实际产量(或工作量)}{报告期设备可能产量(或工作量)} \times 100\%$$
$$= 设备实际能力 \times 设备实际作业时间设备理论能力 \times$$
$$\frac{设备可能利用时间}{设备能力利用率} \times 设备时间利用率 \tag{9-14}$$

实际计算时,报告期通常以年来表示。这样,设备的综合利用指标实际上与后面所要讲述的"产品生产能力利用率"有些相似。

在上述设备的各项利用指标的基础上,还应结合具体情况进一步分析,研究设备的数量、时间、能力等方面未被充分利用的原因,不断改善设备利用情况。

第三节　生产设备检修及事故统计

为了保证林业生产的正常进行,必须正确处理生产设备的使用和维修的矛盾。既应充分地利用各种设备，又要很好地维护和保养设备。要加强计划检修，使设备经常处于完好状态，以防止事故发生，减少设备磨损，保持设备性能，延长设备寿命；保证产品质量，降低原材料和动力消耗，提高产量。

一、设备完好状况统计

掌握设备的完好程度，是正确制订设备检修计划，采取保养措施，做好维修工作的前提。设备的完好程度用设备完好率表示。其计算公式如下：

$$设备完好率 = \frac{完好设备台数}{设备总台数} \times 100\% \qquad (9-15)$$

完好设备的标准：

(1)设备性能良好

如动力设备的动力能够达到原设计标准(或技术部门规定的标准)；机械设备精度能满足生产工艺要求，运转无超温超压现象。

(2)设备运转正常，零部件齐全，没有较大的缺陷，磨损腐蚀程度不超过规定的技术标准，主要的计量仪器、仪表和润滑系统正常。

(3)原材料、燃料动力等消耗正常，基本没有漏油、漏水、漏气、漏电现象。

凡是符合以上3个条件的设备就是完好设备，反之，不能同时符合以上3个条件的设备，不是完好设备，即为失修设备。仍在继续进行作业的失修设备称为带病运转设备；停止运转、等待修理的失修设备称为停机待修设备。

计算设备完好台数时，正在检修的设备应按检修前的技术状态计算。检修完的设备，按检修后的技术状态计算。为了全面、真实地反映设备的完好状态，在计算完好台数时，不应用抽查或折合的方法推算，必须反映每台设备的实际情况。

设备总台数应当包括在用、停用、封存和正在检修的所有设备，但不包括尚未投入生产暂由基本建设部门或物资供应部门代管的设备。

设备完好率一般按期末主要设备计算，也可以分别计算各类设备的完好率。

设备的运转时间或行驶公里是否达到技术规定的限度，是确定设备是否需要进行检修的根据，因此，企业需要建立设备台账，按台按辆掌握设备的运转小时数(或行驶公里数)，以便按规定的检修期限，制订检修计划，对设备进行检修。

二、设备检修计划执行情况的检查

为了保证生产正常进行，必须按检修计划对设备进行检修。完成设备检修计划，才能使设备经常保持技术状况良好，能正常运转。因此，必须对设备检修计划执行情况进行检查。设备检修计划完成情况的计算方法如下：

$$设备检修计划完成程度 = \frac{实际完成的检修台数}{计划检修台数} \times 100\% \qquad (9-16)$$

计算设备检修计划完成程度时，应按大修和中修分别计算。除按全部应进行检修的设备计算外，还应按不同的用途、不同类别的设备，特别是关键设备，分别进行检修。

上述公式所反映的是设备检修数量计划的完成程度。如对设备检修进行全面检查，还需要从检修能力是否被充分利用及检修质量好坏方面进行检查。

检修能力是否被充分利用,可以用计算检修设备的台日和台时利用率指标来考察,也可以计算受检设备平均占用的检修时间来衡量检修进度的快慢。受检设备平均占用时间的计算公式如下:

$$受检设备平均占用时间(日或小时) = \frac{大(中)修实际台日(或台时)}{大(中)修完成台次数} \quad (9-17)$$

在计算受检设备平均占用时间时,不仅大、中修要分别计算,而且由于不同类别的设备检修所需时间不同,因此,要分别计算不同类别受检设备的平均占用时间。

检查设备检修质量时,一般是检查被检修设备的返修率和设备检修平均等级指标。其计算公式如下:

$$返修率 = \frac{返修台数}{受检台数} \times 100\% \quad (9-18)$$

$$设备检修质量平均等级 = \frac{\sum(各质量等级 \times 修理完毕的各等级设备台数)}{已修理完毕的设备总台数} \quad (9-19)$$

要检查设备检修平均等级,必须对设备检修规定出质量等级,以及各质量等级相应的技术标准。

三、设备事故、故障统计

设备发生事故、故障不仅影响生产计划的完成,同时还使国家财产遭受损失,工人受到伤害。生产必须安全,安全为了生产。因此,必须经常检查安全生产情况,以便及时采取措施,减少和防止设备事故的发生。

设备事故,按设备损坏程度和对生产的影响,经常分为一般事故和重大事故两种。区分一般事故和重大事故的标准,一般是按造成停工的时间或修理费用的数额来确定。凡不够一般事故标准的机械设备停车故障叫设备故障。反映设备事故、故障的指标,主要有设备故障频率和设备事故率,设备故障频率反映设备故障发生的频繁程度,用设备故障次数与实际开动的设备台时对比,以每千台时设备在报告期发生的故障次数表示。设备事故率反映设备发生事故的相对程度,用设备事故停开台日与制度开动台日对比以百分数表示。其计算公式分别如下:

$$设备故障频率 = \frac{设备故障次数}{设备实际开动千台时} \times 100\% \quad (9-20)$$

$$设备事故率 = \frac{设备事故开动台日(或台时)}{设备制度开动台日(或台时)} \times 100\% \quad (9-21)$$

设备事故统计,既要考核事故与故障的多少,也要分析事故与故障的原因,观察事故与故障的多少可以了解设备事故、故障的总规模,分析事故与故障的原因用以采取预防措施。

设备事故、故障统计除反映故障频率和事故率外,还应分析计算由于故障或事故造成的损失。计算因事故、故障造成的损失一般用减产数量和损失金额反映:

$$\begin{aligned}设备事故(或故障)造成减产数量 = {}&设备事故(或故障)停开时间 \times \\ &单位时间内的产量定额\end{aligned} \quad (9-22)$$

设备事故造成的损失总金额=设备事故造成的减产数量×单位产品 　(9-23)
价格+设备事故的修理费用总额

第四节　林产品生产能力统计

林产品生产能力是指林业企业生产某种产品的综合能力，即生产某种产品的全部设备（包括主要生产设备、辅助生产设备、起重运输设备、动力设备及有关的厂房和生产建筑物等）在原材料、燃料供应充分、劳动力配备合理、设备运转正常的条件下，一定时期内可能达到的最大产量。林产品生产能力一般用产品实物量来表示，或用单位时间处理原料数量来表示。如木材生产能力，可按木材生产所消耗的原木量表示。

林产品生产能力统计是为了正确反映各林业企业主要产品生产能力水平，研究产品生产能力的变动情况和利用程度，为编制生产计划、合理进行生产布局、挖掘生产潜力、科学组织生产提供依据。

一、计算产品生产能力的一般方法

(一)产品生产能力的计算原则

为正确计算产品生产能力，必须遵循以下几个原则：

(1)计算产品生产能力，必须以设计能力为依据

计算产品生产能力时，应以产品的设计能力为准，即根据设计任务书和技术设计文件中所规定的最大可能年产量的设计能力作为产品的生产能力。

在没有设计能力，或原设计能力发生变化已不能反映实际能力时，应按重新检查制定，并经主管部门批准的查定能力为依据。

在没有设计能力和查定能力时，可参照实际达到的能力来计算产品生产能力。

(2)计算产品生产能力，必须按全部设备进行综合平衡

现代的生产技术条件，产品的生产一般都是由若干设备共同生产出来的。所以，计算产品生产能力，必须在对生产某种产品的全部设备能力综合平衡的基础上进行。

一般情况下，生产某种产品的全部设备可分为主体设备和配套设备。当设备完全配套时，产品的生产能力就等于主体设备的能力。如果有关设备不配套、能力不平衡时，产品的生产能力既不能按主体设备能力计算，也不能简单地按薄弱环节的设备能力计算。而应该以薄弱环节为基础，充分考虑调整设备，改进工艺流程或采用先进技术组织措施等提高薄弱环节能力的可能性，再按提高后的能力来确定产品生产能力，这样才能保证产品生产能力统计的合理性、先进性。

木材加工、林产化工等林产品的生产能力，均按此原则进行计算。

(3)计算产品生产能力，不应考虑林业生产的原材料、燃料的供应和劳动力配备等因素的影响

研究产品生产能力的目的，在于表明在现有设备平衡配套、一切生产条件都具备的情况下，生产某种产品的最大可能年产量。因此，原材料、燃料的供应，劳动力配备等因素，并不影响产品生产能力的大小，只会影响产品生产能力的利用程度。故计算产品生产

能力时不予考虑。

(4)计算联合性企业产品生产能力时,各种不同性质的产品应分别计算

联合性企业生产有多种产品,它们虽然在生产工艺上有衔接联系,但各自具有技术上的完整性和产品上的独立性。因此,各种产品的生产能力不应经过综合平衡或混合汇总,而应分别加以计算。林产品生产中的原木、锯材、胶合板、松香等产品的生产能力,就是分别计算的。

(二)产品生产能力的计算方法

产品的生产能力是由设备数量、设备有效工作时间和设备能力 3 个基本因素决定的。即:

$$某种产品生产能力 = 可能使用设备数量 \times 设备有效工作时间 \times 单项设备生产能力$$

$$(9-24)$$

设备数量是指已经安装好可能使用的最大设备数量,不包括不配套、未安装及备用的设备。

设备有效工作时间是指设备在全年内最大可能运转的时间。不包括设备因维护和检修所需的时间。

单项设备生产能力是指某一项设备单位时间内可能达到的最大产量。单项设备生产能力可根据设备的具体情况,选用设计能力、查定能力或实际能力。

(三)林产品生产能力的基本指标

为了反映林产品生产能力的现有水平及变动情况,分析产品生产能力的利用程度,一般需要计算下面几个基本指标:

(1)年初生产能力是指报告年年初全部设备的最大年产量

一般情况下,年初生产能力等于上年末的生产能力。若企业产品生产方向或产品构成发生重大变化,应按变动后的情况重新查定本年初的生产能力,以保证与本年末的生产能力相对比。

(2)本年新增生产能力

它包括本年基本建设竣工投产的能力,对原有设备采取技术措施(挖潜、革新、改造等)而增加的能力,其他单位调入、借入设备而增加的能力。

(3)本年减少生产能力

它是指设备报废、拆除或调出、借出而减少的能力,以及资源或地质情况发生变化而减少的能力。

(4)年末生产能力

它是指报告年年末时的产品生产能力。计算公式如下:

$$年末生产能力 = 年初生产能力 + 本年新增能力 - 本年减少能力 \qquad (9-25)$$

(5)年平均生产能力

它是研究当年生产能力利用程度的重要指标。由于年内新增生产能力投入生产时间有先有后,而年初和年末生产能力都是反映某一时点上的生产能力,因此,无论是年初能力还是年末能力均不能确切地用来说明当年生产能力的利用程度,所以需要计算年平均生产

能力。其计算公式如下：

$$年均生产能力 = 年初平均生产能力 + 年均新增生产能力 - 年均减少生产能力 \quad (9-26)$$

式中

$$年均新增生产能力 = \sum \frac{新增设备的年生产能力 \times 自投入生产到年底的日历日数或月数}{全年日历日数(365)或月数(12)}$$

$$(9-27)$$

当一年内设备能力变动不大时，也可用年初、年末能力的平均数计算。

(6)产品生产能力利用率

在计算全年平均生产能力的基础上，将某产品的全年实际完成的产量与相应的年均生产能力相对比，表明产品生产能力的利用程度。其计算公式为：

$$产品生产能力利用率 = \frac{某产品全年实际产量}{该产品年均生产能力} \times 100\% \quad (9-28)$$

产品生产能力利用率，可以揭示企业设备潜力大小，对挖掘潜力、增加生产具有重要的意义。

二、林业生产能力的计算

林产品生产能力主要包括木材采运、木材加工、林产化工等产品的生产能力。

(一)木材采运生产能力的计算

(1)木材采运生产能力

它是指在保证"青山常在，永续作业"的前提下，利用现有的森林资源、设备和线路，在正常情况下可能达到的最大年产量。计算木材采运生产能力，要按照现有林场线路可吸引的森林资源合理年产量、集运材设备和运材干线运出能力3个环节的能力进行综合平衡，加以确定。

(2)森林资源合理年产量

它是指现有林场线路可吸引的全部森林资源的合理年产量。合理年产量的确定，必须遵循"可持续经营""消耗量低于生长量"的原则，以及所确定的森林采伐限额。凡有规划设计的以设计文件为准进行计算；没有规划设计的可按实际调查资料确定。

(3)集、运材设备能力

它是指集、运材的全部设备在生产工艺先进，劳动组织合理的条件下，一年可能完成的最大生产量。

集、运材设备能力计算主要包括拖拉机、绞盘机、架空索道、森铁机车、运材汽车和其他定型集、运材设备。人力、畜力和新工具等集、运材，不作为集、运材设备能力计算，应将其集、运材工作量单独统计，另行注明，作为确定产品生产能力的参考。

计算集、运材设备能力，实际有两种计算方法：以集、运材设备数量乘上每种设备的台年作业量定额；以集、运材设备数量乘全年有效工作时间和单项设备单位时间的工作量水平。

(4)运材线路运出能力

运材线路的运出能力分为支线能力和干线能力两种。作为确定木材采运生产能力的运材线路运出能力,主要是指运材干线的运出能力,即贮木场通往林场的线路,包括森林铁路、运材公路、河川流送以及其他运材道路。

运材线路运出能力的计算分两种情况:凡有设计规划的按设计文件的规定计算;没有设计规划的可按生产部门核定的能力计算。

以上4个方面的能力计算之后,还需要进行综合平衡,科学地确定木材采运生产能力。

(二)木材加工、林产化工产品生产能力的计算

木材加工、林产化工产品生产能力,应按产品的设计能力统计。如原设计能力有较大变动,可按设备数量、时间和能力3个基本因素进行计算。

(1)锯材生产能力

凡具备成套锯材机组(一般大带锯机一台,小带锯机二三台,圆锯机、截锯机、修边机等若干台)的企业或车间,根据锯材机组计算生产能力。其计算公式为:

$$锯材生产能力(m^3/a)=锯材机组(组)×平均先进月产量(m^3/组)×12 \qquad (9-29)$$

凡无成套锯材机组的企业或车间,其锯材生产能力按锯材主机计算。其计算公式如下:

$$锯材生产能力(m^3/a)=锯材主机(台)×平均先进月产量(m^3/组)×12 \qquad (9-30)$$

平均先进月产量的计算为:首先计算报告年度平均月产量,然后将超过平均月产量的各月份的产量再进行平均,即求得平均先进月产量。

锯材主机是指原木进锯第一道工序的设备。

(2)胶合板、纤维板、刨花板生产能力

按主要生产设备—热压机或冷压机的能力计算。其计算公式为:

$$胶合板、纤维板、刨花板生产能力(m^3/a 或 t/a)=$$
$$热压机或冷压机(台)×平均先进月产量(m^3/台或 t/台)×12 \qquad (9-31)$$

(3)栲胶生产能力

只计算洋法生产能力,不包括土法生产能力。栲胶生产能力,应按浸提、蒸发和干燥3个主要工序的设备能力平衡计算。其计算公式为:

$$各工序设备能力(t/a)=各设备平均先进月每小时产量(t/h)×全年规定工作时间(h)$$
$$(9-32)$$

(4)松香生产能力

松香生产能力包括洋法和土法生产能力两部分。其计算公式为:

$$松香生产能力(t/a)=蒸馏设备(台)×平均先进月产量(t/台)×全年规定工作时间(月)$$
$$(9-33)$$

第五节　林区道路统计

林区道路是林业企业重要生产设施,是进行木材生产运输,森林经营保护的基本条件,也是林业生产物质条件中重要的组成部分之一。统计林区道路的目的,在于了解企业木材生产运输的能力,作为研究森林资源开发利用、森林经营保护、计算生产能力、编制

林业建设计划的依据。

林区道路的统计范围是指林业企业经营区划范围内实有的全部林区道路。包括本企业所有的木材运输、森林经营和物资运输各种运输线路。不包括其他部门在本企业林区范围内修建的各种运输线路。

一、林区道路里程统计

林区道路里程是指林业部门拥有的，能够使用的各种道路的长度，不包括其他部门在林区范围内修建的各种运输线路。其统计范围是指林业经营区划范围内自有的全部道路数量，包括大铁专用线、森林铁路和林区公路。

1. 大铁专用线里程

大铁专用线里程是指林业贮木场、木材加工厂等单位与国铁相连接的大铁专用线路长度。包括产权属于林业单位的和由本单位修建的，现已交铁路部门管理但仍供林业单位使用的大铁专用线。

2. 森铁线路里程

森铁线路里程是指林业单位自有的森林铁路全部线路长度。包括干线、支线、岔线、站线和楞场线等。临时性无路碴森铁和移动钢轨里程，只统计年末实际里程。

3. 林区公路里程

林区公路里程是指符合林业部门规定运材公路1~3级设计标准的和交通部门规定设计标准1~6级的正规公路的长度和不符合上述设计标准的简易公路长度。简易公路是指不符合上述公路标准，但能通行汽车的公路。简易公路不包括冬季临时使用的冰道和未经修建的便道及经修建可通行的大车道、骡马道。

二、林区道路统计分类

为了进一步分析研究林区道路的构成现状、发展比例和对林业生产的保证程度，需要将林区道路按不同标志进行分类。

1. 按用途分类

①运材线路　用以运输木材为主的线路。

②营林线路　用以森林经营保护为主的线路。

③其他线路　除运材、营林外，用于其他方面的线路。

2. 按作用分类

①干线　由贮木场通往林场的线路。

②支线　由干线通往主要生产经营点的线路。

③岔线　由支线通往伐区的线路。

3. 按通车情况分类

①晴雨通车线路　全年各季，无论晴天、雨天、雪天还是冻层融化季节均能通行的线路。

②晴通雨阻线路　雨雪、冻层返浆时不能通行的线路。

4. 按技术状态分类

林区道路按技术状态，一般可分为优等线路、良等线路、次等线路、差等线路4类。

5. 按养护方式分类

①单位养护线路　由本单位养路工人负责养护的线路。

②委托养护线路　委托给外单位或个人养护的线路。

三、林区道路网密度

林区道路网密度简称林道网密度。它是反映森林资源开发和经营程度的重要标志，也是林业生产技术水平的一个象征。其计算公式如下：

$$林道网密度(m/hm^2) = \frac{林区道路里程之和(m)}{该区经营管理面积(hm^2)} \qquad (9-34)$$

林道网密度分为国家林道网密度和伐区林道网密度。国家林道网密度是以全国林业经营总面积除以在该面积内林道总里程的结果，表明国家的林业经营水平。属于这类性质的林道网密度有林区林道网密度和林业局林道网密度等。伐区林道网密度是以伐区为计算对象，反映单位面积伐区拥有的线路长度，它对木材采运生产与森林资源更新更加具有指导意义。

四、林区道路养护工程统计

林区道路的养护工作是林业生产中的一个重要环节。养护好林区道路，保证道路畅通无阻是完成各项林业生产任务的基本条件之一。

林区道路养护工程统计主要有以下3个方面：

1. 道路养护里程统计

它是指在一定时期内养护林区道路的总里程，包括干线、支线和岔线，分别按森铁、公路统计。

2. 道路养护实物工程量统计

它是指以实物工程量计算的林区道路养护工作量。主要是路面工程(m/km)、路基工程(m^3/km)、桥涵工程($m/座$)、漫水工程($m/处$)。

3. 道路养护价值量统计

它是指以货币表示的道路养护工作量。价值量可按实际完成的各项实物工程量乘其预算单价计算。没有预算单价，可按实际发生的费用核算。

本章小结

本章主要介绍了林业生产设备和林区道路统计。通过本章的学习，应理解林业生产设备和林区道路的概念，明确林业生产设备与林区道路统计的范围和内容。掌握林业生产设备的数量和利用统计指标及计算方法。理解林区道路统计的意义和内容，能够很好地把握林产品能力统计的方法和具体计算。

复习思考题

1. 简述林业生产设备利用情况的统计指标。
2. 简述林区道路的类型及林区道路网密度的计算。
3. 简述林产品生产能力的计算。

第十章 林业生产投入统计

【本章介绍】本章重点阐述了林业生产投入统计的主要任务、统计内容、统计方法及相应指标体系。主要包括：企业原材料收入与结存统计、林业原材料利用与消耗统计、林业能源和动力投入统计、林业服务投入统计。通过本章的学习，着重掌握企业中间投入的各类指标及其含义，掌握各指标的计算方法并能将相关理论用于分析和解决林业生产过程中的实际问题。

林业生产过程需要消耗各种原材料、能源、服务等，对这些林业中间投入进行统计是林业统计中的重要工作，对企业高效生产具有重要意义。

第一节 林业生产投入统计的任务

一、林业生产投入的概念及分类

林业生产过程除了需要人力资源要素外，还需要劳动对象和劳动资料等生产要素的中间投入。林业生产企业的中间投入是指企业在报告期内用于生产活动而一次性消耗的外购原材料、燃料、动力及其他实物产品和对服务行业支付的金融中介费、运输费、邮电费、广告费、咨询费、专业技术与商务服务费等费用。

林业生产投入按照投入对象的不同，通常可以分为以下几类：

1. 原材料等各种物质投入

它是指在林业生产中实际投入的物质材料。例如，营林生产中投入的种苗量、肥料、农药等；木材加工生产和林产化学工业生产中所投入的各种材料，如原木、锯材、松脂等。

2. 能源和动力投入

林业生产中的能源和动力投入指林业生产过程中投入的各种形式能量(如热能、电能、光能、机械能等)的资源。

3. 生产性服务投入

它是指林业生产中所投入的各项生产性服务。例如，对外支付的委托加工费、来自本单位以外的运输投入、邮电服务投入、森林资源调查设计、资产评估费用等。

林业生产投入统计计算方法：等于本期投入的原材料加上制造费用中间投入、管理费用中间投入、营业费用中间投入以及财务费用之和。

中间投入的计算通常有以下两种方法：

1. 正算法

正算法是将生产制造费用、管理费用、销售费用中属于中间消耗的部分分别相加（中间物质消耗按不含增值税的价格计算），再加上直接材料和利息得出林业中间投入总和。

2. 倒算法

倒算法是分别用制造费用、管理费用、销售费用合计减去该 3 项费用中不属于增加值的项目，如工资、福利费等，倒算出 3 项费用中的中间消耗，再加上直接材料和利息支出，得出林业生产中间投入总和。在实际操作过程中，采用倒算法计算比较简便易行。

二、林业生产投入统计的任务

林业生产过程是一个原材料不断消耗的过程，为了使林业再生产持续、顺利进行，必须及时地组织供应各种原材料。合理使用原材料，降低消耗，防止积压和浪费是实现增产、节约、降低成本，提高经济效益的重要途径。因此，对林业原材料和能源等中间投入进行统计是林业统计中的重要工作。林业中间投入统计的任务包括以下几个方面：

①观察企业原材料的收入情况，分析研究原材料收入对企业生产的保证程度，以便合理地组织原材料供应。

②观察企业原材料的储备情况，掌握原材料的余缺，为企业合理储备提供依据。

③统计原材料消费量，检查原材料消费计划的执行情况，为计划原材料消费提供依据。

④研究单位产品原材料消耗情况、原材料利用程度和原材料节约情况，不仅可以降低产品成本、增加积累，而且也为增加产品产量创造条件。

⑤研究原材料和能源的使用情况，反映企业在开展原材料的综合利用、节约利用回收再用等方面所取得的成绩。

⑥研究林业企业能源消耗量，为合理使用能源、节约能源提供依据。

⑦研究企业林业生产中服务的投入情况，提高林业生产市场化水平。

第二节 林业生产的原材料投入统计

一、原材料的概念和分类

原材料是原料和材料的总称。原料一般指采掘工业的产品和农产品，如铁矿石、原木、原煤、棉花等。材料指对采矿业的产品和农产品进行再加工而生产出来的产品，如生铁、锯材、钢材、棉纱等。

原材料按在生产过程中所起作用的不同可分为两类：

1. 原料及主要材料

它是指在生产过程中构成产品主要实体的那部分原材料，如制材厂、胶合板厂用的原木，木制家具厂用的各种规格的板方材等。

2. 辅助材料

它是指在生产过程中,有助于产品实体的形成或便于生产的顺利进行,而不构成产品实体本身,只起辅助作用的各种材料。如用于生产胶合板的胶料、用于炼铁的煤炭等。

原材料及主要材料和辅助材料之间的界限并不是绝对的。二者的划分,主要看其在生产过程中所起的作用,而不是看其物理、化学性质。同一种产品既可作原料及主要材料,又可作为辅助材料。例如,煤炭,若用来炼焦炭,则煤炭构成产品的实体,可称作原料及主要材料,但若将煤炭作燃料用,则它不能构成产品的实体,而只起辅助作用,故又可称作辅助材料。

二、原材料收入与结存统计

(一)原材料的实物量统计

为了使原材料的供应与需要相适应,原材料统计要具体表明各种原材料的收入、消费、拨出、储备以及利用情况,一般都要求按详细划分的品种和规格来计算原材料的实物量,因此对原材料的统计必须采用实物量核算法,统计原材料的实物量。如果研究任务只要求掌握原材料数量的概略情况,可以将品种规格相近的几种原材料合并,按统一的实物单位计算它们的混合量;而对某些含量差别较大的原材料,则可折算成标准实物量进行计算。只有这样,才能满足经营管理和供应的要求,比较准确地研究原材料的消耗水平,才能具体研究分析原材料对生产的保证程度和原材料利用好坏的情况。

原材料的种类繁多,品种复杂,名称和计量单位也不一致。为了保证原材料统计的统一性和准确性,国家制定了全国统一使用的物资分类、物资名称、计量单位、使用范围和计算方法等。林业企业应根据目录的要求,填写物资报表。凡是目录中规定统计的原材料,不论数量多少、来源、在本单位是否为主要物资、本单位习惯用的名称及计量单位如何,均应按目录规定统计填报。

(二)原材料的收入量统计

1. 原材料收入量的概念和计算

原材料收入量也称进货量,是指林业企业在报告期实际收到的、经过检验合格办理了入库手续的原材料数量。它反映企业能够随时动用可供应生产需要的实际收入的原材料。通过统计原材料收入量,可以检查各种原材料进货的及时性和齐备性,分析原材料对生产的保证程度。

原材料收入量的计算以使用权而不是所有权为准,不论原材料归谁所有,凡是企业在报告期内实际收到,经验收合格并办理了入库手续,企业拥有支配使用权的原材料,均应计入收入量中。只有实际收到并经验收入库的原材料,才是企业掌握的能随时动用的原材料。

原材料收入量既可用实物量表示,也可用价值量表示。原材料的价值量即该原材料收入实物量与其实际购进价格之积,将各种原材料收入价值量相加,即可得出原材料收入总值。

2. 原材料收入情况的分析

在进行原材料收入量统计时,往往需要对原材料收入情况进行分析,分析原材料收入来源、品种及收入的及时性，以确保统计林业生产的顺利进行。

（1）原材料收入来源情况的分析

企业原材料的来源主要分为：①自行采购；②上级机关拨入；③自产自用；④加工来料；⑤借入等。在统计检查时，首先应把企业本期的原材料收入量的实际数与计划数进行对比，一方面反映收入总量计划完成程度；另一方面按照各种收入来源分别观察各项目对收入总量计划完成程度的不同作用。

（2）原材料收入品种分析

原材料收入在品种上是否齐备，是保证企业生产顺利进行的一个条件。在检查原材料收入品种是否齐备时，一般是把各种不同类别、品种和规格的原材料收入量与计划进货量作比较；或者采用图表法观察不同类别、品种和规格的原材料对生产的保证程度，用它们之间的差异程度来说明原材料品种的齐备性。

（3）原材料收入及时性分析

原材料收入及时性分析是通过计算原材料收入量保证天数和保证数量，并根据每次原材料收入的具体日期分析对企业生产的保证程度。计算方法如下：

$$原材料保证天数 = \frac{原材料收入量（或库存量）}{计划每日需要量} \quad (10-1)$$

$$原材料保证数量 = 保证天数 \times 计划每日需要量 \quad (10-2)$$

$$原材料保证程度 = \frac{报告期保证数量}{报告期计划需用量} \quad (10-3)$$

某木材采运企业汽油的收入情况见表 10-1 所列。

表 10-1 某木材采运企业汽油的收入情况

原材料名称	计划需要量（kg）		月初库存	实际收入		对生产的保证程度	
	本月	每日		日期（日）	数量（kg）	日期（日）	数量（kg）
汽油	11 400	3800	26 600			7	26 600
第一次进货				5	34 200	9	34 200
第二次进货				16	38 000	10	38 000
第三次进货				28	45 600	2	7600
总计	114 000	3800	26 600		117 800	28	106 400

从表 10-1 可见，该企业月计划汽油进货量为 114 000 kg，实际进货 117 800 kg，完成进货计划的 103.33%。从进货的及时性看，第一次和第二次进货时有 2 d 和 1 d 的库存量未用完，进货后、能保证生产使用到第 26 日。由于第三次进货不及时，影响生产 2 d，收入的 45 600 kg 汽油在本月可以用上的只有 2 d，进货对生产的保证程度实际只有 93.33%。

(三) 原材料支出量统计

原材料支出包括原材料的消耗和原材料的拨出。因此，反映原材料支出的统计指标主要是原材料消费量和原材料拨出量。

1. 原材料消费量统计

原材料消费量是指林业企业在报告期内实际消费的原材料数量。它反映企业使用原材料的数量和方向，为企业确定原材料需要量和购进计划提供依据。

"谁消费，谁统计"是原材料消费量统计的原则。无论原材料来源和所有权如何，凡属企业实际消费的原材料均计入消费量。与此相反，所有权属本企业，但已拨出到外单位和借出由外单位消费的原材料，不应列入原材料消费量中。企业自产自用的原材料，凡是计算产量的，都应计算消费量。

原材料消费核算时点以原材料投入第一道工序为准，凡多次使用的原材料(如润滑油)，以第一次投入生产使用为准计算消费量。

2. 原材料拨出量统计

原材料拨出量是指企业在报告期内实际拨出并已办理出库手续的原材料数量。它包括本企业因生产方向改变或生产技术改进等原因使一些原有原材料不符合本企业需要而拨出的原材料；由于外单位急需，上级主管部门进行平衡调剂而拨出的原材料以及委托外单位加工而拨出的原材料等。

原材料的拨出与消费不同。拨出原材料是使用权的改变，在本企业并未进入消费过程；而消费原材料是使用权未改变，在本企业已进入消费过程。原材料拨出量的核算时点，以办理出库手续的时间为准。原材料在同一企业内部车间、仓库之间的拨出，不能算拨出量。借出原材料如在同一报告期内收回，应冲减拨出量；如果跨越报告期收回，或虽在同一报告期收回，但原材料的性能与使用价值已改变者，可在收回时统计为收入量，不冲减拨出量。

(四) 原材料储备量统计

企业生产是不间断进行的，而原材料供应是分期分批的。为了保证生产的正常进行，就要保证一定的原材料储备。

1. 原材料储备量(库存量)的概念和核算

原材料储备量是指林业企业在某一时点上已经验收入库、尚未使用的实际存有的原材料数量。由于原材料库存是为保证生产持续进行而建立的，因而原材料储备量就应该是企业实际存有、能够支配使用的原材料数量，即不论其来源是什么、存放在什么地方，只要企业有支配使用权的，均应包括在库存量统计范围内。

原材料储备量又称库存量，原材料库存量既可用实物量来表示，也可用价值量来表示。原材料库存价值量也是采用原材料的实际购进价格计算的。库存量分账面库存量和盘点库存量，原材料库存量应按盘点后的实际数量计算，实际数量与账面数量不一致的部分作为盘亏或盘盈处理。

账面库存量是根据原材料收入、消费、拨出和库存之间内在的经济关系，利用平衡法来推算的期末库存量：

$$期末库存量=期初库存量+本期收入量-本期消费量\pm盘盈盘亏量 \qquad (10-4)$$

在实际管理中，到月末、季末、年末要对结存的原材料进行实际盘点来计算库存量。包括材料库所存放的原材料、存放在外单位的原材料以及加工来料还未消费的原材料。统计库存量必须账物相符，如经盘点出现账面与实际不一致，不论盘盈还是盘亏，一律按盘点的实有数统计。

企业原材料储备，通常包括经常储备和保险储备两个部分。经常储备是指为保证日常生产所需要的储备；保险储备是指在原料供应不正常的情况下为保证生产需要而设立的储备。此外，一些原材料来源带有季节性的企业，在两个供应季节之间需要建立季节性储备。

原材料储备量必须合理。原材料储备过多，就会占用过多流动资金，影响企业经济效益；原材料储备太少，容易造成生产中断。因此，原材料储备要有一定的定额加以控制和管理。原材料储备定额是检查原材料储备是否合理的标准。

2. 原材料储备定额的检查

为了保证生产过程的连续性，防止原材料积压或短缺，必须对原材料储备计划执行情况进行检查和分析。分析一般用期末库存量与储备定额对比来说明。

原材料储备定额包括经常储备定额、保险储备定额和季节性储备定额。

(1)经常储备定额

它是指为了满足生产过程对原材料的经常需要而设立的储备。其大小取决于原材料供应周期的长短和平均每日原材料消费量的大小。因此，原材料经常储备的最高限度应该是在前后两次供货之间的时间内，所需要入库的原材料数量。如两次供应的间隔为 10 d，每天原材料需要量为 300 t，则最高的经常储备定额应为：300×10 = 3000 t。

(2)保险储备定额

它是指企业为防止由于供应突然中断而影响生产所设立的储备。其储备量是经常储备用尽后，在紧急催促下一批原材料运来之前企业所需要的数量。

(3)季节性储备定额

它是用于原材料的季节性中断而设立的。其最高限度应该是季节性供应中断期间企业所需要的原材料总量。

原材料储备定额是上述 3 种储备的需要量之和。最高储备定额等于经常储备最高需要量、保险储备需要量和季节性最高储备需要量三者之和。最低储备定额则等于保险储备。

原材料储备定额执行情况，一般有两种表示方法：定额储备量和定额储备天数。

(1)将实际储备天数与定额储备天数相比，分析检查储备执行情况：

$$原材料储备定额执行情况 = \frac{原材料实际保证天数}{原材料储备定额(天数)} \times 100\% \qquad (10-5)$$

(2)将实际储备量与定额储备量相比，分析储备定额数量执行情况：

$$原材料储备定额执行情况 = \frac{原材料实际库存量}{原材料定额储备量} \times 100\% \qquad (10-6)$$

分析原材料是否有超储现象时，应以最高储备定额为依据，分析原材料是否不足时，应以最低储备定额为依据，这样才能正确地说明原材料储备的多余或不足，并进一步分析原材料超储或储备不足的原因，以便采取措施，使原材料储备按定额进行。

三、原材料利用与消耗统计

充分利用原材料，减少单位产品的材料消耗，意味着在不增加原材料的条件下，可为社会提供更多的产品。不断降低原材料的消耗水平，提高原材料的利用程度，是企业降低成本增加盈利的重要手段。因此，统计要反映林业原材料的消耗情况，研究原材料的利用状况。原材料的消耗和利用情况指标是企业管理中的主要技术经济指标。

(一)原材料消耗量统计

1. 原材料消耗量

原材料消耗量是指生产某一产品从投料开始到产品制成、验收入库全过程中所实际消耗的某种原材料数量。原材料消耗总量则是指生产某种产品从原材料投入生产过程第一道工序到完成产品生产、验收入库全过程中所实际消耗的某种原材料全部数量。其中包括本企业生产合格品、次品、废品的原材料消耗总量、委托外单位加工而拨出的原材料消耗量、在生产过程中物料、半成品的储存和运送所发生的损耗、生产过程中发生的废料、返修、改制产品所发生的原材料消耗、由于设备的检修与停工等引起的消耗。原材料总消耗总量主要取决于单位产品原材料消耗量和产量的多少。

2. 单位产品原材料消耗量统计

单位产品原材料消耗量简称单耗，是指每生产一个单位合格产品平均实际消耗的原材料数量。单耗高低说明原材料利用程度的高低，它反映了该产品该种原材料的实际消耗水平，也是反映企业管理水平和生产技术水平的一个重要指标。

在生产过程中，反映单耗有以下3种形式：

(1)用实物量计算的单耗

$$单耗 = \frac{某一种原材料总消耗量}{某种产品的产量} \tag{10-7}$$

单位产品原材料消耗量是用实物单位表现的消耗水平，因此，这一指标只能分产品、分原材料种类计算。在木材生产中，用实物单位表示的单耗如森铁机车运材每台班的油耗或煤耗，装、卸、归机械台班油耗等。

(2)用生产产品价值计算的实物单耗

$$每万元产值原材料实耗量 = \frac{基种原材料总消耗}{工业总产值(万元)} \tag{10-8}$$

在林业中常用的有万元森林工业总产值耗煤量、万元森林工业总产值耗电量等。

(3)用费用表示的单耗

$$单位产品原材料消耗费用 = \frac{原材料消耗费用总额}{产品产量} \tag{10-9}$$

计算单耗时应注意：

①上式分母是报告期合格产品的产量，分子则是生产该种产品某种原材料的全部消耗量，即不仅包括合格产品的消耗量，还包括废品、次品所消耗的原材料量。

②计算总消耗量是为了核算某种产品的单耗，某一产品为核算对象，只包括直接用于该产品的消耗。

③区分投料量与领料量的不同。本期发料量不一定等于本期投料量，它们的关系为：

本期投料量＝上期末领而未用的结存量＋本期领料量－本期末领而未用的结存量

④区分本期投料量与入库产品的原材料总消耗量的区别。本期投料到期末可能有部分停留在半成品、在制品的过程中，本期入库成品的原材料消耗也可能有部分是上期的投料。因此，本期的原材料消耗量要根据本期投料量，再结合期初、期末半成品、在制品消耗的原材料的数量差额加以调整。它们之间的关系为：

本期原材料总消耗量＝（期初结存的半成品、在制品、未入库成品消耗的原材料量）＋

本期投料量－（期末结存的半成品、在制品、未入库成品消耗的原材料量）

$$(10-10)$$

3. 原材料消耗总量计算方法

计算原材料消耗总量的方法，主要有以下两种：

(1)投料法

它是以投料量作为总消耗量。其计算公式为：

报告期原材料消耗总量＝期初领到而未用存料量＋报告期领料量＋ $\qquad$ $(10-11)$

期末领而未用存料量

在实行报告期末退料制度的情况下，原材料消耗总量的计算公式为：

报告期原材料消耗总量＝报告期领料量－报告期退料量 $\qquad (10-12)$

这种方法适用于：

①单件小批生产，不存在半成品、在制品和未检验成品的企业。

②生产过程简单、生产周期短、下料投产后很快就出成品，期末、期初半成品、制品结存量差额较小，也没有未检验成品的情况下，报告期投料量大致可作为消耗总量。

(2)平衡法

它是以投料量和期初、期末结存的在制品、半成品、未入库成品投料量推算报告期入库成品原材料消耗总量，又称为以存挤法。

当生产过程比较复杂、生产周期较长、大量连续生产的情况下，期末、期初结存的半成品、在制品及未检验入库成品的差额较大时，则不宜用投料法计算原材料消耗总量，而要采用平衡法来计算。其计算公式为：

报告期原材料消耗总量＝（报告期投料量＋期初半成品、在制品、未入库成品折料量）

－（期末半成品、在制品、未入库成品折料量）

$$(10-13)$$

半成品、在制品、未入库成品折料量 ＝ $\sum$（某工序在制品结存量 $\qquad$ $(10-14)$

× 某工序止原材料累计消耗系数）

在生产比较正常、产品生产耗料比较固定的情况下，可以根据实际测定或技术消耗定额确定一个固定的原材料消耗系数，供各个时期计算折料量使用。

某工序止原材料累计消费系数指从第一道工序起至某工序止各工序消耗系数的乘积。

各工序消耗系数的计算公式为：

$$各工序消耗系数＝\frac{本工序耗用上工序半成品数量}{本工序半成品的数量} \qquad (10-15)$$

如果产品生产耗料不够稳定，则要根据上述方法按期分别计算。

为了正确反映原材料的消耗水平，原材料消耗总量与产品产量的口径范围必须一致，以确保二者的可比性。即产品产量应是由所消耗的原材料生产出来的；总消耗量应是生产这些产品产量所实际消耗的。用来计算单耗的产品产量只包括报告期生产的合格品产量，而不包括废品、次品数量。这是因为，生产中产生的废品、次品虽然也消耗了原材料，但不能为社会提供预期有效的使用价值，实际上是对原材料的一种浪费。不包括废品和次品，才能反映由于出现废品对原材料消耗水平的影响。

(二)原材料利用统计

反映原材料利用状况的统计指标，通常有两类：单位产品原材料消耗量和原材料利用率。这两类指标是从不同的角度说明原材料的利用情况的，原材料单耗水平是反映原材料利用好坏的一种指标，单耗越低，说明原材料利用越好；反之，原材料利用就差。反映原材料利用好坏的指标，还可以用原材料利用率来反映。原材料利用率是指合格产品中包含的原材料数量或原材料的有效含量与生产该产品消耗的原材料总量的比率。其计算公式为：

$$原材料利用率=\frac{合格产品中包含的原材料数量}{生产该产品的原材料总量}\times100\% \tag{10-16}$$

原材料利用率反映构成产品实体的原材料量占实际消耗的原材料量的比例，说明原材料被有效利用的程度。原材料利用率数值越大，表明原材料利用程度越高。分子与分母之差，是生产中未被利用的原材料，其中既有不合理的部分，如废品消耗的原材料、工艺和设备落后以及管理不善而浪费的原材料等，也有在一定条件下不可避免的原材料损失，如在一定的科学技术水平下必不可少的工艺损耗，一定质量水平的原材料所引起的必要损耗等。降低生产中原材料消耗的不合理部分，提高原材料利用率，就可以提高原材料使用的经济效益。在林业企业中，常用的反映原材料利用情况的指标有：森林资源采伐利用率，锯材出材率，贮木场原条出材率，胶合板材利用率，松香、栲胶及紫胶收得率等。

其主要指标与计算公式如下：

$$原条出材率=\frac{原木产量(m^3)}{耗用原条总量(m^3)}\times100\% \tag{10-17}$$

$$锯材出材率=\frac{锯材产量(m^3)}{耗用原木总量(m^3)}\times100\% \tag{10-18}$$

$$胶合板材出材率=\frac{胶合板产量(m^3)}{胶合板材消耗量(m^3)}\times100\% \tag{10-19}$$

$$松香收得率=\frac{松香产量(t)}{耗用松脂总量(t)}\times100\% \tag{10-20}$$

$$栲胶收得率=\frac{栲胶产量(t)}{栲胶原材料消耗总量(t)}\times100\% \tag{10-21}$$

(三)原材料消耗定额执行情况的检查与分析

林业生产过程中，各种原材料的消耗规定有一定标准数量，称为原材料消耗定额。计算消耗定额完成程度，可以检查原材料消耗定额的完成程度和执行情况。

1. 一种产品消耗一种原材料的定额执行情况的检查

若以 m_0 代表单耗定额，以 m_1 代表实际单耗，Q_1 代表实际产品，则：

$$原材料消耗定额完成度 = \frac{m_1}{m_0} \times 100\% \qquad (10-22)$$

$$单位产品原材料节约(-)或超支(+)量 = m_1 - m_0 \qquad (10-23)$$

$$全部产品原材料节约(-)或超支(+)量 = (m_1 - m_0)Q_1 \qquad (10-24)$$

2. 多种产品消耗同一种原材料的定额执行情况的检查

对一些重要的原材料，不仅要检查每种产品消耗该种原材料的定额执行情况，还要检查消耗该种原材料的多种产品的定额完成情况。由于各种产品的定额不能直接相加对比，需要通过编制综合指数的方法来确定定额的综合完成程度。

$$多种产品原材料消耗定额综合完成程度 = \frac{\sum m_1 Q_1}{\sum m_0 Q_1} \times 100\% \qquad (10-25)$$

$$全部产品原材料节约(-)或超支(+)量 = \sum m_1 Q_1 - \sum m_0 Q_1 \qquad (10-26)$$

3. 一种产品消耗多种原材料的定额执行情况的综合检查

生产一种产品，往往需要消耗多种原材料。如果要检查该产品消耗各种原材料的定额的综合执行情况，也需要用综合指数加以计算，因为不同的原材料单耗不能直接相加对比，所以只能通过价格换算为原材料费用加以对比。其计算公式为：

$$同一产品消耗多种原材料的定额综合完成程度 = \frac{\sum m_1 P_1}{\sum m_0 P_0} \times 100\% \qquad (10-27)$$

$$单位产品原材料节约(-)或超支(+)量 = m_1 P_n - m_0 P_n \qquad (10-28)$$

$$全部产品原材料节约(-)或超支(+)总额 = \sum m_1 P_n - \sum m_0 P_n \qquad (10-29)$$

式中　p_0 代表原材料的单价，根据不同的研究目的，可以采用计划价格、基期价格、不变价格或现行价格等。

4. 多种产品消耗多种原材料的定额执行情况的综合检查

由于不同产品不同原材料的单耗不能直接相加对比，必须采用综合指数，以实际产量和原材料单价共同作为同度量因素来计算。其计算公式为：

$$多种产品消耗的多种原材料的定额完成程度 = \left(\sum m_1 Q_1 P_n - \sum m_0 Q_1 P_n \right) \times 100\%$$

$$(10-30)$$

第三节　林业生产的能源投入统计

一、能源的概念及其分类

能源是指能产生热能、电能、光能、机械能等各种形式能量的自然资源和物质资源。自然资源能源如原煤、原油、天然气、核能等矿藏，以及水利资源、太阳能、地热、风能等存在于自然界、未经人类任何加工的能源；物质资源能源如电、蒸汽、洗煤、焦炭、煤气及可以作为能源使用的各种石油制品等经过人类开发加工后产生的各种形式的物质产品。能源生产和消耗主要是指物质资源的生产和消耗。为便于对能源进行统计和进行全面研究，可按不同的标志对其进行如下分类：

1. 能源按其性质可分为矿物能源和非矿物能源

矿物能源指经过燃烧或利用就会失去其原有的实物形态的能源，如煤炭、石油、天然气等。这类能源不能再生且污染较大。

非矿物能源则指消费后可以再生的能源，如水能、生物质能、太阳能、风能、潮汐能、地热能等。这类能源又称为可再生能源，一般没有污染或污染较小。

2. 能源按其使用的技术状况，可分为常规能源和新能源

常规能源是指在目前科学技术条件下，已广泛使用的能源，如煤炭、石油、电力、天然气等。新能源(非常规能源)指刚开始开发利用或正在积极研究、有待推广的能源，如太阳能、地热能、风能、海洋能、生物质能和核聚变能等。

3. 能源按其形成过程，可分为一次能源和二次能源

一次能源又称天然能源或初级能源，是在自然界中以天然实物形态存在的、没有经过加工或转换的能源，如原煤、原油、油页岩、天然气、植物燃料、水能、风能、太阳能、地热能、潮汐能、核能等。二次能源又称人工能源，是由一次能源经过加工转换而得到的能源，如焦炭、煤气、汽油、煤油、柴油、重油、电力、蒸汽等。一次能源又可分为再生能源和非再生能源，其中非再生能源是我国现阶段能源消费的主要对象。

二、能源统计指标

(一)能源的计量单位

能源通常采用符合于各种能源的物理化学性能、外观特征和经济用途的实物单位来计量。如煤炭、原油用 t 计量，天然气、煤气按 m^3 计量，电力按 kW·h 计量。

由于能源品种很多，各种能源的实物单位和单位能源提供的能量不尽相同，能源的实物量计算单位也不相同，不能直接相加。为了反映能源总量及其使用价值，满足研究能源问题的需要、需要对能源采用标准实物量来计量，将各种能源统一折算成标准计量单位。根据各种能源都有一定热值(发热量)的共性，可以将不同种类的能源折算为同一热值的标准能源量。通常有油当量、煤当量、电当量等几种标准能源折算度量单位。

我国能源消费以煤为主，国家规定采用煤当量为标准能源的折算度量单位，确定以每千克(kg)热值为 29 307.6 千焦(kJ)的煤作为标准煤，各种能源均按此折算。

各种能源折算成标准煤的折算系数为：

$$能源折算标准煤系数 = \frac{某种能源实际测算每千克平均发热量}{每千克标准煤发热量(29\ 307.6kJ)} \times 100\% \quad (10-31)$$

折算标准能源量的计算公式是：

$$某种能源折合标准数量 = 某种能源实物数量 \times 能源折算系数 \quad (10-32)$$

现将我国主要能源计量单位和折算标准煤的折算系数见表 10-2 所列。

表 10-2　几种主要能源折标准煤参考系数

能源名称	计量单位	平均单位发热量（kJ/kg）	折标准煤系数
原煤	t	21 000	0.7143
焦炭	t	28 560	0.9714
汽油	t	43 260	1.4714
柴油	t	42 840	1.5710
重油	t	42 000	1.4286
液化石油气	t	50 400	1.8143
天然气	1000 kJ	39 102	1.3300
电力（当量）	1000 kW·h	3612	0.1229

（二）能源消耗统计指标

企业能源消耗统计指标主要有企业能源消费总量、企业综合能源消费量、企业能源最终消费量及企业净能源消耗量。

（1）企业能源消费总量

它是指企业在一定时期内实际消费的各种能源总和。其计算公式为：

$$企业能源消费总量=（期初库存量+本期收入量-本期拔出量）-\qquad(10-33)$$
$$（自产二次能源销售量±盘盈盈亏-期末库存量）$$

（2）企业综合能源消费量

企业综合能源消费量简称总能耗，是指企业为完成生产任务，在本企业实际消耗的全部能源。其计算公式为：

$$企业综合能源消费量（总能耗）=企业能源消费总量-非工业生产用能源量\qquad(10-34)$$

（3）企业能源最终消费量

它是指企业在报告期最终用于工业消费和非工业消费的能源总量，它不包括能源转换损失量。其计算公式为：

$$企业能源最终消费量=企业能源消费总量-能源转换损失量\qquad(10-35)$$

（4）企业净能消耗量

企业净能消耗量简称净能耗，是指报告期企业能源消费总量扣除能源转换损失量和非工业生产能源消费后的余额。其计算公式为：

$$企业净能源消耗量=企业能源最终消费总量-非工业生产用能源消费量\qquad(10-36)$$

（三）企业能源消耗水平统计指标

1. 单位产品单项能耗

它是指企业生产某种产品时、平均每一单位产品消耗的某种能源量。其计算公式为：

$$某种单位产品单项能耗=\frac{基种能源消耗量}{合格品产量}\qquad(10-37)$$

2. 单位产品综合能耗

它是指以单位产品产量表示的综合能源消耗量。它是反映企业生产的全部产品或某种工业产品的各种能耗总水平的指标。其计算公式为：

$$单位产值综合能耗 = \frac{企业综合能源消耗总量}{工业总产值} \qquad (10-38)$$

它也综合说明单位产值所消耗的能源水平。

3. 节能量和节能率

节能量 = (报告期单位产品能源消耗量 - 基期单位产品能源消耗量) × 报告期产量

$$节能率 = \frac{节能量}{基期单位产品能源消耗量} \times 报告期产量 \times 100\% \qquad (10-39)$$

(四) 能源利用效果统计指标

1. 企业能源利用率

它是考察整个企业用能水平的指标。其计算公式为：

$$企业能源利用率 = \frac{用能设备总有效热量 + 输出热量}{输入热量} \times 100\% \qquad (10-40)$$

2. 能源转出率

它是能源加工转换设备的能源产出量与能源投入量之比，它反映了能源在加工转换过程中的能源有效利用程度。其计算公式为：

$$能源转换率 = \frac{能源加工转换产出量}{能源加工转换投入量} \times 100\% \qquad (10-41)$$

能源产出率是产品产量与能源投入量之比。它直接反映能源利用效果的大小：

$$能源产出率 = \frac{产品产量(或产量)}{企业综合能耗(标准煤)} \times 100\% \qquad (10-42)$$

3. 设备热效率

它是指输出某设备有效热量与输入该设备的供给热量之比。其计算公式为：

$$某设备热效率 = \frac{有效热量}{供给热量} \times 100\% \qquad (10-43)$$

4. 热能回收率

它是指产品生产过程中产生的余热或可重复利用的热能、经过科学技术处理可以回收利用的热量占全部投入生产的热量的比例。它反映热能回收利用情况，其计算公式为：

$$热能回收率 = \frac{报告期已回收热量}{报告期全部投入的热量} \times 100\% \qquad (10-44)$$

三、企业能源平衡表

能源平衡表是全面反映各种能源收支平衡表和能源流程情况的统计表。通过能源平衡表可全面观察能源加工转换的全过程以及能源的消费结构，反映了能源的经济效益、节能潜力，以及能源增长同国民经济增长之间的关系，使各种能源的来龙去脉清楚地表现出来。

企业能源平衡表是反映一个企业报告期内能源收入、拨出、消费、库存等情况的统计表，通过表中数字反映和揭示企业能源各主要环节的基本情况及相互关系，它是企业了解能源供需情况，挖掘节能潜力，加强能源科学管理的依据。企业能源平衡表见表10-3所列。

表 10-3　企业能源平衡表

能源名称	计算单位	年初库存量	收入量	拨出量	自产二次能源		用于加工转换的二次能源销量	回收利用的余热余能	最终消费					盘盈(+)盘亏(-)	年末库存量	折标准煤系数
					生产量	销售量			工业生产				非工业生产			
									化工原料	加热动力	其他	合计				
原煤	t	11 428	172 088	554			68 511		0	82 849	13 643	96 492	7651	+46	10 351	0.6719
洗精煤	t	24 313	725 460	0	0		707 712		0	21 489	1324	22 813	0	0	19 243	0.9070
焦炭	t	1926	2970	0	506 776	69 855	0		0	415 270	6011	-421 281	8094	0	12 242	0.9300
汽油	t	339	4497	69	0	0	0		0	1926	1758	3684	881	0	202	1.4714
煤油	t	25	40	0	0	0	0		0	49	0	49	0	0	16	1.4714
柴油	t	261	1772	4	0	0	0		0	1263	462	1725	165	+9	148	1.4571
天然气	1000 kJ	0	0	0	0	0	0		0	0	0	0	0	0	0	0.5973
焦炉煤气	1000 kJ	0	0	0	3 710 322	0	297 553	3 731 507	0	6 595 823	524 567	7 120 390	23 855	0	0	0.5973
城市煤气	1000 kJ	0	0	0	0	0	0		0	0	0	0	0	0	0	0.5973
电力	1000 kW·h	0	472 904	7680	0	0	0		0	1 803 892	106 991	1 910 882	43 021	0	0	0.5137
热力	1000 kJ	0	0	0	1 327 129	0	0		0	1 235 186	41 706	1 276 892	50 236	0	0	0.5973
其他能源	标准煤 t	0	206	0	0	0	0		0	0	206	206	0	0	0	
总计	标准煤 t	32 437	843 964	1425	642 694	64 965	698 052	126 960	0	785 257	41 894	827 151	18 170	44	36 336	

表 10-3 中纵栏表示各类能源,横栏表示其来源、去向及转换使用情况。表内各种能源的收入量、消费量、拨出量、生产量、销售量、库存量等均按实物量计算。表内各栏的平衡关系为:

$$
\begin{aligned}
年末库存量 =& 年初库存量+收入量-拨出量+自产二次能源生产量- \\
& 自产二次能源销售量-加工转换二次能源消费量+回收利用余热余量- \\
& 工业生产消费量-非工业生产消费量±盘盈盘亏量
\end{aligned}
$$

$$(10\text{-}45)$$

编制企业能源平衡表具有以下作用:

①反映企业各种能源的来龙去脉 通过该表,可以计算能源收入、加工转换、最终消费、拨出与销售等数量,据以分析企业能源的来源与去向。

②反映企业各种能源库存量的增减变化 可以作为研究各种能源对生产需要的保证程度的依据。

③反映企业各种能源自行加工转换情况 可以作为计算能源加工转换损失量、转换率、损失率等指标,研究节能潜力的重要依据。

④计算企业各种能源消费量指标,据此研究企业综合能耗水平。

⑤可以为编制地区、部门乃至全国的能源平衡表提供比较完整、准确的资料。

第四节 林业生产的服务投入统计

一、生产性服务的概念和分类

生产性服务是为生产经营主体提供的、作为其他产品和服务生产的中间投入的服务。国家统计局发布的《生产性服务业统计分类(2019)》将生产性服务业划分为共有 10 个大类、35 个中类、171 个小类。10 个大类分别是研发设计与其他技术服务,货物运输、通用航空生产、仓储和邮政快递服务,信息服务,金融服务,节能与环保服务,生产性租赁服务,商务服务,人力资源管理与职业教育培训服务,批发与贸易经纪代理服务,生产性支持服务。

林业生产的服务投入就是林业生产过程中投入的生产性服务,从内容看,包含于上述 10 个大类中的相关服务活动;从服务提供主体看,包括林业行业内的服务生产单位和林业行业外的服务生产单位提供的服务。林业行业内的服务生产单位提供的服务可称为生产性林业服务,主要包括林业研发与设计服务、林业科技成果转化服务、检验检测认证标准计量服务、林业调查规划设计与生态资源监测、野生动物疫病防治等林业研发设计与技术服务,森林保险等林业金融服务,林业集体经济组织管理、森林资源资产评估、林业资源与产权交易服务等林业商务服务,林业有害生物防治、森林防火等林业专业及辅助性服务。

二、生产性林业服务投入统计

林业生产的服务投入统计范围包括林业生产过程中投入的生产性服务,既包括生产性林业服务，也包括林业行业外的服务生产单位提供的生产性服务。对于林业行业外的服务生产单位提供的生产性服务，通常是市场化交易，其服务费用按市场性服务产出价值计算，在此不再赘述；而作为中间投入的生产性林业服务的部分服务项目的收费标准由林业管理部门制定，有其特殊性，基于现有国家及地方文件，生产性林业服务收费项目主要包括森林资源调查规划设计费、林业产权交易费、木竹检量费和森林资源资产评估费，具体分述如下：

1. 森林资源调查规划设计服务投入统计

（1）森林资源调查规划设计服务的服务内容

它包括对委托方提供的木竹资源权属证明文件进行查验，到采伐区现场勘察、测算，按委托方提供的管辖区域内的林地、林木，分林种、树种、龄组、起源，区划林班、小班，进行森林资源调查，求算各类面积、蓄积量，统计汇总资源数据，出具资源调查报告，并出具包括采伐目的、地点、树种、林种、林况、面积、蓄积量、出材方式和更新措施等内容的采伐作业设计书。

（2）森林资源调查规划设计费

它包括森林资源资产调查费，即为核实森林资源的蓄积量和类型等进行调查所收取的费用；伐区作业设计费，即为林木有序、有效采伐开展调查设计所收取的费用；重点工程造林作业规划设计费，即为造林单位提供重点工程造林作业规划和设计等所收取的费用。以福建省为例，《福建省物价局关于重新核定林业中介服务收费项目和收费标准的通知》提出，采用全林分每木调查法调查林木蓄积量的，按林木蓄积量 9 元/m³；采用标准带或标准地调查法调查林木蓄积量的，按林木蓄积量 7 元/m³；采用其他方法调查林木蓄积量的，按林木蓄积量 4 元/m³。以江西省为例，《江西省发改委关于确定全省林业服务收费项目及标准的复函》（2009 年）提出：森林资源资产调查费使用差额累计法计算（不足 50 亩的，按 50 亩计算），1000 亩（含）以下，4 元/每亩；1000 亩以上，按照 2.5 元/每亩。

2. 林业产权交易服务投入统计

（1）林业产权交易服务的内容

该内容包括提供林权交易咨询、业务洽谈等活动场所，接受委托对拟交易（转让、拍卖、抵押、联营、合资、兼并、租赁、结算等）的森林资源资产及相关资产的核验，对树种、面积、蓄积量、材积等实地核查，对交易成功的林权登记造册建档，还包括信息发布、项目包装、组织交易、交易鉴证、林业产权引导性培训、融资服务等服务。

（2）林业产权交易费

林业产权交易费即为林木、林地流转提供交易服务所收取的费用。林业产权交易费以成交价为基数，产权交易收费按差额定率累进法计算。以湖南省为例，湖南省《关于林业技术服务收费有关问题的通知》（2005 年）规定，公共资源交易范围的林权交易服务费实行政府指导价管理，具体按交易额实行差额定率累进计费，具体标准为：交易额 100 万元及以下，为 3%；100 万～500 万元，为 2.5%；500 万～1000 万元，为 2%；1000 万～2000 万元，为 1.5%；2000 万～5000 万元，为 1%；5000 万～1 亿元，为 0.5%；1 亿元以上，为 0.1%。

3. 木竹检量服务投入统计

（1）木竹检量服务的内容

它是对木材和毛竹进行材种区分、尺寸检量、材种区分、材质评定、材积计算、树种鉴定、号印加盖、单证填写等。

（2）木竹检量费

它是对伐区内木材和毛竹进行检尺和分级收取的费用。以江西省为例，江西省发展和改革委员会批准出台了《全省林业服务收费项目及标准》，明确了木竹检量收费标准，规定：木材检量费为 6 元/m³（上下浮动不超过 20%），毛竹检量费为 0.15 元/根。以福建省为例，《福建省物价局关于重新核定林业中介服务收费项目和收费标准的通知》（2017 年）提出木材检验费的服务收费包括：第一道检验（即林区公路边或木材生产单位货场原木销售交货检验）为 9 元/m³；第二道检验（即木材经营、加工单位木材进出仓及销售检验）为 4 元/m³。

4. 森林资源资产评估服务投入统计

（1）森林资源资产评估服务的内容

它是对委托方提供的有效森林资源资产清单的编制依据、资料的完整性和时效性进行核验，对被评估的森林资源资产（树种、面积、蓄积量、材积等）进行实地核查并形成森林资源资产核查报告，对被评估的森林资源资产价值进行评定和估算，出具森林资源资产评估报告。森林资源资产评估适用于涉及国家利益、公众利益的有形财产和无形资产价格评估。从事森林资源资产估价业务的价格评估机构和价格评估人员执业需通过国家发展和改革委员会、省级价格主管部门的价格评估机构资质认定和价格评估人员执业资格认定。

（2）森林资源资产评估费

它是对森林资源进行资产评估所收取的费用。森林资源评估费以评估价为基数：评估费按差额定率累进法计算。国家物价局、国有资产管理局《资产评估收费管理暂行办法》提出：资产评估收费采用差额定率累进收费办法，即按资产金额大小划分收费档次、分档计算收费额、各档相加为收费总额。资产评估收费标准分为 5 档，各档差额计费率见表 10-4 所列。

表 10-4　资产评估差额定率累进收费表

档次	评估值（万元）	费率（%）
1	100 以下（含 100）	0.6
2	101～1000（含 1000）	0.25
3	1001～5000（含 5000）	0.08
4	5001～10 000（含 10 000）	0.05
5	10 000 以上	0.01

随着集体林权制度的改革，从 2005 年开始福建、江西、湖北、湖南等地先后出台了森林资源资产评估的收费标准，福建省等 4 省森林资源资产评估收费标准对比表见表 10-5 所列。

表 10-5　四省森林资源资产评估收费对比表

省份	档次	评估值(万元)	费率(%)	参考政策文件
福建	1	100 以下	0.6	《福建省物价局关于重新核定林业中介服务收费项目和收费标准的通知》闽价[2005]服 531 号
	2	101~1000	0.25	
	3	1001~5000	0.08	
	4	5001~10 000	0.05	
	5	10 001 以上	0.01	
湖北	1	50 以下(含 50)	0.6	《湖北省物价局关于森林资源资产评估收费标准的复函》鄂价服函[2007] 73 号
	2	50~100(含 100)	0.5	
	3	100~1000(含 1000)	0.25	
	4	1000~5000(含 5000)	0.08	
	5	5000~10 000(含 10 000)	0.05	
	6	10 000 以上	0.01	
湖南	1	100 以下(含 100)	0.6	《湖南省物价局、湖南省财政厅关于规范林业技术服务收费有关问题的通知》湘价服[2011]18 号
	2	100~1000(含 1000)	0.25	
	3	1000~5000(含 5000)	0.08	
	4	5000~10 000(含 10 000)	0.05	
	5	10 000 以上	0.01	
江西	1	50(含)以下	0.6	《江西省发改委关于确定全省林业服务收费项目及标准的复函》赣发改收费字[2009]1212 号
	2	50~100(含)	0.36	
	3	100~1000(含)	0.15	
	4	1000~5000(含)	0.05	
	5	5000~10 000(含)	0.03	
	6	10 000 以上	0.006	

本章小结

　　本章重点阐述了林业原材料、能源、林业服务等中间投入的统计的主要任务、统计方法和相应统计指标。本章内容主要包括：企业原材料收入和支出量统计分析、原材料储备量统计分析、原材料消耗量统计分析、原材料综合利用、代用及再回收统计分析，能源消耗统计分析以及林业服务的统计分析。通过本章的学习，着重掌握林业生产的中间投入的各类指标及其含义，掌握各指标的计算方法并能将相关理论用于分析解决林业生产过程中的实际问题，解决或分析实际营林和林业企业生产中的问题。

复习思考题

1. 简述林业生产投入统计的任务。
2. 简述原材料统计的内涵和统计任务。
3. 简述原材料消耗量常见的统计指标。
4. 简述林业企业进行能源统计的意义。
5. 简述林业服务投入统计的内容。

第十一章 林业科技统计

【本章介绍】本章围绕林业科技投入、林业科技活动和林业科技成果的相关内容展开，重点介绍林业科技统计的概念、统计任务、林业科技统计指标体系、统计方法以及林业科技的综合评价方法。

林业科技是林业领域的科学技术活动的总称，是"绿水青山就是金山银山"的重要推动力。

第一节 林业科技统计概念、分类及统计任务

一、林业科技统计概念

林业科技统计是认识和反映林业科技活动的重要手段，是运用统计学的方法对林业科学技术活动进行系统地调查研究，通过对林业科技活动的规模、结构等进行连续的数量测定，以反映林业科技活动总体及总体的各组成部分之间的数量关系和特征，为国家林业科技政策制定与评价提供准确和系统的数据资料。

二、林业科技统计分类

对林业科技统计可以从不同的角度进行分类，这里仅对主要的分类进行介绍。

1. 根据统计的内容进行分类

按照统计的内容，林业科技统计可分为林业科技投入统计、林业科技活动统计和林业科技产出(成果)统计。

①林业科技投入统计 指通过统计调查，收集全社会从事林业科技活动(含有关管理和直接服务)的各类人员的规模，科研及其他渠道资金用于科技活动的支出及其用途、资金来源及配置等情况。

②林业科技活动统计 指通过统计调查，收集全社会从事林业科技领域中与科技知识的产生、发展、传播和应用密切相关的有组织的活动情况。

③林业科技产出(成果)统计 指通过统计调查收集林业领域为解决林业科学技术问题，经基础研究、实验、试制或调查、考察、综合分析得出，具有一定新颖性、先进性和实用性的结果或阶段性结果。

2. 根据科技活动要素分类

联合国教科文组织在《科学技术统计工作手册》中指出，科技统计的核心总量指标是研发活动的人员、资金和物质。林业科技活动需要一定的资源投入才能保障科研活动的顺利开展。林业科技投入统计是指一个国家或地区为获得科技产出，促进林业科技进步，开展林业科技活动所投入的人、财、物和信息以及其他资源的总称。

①人力资源统计　指对直接从事林业科技活动或者为林业科技活动提高直接服务且领取工作报酬的人员统计。

②科技经费统计　指用于支持林业科技活动的资金统计。

③林业物质资源统计　指为保证林业科技活动正常开展提供必要的物质性资产实物或价值的统计。

④林业信息资源统计　指为林业科技活动提供支持的以往信息或数据的统计，如期刊数量和年度统计报告等。

3. 根据科技活动的特征分类

林业科技活动是指林业领域中与客观规律、科技知识产生、发展、传播和应用密切相关的系统活动。林业科技活动可分为基础研究、应用研究以及研究与试验发展。

①林业基础研究统计　指对林业可观察的事实的基本原理的新知识而开展的实验性研究或理论性研究的统计。

②林业应用研究统计　指为实现林业特定目标探索应采用新方法(原理性)或新技能的创造性研究的统计，它为解决实际问题提供科学依据。

③林业研究与试验发展统计　指利用从林业研究和林业实际经验获得的现有知识，为生产新的材料和装置、建立新的工艺和方法，以及对原来生产的材料、产品和装置或原来建立的工艺流程、方法等项目进行实质性的改进而开展的系统性活动所进行的统计。

三、林业科技统计任务

林业科技统计的对象是林业科技活动的总体的数量特征和数量关系，其基本任务就是对林业科技活动主体的活动规模、布局、结构以及成果的推广应用和影响等进行数据的收集、处理和分析，从而为评价和制定国家林业科技政策和发展规划提供依据。具体包括：

1. 建立与完善林业科技统计指标体系

根据林业科技的特点和统计学的基本原理，从反映林业科技发展状况、林业科技投入、林业科技活动过程，以及林业科技产出和效果等多方面建立起一套全面体现我国林业科技状况的指标体系。

2. 反映林业科技发展的现状和水平

通过系统与全面地收集、整理和分析林业科技的统计信息，为政府和社会提供准确的林业科技发展的基本情况，有助于林业科技发展规划和政策的制定以及科技管理的现代化。

3. 对林业科技进行综合评价

依据统计学的方法，对林业科技进行定量化综合评价，从全局性把握林业科技发展趋势，分析各指标、各要素的组合效应以及关键性驱动指标或要素的影响程度，探索提高林业科技水平的有效途径，为林业科学、持续发展提供真实、可靠的依据。

第二节　林业科技投入统计

一、林业科技投入统计内涵

在任何行业，科技投入是一种有目的的动态的"经济活动""是社会形成发展的条件和发展一切生产力即物质生产力的主动轮"。林业科技投入是指为进行林业科技活动所投入的人力和经费。林业科技投入统计是指通过统计调查去收集全社会从事林业科技活动（含有关管理和直接服务）的各类人员规模、科技经费的情况，以反映全社会林业科技投入的资源总量及其分布情况。

二、林业科技人力资源统计

经济合作与发展科技政策委员会在《科技人力资源手册》（也称为《堪培拉手册》）中指出人力资源是社会经济活动的能动因素和主导因素。林业科技人员是林业科技最重要的推动力。林业科技人力资源可分为狭义和广义。狭义林业科技人力资源是指报告期内调查单位中直接从事林业科技活动的人员，以及为科技活动提供直接服务，累计时间占全年工作时间10%以上的人员。广义林业科技人力资源不仅包括从事林业科技的研究与开发人员，还包括从事林业科技工作的管理人员、行政人员和服务人员等。林业科技人力资源统计指标包括人力资源规模和分布结构等指标。科技人员存在专职、兼职、临时性参与科研等，统计易出现重复统计或遗漏统计，可采用全时当量进行折算。全时当量是指将非全时科研人员、兼职人员折算为专职科研人力的数量，可按其投入科研项目工作时间相对于全职科研人员工作时间百分比进行测算。例如，假设有甲乙丙三位科学家共同完成一个科研项目。甲为全职投入项目；乙和丙兼职参与项目，投入项目时间分别为20%和30%，则乙和丙的全时当量为 0.2+0.3＝0.5，即相当于甲的 0.5（人年）全时当量。

1. 林业科技人力资源规模统计

林业科技人力资源规模统计是对直接从事林业科技项目研发人员和服务于科技活动的所有人力资源数量统计。林业科技人力资源规模统计既可以是基于单项分类标志的科技人员数或全时当量核算，也可以是分类标志的统计合计数。

①按性别标志　林业科技人力资源规模统计包括男性林业研发人员数量和女性林业研发人员数量，两者合计就是研发人员规模统计指标。

②按科研内容　林业科技人力资源规模统计包括基础研究研发人员数量、应用研究研发人员数量和试验发展研发人员数量，三者合计就是研发人员总量统计指标，通常使用全时当量来统计。

③按学历　林业科技人力资源规模统计包括博士研发人员数量、硕士研发人员数量、本科研发人员数量以及其他学历研发人员数量，单项毕业生数量合计构成学历标志下的研发人员总量统计指标。

④按技术职称　技术职称是反映科技人员整体素质、技术水平、科研能力的重要、综合性指标。通过对科技人员的技术职称进行统计，就可看出林业部门各企事业单位所拥有

的科技人才的职称结构是否合理，这对于调动科技人员进行科学研究、技术发明的积极性有着十分重要的意义。

一般可按初级、中级、高级 3 种技术职称进行统计。另外，还应统计出各企事业单位拥有的学部委员数和获政府特殊津贴的人数。

⑤林业科技人员按工作时间划分为全时人员和非全时人员　全时人员是指报告期从事林业科技活动的实际工作时间占制度工作时间 90% 及以上的人员，其全时当量计为 1 人年；非全时人员是指报告期从事林业科技活动的实际工作时间占制度工作时间 10%(含)~90%(不含)的人员，其全时当量按工作时间比例计为 0.1~0.9 人年；从事林业科技活动的实际工作时间占制度工作时间不足 10% 的人员，不计入林业科技人员，也不计算全时当量。

2. 林业科技人力资源结构统计

林业科技人力资源结构统计采用相对统计指标，反映不同单项分类标志统计指标在总规模中的结构与分布。

①女性研发人员占比　该指标是女性研发人员数与林业研发人员总数的比值，反映基于性别差异的林业领域女性科技人员分布状况。

②研发人员学历梯度　研发人员学历梯度指标是不同学历水平(博士、硕士、本科)的研发人员与整个林业研发人员中的比值来衡量，高学历研发人员比值越大，说明林业研发力量越大，是林业科技人力资源和劳动者素质的重要指标。

③研发活动人员分布占比　研发活动人员分布占比指标是从事不同研发活动(基础研究研发人员、应用研究研发人员和试验发展研发人员)的研发人员与整个林业研发人员中的比值来衡量，反映林业科技活动人员分布结构。

④林业科技研发人员占比　根据研究需要，林业研发人员与某个研发人员总量指标进行比较，得到相应林业研发人员占比。例如，林业研发人员与农林牧渔业研发人员的产业占比，或者林业研发人员与全行业的研发人员的全行业占比。

⑤从事具体科技活动的工作性质的占比　按从事具体科技活动的工作性质林业科技人员分为科技管理人员、科技活动人员、科技服务人员 3 种。其中，科技管理人员主要指各研究、开发机构的领导及业务、人事管理人员，其统计范围主要包括：直接从事科技计划管理、课题管理、成果管理、专利管理、科技统计、科技档案管理、科技外事工作、人事管理、教育培训、财务等科技活动的有关人员。科技活动人员指具体从事林业科技研究与开发的人员。科技服务人员指直接为林业科技服务工作的各类人员，如从事图书、情报、试制、咨询、物资器材供应等工作的人员，以及实验室、试验工厂、试验机构中的人员。

按从事具体林业科技活动的工作性质统计，可直接反映出具体从事林业科技活动人员的规模和在总体中的比重。不同比较口径下的结构指标用于不同统计需求和决策参考。

综上所述，林业科技人力资源的规模统计指标和相对统计指标见表 11-1 所列。总量指标和相对指标相结合，可得到有价值有意义的发展趋势等结论。例如，基础研究研发全时当量有波动上升，结合相对指标，可得出基础研究人力资源投入实质是处于加强通道。

表 11-1　林业科技人力资源统计指标结果

统计指标	分类标志	2015 年	2016 年	2017 年	2018 年	2019 年
规模统计指标	林业研发总人数(人)	5557	5962	6356	5487	5660
	女性研发人员数(人)	2101	2302	2432	2202	2176
	博士(人)	907	994	1044	995	1129
	硕士(人)	1381	1630	1671	1440	1653
	本科(人)	2415	2534	2553	2193	2129
	全时当量(人年)	4474	4942	5472	4755	4827
	基础研究研发(人年)	509	828	984	949	979
	应用研究研发(人年)	695	1002	1101	985	1104
	试验发展研发(人年)	3270	3112	3387	2821	2744
相对统计指标	女性研发人员占比(%)	37.81	38.61	38.26	40.13	38.45
	博士研发人员占比(%)	16.32	16.67	16.43	18.13	19.95
	硕士研发人员占比(%)	24.85	27.34	26.29	26.24	29.20
	本科研发人员占比(%)	43.46	42.50	40.17	39.97	37.61
	基础研究研发占比(%)	11.38	16.75	17.98	19.96	20.28
	应用研究研发占比(%)	15.53	20.28	20.12	20.72	22.87
	试验发展研发占比(%)	73.09	62.97	61.90	59.33	56.85
	林业研发人员产业占比(%)	10.30	10.74	11.13	9.74	9.71
	林业研发人员全行业占比(%)	1.27	1.33	1.38	1.18	1.17

数据来源：中国科技统计年鉴；按服务的国民经济行业分类。

三、林业科技经费统计

1. 林业科技经费统计内涵

林业科技经费是保障科技活动顺利开展的条件。林业科技经费统计是通过科学的统计指标和指标体系对林业科技活动中财力资源的总量、结构以及强度进行定量描述。

2. 林业科技经费来源统计

林业科技经费从来源渠道可分为政府资金、企业资金、国外资金和其他资金等统计指标，以及合计的林业研发经费总额。根据数据可得性和可统计性，这里使用研究与开发机构研发经费作为科技经费的表征。

3. 林业科技经费支出统计

林业科技经费支出是指报告期为实施林业科技活动而实际发生的全部经费支出。不论经费来源渠道、经费预算所属时期、项目实施周期，也不论经费支出是否构成对应当期收益的成本，只要报告期发生的经费支出均应统计。林业科技经费支出按经费使用主体分为内部支出和外部支出。内部支出是指报告期调查单位内部为实施林业科技活动而实际发生的全部经费，外部支出是指报告期调查单位委托其他单位或与其他单位合作开展林业科技活动而转拨给其他单位的全部经费。为避免重复计算，全社会林业科技经费为调查单位林业科技经费内部支出的合计。林业科技经费内部支出按支出性质分为日常性支出和资产性支出。

①日常性支出又称经常性支出　指报告期调查单位为实施林业科技活动发生的、可在当期直接作为费用计入成本的支出，包括人员劳务费和其他日常性支出。

人员劳务费是指报告期调查单位为实施林业科技活动以货币或实物形式直接或间接支付给林业科技人员的劳动报酬及各种费用，包括工资、奖金，以及所有相关费用和福利。非全时人员劳务费应按其从事林业科技活动实际工作时间进行折算。

其他日常性支出是指报告期调查单位为实施林业科技活动而购置的原材料、燃料、动力、工器具等低值易耗品，以及各种相关直接或间接的管理和服务等支出；为林业科技活动提供间接服务的人员费用包括在内。

②资产性支出又称投资性支出　指报告期调查单位为实施林业科技活动而进行固定资产建造、购置、改扩建以及大修理等的支出，包括土地与建筑物支出、仪器与设备支出、资本化的计算机软件支出(使用时间超过一年的计算机软件支出)、专利和专有技术支出等。土地与建筑物支出是指报告期调查单位为实施林业科技活动而购置土地(如测试场地、实验室和中试工厂用地)、建造或购买建筑物而发生的支出，包括大规模扩建、改建和大修理发生的支出。

4. 林业科技经费结构统计

林业科技活动经费结构统计是指不同来源、不同用途的林业科技经费与经费总额的比值。该指标反映林业科技经费来源差别性。

①经费来源结构指标　政府资金、企业资金、国外资金和其他资金等与合计的林业研发经费总额的比值，形成政府资金占比、企业资金占比、国外资金占比和其他资金占比等结构性统计指标。

②经费行业结构指标　林业科技经费行业分布结构统计是指林业领域的经费与农林牧渔业科研经费的比值。

政府资金行业占比是指林业科技经费中的政府资金占农林牧渔业科技经费中政府资金总额的比值。企业资金行业占比是指林业科技经费中的企业资金占农林牧渔业科技经费中企业资金的比值。国外资金行业占比是指林业科技经费中的国外资金占农林牧渔业科技经费中国外资金的比值。其他资金行业占比是指林业科技经费中的其他资金占农林牧渔业科技经费中其他资金的比值。

5. 林业科技经费强度统计

林业科技经费强度统计是指不同类别的总量指标的比值，反映具有特定含义的相对性指标。

①林业课题资助强度　指林业研发经费总额与课题立项数的平均值。该指标反映平均每个课题的科技经费资助额，表明林业研发课题的支持力度。

②人均林业研发经费　指研发经费总额与研发人员的平均值。该指标反映平均每个研发人员占有的科研资金程度。

③林业经济科技强度　指林业领域研发经费与林业经济增加值的比值。它是衡量林业系统科技投入强度和科技发展水平。

林业科技经费统计指标结果见表 11-2 所列。不同统计指标组合，从中可发现有价值、有意义的趋势、规律等。例如，人均林业研发经费持续增加，表明我国在林业领域的科技重视程度不断强化。

表 11-2 林业科技经费统计指标

统计指标类型	分类标志	2015 年	2016 年	2017 年	2018 年	2019 年
总量指标	政府资金(万元)	111 443	114 818	134 540	152 868	170 977
	企业资金(万元)	948	1565	652	2792	1503
	国外资金(万元)	851	136	151	0	0
	其他资金(万元)	7277	12 007	7233	5759	3759
	研发经费总额(万元)	120 519	128 526	142 576	161 419	176 239
结构指标	政府资金占比(%)	92.47	89.33	94.36	94.70	97.01
	企业资金占比(%)	0.79	1.22	0.46	1.73	0.85
	国外资金占比(%)	0.71	0.11	0.11	0	0
	其他资金占比(%)	6.04	9.34	5.07	3.57	2.13
	政府资金行业占比(%)	8.79	8.27	8.32	8.89	9.17
	企业资金行业占比(%)	2.14	3.23	1.15	5.25	2.47
	国外资金行业占比(%)	9.30	2.92	5.23	0	0
	其他资金行业占比(%)	5.94	8.61	4.85	3.75	2.10
强度指标	林业课题资助强度(万元/项)	25.44	25.1	31.29	36.2	34.68
	人均林业研发经费(万元/人年)	12.9	13.75	15.2	18.92	18.28

第三节 林业科技活动统计

林业科技活动是指在林业科学领域中与科技知识的产生、发展、传播和应用密切相关的有组织的活动。为核算林业科技投入的需要，林业科技活动分为林业研究与试验发展（R&D）、R&D 成果应用和科技服务 3 类。

一、林业研究与试验发展活动统计

林业研发是整个林业科技活动的基础和核心，是指为增加林业知识总量以及运用这些知识去创造新的应用而进行的系统性、创新性的工作，包括林业基础研究、林业应用研究和林业试验发展。

1. 项目数量

林业研发项目数量包括报告年度立项并开展研究工作、以前年份立项目前仍在进行研究的项目，以及当年完成和年内研究工作失败或中止的研发项目。林业研发项目的数量统计不但要统计研发项目的总数，还要对项目的来源(国家、地方、企业)、项目的类型(基础研究、应用研究、试验发展)、合作形式(独立承担、与境外组织合作、与国内高校合作……)等方面的信息进行统计。

2. 林业研究与试验发展经费

林业单项研发活动经费统计是对林业基础研究、林业应用研究和林业试验发展的研发经费的信息收集。林业研究与发展经费总额是指报告期内用于林业基础研究、应用研究和试验发展的经费支出总额, 见表 11-3 所列。从表中可以看出林业研究与发展经费总额、应用研究以及试验发展的分项经费支出呈增长趋势。

表 11-3 林业研究与发展统计指标

统计指标类型	分类标志	2015 年	2016 年	2017 年	2018 年	2019 年
总量指标	研发经费总额(万元)	120 519	128 526	142 576	161 419	176 239
	林业基础研究经费(万元)	12 586	17 869	16 326	29 324	29 132
	林业应用研究经费(万元)	20 619	27 389	29 225	30 631	35 893
	林业试验发展经费(万元)	87 313	83 269	97 026	101 463	111 214
结构指标	林业基础研究占比(%)	10. 44	13. 90	11. 45	18. 17	16. 53
	林业应用研究占比(%)	17. 11	21. 31	20. 50	18. 98	20. 37
	林业试验发展占比(%)	72. 45	64. 79	68. 05	62. 86	63. 10
	林业研发行业占比(%)	8. 35	8. 13	7. 81	8. 36	8. 36
	林业基础研究行业占比(%)	7. 75	8. 09	5. 40	10. 20	9. 46
	林业应用研究经费占比(%)	6. 93	7. 47	6. 14	6. 40	6. 64
	林业试验发展经费占比(%)	8. 88	8. 38	9. 26	8. 71	8. 82

数据来源: 中国科技统计年鉴。

3. 林业研发经费结构

林业研发经费结构是指报告期内不同研发方向和研发用途的研发经费支出与林业研发经费总额的比值。林业基础研究占比是指林业基础研究经费与林业研发经费内部支出的比值; 林业应用研究占比是指林业应用研究经费与林业研发经费内部支出的比值; 林业试验发展占比是指林业试验发展经费与林业研发经费内部支出的比值; 林业研发行业占比是指报告期内林业研发内部支出与农林牧渔业研发内部支出的比值; 林业基础研究行业占比是指林业基础研究经费与农林牧渔业基础研究经费的比值; 林业应用研究行业占比是指林业应用研究经费与农林牧渔业应用研究经费的比值; 林业试验发展行业占比是指林业试验发展经费与农林牧渔业试验发展经费的比值。在分析林业研究与发展经费支出的状况时需要综合分析总量统计指标和结构统计指标才能科学完整地分析林业研究与发展经费支出状况与特征。从经费结构统计指标来看, 近年来林业应用研究经费占比呈波动增加趋势, 试验发展经费占比呈波动下降趋势。

二、林业研发成果应用活动统计

林业研发成果的应用活动是指为使研究与试验发展阶段产生的新产品、材料和装置, 建立的新工艺、系统和服务以及作实质性改进后的上述各项投入生产或在实际中运用, 解决所存在的技术问题而进行的系统活动。它包括为达到生产目的而进行的定型设计和试制, 以及为扩大新产品的生产规模和新工艺、新方法、新技术的应用而进行的适应性试验。林业研发成果应用活动的开展将为成果向生产和市场转化提供有力的支持。

林业研发成果应用活动的统计内容主要是对项目的数量、参与活动的人员、经费的使用等方面进行统计。具体的统计指标等可以参照林业研究与试验发展活动的统计进行。

三、林业科技服务活动统计

林业科技服务活动是一种混合类型的科学技术活动。林业科技服务活动是指利用已有的林业科学知识和技术储备为社会服务，以促进林业知识与技术的传播和应用提供全方位的配套支持服务活动。具体可分为以下9种类型：

①由图书馆、档案馆、情报文献中心、参考资料部门、科学会议中心、数据库和情报处理部门等提供的林业科学技术服务。

②由科学与技术博物馆、植物园以及其他的科技收藏品(植物标本、动物标本等)提供的林业科学技术服务。

③有关林业科技书籍、书刊的翻译和编辑的系统性工作。

④地形、地质和水文考察；天文、气象的日常观察等自然科学领域的林业数据资料和信息的系统收集。

⑤收集有关人类、社会和经济现象的资料，通常用于汇编日常的林业就业人口统计、林业生产分配和消费统计、林业市场研究、社会和文化统计等。

⑥试验、标准化、计量学和质量控制。它是用公认的方法对材料、产品、装置和过程进行分析、检查和测试，以及建立与维护标准和测量标准的系统的工作。

⑦由服务对象提供建议，帮助他们利用林业科学技术情报等的日常工作。这项活动也包括国家为林业而组织的科普和咨询服务，但不包括项目规划或工程机关的正常活动。

⑧由公共团体进行的有关林业专利和特许的科学、法律和行政管理性质的系统性工作等有关的活动。

⑨林业科技成果的示范推广。

林业科技服务活动统计可按活动数量或林业科技服务活动的参与人数等构建总量统计指标；也可按隶属关系、科学领域等构建相对性结构统计指标。

第四节　林业科技成果统计

一、林业科技成果概述

1. 定义

林业科研成果是指为解决林业科学技术问题，经基础研究、实验、试制或调查、考察、综合分析得出，具有一定新颖性、先进性和实用性的结果或阶段性结果。

2. 特点

林业科技成果须具备以下特点：

①林业科技活动产出。

②具有学术价值或实用价值。

③具有新颖性、先进性和实用性。

④经鉴定或视同鉴定而被认可。

林业科技成果的统计范围包括各类机构中有计划、有组织开展的科研专题项目或科研课题而取得的并具有科技成果特点的成果。为避免重复统计,合作完成的科研成果仅由第一完成单位报告。

3. 分类

①按照成果性质 科研成果可分为基础理论成果、应用技术成果和软科学成果。

②按照成果形式 科研成果可分为新产品(或新品种)、新工艺(新方法或新模式)、新设备装置、新材料、专利、研究(咨询)报告和论文等。

二、林业科技成果统计

1. 林业科技成果总量统计

(1)科研成果完成项目数统计指标

按照成果性质,构建林业科研成果完成项目数统计指标。林业科技成果登记统计是对报告期内各类科技成果登记量的统计,具体可细分为林业基础理论成果完成项目数、林业应用技术成果完成项目数和林业软科学成果完成项目数。科研成果完成项目数统计指标见表 11-4,应用技术类科研成果是主要成果形式。

表 11-4 林业科技成果数量与结构统计

林业科技成果类型	2010 年		2011 年		2012 年		2013 年		2014 年	
林业科技成果登记(项)	434	100%	318	100%	474	100%	439	100%	409	100%
软科学类(项)	11	2.53%	3	0.94%	2	0.42%	6	1.37%	2	0.49%
基础理论类(项)	19	4.38%	13	4.09%	20	4.22%	22	5.01%	28	6.85%
应用技术类(项)	404	93.09%	302	94.97%	452	95.36%	411	93.62%	379	92.67%

数据来源:中国林业发展报告。

(2)科研成果形式统计指标

按照成果形式,林业科研成果统计分为科技论文发表量、科技著作出版量和专利量等。林业科技论文发表量统计是对报告期内林业科技论文的发表数量的统计,包括科技论文在国外发表量。林业科技著作出版量统计是对报告期内出版的林业科技著作量的统计。林业专利统计是指对报告期内林业专利申请量、授予量的统计,可细分为发明专利申请量(授予量)统计、实用新型申请量(授予量)和外观设计申请量(授予量)的统计。科研成果形式统计见表 11-5 所列。

表 11-5 研究与开发机构科技产出

时间	类别	发表科技论文(篇)		出版科技著作(种)	专利申请(件)	
		论文数量	国外发表		申请数	发明专利
2011	合计	148 039	31 598	4292	24 059	18 227
	林业	3354	266	115	146	96

（续）

时间	类别	发表科技论文（篇）		出版科技著作（种）	专利申请（件）	
		论文数量	国外发表		申请数	发明专利
2012	合计	158 647	35 173	4458	30 418	23 406
	林业	3392	392	87	282	205
2013	合计	164 440	41 072	4619	37 040	28 628
	林业	3302	338	101	304	224
2014	合计	171 928	47 032	5023	41 966	32 265
	林业	3263	354	110	363	315
2015	合计	169 989	47 301	5662	46 559	35 092
	林业	3316	396	97	467	363

数据来源：中华人民共和国科技统计年鉴。

2. 林业科技成果结构统计

林业科技成果结构统计是对各类林业科技成果的构成统计。

（1）按照成果性质

林业基础理论成果占比是林业基础理论成果完成项目数与林业科技成果登记量的比值；林业应用技术成果占比是林业应用技术成果完成项目数与林业科技成果登记量的比值；林业软科学成果占比是林业软科学成果完成项目数与林业科技成果登记量的比值。由表11-5可知，应用技术类科研成果占林业科技成果90%以上，林业基础理论类科技成果不到林业科技成果的7%，林业基础科研较弱。

（2）按照成果形式

林业科技论文占有度是报告期内林业科技论文发表数量与同期科技论文发表总量的比值，该指标反映林业科技论文发表在各学科科技论文发表中的地位；林业科技论文国际化是报告期内林业科技论文国外发表数量与同期林业科技论文发表量的比值，该指标反映林业科技论文在国际期刊的认可度。林业科技著作出版占有度是报告期内林业科技著作出版量与同期各类科技著作出版量的比值，该指标反映林业科技著作出版量在各学科科技著作出版中的地位。林业专利申请（授予）度是报告期内林业专利申请（授予）量与全部专利申请（授予）量的比值。林业发明专利（申请或授予）占有度是报告期内林业发明专利（申请或授予）数量与全部专利（申请或授予）数量的比值，林业实用新型（申请或授予）占有度是报告期内林业实用新型专利（申请或授予）数量与全部专利（申请或授予）数量的比值，林业外观设计（申请或授予）占有度是报告期内林业外观设计专利（申请或授予）数量与全部专利（申请或授予）数量的比值。发明专利是科技活动最重要专利，是经济社会发展以及林业发展的最重要推动力。由表11-6可知，林业科技论文在所有行业科技论文中的占比不到3%，林业科技论文国际化不到12%，总体低于全行业的平均水平。林业发明专利（申请）占有度接近全行业平均水平。林业科技著作出版占有度不到3%。因此，林业科技成果专利较为饱满，但是其他科研成果形式的产出较低。

表 11-6　林业科技成果结构统计

报告期	产业	发表科技论文		发明专利(申请)占有度(%)	科技著作出版占有度(%)
		科技论文占有度(%)	科技论文国际化(%)		
2011	所有行业	—	21.34	75.76	—
	林业	2.27	7.93	65.75	2.68
2012	所有行业	—	22.17	76.95	—
	林业	2.14	11.56	72.70	1.95
2013	所有行业	—	24.98	77.29	—
	林业	2.01	10.24	73.68	2.19
2014	所有行业	—	27.36	76.88	—
	林业	1.90	10.85	86.78	2.19
2015	所有行业	—	27.83	75.37	—
	林业	1.95	11.94	77.73	1.71

3. 林业科技成果强度统计

(1)林业科技论文产出率

林业科技论文产出率是林业科技论文发表数量与林业研发人员的比值,该指标反映科研人员的科技产出。

(2)林业发明专利强度

林业发明专利强度是林业发明专利申请(授予)量与林业从业(人员)的比值,该指标反映林业领域的平均科技水平。

(3)林业专利收益强度

林业专利收益强度是林业专利所有权转让及许可收入与专利所有权转让及许可数的比值,该指标反映林业科技活动的直接经济价值创造力。

第五节　林业科技推广统计

一、林业科技推广的概念与基本方法

1. 林业科技推广的基本概念

林业科技推广是指通过宣传、教育、示范、培训、咨询等方式。向林农或基层林业工作者传授林业技术、生产经验和管理方法的活动,其目的是提升林业生产者的技能、将林业科技成果应用于实际并转化为生产力,促进林业生产力水平的提高。

2. 林业科技推广的基本方法

林业科技推广方法是林业推广部门和推广人员为了实现推广目的,运用各种沟通技术向林业生产者传授林业知识和技术的各种组织措施和服务手段。林业推广的基本方法有:

(1)会议培训指导

如各种交流会和培训班等。

（2）实地示范指导

通过林业专家和技术人员深入林业生产第一线进行技术指导和培训，或是组织受训人员到示范基地进行学习与交流等。

（3）远程网络指导和培训

林业专家和技术人员利用互联网技术进行的线上实时技术指导以及网络课程培训。

二、林业科技推广机构和人员统计

1. 林业科技推广机构统计

林业科技推广服务机构是进行林业科技成果、林业推广应用和林业知识传播的基本单位，主要包括各级各类从事林业研究的研究、设计院所（包括高等院校所属的各类研究所）、情报、信息、计算、咨询等服务中心，推广单位，以及企业联合技术开发机构及科研生产型企业。

根据需要可以从不同角度将林业科技推广机构划分为各种不同的类别，通常有：按核算形式分、按经济类型分、按隶属关系分、按地区分、按学科领域分、按职工总数分、按科技人员分等。

林业科技推广服务机构统计与用于林业科技推广的人、财、物统计相结合，就可以全面地反映对林业科技推广的投入情况、重视程度以及林业科技推广的发展规模，林业各级政府部门可据此制定出促进林业科技推广的政策、规划与计划。

2. 林业科技推广人员统计

林业科技推广人员是指从事林业科技推广工作的各级、各类人员，在统计时可以按照部门、专业类别和层次分别进行统计，反映各类人员的比重和结构，便于对林业推广工作进行全面地评价和分析。

三、林业科技推广经费来源统计

林业科技推广经费来源统计是对应用于林业科技推广的经费来源的渠道进行全面地统计，获取的统计信息不但能够反映经费的总量，还可以提供林业科技推广经费的来源结构方面的信息。在具体进行统计时要根据经费的来源分别设计指标，如国家财政预算拨款、推广专项拨款、银行贷款、自筹资金等。

四、林业科技推广成果指标

林业推广成果指标可以分为程度指标和效益指标。

1. 林业科技成果推广程度指标

①已推广林业科技项目数　指已经在林业生产实践中得到应用的林业科技成果数量，反映林业科技成果推广的状况。

②林业科技成果推广的实际规模　如新的林业经营技术实际应用的面积、新的林木改良树种的实际栽植面积等。

2. 林业科技成果推广效益指标

①单位面积林木材积生长量的增加量。

②单位面积纯收益增加量。

③木材利用率的提升比例。

④森林生态效益和社会效益的提升率。

第六节　林业科技进步的综合评价

一、林业科技进步统计基本任务

林业科技进步是指林业科学技术为促进经济发展和社会进步的需要而不断发展和提高的过程。林业科技进步统计的基本任务主要包括以下两个方面：

一是建立和健全林业科技统计指标体系，全面反映林业科技进步状况和结果以及林业科技促进经济发展与社会进步的情况。

二是利用科学合理的方法对林业科技进步进行综合评价，测定并分析林业科技进步在林业经济增长中的作用。

二、林业科技进步统计指标

林业科技进步统计的目的在于反映林业科技促进社会经济发展的状况，这是"科教兴国"总体战略的一个重要组成部分。"科教兴国"就是要从根本上改变我国长期以来高投入、高消耗来获取经济高速发展的外延性增长的老路子，走上以发达的教育事业为基础，以先进和适用的科学技术为先导，促进全国科学技术能力的强化和经济发展的集约化和高效化，使科技、经济、社会三者协调发展，从而加速经济社会发展。由此说明，科技进步是一个内涵丰富的科学范畴。它是以科学技术和科学管理为动力，以高新技术为前导，以全民素质提高为基础，全面促进经济社会的高速发展，促进社会文明和进步，达到富民强国的目的。因此，在指标的设置上应包括科技投入、科技产出、经济发展、社会进步。

在上述指标体系内，经济发展主要依据林业科技进步贡献率、经济增长和效益提高等指标说明。林业科技进步贡献率是指林业科技进步对经济增长的贡献份额，它是国家与地区制定林业规划和林业发展战略的重要指标，是生产技术水平、产业结构、经济集约化程度和竞争能力的综合反映。科学地测定林业科技进步贡献率是林业科技进步统计的主要内容之一。林业科技投入和林业科技产出指标已在前面有关章节讨论过，因此在这里不再赘述。社会进步是指人类社会由低级向高级合乎规律和前进运动，社会形态的更替是社会进步的过程，如人口素质提高等。有关林业科技进步在这方面的影响研究还处于探索阶段，科学合理的指标设定还有待深入研究。

三、林业科学技术进步贡献率的测算

林业科技进步的概念问题，理论界一直在探讨，目前还没有一定的结论。但公认程度较高的说法是，在林业经济增长中首先剔除劳力、土地和资本的投入增长所作的贡献，把剩余部分都视为林业科技进步的结果，即在各种林业生产要素投入量保持不变的条件下，林业产出在某时空的增加量是一个不断创造新知识、发明新技术并推广应用于生产实践，

进而不断提高经济效益和生态效益的动态发展过程。林业科技进步包含了极其广泛的内容，包括林业科学研究的进展、新科技成果的应用；林业原有技术的改造与革新；林业组织与管理方法的改进、劳动力素质的提高；采用新的方针政策、推行新的经济机制；改进林业生产资源的配置、生产结构的调整和规模节约；采用新的决策方法、采用能长期激发生产积极性的分配体制与政策等。世界各国的国内理论与实践界就科技进步测定提出了多种方法，下面介绍几种主要的方法。

1. 索洛余值法

索洛余值法建立在生产函数基础上的，但是它无须对生产函数的具体形式作出假设，技术进步作为一个独立的因素分离出来，得到增长型技术进步的 C-D 生产函数，对柯布—道格拉斯生产函数作进一步推导，形成了著名的索洛增长速度方程。其推导如下：

$$Y = A(t) \cdot f(K, L) \tag{11-1}$$

两边求全导数，可得

$$\frac{dY}{dt} = \frac{dA}{dt} \cdot f(K, L) + \frac{\partial Y}{\partial K}\frac{dK}{dt} + \frac{\partial Y}{\partial L} \cdot \frac{dL}{dt} \tag{11-2}$$

两边除以 Y，得

$$\frac{dY/dt}{Y} = \frac{dA/dt}{A} + \frac{\partial Y}{\partial K} \cdot \frac{K}{Y}\frac{dK/dt}{K} + \frac{\partial Y}{\partial L} \cdot \frac{L}{Y}\frac{dL/dt}{L} \tag{11-3}$$

定义 $\alpha = \frac{\partial Y}{\partial K} \cdot \frac{K}{Y}$ 为资本产出弹性，$\beta = \frac{\partial Y}{\partial L} \cdot \frac{L}{Y}$ 为劳动力的产出弹性，则 $\frac{dY/dt}{Y} = \frac{dA/dt}{A} + \alpha \cdot \frac{dK/dt}{K} + \beta \cdot \frac{dL/dt}{L}$。

实际应用时，原始资料的 Y、K 和 L 均为离散数据，在无穷小时间间隔时可用差分方程近似替代微分方程，即：

$$\frac{\Delta Y/\Delta t}{Y} = \frac{\Delta A/\Delta t}{A} + \alpha \cdot \frac{\Delta K/\Delta t}{K} + \beta \cdot \frac{\Delta L/\Delta t}{L} \tag{11-4}$$

令

$$a = \frac{\Delta A/\Delta t}{A}, \quad y = \frac{\Delta Y/\Delta t}{Y}, \quad k = \frac{\Delta K/\Delta t}{K}, \quad l = \frac{\Delta L/\Delta t}{L} \tag{11-5}$$

移项得：

$$a = y - \alpha \cdot k - \beta \cdot l \tag{11-6}$$

式中　y——年均产出速度；

k——年均资本增长速度；

l——年均劳动力增长速度；

α——资本弹性系数；

β——劳动力弹性系数。

产出、资本和劳动力的年均增长速度按水平法计算，则：

$$y = \left(\sqrt[t]{\frac{Y_t}{Y_0}} - 1\right) \times 100\%, \quad k = \left(\sqrt[t]{\frac{K_t}{K_0}} - 1\right) \times 100\%, \quad l = \left(\sqrt[t]{\frac{L_t}{L_0}} - 1\right) \times 100\% \tag{11-7}$$

则科技进步在经济产出中的贡献计算公式为：

$$E_a = \frac{a}{y} \times 100\%$$

利用上式，Y、K、L 可以根据历史统计资料计算得到，再用适当方法确定 α 和 β 后，

技术进步贡献 E_a 便可作为余值计算得出。

索洛余值法的优点在于，把复杂的经济问题高度概括并简化处理，使经济关系更加简单明了，所需数据易于收集、推广和比较。另外，余值法计算出来的林业科技进步与广义的林业科技进步在内涵上非常吻合，包括提高装备技术水平、改革工艺、提高劳动者的素质、提高管理决策水平等，从而能为提高林业管理水平提供有用的依据。索洛余值法测度科技进步贡献率的局限主要体现在需要有一定的假设：

第一，各生产要素在任何时候都可以得到充分利用。

第二，经济发展处于完全竞争条件下，并且可以完全度量出来，这个在现实中还不能满足；另外，索洛余值法受参数的选择影响很大，如何选择和确定参数到现在还没有统一的方法。

这些都限制了它的应用。在实用性上，此方法自问世以来，受到了各国政府部门的高度重视，纷纷被世界各国经济这家所采用，成为被使用最多的一种方法。尤其是对于一个国家、地区的宏观层面的林业科技进步贡献率的计算上非常适用。

2. 连续替代弹性函数法 (CES 函数法)

CES 生产函数是 1961 年阿罗与索洛·钱纳里、米汉斯等合作，在假定人均产出 (Y/L) 与工资 (W) 满足以下条件：$W=A(Y/L)$，规模收益不变，且投入要素和产品处于完全竞争的市场之中，从而推导出投入量与产出之间关系的具有不变替代弹性的生产函数，简称 CES (Constant elasticity of substitution) 生产函数。其基本形式为：

$$Y = A_t (\alpha K^{-\rho} + \beta L^{-\rho})^{-\frac{m}{\rho}} \qquad (11-8)$$

式中　　Y——总产出；

　　　　K——资本投入；

　　　　L——劳动投入；

　　　　A_t——技术水平因子；

　　　　α——资本分配率；

　　　　β——劳动分配率；

　　　　ρ——替代参数；

　　　　$\alpha+\beta=1$，其替代弹性 $\sigma=1/(1+\rho)$；

　　　　m——阶次参数，表示规模收益。

若把 At 写成指数形式，上式变为：

$$Y = A_0 e^{rt} (\alpha K^{-\rho} + \beta L^{-\rho})^{-\frac{m}{\rho}} \qquad (11-9)$$

式中　　r——技术进步系数；

　　　　t——时间。

上式是动态的 CES 生产函数。公式中有 5 个待估计的参数：A_0、r、ρ、m、$\alpha(\beta=1-\alpha)$，只要能通过适当的方法计算出各个参数，则技术进步系数 r 可知，技术水平 At 也可算出，技术进步的作用也相应能够分析得到。

CES 的优点是生产函数数学形式更加完美，推理也更加严谨，而且没有特别多假设条件的约束。其缺点是由于参数的估计方法都比较复杂，估计结果往往出现许多系统误差，且这些系统误差不易调整，因此，导致 CES 适用性还不强。迄今，CES 生产函数直接应用于测算林业科技进步的实例为数不多，主要是用于林业理论性探讨方面。

本章小结

本章首先介绍了林业科技统计概念、统计分类及统计任务。从总量统计、结构统计和相对统计对林业科技投入、林业科技活动和林业科技成果分别构建统计指标。林业科技投入细分为林业科技人力资源统计、林业科技经费统计；林业科技活动细分为林业研究与发展统计、林业科技教育和培训活动统计以及林业科技服务活动统计；林业科技成果统计细分为成果性质和成果形式的统计。最后概述了索洛余值法和连续替代弹性函数法综合评价林业科技进步。

复习思考题

1. 试分析 2015—2019 年我国林业科技人力资源分布现状。
2. 根据我国林业科技活动的研发经费，概括 2015—2019 年我国林业科技活动特征。
3. 根据林业科技成果统计，概括 2010—2014 年我国林业科技成果特征。
4. 收集数据，使用索洛余值法对林业科学技术进步贡献率进行测算。

第十二章　林产品贸易统计

【本章介绍】本章介绍了林产品统计的主要内容、林产品销售统计、林产品的国际贸易统计、林产品价格统计以及森林碳汇贸易统计。

林产品贸易是流通市场的重要内容，它具有调节林业产品市场的供求关系，促进林业生产要素的优化配置和充分利用，发挥比较优势，提高生产效率和生产技术水平，优化国内产业结构，增加财政收入，具有十分重要的意义。

第一节　林产品贸易统计的内容

一、林产品贸易概念与统计范围

林产品是以森林资源为基础生产的木材、林下产品和以其为原料生产的各种产品，具体包括木(竹)质林产品、非木质林产品和林业服务三部分。林业产品贸易是经营组织在报告期内进行林产品市场交易活动的直接成果。林产品贸易统计是指对以各类林产品为对象的商品交换的统计，统计的范围涉及林业第一产业、林业第二产业和林业第三产业，统计的内容包括木(竹)质林产品、非木质林产品和林业服务的全部贸易活动。

二、林产品贸易统计的任务

第一，计算各种林产品在国内外市场上的销售数量及其构成情况，为分析各种主要林产品的产销平衡情况提供资料。

第二，可以为研究林产品之间、部门之间和林产业与非林产业之间的比例关系提供基础数据资料。

第三，搜集、积累、整理林产品价格资料，计算林产品价格的平均水平，分析林产品价格水平的合理性及其结构，为编制林产品价格指数提供依据。

第四，编制林产品价格指数，反映林产品价格变动的趋势，为分析林产品价格变动对部门经济乃至整个国民经济以及人民生活的影响，制定宏观价格政策和微观价格决策提供准确、及时、可靠的资料。

第五，计算各种主要林产品的差价和比价，反映主要林产品之间的价格关系，为分析主要林产品之间价格比例的合理性，检查与制定合理的差价与比价政策，正确地进行定价、审价和调价提供科学客观的依据。

第六，积累林产品价格的资料，总结林产品价格工作的经验，研究林产品价格发展的特点及其变化规律。

三、林产品贸易统计分类

1. 按核算单位

林产品贸易可分为实物量和价值量。贸易实物量统计是以选择林产品的生物、物理、化学性能或外部特征等，并体现林产品的使用价值的实物单位表示的市场交易数量的统计，包括国内外交易量。例如，商品材以 m^3 表示，松香以 t 表示，木竹地板以 m^2 表示。贸易实物量能够具体鲜明地反映每一种林产品在国内外市场交易的数量。贸易价值量统计是以特定货币单位(本币或外币)核算林产品使用价值的统计，可以综合地反映林产品贸易的总体情况和变动趋势。

2. 按林产品交易市场

按照林产品的交易市场，林产品贸易分为国内贸易和国际贸易。林产品国内贸易是指发生在一国(地域)范围内的各种林产品贸易活动、贸易关系的总和。林产品国际贸易是指跨越国境的林产品货品交易，一般由进口贸易和出口贸易所组成，因此也可称为进出口贸易。

第二节 林产品销售统计

林产品销售统计是从生产者的角度对林产品的市场交易的数量统计，在统计中采用具体的销售统计指标进行统计。根据林产品的性质，其销售统计可以分为实物林产品(木质林产品和非木质林产品)的销售统计和林业服务的销售统计两部分。

一、实物林产品的销售统计

(一)林产品销售量统计

林产品销售量是指林业企业在一定时期内通过各种形式实际销售的，由本企业生产的，以实物单位计量的林产品数量。它既包括本期生产的产品；也包括上期生产的产品；既包括通过商业媒介进行的间接销售，也包括生产者向消费者的直接销售。但不包括定货者来料加工生产的产品(半成品)实物数量。

林产品销售量指标反映了林业部门为社会生产和生活提供的林产品数量的规模和结构，同时反映了林业部门劳动者一定时期内生产成果的实现状况。为正确统计林产品销售量，必须明确其统计的时间、标准，由于商品交换过程的复杂性，发货与收款时间往往有差异，销售和实际库存量之间的平衡关系，统计上规定以发货时间为准计算销售量。同时，依据产品交货方式不同，规定以下的核算时间标准：

1. 采用送货制的产品

若由本林业企业的运输部门发运，则以产品出库单上标明的日期为准；若委托专业运输部门承运，则以承运单上的日期为准。

2. 采用提货制的产品

采用提货制的产品，以提货单上的时间为准统计。实行合同销售的林产品，若产品尚未生产出来，即使已预收贷款或已预开提货单，仍不作销售统计。

为全面反映企业销售结构及产品数量的变动情况，还需计算以下指标：

①企业自销量　即林业企业在报告期内自行销售的产品数量。

②企业自用量及其他　该指标主要包括 3 项内容：

a. 企业自用量　指林业企业在报告期内生产的已作本企业产量统计而又作为本企业生产另一种产品的原材料所使用的产品数量。

b. 盘盈或盘亏　指林业企业的库存产品经过盘点发现账面记录与实物数量不一致时，实物大于账面的差额为盘盈；反之则为盘亏。不论盘盈还是盘亏均应以盘点后的实际数量统计填报。

c. 其他　指林业企业在报告期内将产品用于展览、捐赠、借出、报废等方面的数量。

(二)林产品销售额统计

林产品销售额统计即林产品销售量作为实物量指标缺乏综合比较性能，因此要综合各种林产品进行产销平衡分析，则必须计算销售额指标。

林产品销售额是指以货币表现的林业企业在一定时期内通过各种形式销售的，本企业生产的林产品总量。其计算方法是用各种林产品的销售量乘以该产品的各实际销售价格计算。如果一种产品有几种价格，即须分别以各种销价乘以相应的销售量，或用平均销价来计算销售额。

林产品销售额的计算范围、计算方法、计算价格均与生产量价值指标基本一致，只是二者的计算基础不同。林产品销售额的计算基础是林产品销售总量，而生产量价值指标的计算基础是林产品生产总量。同时，它与会计上的销售收入也有所不同。林产品销售收入量指林业企业在一定时期内出售的成品、自制半成品等商品产品所取得的销售收入。它是从货币收支角度进行计算的。二者的区别主要表现在：林产品销售收入不包括本期已发出但未收回货款的产品，而林产品销售额中则包括前期发货本期收到货款的产品，林产品销售额中不包括，而林产品销售收入中则包括。二者的数量关系表现为：

林产品销售总额＝本期林产品销售收入+(本期应收销售货款−期初应收销售货款)

根据统计制度要求除了计算总的销售价值量指标外，还必须计算林业企业成品销售价值指标。该指标是指林业企业在报告期内实际销售(包括本期生产和上期生产)的全部成品的总金额，包括为本企业基本建设部门、生活福利部门等提供的成品及自制设备价值，但不包括用订货者来料加工的成品和半成品的价值。

二、林业服务的销售统计

林业服务作为林产品的一个小类相较于实物林产品部分其统计体系和指标的研究还相对较弱，虽然随着《林业及相关产品分类》行业标准于 2019 年颁布与实施，林业服务的范围已经明确，但林业服务的统计指标体系还有待深入研究与探索。从林业服务的内容来看，统计指标的设置也应从数量与价值量两个方面来考虑。

1. 数量指标方面

应分别林业服务的具体内容设置数量指标，如森林病虫害防治服务应设置防治的面积，林业旅游与休闲服务应设置提供森林旅游的公园数量和旅游人次等指标。

2. 价值指标方面

应区别林业服务的具体内容设置收入量的指标，如林业旅游与休闲服务设置旅游收入，林业生产服务方面设置因提供服务所获得收入量指标。

第三节 林产品国际贸易统计

一、林产品国际贸易实物量统计规定

实物量作为计量货物在国际间运动的一个基本尺度，在对外贸易中起着重要的作用，它可以避免价格变化、汇率变化的影响，使数据具有较强的可靠性和可比性。

为了保持海关统计的统一性，现行制度对进出口商品实物量统计有以下规定：

第一，对进出口货物应按照《中华人民共和国海关统计商品目录》所规定的计量单位统计其实物量。在实际工作中所采用的计量单位与海关计量单位不一致时，应按海关统计商品目录所规定的计量单位，进行换算后填报。

第二，中国的度量衡制度采用公制，海关统计商品目录的计量单位一律用公制计量。

第三，确定货物实物量，以海关查验放行时的实际量值为依据，对于免予查验的货物，可根据发票或其他可靠单据确定。

第四，凡以重量单位计量的货物，一律按净重为计量标准，凡以数量单位计量的货物，当有的货物仅统计一种数量单位还不足以反映其性能作用时，还必须记录第二数量单位来满足要求，如拉木卷扬机，除采用台外，还需用千瓦表示。

除以上规定外，在实际工作中可根据海关统计制度的具体规定，对特殊情况做相应处理。

二、林产品的国际贸易实物量统计

1. 林产品的国际贸易实物量规模统计

林产品国际贸易实物量静态指标主要有3个：进口量、出口量、进出口差量。因林产品生物属性差异，实物计量单位不同，需要分品种统计较为合适。

（1）林产品进口量统计

林产品进口量统计是指一定时期内，将我国从所有国家（地区）进口的林产品分品种统计的实物总量。实物进口量统计能反映我国林产品国内市场对外需求旺盛程度，特别是原料类型林产品进口实物量可以用于分析国内供需状况。

（2）林产品出口量统计

林产品出口量是指一定时期内，将我国向所有国家（地区）出口的林产品分品种统计的实物总量。出口量能反映我国林产品的实物供给能力。

（3）林产品进出口差量统计

林产品进出口差量统计是指同一时期内，同种林产品的出口总量与进口总量之间的差量统计。在计算时，通常用出口总量减去进口总量。其差量若为正值，叫做"出超"；如果进口总量大于出口总量，其差量为负值，叫做"入超"。计算与分析进出口差量对稳定市场供需平衡具有十分重要的意义。由表 12-1 可知，我国原木、木浆出口量小于进口量，表明国内资源供应量不足；松香出口量大于进口量，表明国内的松香产量大，在国际市场具有很强的竞争力。

表 12-1　部分林产品分品种进出口量统计

产品	指标	2010 年	2011 年	2012 年	2013 年	2014 年	2015 年
阔叶原木	出口量(m³)	28 208	14 339	3569	13 128	9702	12 070
	进口量(m³)	10 073 466	10 860 568	11 123 565	11 995 831	15 355 616	14 509 893
	差额量(m³)	−10 045 258	−10 846 229	−11 119 996	−11 982 703	−15 345 914	−14 497 823
刨花板	出口量(m³)	165 527	86 786	216 685	271 316	372 733	254 430
	进口量(m³)	539 368	547 030	540 749	586 779	577 962	638 947
	差额量(m³)	−373 841	−460 244	−324 064	−315 463	−205 229	−384 517
木浆	出口量(t)	14 433	31 520	19 504	22 759	18 393	25 441
	进口量(t)	11 299 952	14 354 611	16 380 763	16 781 790	17 893 771	19 791 810
	差额量(t)	−11 285 519	−14 323 091	−16 361 259	−16 759 031	−17 875 378	−19 766 369
松香	出口量(t)	249 801	231 148	167 784	133 136	122 469	85 322
	进口量(t)	3589	2659	9918	30 413	11 343	23 357
	差额量(t)	246 212	228 489	157 866	102 723	111 126	61 965

2. 进出口林产品竞争力统计

国际市场占有率和相对出口绩效衡量林产品进出口竞争力。

(1)林产品国际市场占有率

林产品国际市场占有率是一个国家(地区)能够提供优于其他国家(地区)的林产品能力的统计指标。通常分为单项林产品市场占有率和全部林产品市场占有率。其计算公式如下：

$$某国(地区)i 类林产品的国际市场占有率 = \frac{某国(地区)i 类林产品的出口量}{i 类林产品的国际出口量} \tag{12-1}$$

$$某国(地区)林产品的国际市场占有率 = \frac{某国(地区)林产品的出口总量}{林产品的国际出口总量} \tag{12-2}$$

国际市场占有率数值越大，说明该国的 i 类林产品或全部产品在国际市场上的竞争能力越强；反之，数值越小，表明竞争能力越弱。该指标可以反映各个区域的林产品出口量在国际贸易中的地位和作用及其变化态势。表 12-2 中，欧洲的工业原木出口比重由 2008年的 65.55% 下降到 2014 年 55.98%，表明欧洲仍是工业原木出口最大区域，但是其出口地位在下降。

表 12-2 按洲际区域的部分林产品出口结构

品种	年份	指标	世界	非洲	亚洲	欧洲	北美洲	大洋洲	拉美和加勒比地区
工业原木	2008	出口量（km³）	117 050	3449	7926	76 723	13 039	11 290	4623
		比重	100%	2.95%	6.77%	65.55%	11.14%	9.65%	3.95%
	2014	出口量（km³）	142 728	5888	8281	79 905	21 591	25 497	1566
		比重	100%	4.13%	5.80%	55.98%	15.13%	17.86%	1.10%
锯材	2008	出口量（km³）	116 051	1307	5174	72 866	27 932	2250	6522
		比重	100%	1.13%	4.46%	62.79%	24.07%	1.94%	5.62%
	2014	出口量（km³）	133 085	2340	7853	78 589	36 447	2108	5748
		比重	100%	1.76%	5.90%	59.05%	27.39%	1.58%	4.32%
人造板	2008	出口量（km³）	78 343	574	24 838	36 992	8651	1342	5946
		比重	100%	0.73%	31.70%	47.22%	11.04%	1.71%	7.59%
	2014	出口量（km³）	82 788	537	30 850	36 562	9293	1132	4414
		比重	100%	0.65%	37.26%	44.16%	11.23%	1.37%	5.33%
纸浆	2008	出口量（kt）	47 034	437	3102	14 598	16 171	801	11 925
		比重	100%	0.93%	6.60%	31.04%	34.38%	1.70%	25.35%
	2014	出口量（kt）	58 589	1115	4869	16 766	17 556	898	17 385
		比重	100%	1.90%	8.31%	28.62%	29.96%	1.53%	29.67%
纸张和纸板	2008	出口量（kt）	115 318	1153	15 296	69 405	23 996	1292	4176
		比重	100%	1.00%	13.26%	60.19%	20.81%	1.12%	3.62%
	2014	出口量（kt）	111 757	617	19 859	66 156	20 473	1664	2988
		比重	100%	0.55%	17.77%	59.20%	18.32%	1.49%	2.67%

（2）相对出口绩效

相对出口绩效是指某国某类林产品在世界上的出口占有率与该国所有林产品的出口占有率的比值。其计算公式为：

$$R_{ij} = \frac{x_{ij}}{\sum\limits_{i=1}^{m} x_{ij}} \div \frac{\sum\limits_{j=1}^{n} x_{ij}}{\sum\limits_{i=1}^{m} \sum\limits_{j=1}^{n} x_{ij}} \tag{12-3}$$

式中 R_{ij}——i 国 j 类林产品的相对出口绩效；

x——出口量；

i——国别；

j——林产品品种。

当 i 国 j 类林产品在世界上的相对占有率大于该国的总出口占有率，则 j 类林产品就有了显著的比较效益，即在国际上竞争能力较大。该数值接近于 1 时，表示该国的林产品出口结构越接近世界林产品的出口结构，表明 i 国 j 类林产品在国际市场上竞争能力越强。

三、林产品的国际贸易价值量统计

1. 进出口价值统计

(1)进出口总值统计

进出口总值统计是指一定时期内，实际进出中国国境的林产品价值的统计总额。它包括对外贸易实际进出口林产品商品，来料加工进出口林产品商品，国家间、联合国及国际组织无偿援助林产品物资和林产赠送品，华侨、港澳台同胞和外籍华人林产捐赠品，租赁期满归承租人所有的租赁林产品设备和货物，林产进料加工进出口货物，边境地方贸易及边境地区小额林产品贸易进出口货物(边民互市贸易除外)，中外合资企业、中外合作经营企业、外商独资经营企业进出口林产品，到、离岸价格在规定限额以上的进出口林产品货样和林产广告品(无商业价值、无使用价值和免费提供出口的除外)，从保税仓库提取在中国境内销售的进口林产品，以及其他进出口林产品。该指标能反映我国林产品对外贸易的总规模和总水平，是研究我国林产品对外贸易发展水平和发展速度的重要指标，也是编制国民经济收支平衡表和研究林业出口贸易发展情况的重要资料。

我国林产品进出口总值统计可以按照林产品品种进行细分，得到不同品种的林产品进出口价值统计；也可以将分品种的林产品进出口总值进行合并，得到汇总后的林产品进出口总值，即：

$$林产品进出口总值 = \sum_{i=1}^{n} 第\ i\ 种林产品进出口总值 \qquad (12-4)$$

我国林产品进出口总额统计也可以由林产品进口总额与林产品出口总额的合计构成。

(2)林产品进口总值统计

林产品进口总值是指一定时期内我国从所有国家(地区)进口林产品的价值统计总和。进口林产品一般按到岸价格进行计算统计。进口总值能反映我国林产品实际占用外汇的状况。

(3)林产品出口总值统计

林产品出口总值是指一定时期内我国对所有国家(地区)出口林产品的价值的统计总和。出口林产品一般按离岸价格计算统计。出口总额能反映我国林产品外汇收入状况。

2. 林产品进出口价值差额统计

林产品进出口价值差额统计是指同一时期林产品的出口总值与进口总值之间的差额统计。其差额若为正值，叫做"出超"(或称"顺差")；如果进口总值大于出口总值，其差额为负值，叫做"入超"(或称"逆差")。在林产品对外贸易中，由于入超部分一般要用外汇来支付，有时需要借用国外资金，产生负值，所以，经常计算与分析进出口差额对保持进出口外汇收支的基本平衡具有十分重要的意义。由表 12-3 可知，2007—2008 年和 2010—2012 年，我国林产品出现逆差；2013—2015 年，我国林产品又出现顺差。研究分析林产品顺差与逆差的原因；阔叶原木、木浆等基础性林产品呈逆差(表 12-4)，背后的原因不仅包括国内供给不足，还包括国际市场价格、汇率以及出口国政策所带来的影响，为制定相应产业政策提供了现实性基础数据资料。

表 12-3　2006—2014 年我国林产品进出口额状况

产品	2006 年	2007 年	2008 年	2009 年	2010 年	2011 年	2012 年	2013 年	2014 年	2015 年
进出口总值(千美元)	52 175 731	64 291 162	71 927 776	70 218 803	93 823 240	120 332 814	120 638 869	128 542 946	139 017 230	137 866 253
出口总值(千美元)	26 377 042	31 930 993	33 488 310	36 316 317	46 316 686	55 033 714	58 690 787	64 454 614	71 412 007	74 262 543
进口总值(千美元)	25 798 689	32 360 169	38 439 466	33 902 486	47 506 554	65 299 100	61 948 082	64 088 332	67 605 223	63 603 710
进出口差额(千美元)	578 353	-429 176	-4 951 156	2 413 831	-1 189 868	-10 265 386	-3 257 295	366 282	3 806 784	10 658 833

表 12-4　部分林产品分品种进出口额统计

产品	指标	2006 年	2007 年	2008 年	2009 年	2010 年	2011 年	2012 年	2013 年	2014 年	2015 年
阔叶原木	出口值(千美元)	1275	1194	965	4306	10 475	6730	—	6656	7773	4140
	进口值(千美元)	2 215 648	2 950 955	2 769 073	1 852 088	2 830 298	3 408 524	3 760 576	4 203 304	6 341 506	4 402 247
	差额值(千美元)	-2 214 373	-2 949 761	-2 768 108	-1 847 782	-2 819 823	-3 401 794	—	-4 196 648	-6 333 733	-4 398 107
刨花板	出口值(千美元)	25 183	34 758	45 873	32 712	41 387	56 411	66 454	93 181	136 337	114 107
	进口值(千美元)	101 730	106 352	91 859	88 913	114 283	122 232	116 921	127 891	141 666	141 018
	差额值(千美元)	-76 547	-71 594	-45 986	-56 201	-72 896	-65 821	-50 467	-34 710	-5329	-26 911
木浆	出口值(千美元)	16 480	27 487	6916	22 351	11 344	34 119	12 694	14 008	12 433	16 818
	进口值(千美元)	4 354 322	5 498 741	6 660 933	6 795 615	8 774 104	11 852 421	10 904 715	11 316 770	12 004 565	12 701 792
	差额值(千美元)	-4 337 842	-5 471 254	-6 654 017	-6 773 264	-8 762 760	-11 818 302	-10 892 021	-11 302 762	-11 992 132	-12 684 974
松香	出口值(千美元)	365 260	274 265	271 944	181 729	486 750	593 328	268 287	272 145	296 592	194 439
	进口值(千美元)	5815	6686	4739	6104	8830	8577	17 549	47 616	25 367	40 434
	差额值(千美元)	359 445	267 579	267 205	175 625	477 920	584 751	250 738	224 529	271 225	154 005

3. 林产品进出口总值结构统计

研究林产品对外贸易状况，不仅应从进出口总值角度观察，还需加强对进出口林产品结构的统计分析，为研究国内外林产品市场需求特点和规律提供信息。按林产品品种，分类统计不同品种林产品进口总值和出口总值的林产品内部结构性比值，有助于把握具体林产品的进出口关系。按林产品流向，可得到林产品进口总值和出口总值的宏观性结构比值，有助于把握林业整体进出口状况。

（1）林产品进口贸易额比值

$$\text{第 } i \text{ 种林产品进口贸易额比值} = \frac{\text{第 } i \text{ 种林产品进口贸易额}}{\text{第 } i \text{ 种林产品进出口贸易额}} \times 100\% \qquad (12-5)$$

$$\text{林产品进口贸易额比值} = \frac{\text{林产品进口贸易总额}}{\text{林产品进出口贸易总额}} \times 100\% \qquad (12-6)$$

（2）林产品出口贸易额比值

$$\text{第 } i \text{ 种林产品出口贸易额比值} = \frac{\text{第 } i \text{ 种林产品出口贸易额}}{\text{第 } i \text{ 种林产品进出口贸易额}} \times 100\% \qquad (12-7)$$

$$\text{林产品出口贸易额比值} = \frac{\text{林产品出口贸易总额}}{\text{林产品进出口贸易总额}} \times 100\% \qquad (12-8)$$

由表 12-5 统计结果可知，2010—2014 年，我国木浆和柑橘属果汁对外贸易持续逆差，表明国内木浆供给严重不足；松香和鲜苹果呈顺差，是我国重要的出口创汇产品。

表 12-5　林产品结构统计

产品	指标	2010 年	2011 年	2012 年	2013 年	2014 年	2015 年
刨花板	出口值(千美元)	41 387	56 411	66 454	93 181	136 337	114 107
	进口值(千美元)	114 283	122 232	116 921	127 891	141 666	141 018
	进出口总值(千美元)	155 670	178 643	183 375	221 072	278 003	255 125
	进口值/进出口总值	73.41%	68.42%	63.76%	57.85%	50.96%	55.27%
木浆	出口值(千美元)	11 344	34 119	12 694	14 008	12 433	16 818
	进口值(千美元)	8 774 104	11 852 421	10 904 715	11 316 770	12 004 565	12 701 792
	进出口总值(千美元)	8 785 448	11 886 540	10 917 409	11 330 778	12 016 998	12 718 610
	进口值/进出口总值	99.87%	99.71%	99.88%	99.88%	99.90%	99.87%
松香	出口值(千美元)	486 750	593 328	268 287	272 145	296 592	194 439
	进口值(千美元)	8830	8577	17 549	47 616	25 367	40 434
	进出口总值(千美元)	495 580	601 905	285 836	319 761	321 959	234 873
	进口值/进出口总值	1.78%	1.42%	6.14%	14.89%	7.88%	17.22%

（续）

产品	指标	2010 年	2011 年	2012 年	2013 年	2014 年	2015 年
鲜苹果	出口值(千美元)	831 627	914 326	959 913	1 030 074	1 027 619	1 031 232
	进口值(千美元)	75 932	115 830	92 578	67 465	46 278	146 957
	进出口总值(千美元)	907 559	1 030 156	1 052 491	1 097 539	1 073 897	1 178 189
	进口值/进出口总值	8.37%	11.24%	8.80%	6.15%	4.31%	12.47%
柑橘属果汁	出口值(千美元)	16 064	19 946	11 107	11 209	10 880	10 914
	进口值(千美元)	109 036	172 899	153 505	155 367	153 185	124 160
	进出口总值(千美元)	125 100	192 845	164 612	166 576	164 065	135 074
	进口值/进出口总值	87.16%	89.66%	93.25%	93.27%	93.37%	91.92%

第四节　林产品价格与价格指数统计

一、林产品价格统计

(一)林产品价格水平统计

1. 活立木价格

活立木价格即活立木产品价值的货币表现。活立木价格的价值构成应包括全部营林生产过程，即从采种育苗、造林抚育到护林防火等的全部生产费用及利润和税金，就理论而言，林价的核算方法主要有两种：一是正算法，即所谓序列林价，根据产品的价值构成理论确定，主要包括营林成本、利润和税金等内容，较符合传统的经济理论，同时其测算结果对实践过程中的林价制定和调整具有一定的指导意义和参考价值。但由于长期缺乏营林成本核算资料，使其方法的推行失去核算基础，而且其测算方法及过程较为复杂，增加推行的难度。二是倒算法，根据林价与木材价格之间的内在本质联系，同时考虑林产品市场经济客观现实，利用木材销售价格倒扣采伐成本、利税进行测算，即：

$$活立木价格＝木材初级市场价格－采伐成本－采伐利税 \qquad (12-9)$$

这种方法简便易行，搜集资料较易。

2. 木材价格

木材价值的货币表现。包括木材本身的价值和木材在采伐、集材、运材及造材等生产经营过程中所形成的价值。合理的木材价格对于促进林业生产的发展，调节木材和林产品的供求关系，以及林业企业的经济核算等具有重要意义。木材价格是由生产成本、流通费用、税金和利润 4 个要素构成的，其中生产成本是价格中的主要部分。

3. 林产品的平均价格

它用于反映各种不同林产品价格的一般水平。各种不同的林产品其价格水平不同，同一种林产品，由于规格、等级、质量、品种等不同，各自的价格水平也不同，因此，为了反映各林产品价格一般水平的不同，应计算林产品市场价格平均指标。其计算公式为：

某林产品市场价格=报告期某林产品销售总额/报告期某林产品销售总量 （12-10）

从上式可以看出，平均价格的变动，除了不同品种、规格、等级等的价格水平影响外，产品的销售结构数起着举足轻重的作用。因此，要进行分析平均价格的变化原因，还可结合林产品销售量的等级、品种、规格等结构的变动及其影响方向和影响程度进行。

根据表 12-6 资料分析计算可知，杉、松、杂 3 种原木的销售价格报告期比基期分别提高 5%、12% 和 11%，但总的平均价格变动却为 101.08%，仅提高 1.08%，主要原因在于销售量结构发生变化。高价格的杉原木销售量比重由基期的 40% 下降为 24%。而中价位与低价位的松原木及杂原木的销售量比重则分别由基期的 32% 和 28% 上升为报告期的 40% 和 36%，各自提高 8%，从而使总的平均价格下降 9.46%。所以，虽然 3 种原木销售价格报告期比基期总的提高 11.64%，但总的平均价格却只提高 1.08%。

表 12-6　为某林业企业木材销售资料

树种	销售价格(元/m²)		销售数量(万 m²)		销售金额(万元)		以基期价格计算的报告期销售额
	基期	报告期	基期	报告期	基期	报告期	
杉木	800	900	10	6	8000	5400	4800
松木	500	560	8	10	4000	5600	5000
杂木	400	440	7	9	2800	3960	3600
合计			25	25	14 800	14 960	13 400

(二)林产品比价统计

林产品比价又称林产品价比，是指在同一时间、同一市场某些林产品与其他有联系的产品之间的价格对比关系。它反映了不同产品之间的价值量比例，能为研究林产品与其他产品之间的比价的合理程度，制定和检查客观的比价政策，理顺价格关系提供依据。

林产品比价可以是林业部门内部各种林产品之间的比价，如林价等木材价格之间的比价；木材与人造板之间的比价等。也可以是各种林产品与其他部门产品之间的比价，如林价与粮价之间的比例，粮价与木材价格之间的比价，木材与钢铁之间的比价等。

由于不同类产品的计算单位不同，因此反映它们之间的价格对比关系的计量单位大都为双重计量单位的复名数。

林产品比价指标一般有单项比价和综合比价两种。单项比价是一种林产品价格与另一种产品价格之间的比率，如：

$$木材与钢材的比价 = \frac{钢材的平均单价}{木材的平均单价}$$ （12-11）

综合比价主要通过比价指数来反映林业部门与其他部门之间的价比关系及其变动趋势，即以林业部门的平均销售价格指数与其他部门的平均销售价格指数进行对比。

(三)林产品差价统计

林产品差价又称林产品价差，是指同一种林产品由于某种原因而形成的价格差异。同一种林产品在从生产到销售的过程中，由于产品质量、销售渠道、销售地区、销售季节等不同，价格上也存在差异。合理价格差异实际是社会必要劳动量的差异，是等价交换原则的具体表现。加强林产品差价统计，不仅能促进各林业生产经营单位不断提高产品质量，合理安排生产计划，而且可以为林业部门及时调整产品结构，科学进行生产布局，加强宏观调控与管理提供可靠的依据。

林产品差价有多种不同形式，如质量差价、季节差价、地区差价等，林产品差价指标通常有两种：

①林产品价差　即同一种林产品不同价格水平相减的结果，说明价格差额的大小。用公式表示为：

$$林产品差价 = 林产品价格水平（平均单价） - 林产品基础价格水平 \qquad (12-12)$$

②林产品差价率　同一种林产品两种价格水平的差额，与其中作为对比基础价格水平之比，用以反映林产品价格差异的相对水平。用公式表示为：

$$林产品差价率 = \frac{某种林产品差价}{该种林产品基础价格水平} \times 100\% \qquad (12-13)$$

进行林产品差价统计和分析，必须注意根据不同研究目的、不同产品的作价方法和经济政策要求等方面科学地确定对比的基础价格。

二、林产品价格指数统计

(一)价格指数概念和分类

1. 价格指数定义

价格指数是反映不同时期一组商品（服务项目）价格水平的变化方向、趋势和程度的经济指标，是经济指数的一种，通常以报告期和基期相对比的相对数来表示。构建林产品国际贸易和国内贸易价格指数作为林产品贸易市场的动态变化测量与统计的一种工具，预测林产品贸易变化趋势。

2. 价格指数类型

(1)按基期差别

价格指数按其计算时所采用基期的差别，可以分为环比价格指数和定基价格指数。环比价格指数是指用报告期平均价格水平除以上一期平均价格的比值，反映物价的逐期变动趋势和程度。定基价格指数是指用报告期平均价格水平除以基期平均价格的比值，反映物价长期变动趋势及其规律。

(2)按计算对象

价格指数按其所包括范围的不同分为个体指数和综合指数。个体指数是总体中个别现象或个别项目价格变动的相对数，反映某一种商品价格水平升降程度的指数。综合指数是个体指数的加权平均值，反映全部商品价格总水平升降程度的指数。

3. 林产品价格指数统计的任务

价格指数统计是指运用统计方法对各类林产品价格指数及其变化进行整理和分析。它是社会经济统计的重要组成。通过编制林产品价格指数，可以反映林产品价格变动的规律和趋势，为分析林产品价格变动对部门经济乃至整个国民经济以及人民生活的影响、制定宏观价格政策和微观价格决策提供准确、及时、可靠的资料。

(二)林产品价格指数

1. 林产品环比价格指数和林产品定基价格指数

(1)林产品环比价格指数

林产品环比价格指数是指在林产品价格指数数列中，每个指数都以报告期的前一期为基期(对比期)而计算的价格指数。其特点是基期随计算期的变动而有规律地变动。以前一期为基期(月指数为上月、季指数为上季、年指数为上年)的价格指数称环比价格指数。单一规格的林产品环比价格计算公式如下：

$$G_t = \frac{C_t}{C_{t-1}} \tag{12-14}$$

式中 C_t——第 t 期的林产品价格水平；

$\quad\quad G_t$——环比价格指数。

价格水平采用简单算术平均法计算。由 m 个调查员分别到调查点采价，每个调查点每个调查员采价 n 次，则价格水平为：

$$C_t = \frac{\sum_{n=1}^{i} \sum_{m=1}^{j} P_{nm}}{nm} \tag{12-15}$$

式中 P——调查点采集到的价格。

如果同一林产品有 s 个规格，得到 s 个不同规格环比价格指数 G，则该林产品的环比价格指数为：

$$K_t = \sqrt[s]{G_1 \times G_2 \times \cdots \times G_s} \times 100\% \tag{12-16}$$

式中 G_1，G_2，$\cdots$，G_s——第 t 期第 1 个至第 s 个规格林产品报告期(t)价格与上期($t-1$)

$\quad\quad\quad\quad\quad\quad\quad$ 价格对比的相对数；

$\quad\quad K_t$——林产品的环比价格指数。

(2)林产品定基价格指数

林产品定基价格指数是指在林产品价格指数数列中，每个指数都以报告期对比固定不变的基期得到的价格指数。计算公式如下：

$$I_{\text{基}} = C_t / C \tag{12-17}$$

式中 C_t——第 t 期的林产品价格水平；

$\quad\quad I_{\text{基}}$——定基价格指数；

$\quad\quad C$——基期价格水平。

(3)林产品定基价格指数与环比价格指数的关系

定基价格指数和环比价格指数之间有着密切的联系。如果不需加权或按同一不变权数加权，各个时期环比指数连乘之积必然等于定基指数。

$$I_{\text{基}} = K_1 \times K_2 \times \cdots \times K_t \tag{12-18}$$

式中 K_i——基期(K_1)到报告期(K_t)各期的环比指数；

$\quad\quad I$——定基价格指数。

取 2012 年为基期，假设每种人造板只有一种型号，人造板的环比价格指数和定基价格指数见表 12-7 所列。

表 12-7 人造板的环比价格指数和定基价格指数

人造板	环比价格指数			定基价格指数		
	2013 年	2014 年	2015 年	2013 年	2014 年	2015 年
胶合板	1.0150	0.8855	1.1429	1.0150	0.898 822	1.027 302
硬质纤维板	1.0269	1.3943	0.8604	1.0269	1.431 886	1.232 036
中密度纤维板	1.0505	1.0164	0.9235	1.0505	1.067 774	0.986 047
刨花板	0.8640	1.3683	1.0008	0.8640	1.182 23	1.183 137

2. 林产品个体价格指数和综合价格指数

林产品价格指数分为个体价格指数和综合价格指数。个体价格指数是指反映个别对象变动的相对数。它一般是报告期价格水平与基期价格水平的比值。林产品综合价格指数是指林产品个体指数的加权平均值，反映全部林产品对象价格综合变动的相对数。在综合价格指数中，按指数计算是否加权又分为简单综合价格指数和加权综合价格指数。

（1）简单综合价格指数

简单综合价格指数是指通过对个体指数采用简单平均数的计算形式得到的总指数。简单综合价格指数是对 n 个个体价格指数计算简单算术平均数的结果。一般计算公式如下：

$$I_t = \frac{\sum_{i=1}^{n} K_{ti}}{n} \qquad (12\text{-}19)$$

式中　K——某种林产品个体价格指数；

　　　t——报告期；

　　　i——林产品品种数。

例如，构建人造板简单综合价格指数，假设人造板品种由胶合板、中密度纤维板和刨花板构成。根据表 12-8，以 2014 年为基期，计算得到 2015 年的胶合板、中密度纤维板和刨花板的个体价格指数如下：

胶合板 $G_1 = 1919/1679 = 1.1429$；中密度纤维板 $G_2 = 1484/1607 = 0.9235$；刨花板 $G_3 = 1305/1304 = 1.008$。

对上述人造板个体指数进行简单算术平均，得到人造板简单综合价格指数：$I_{2015} = (1.1429 + 0.9235 + 1.008)/3 = 1.0248$。

表 12-8 人造板销售实际平均价格　　　　　　　　　　　　　　　　　　元/m³

指标	2012 年	2013 年	2014 年	2015 年
胶合板	1868	1896	1679	1919
中密度纤维板	1505	1581	1607	1484
刨花板	1103	953	1304	1305

　　简单平均指数没有考虑到个体指数在决定总指数中所起的作用差异性，即将各个体指数的重要性同等看待。如果各个指数的重要性不同，则计算结果不能正确反映实际情况。

　　（2）加权综合指数

　　为了正确反映多种林产品价格的总变动，首先需要考虑林产品的重要性，以这种重要性作为权重计算价格指数。显然销量高的林产品价格变动所产生的影响大于销量低的林产品价格变动产生的影响。因此，需要测定多个林产品价格变动对价格综合指数造成的影响，需要选择一个合适的权重。以销量作为权重分别对不同时期各种林产品价格进行加权，可以得到特定权重下的商品销售额，再将这两个销售额进行比较得到综合价格指数。

　　当取基期的销量作为权重，得到拉氏综合价格指数：

$$I_L = \frac{\sum p_1 q_0}{\sum p_0 q_0} \tag{12-20}$$

式中　p——价格；

　　　　q——销量；

　　　　I——报告期；

　　　　0——基期。

　　当取报告期的销量作为权重，得到帕氏综合价格指数：

$$I_P = \frac{\sum p_1 q_1}{\sum p_0 q_1} \tag{12-21}$$

　　在拉氏指数和帕氏指数中，销量作为权重随着报告期或基期的变化而变化，不利于较长期内价格变动比较，而以某一特定期的销量作为权重计算价格指数，可以观察和比较价格的综合变动，得到杨氏综合价格指数：

$$I_Y = \frac{\sum p_1 q_n}{\sum p_0 q_n} \tag{12-22}$$

　　根据表 12-9 提供的数据，以 2013 年基期销量为权重，2015 年为报告期，计算 2015年的 4 种人造板组成的拉氏综合价格指数：

$$I_L = \frac{\sum p_1 q_0}{\sum p_0 q_0} = \frac{1919 \times 89\,471\,405 + 1646 \times 5\,962\,763 + 1484 \times 36\,649\,204 + 1305 \times 23\,521\,435}{1896 \times 89\,471\,405 + 1372 \times 5\,962\,763 + 1581 \times 36\,649\,204 + 953 \times 23\,521\,435}$$

表 12-9　人造板销量和单位平均价格

人造板	2013 年		2014 年		2015 年	
	平均价格 （元/m³）	销量 （m³）	平均价格 （元/m³）	销量 （m³）	平均价格 （元/m³）	销量 （m³）
胶合板	1896	89 471 405	1679	131 383 273	1919	124 661 553
硬质纤维板	1372	5 962 763	1913	9 633 559	1646	3 394 954
中密度纤维板	1581	36 649 204	1607	43 675 890	1484	65 843 895
刨花板	953	23 521 435	1304	19 176 372	1305	18 236 712

$$= \frac{266\ 593\ 225\ 504}{258\ 177\ 013\ 795} = 103.26\%$$

计算结果表明 2015 年 4 种人造板价格比 2013 年总体上涨了 3.26%。

以 2015 年报告期销量为权重，2013 年为基期，计算 2015 年的 4 种人造板组成的帕氏综合价格指数：

$$I_P = \frac{\sum p_1 q_1}{\sum p_0 q_1} = \frac{1919 \times 124\ 661\ 553 + 1646 \times 3\ 394\ 954 + 1484 \times 65\ 843\ 895 + 1305 \times 18\ 236\ 712}{1896 \times 124\ 661\ 553 + 1372 \times 3\ 394\ 954 + 1581 \times 65\ 843\ 895 + 953 \times 18\ 236\ 712}$$

$$= \frac{366\ 324\ 863\ 831}{362\ 494\ 965\ 907} = 101.06\%$$

计算结果表明 2015 年 4 种人造板价格比 2013 年总体上涨了 1.06%。

根据拉氏综合价格指数和帕氏综合价格指数结果，人造板综合价格水平是上升的，但是拉氏价格指数大于帕氏价格指数。这是因为价格上升幅度大的商品，居民减少购买量；价格上升幅度较小的商品，居民增加购买量。价格上升幅度大的商品权重比基期权重要低，价格上升幅度小的商品权重比基期权重高，导致拉氏价格指数大于帕氏价格指数；当一般物价下跌时，居民倾向于购买下跌较多的商品，从而使下降幅度大的商品价格具有较大权重，结果仍然是拉氏价格指数大于帕氏价格指数。

以 2014 年的销量作为权重，2013 年为基期，利用杨氏综合价格指数公式，计算 4 种人造板的综合价格指数，得到：

$$I_Y = \frac{\sum p_1 q_{2014}}{\sum p_0 q_{2014}}$$

$$= \frac{1919 \times 131\ 383\ 273 + 1646 \times 9\ 633\ 559 + 1484 \times 43\ 675\ 890 + 1305 \times 19\ 176\ 372}{1919 \times 131\ 383\ 273 + 1646 \times 9\ 633\ 559 + 1484 \times 43\ 675\ 890 + 1305 \times 19\ 176\ 372}$$

$$= \frac{357\ 821\ 525\ 221}{349\ 646\ 593\ 162} = 102.34\% \tag{12-23}$$

计算结果表明 2015 年 4 种人造板价格比 2013 年总体上涨了 2.34%。杨氏综合价格指数介于拉氏综合价格指数和帕氏综合价格指数之间。

拉氏综合价格指数和帕氏综合价格指数的区别存在许多讨论。为了调和两种指数的差异，英国学者马歇尔（A. Marshall）和艾奇沃思（F. Y. Edgeworth）提出的折中公式以及美国学者费雪尔（I. Fisher）提出的理想公式解决方案影响较大。

折中公式：
$$I_{ME} = \frac{\sum (p_1 q_0 + p_1 q_1)}{\sum (p_0 q_0 + p_0 q_1)} \tag{12-24}$$

折中公式把拉氏指数和帕氏指数"求和后平均化"，通过求简单算术平均数的方法将二者"平均化"，调和各自的"偏差"。

理想公式：
$$I_F = \sqrt{\frac{\sum (p_1 q_0 + p_1 q_1)}{\sum (p_0 q_0 + p_0 q_1)}} \tag{12-25}$$

"理想公式"把拉氏指数和帕氏指数"交叉",通过求几何平均数的方法将二者"平均化",调和了各自的"偏差",也符合费雪尔提出的检验指数公式优劣的标准。

第五节　森林碳汇贸易统计

一、森林碳汇贸易背景

当前,气候变化正深刻地影响着全球经济社会可持续发展。人类向大气中排放二氧化碳(CO_2)等温室气体是导致全球变暖的主要因素。减少和控制 CO_2 等温室气体排放是减缓和控制全球变暖的有效途径。发达国家和发展中国家排放水平不一,不能单纯依靠减少工业过程的 CO_2 排放来实现控制温室气体的减排,为了公平维护各国合理的温室气体排放的发展权,催生了碳贸易概念。

世界各国经一系列温室气体排放控制的谈判,最终达成《京都议定书》,该协定为发达国家规定了具有法律约束力的 CO_2 减排目标,引入联合实施(JI)、排放量贸易(ET)和清洁开发机制(CDM)3 种域外减排机制,同时拟定了"土地利用变化,造林和改善农田管理"等增加 CO_2 吸收量的措施抵消碳排放指标的协议框架,碳贸易应运而生。

森林是陆地生态系统的主体,巨大的生物量贮存着大量的碳,森林植被中的碳含量约占生物量干重的 50%,人工林每生长 1 m^3 木材,约可以吸收 1.83 t CO_2,因此森林碳汇是最大的吸收汇;同时森林的破坏,特别是毁林成为大气 CO_2 的重要来源,除了贮存在森林中的碳被迅速释放进入大气外,毁林引起的土地利用变化还将引起森林土壤有机碳的大量排放而成为碳源。因此,森林碳贸易对于应对全球气候变化具有重要作用。森林碳贸易可理解为碳交换,就是"碳汇单位与碳源单位 CO_2 排放权的交易"。森林碳汇功能发挥固定 CO_2 作用,得到相应的 CO_2 排放权,森林所有者或经营者将森林碳汇产生的 CO_2 排放权作为商品投放市场进行交易的行为。《京都议定书》生效实际上产生了两个森林碳贸易的隐性市场。

1. 第一个隐性市场

国家间森林碳汇市场《京都议定书》鼓励各国通过绿化、植树造林抵消一部分工业源 CO_2 排放。结果一方面用碳汇量抵减 CO_2 排放量实际上部分完成森林碳汇的交易过程;另一方面各国加大林业投入,促进林业发展和森林碳汇量增加,形成国家层次的森林碳汇市场。但这个是通过森林生态效益补偿大循环完成,更多体现的是生态功能。

2. 第二个隐性市场

林业 CDM 碳汇项目市场。林业 CDM 碳汇项目是《京都议定书》规定的清洁发展机制允许的林业项目。林业碳汇是指利用绿色植物光合作用将 CO_2 固化成为植物干物质的过程。森林碳汇按一定标准、程序和规则,最终获得联合国 CDM 执行董事会认证成为"核证减排量",即成为商品才能进行交易。这是一种具体、操作性强的森林碳贸易形式。这种森林碳贸易产品是森林碳汇形成的碳信用(或者碳排放权)。因此,林业 CDM 碳汇项目就是森林碳贸易主要形式。2005 年,中国与意大利环境和国土资源部合作的内蒙古赤峰市敖汉旗防治荒漠化青年造林项目,是中国造林的第一个碳汇造林项目,项目第一个有效期 5 年时间内投资 153 万美元,在荒沙地造林 3000 hm^2。

森林碳贸易是指一个实体通过买卖商品化的森林碳汇，获得 CO_2 增量排放或者获得其他实体购买森林碳汇的收益。只有"造林再造林项目"且须严格按照有关国际规则完成申报、认证、注册等复杂程序后才能进入"京都市场"交易。林业碳汇又可分为"京都规则"项目和潜在的"非京都规则"项目(表12-10)。目前，国家发展和改革委员会备案的自愿减排(CCER)林业碳汇项目方法学只有 3 个，即碳汇造林项目方法学、竹子造林碳汇项目方法学和森林经营项目方法学。

表 12-10　"京都规则"的碳汇项目

项目类型	项目名称	运行方式
"京都规则"的碳汇项目	云南省清洁发展机制(CDM)造林/再造林(A/R)试点项目	云南省林业厅与保护国际(CI)、美国大自然保护协会(TNC)合作
	广西壮族自治区珠江流域的造林项目	广西壮族自治区、生物碳基金托管机构国际复兴开发银行合作的碳减排量购买
	内蒙古自治区赤峰市敖汉旗防治荒漠化青年造林项目	国家林业局防沙治沙办公室与意大利环境和国土资源部合作
	浙江省杭州市临安毛竹碳汇项目	浙江林学院负责实施
	山西省交城县 CDM 造林再造林项目	山西省林业厅负责，中国林业科学研究院技术支持，英国投资
非"京都规则"的碳汇项目	陕西省周至县公益林项目	日元贷款
	中韩合作西部 5 省(自治区)治沙造林项目	韩方无偿援助项目费 500 万美元
	河北省廊坊三北防护林建设项目	世行贷款
	陕西省榆林市定边六大林业项目	中资

二、森林碳汇量统计

可商品化的森林碳汇需要申报批准签发后所确认的核证减排量(CERs)才是真正交易的碳贸易商品。例如，2016 年 4 月，我国川煤集团广能公司瓦斯发电 CDM 项目于 2009 年12 月 1 日正式启动，先后经历了项目申报、国家发展和改革委员会备案、联合国清洁发展机制执行理事会注册、第三方项目审定机构现场核查以及联合国清洁发展机制(CDM)执行理事会签发核证减排量(CERS)等一系列重要环节，交易的是该公司瓦斯发电中心 2013年 1 月 1 日至 2014 年 12 月 31 日期间产生的并经联合国清洁发展机制执行理事会签发的核证减排量(CERS)52.23 万 t，购买方是 Vatten-fall Energy Trading Netherlands N. V. (荷兰公司)，广能公司获得交易收益 17.32 万欧元(约合人民币逾 120 万元)。林业 CDM 碳汇项目经营期较长，期间每一个环节均需确保提交资料的真实准确和科学严谨，工作极其复杂，才最终形成真正的碳贸易商品。这与统计期(通常一年)不相符合，且统计成本极高。

森林碳贸易量统计是将林业碳汇项目最终获得核证减排量(CERS)的汇总。但是核证减排量(CERS)的本源是林木蓄积量。森林碳汇增加主要取决于森林蓄积量。完整统计森林固碳量需要考虑区域差别、树种、林地植被、边缘植被、人类活动、牲畜养殖造成的碳泄露等，严格按照 CDM 执行理事会的"造林/再造林项目活动土地合格性确定程序"、造林技术规范、森林抚育规程等一系列规则和标准。根据森林碳汇计量目的划分，森林碳贸易自然法统计是从自然科学的角度统计森林可供交易的森林碳汇量；森林碳贸易经济统计是从森林碳汇经济价值和森林贸易角度进行森林碳汇量的统计。

1. 森林碳汇量自然法统计

森林碳汇量自然法统计范围包括全部碳汇量，即林木碳汇、林下植被碳汇量和林地碳汇量。森林碳汇量经济统计只考虑林木碳汇量。森林碳汇计算方法包括碳密度法、碳平衡 F-CARBON 模型法和 CO_2FIX 模型法等，但是这些方法过于复杂，不具操作性，有必要简化统计复杂程度、降低统计成本。按照蓄积量转换法，森林碳贸易自然法统计核算公式为：

森林碳汇量=林木碳汇量+林下植被碳汇量+林地碳汇量=森林蓄积量×扩大系数×容积系数×含碳率+林下植物固碳量换算系数×森林蓄积量+林地固碳量换算系数×森林蓄积量，即：

$$CF_n = VF \times \delta \times \rho \times \gamma + \alpha \times (VF \times \delta \times \rho \times \gamma) + \beta \times (VF \times \delta \times \rho \times \gamma) \quad (12-26)$$
$$= VF \times 1.9 \times 0.5 \times 0.5 + 0.195 \times (VF \times 1.9 \times 0.5 \times 0.5) + 1.244 \times (VF \times 1.9 \times 0.5 \times 0.5)$$
$$= 2.439 \times (VF \times 1.9 \times 0.5 \times 0.5) = 1.158\ 525 \times VF$$

式中　CF_n——森林碳汇量；

VF——森林蓄积量；

δ——森林蓄积量换算成生物量蓄积量的系数，也称为生物量扩大系数，一般取 1.90；

ρ——森林生物量蓄积量转换成生物干重的系数，即容积密度，一般取 0.45~0.50；

γ——生物干重转换成固碳量的系数，即含碳率，一般取 0.5；

α——林下植物固碳量换算系数，即根据林木生物量计算林下植物(含凋落物)固碳量，一般取 0.195；

β——林地固碳量换算系数，即根据森林生物量计算林地固碳量，一般取 1.244。

2. 森林碳汇量经济统计

森林碳汇量经济统计核算公式：森林碳汇量=林木碳汇量，即：

$$CF_e = VF \times \delta \times \rho \times \gamma = VF \times 1.9 \times 0.5 \times 0.5 = 0.475 \times VF \quad (12-27)$$

森林蓄积量计算的森林碳汇则是指森林植物通过光合作用吸收二氧化碳，放出氧气，把大气中的二氧化碳转化为碳水化合物固定在植被与土壤当中，从而减少大气中二氧化碳浓度的过程。因此，森林碳贸易主要是指经济统计核算。经计算得到森林碳汇量见表 12-11 所列。

三、森林碳贸易价值统计

中国森林碳贸易市场是国际森林碳贸易市场的一部分，是《京都议定书》所规定的非强制减排任务的发展中国家。因此，中国具有森林碳贸易的供给方资格，可以充分利用国际碳贸易减排协定，出售二氧化碳减排额度。

表 12-11　森林碳汇量

| 全国森林资源清查 | 森林蓄积量（亿 m³） | 活立木蓄积量（亿 m³） | 森林碳汇量自然法统计 | | 森林碳汇量经济统计 |
			森林蓄积量（亿 m³）	活立木蓄积量（亿 m³）	森林蓄积量（亿 m³）
第一次	85.56	95.32	99.12	110.43	40.64
第二次	90.28	102.61	104.59	118.88	42.88
第三次	91.41	105.72	105.90	122.48	43.42
第四次	101.37	117.85	117.44	136.53	48.15
第五次	112.67	124.88	130.53	144.68	53.52
第六次	124.56	136.18	144.31	157.77	59.17
第七次	133.63	145.54	154.81	168.61	63.47
第八次	151.37	164.33	175.37	190.38	71.90

目前，国际市场上通用的森林碳贸易交易客体是《京都议定书》规定的"京都减排"单位。"京都减排"单位包括核证减排量（CERs）、气体排放限额（AAUs）、减排单位（ERUs）和汇增加单位（RMUs）等永久性"京都单位"，也包括长期 CER（ICER）、临时性 CER（t CER）两种非持久性"京都单位"。其中核证减排量（CERs）、长期 CER（ICER）、临时性 CER（t CER）3 种"京都单位"交易客体适用于作为发展中国家的我国参与清洁发展机制项目。

目前我国林业碳汇项目 1 t CO_2 当量经审定的碳减排量等价于 1 t CO_2 排放量。由此，可以使用碳配额价格衡量林业碳汇价值。

我国生态环境部根据《碳排放权交易管理办法（试行）》，组织制定了《碳排放权登记管理规则（试行）》《碳排放权交易管理规则（试行）》和《碳排放权结算管理规则（试行）》，分别管理全国碳交易市场的登记、交易和结算活动，全国碳排放权交易市场上线尚未开放，这里仍然以我国原有 8 个碳交易示范点（北京、上海、广东、深圳、天津、湖北、重庆和福建），选择北京、上海、广东、深圳、天津、湖北和重庆（2017 年福建开始试点）碳交易示范点交易价格计算森林碳贸易价值，具体如下：

$$PC = \frac{1}{7} \sum_{j=1}^{7} \sum_{t=1}^{n} \frac{C(B)_{jt} + C(R)_{jt}}{2} \qquad (12-28)$$

式中　PC——碳交易平均价格；

　　　$C(B)$——第 t 年的年初交易市场价格；

　　　$C(R)$——第 t 年的年末交易市场价格；

　　　j——试点区域。

碳交易价格计算结果见表 12-12 所列。

表 12-12 碳交易价格

元/t

年份	价格	北京	上海	广东	天津	深圳	湖北	重庆	平均价格
2014	期初交易价格	51.5	29.7	60	26.87	71.96	26.62	30.74	—
	期末交易价格	53.43	32.65	27.74	25.26	39.6	24.5	30.74	—
	平均价格	52.465	31.175	43.87	26.065	55.78	25.56	30.74	37.95
2015	期初交易价格	54.19	26.6	27.74	24.83	37.2	24.06	30.74	—
	期末交易价格	37	10	16.9	22.82	45	23.07	13	—
	平均价格	45.595	18.3	22.32	23.825	41.1	23.565	21.87	28.08
2016	期初交易价格	40.52	10.6	15.1	22.84	46	22.6	13	—
	期末交易价格	53.33	26.46	14.27	15.05	22.28	19.28	12.38	—
	平均价格	46.925	18.53	14.685	18.945	34.14	20.94	12.69	23.84

当全国碳排放权交易市场正式开放后，则碳交易价格就是全国碳排放权交易系统中的市场价格。

森林碳贸易价值统计就是经济统计口径下的森林蓄积量与碳交易价格的乘积。即：

$$SC_i = PC_i \times Q_i$$

假设取 2014 年、2015 年和 2016 年的碳交易平均价格乘以测算的 8 次全国森林资源清查森林碳汇量，得到的结果可作为森林碳贸易价值的估计值，见表 12-13 所列。

表 12-13 不同价格口径下的森林碳贸易价值

全国森林资源清查	2014 年	2015 年	2016 年
第一次	1542.288	1141.1712	968.8576
第二次	1627.296	1204.0704	1022.2592
第三次	1647.789	1219.2336	1035.1328
第四次	1827.293	1352.052	1147.896
第五次	2031.084	1502.8416	1275.9168
第六次	2245.502	1661.4936	1410.6128
第七次	2408.687	1782.2376	1513.1248
第八次	2728.605	2018.952	1714.096

森林碳贸易潜在价值统计是指使用森林自然法统计下的活林木蓄积量测算林木碳汇量、林下植被碳汇量和林地碳汇量的价值，它是一种碳贸易的潜力统计。其计算过程同森林碳贸易价值统计计算，得到结果见表 12-14 所列。随着碳交易价格下降，森林碳汇价值也随之下降，意味着可供交易的森林碳贸易价值也在减少；但随着蓄积量增加，森林碳贸易价值不断增加。

表 12-14　森林碳贸易潜在价值统计

全国森林资源清查	森林碳汇量自然法统计	不同价格口径下的价值		
	活立木蓄积量(亿 m³)	2014 年(亿元)	2015 年(亿元)	2016 年(亿元)
第一次	110.43	4190.82	3100.87	2632.65
第二次	118.88	4511.50	3338.15	2834.10
第三次	122.48	4648.12	3439.24	2919.92
第四次	136.53	5181.31	3833.76	3254.88
第五次	144.68	5490.61	4062.61	3449.17
第六次	157.77	5987.37	4430.18	3761.24
第七次	168.61	6398.75	4734.57	4019.66
第八次	190.38	7224.92	5345.87	4538.66

本章小结

　　本章首先介绍了林业产品贸易概念、分类及统计任务。从实物量统计和价值量统计对林产品销售、林产品的国际贸易构建统计指标，接着介绍了林产品价格指数构建，最后介绍森林碳汇贸易统计的实物量指标和价值量指标。

复习思考题

　　1. 以具体林产品品种为例，分析 2010—2015 年我国林产品国际贸易现状。
　　2. 收集具体某个林产品交易价格数据，使用价格指数分析该林产品的价格变动特征。
　　3. 分析我国防护林的潜在碳汇量。

第十三章 林业资金和成本统计

【本章介绍】本章通过计算和运用一系列相关指标，围绕林业企业固定资金、流动资金统计、成本与利润统计的相关内容进行介绍。具体阐述了林业资金的概念和特点、总量和构成、流动资金利用；林业产品成本的概念及分类、成本变动统计；林业林润统计的内容及具体指标等。

林业固定资金、流动资金、成本与利润统计是企业财务统计分析的重要内容，是企业的生产经营决策的重要依据。林业固定资产是林业固定资产的货币表现，流动资金主要是林业企业生产和流通过程中维持企业经营和运转的货币资金。企业的成本主要指运营成本，而利润统计则反映了林业企业在一定期间内利润实现(或发生亏损)的财务情况。

第一节 林业固定资金统计

固定资金是固定资产的货币表现。其特点表现在持续不断的生产循环过程中发挥作用并保持其原有的实物形态，直至退出生产过程。因而其价值并不像流动资金那样在一个生产周期得到全部转移，而是随着使用过程中发生的损耗逐渐地、部分地转移到产品成本中去。这部分转移价值称为折旧，是产品价值的组成部分，并通过产品价值的实现，从销售收入中逐渐地、部分地得到补偿。

固定资金作为固定资产的货币表现，具有以下特点：

①固定资金的循环周期比较长，它不是取决于产品的生产周期，而是取决于固定资产的使用年限。

②固定资金的价值补偿和实物更新是分别进行的，价值补偿是随着固定资产折旧逐步完成的，实物更新是在固定资产不能使用或不宜使用时，用平时积累的折旧基金来实现的。

③在购置和建造固定资产时，需要支付相当数量的货币资金，这种投资是一次性的，但投资的回收是通过固定资产折旧分期进行的。

固定资产是指企业为生产产品、提供劳务、出租或者经营管理而持有的、使用时间超过12个月，价值达到一定标准的非货币性资产，包括房屋、建筑物、机器、机械、运输工具，以及其他与生产经营活动有关的设备、器具、工具等。固定资产是企业的劳动手段，也是企业赖以生产经营的主要资产。从会计的角度划分，固定资产一般分为生产用固定资产、非生产用固定资产、租出固定资产、未使用固定资产、不需用固定资产、融资租赁固定资产、接受捐赠固定资产等。

固定资产是林业企业的重要财产，是企业从事生产经济活动必不可少的物质技术基础。它的规模及其技术状况是影响企业生产能力大小和技术水平高低的重要因素。因此，林业企业必须完善资产管理，充分挖掘固定资产的潜力，提高固定资产利润率，促进生产的发展。

一、固定资金总额统计

固定资金总额是以货币表现的全部固定资产的价值总量。由于不同种类的固定资产的实物数量不能相加，统计全部固定资产的总量，必须借助于固定资产的价格来计算固定资产的价值总盘。固定资金总量指标有 3 种表现形式，即固定资产原值、固定资产重置价值和固定资产净值。

(一) 固定资产原值

固定资产原值是指购买和建造时实际支付的金额，加上以后改造或扩建所投资金的总和。固定资产在使用过程中，虽然将自己的价值不断地转移到产品中，其寿命也逐渐缩短，但是其生产效能并不随着价值的转移而呈比例降低。统计固定资产的目的，是反映企业物质技术基础状况和劳动资料的生产能力。因此，固定资产原值指标是固定资产统计中应用最广泛的基本指标。

但这种统计方法也有缺陷。由于货币时间价值的作用，物价水平变动的影响，加上固定资产使用期限较长，构建固定资产所发生的原始成本与现时价值可能相差甚远，这样就使固定资产的原始价值不能真实地反映企业现时的经营规模。要真实反映企业的固定资产状况，就必须重新估价，用重置价值代替原始价值。但由于现时重置价值也是经常变化的、且固定资产种类繁多、具体业务操作相当复杂，所以，在表明固定资产总额时一般仍采用原值。

(二) 固定资产重置价值

固定资产重置价值是指按目前的技术和经济状况，重新购置、建造和安装同样的固定资产所需要的全部支出。重置价值的统计，一般是在企业固定资产盘盈、接受捐赠等固定资产无法确定原始价值时，或按国家规定对国有资产进行重新估价时采用。

(三) 固定资产净值

固定资产净值是指固定资产原值或重置价值减去累计折旧后的净额。它表明固定资产原值扣除因在使用中不断磨损，而逐渐转移到产品成本中去的那部分价值以后所剩的价值，或称固定资产的折余价值。

固定资产上述 3 种指标的统计，各有其不同的作用。统计固定资产原值，可以反映企业固定资产的最初投资规模及生产能力，以此计算固定资产的折旧，分析固定资产的增长水平，结构指标及固定资产利用率等；统计固定资产重置价值，可以了解企业在当前价格水平下，企业固定资产的技术能力、装备水平；统计固定资产净值，可以反映企业固定资产尚未磨损的价值，并可与固定资产原值对比，借以了解固定资产的新旧程度，便于企业有计划地对固定资产进行更新。

二、固定资金构成统计

林业企业的固定资金总额是由各类固定资产所占用的资金构成。为了研究各种固定资产所占资金的比例关系，分析固定资金的特点及配备的合理情况，就要对林业企业固定资金的构成进行统计研究。固定资产分类方法很多，根据不同的研究目的，可采用不同的标级对固定资产进行分组。

第一，林业部门固定资产按事业进行分类，可分为森林工业用固定资产、营林用固定资产、建筑安装用固定资产、勘探设计用固定资产、文化教育用固定资产、科学研究用固定资产、卫生福利用固定资产等。这种分类可反映各项事业固定资产的比例和特点及配备的合理程度。

第二，林业企业的固定资产按经济用途划分，可分为生产用固定资产和非生产用固定资产两大类。这种分类可以用来分析、考核固定资产的构成是否合理，是否主要用于企业生产。

第三，林业企业的固定资产按其使用情况划分，可以分为在用固定资产、租出固定资产、未使用固定资产、不需用固定资产和封存固定资产5类。这种分类可以用来分析、考核固定资产的利用情况，并据以计算折旧。

第四，林业企业的固定资产按其所属关系划分，可分为自有的固定资产和租入的固定资产两类。这种分类可以分清自有固定资产和非自有固定资产，明确企业对各类固定资产的权利和义务。

在实际工作中，林业企业的固定资产分为以下7类。

1. 生产用固定资产

直接参加生产过程或直接服务于生产过程的在用固定资产。包括：

①房屋和建筑物　生产车间、工厂和为生产服务的行政管理部门使用的房屋，以及房屋及运材线路以外的各种建筑物，如桥梁、隧道、停车场、水坝、渠道、河道工程、贮木场地面工程、造材台等。

②森林铁路　干线、支线、岔线、平车线的路基及其上部设备。

③林区公路　运材干线、支线和场区公路。

④动力设备　用于生产电力、热力、风力或其他动力的各种设备，如发电机、蒸汽机、电动机、涡轮机、变电设备等。

⑤传导设备　用于传导电力、热力、风力、其他动力和液体、气体的各种设备。

⑥工作机器及设备　如各种铸锻设备、木材加工设备、林化设备等。

⑦工具　仪器及生产用具。

⑧运输设备　森铁运输设备、水上运输设备、公路运输设备、集材和装卸设备、运输用的役畜和车辆等。

⑨管理用具。

⑩其他。

2. 非生产性固定资产

住宅、公用事业、文化生活、卫生保健等非生产机构使用的房屋建筑物及设备。包括职工住宅、宾馆、幼儿园、学校、俱乐部、图书馆、食堂、浴室、理发室、运动场、医院等固定资产。

3. 租出固定资产

按规定出租给外单位使用的固定资产。

4. 未使用固定资产

尚未使用的新增固定资产，进行改建、扩建的固定资产，以及经批准停止使用的固定资产。由于季节性生产和大修理等原因而停止使用的固定资产和在车间内替换使用的机器设备，因尚未脱离本企业的生产过程，都应作为在用固定资产。

5. 不需用固定资产

本企业不需要，并经批准准备处理的固定资产。

6. 土地

过去已经估价单独入账的土地，因征用土地而支付的补偿费，应计入与土地有关的房屋、建筑物的价值内。

7. 融资租入固定资产

企业以融资租赁方式租入的机器、设备，在租赁期内应视为国有固定资产进行管理。企业的固定资产按照上述分类，既反映了企业生产用和非生产用固定资产的构成情况，以期分析各类固定资产在全部固定资产中所占的比重，促使企业合理地配备固定资产，节约基本建设投资；又反映了固定资产的利用情况，促使企业充分挖掘固定资产潜力，提高其利用率。同时，这种分类还为正确计算折旧提供了条件。

例如，某大型木材采运企业 2020 年固定资产统计见表 13-1 所列。

在表 13-1 中，企业的全部固定资产按实业分，木材采运占 84.53%，附属企业占 7.6%，营林费用占 6.08%，基建费用占 0.83%，商业和粮食占 0.96%。在企业全部固定资产中按经济用途分，生产用固定资产占 73.59%，其中道路比重最大，运输设备也占了较大的比重，体现了以木材生产为主的特点，非生产用固定资产占 22.88%。生产用固定资产与非生产用固定资产的比例大体是协调的。

三、固定资金变动统计

(一)固定资金动态指标

企业在任何时期总有大批原有的固定资产在生产中发挥作用，同时又不断地增添新的固定资产，减少或报废部分陈旧的固定资产，从而引起固定资金总额的变动。表明固定资金总额的变动情况，可计算固定资金动态指标。

$$固定资金动态指标 = \frac{报告期固定资产原值}{基期末固定资产原值} \tag{13-1}$$

根据指数理论，计算固定资产动态若用不变价格对固定资产估价，可消除价格变动的影响，准确地反映固定资产的数量变化。但在实际工作中，由于按不变价格估价固定资产的工作比较复杂，不得不使用固定资产原值。这样计算的结果，虽然包括了价格变动的影响，但大体上还可以反映固定资产再生产的一般变动趋势。

表 13-1　某木材采运企业 1994 年固定资产统计表

项目	全企业		其中									
			木材采运用		附属企业用		营林用		基建用		商业粮食用	
	金额(元)	比重(%)	金额(元)	比重(%)	金额(元)	比重(%)	金额(元)	比重(%)	金额(元)	比重(%)	金额(元)	比重(%)
一、生产用固定资产	84 302 936	73.59	69 989 548	72.28	7 875 257	90.49	5 421 787	77.85	889 617	93.05	126 727	11.54
其中：1. 房屋、建筑物	18 797 100	16.41	13 772 292	14.22	3 528 772	40.55	1 227 179	17.62	268 857	28.12		
2. 森林铁路	33 208 173	28.99	33 208 173	34.30								
其中：上部	11 089 754	9.68	11 089 754	11.45								
3. 林区公路	4 389 260	3.83	1 755 041	1.81	20 000	0.23	2 614 219	37.54				
4. 机器、动力及传导设备	11 617 256	10.14	5 969 182	6.17	4 237 568	48.69	1 085 320	15.58	214 709	22.46	110 477	10.08
5. 运输设备	15 189 002	13.26	14 273 098	14.74	88 917	1.02	455 676	6.54	355 061	37.14	16 250	1.48
6. 其他	1 102 145	0.96	1 011762	1.04			39 393	0.57	50 990	5.33		
二、非生产用固定资产	26 207 257	22.88	23 375 435	24.14	251 551	2.89	1 542 206	22.15	66 442	6.95	971 623	88.48
三、租出固定资产												
四、未使用固定资产	576 124	0.60			576 124	6.62						
五、不需用固定资产												
六、土地	120 997	0.11	120 997	0.13								
七、融资租入固定资产	3 342 004	2.92	3 342 004	3.45								
合计	114 549 318	100.00	96 827 984	100.00	8 702 932	100.00	6 963 993	100.00	956 059	100.00	1 098 350	100.00

（二）固定资金平衡表

固定资金动态指标只能反映固定资金的变动结果，而不能说明其变化的过程。因此，可以用固定资金变动的平衡关系来反映固定资金变动的过程和原因。固定资金平衡关系如下：

$$期初固定资金总额-本期已减少的固定资金总额+本期已增加的固定资金总额$$
$$=期末固定资金总额 \qquad (13-2)$$

利用上述平衡关系可编制固定资金平衡表，见表 13-2 所列。

表 13-2　固定资金平衡表　　　　　　　　　　　　　元

项目	金额	项目	金额
一、固定资产原值年初数		一、固定资产原值本年减少数	
二、固定资产原值本年增加数		1. 出售的固定资产	
其中：1. 购入的固定资产		2. 报废的固定资产	
2. 自制自建的固定资产		3. 向其他单位转出的固定资产	
3. 租入的固定资产		4. 盈亏的固定资产	
4. 补偿贸易引进的固定资产		5. 其他	
5. 其他单位投入的固定资产		二、固定资产原值年末数	
6. 接受捐赠的固定资产			
7. 盘盈的固定资产			
8. 其他			
总计		总计	

四、固定资产磨损率与有用率

（一）固定资产磨损率

固定资产在生产过程中逐渐磨损，为了掌握固定资产的磨损情况，可以计算固定资产磨损率。固定资产磨损率也称为固定资产磨损系数，就是固定资产累计已计提折旧与固定资产原价总额的比率。

固定资产磨损率反映了固定资产的磨损程度。当企业固定资产不断更新时，其磨损率指标会呈下降趋势，当企业固定资产未进行更新时，其磨损率指标将会呈上升趋势。

$$固定资产磨损率=\frac{固定资产磨损额}{固定资产原值}=\frac{（累计折旧额-实际支出大修理费用）}{期末固定资产原值} \qquad (13-3)$$

固定资产的磨损从理论上说包括两个方面：有形损耗和无形损耗。我国计算的固定资产折旧，通常是根据固定资产使用年限计算的。所以，计算的固定资产磨损率只包括了有形损耗，不包括固定资产的无形损耗。固定资产折旧额是一个平均数，与固定资产的实际磨损程度也不一致。但是，从固定资产投资回收角度来看，固定资产损耗率越高，则表明固定资产投资的回收比率越大；反之，则投资回收比率较小。

（二）固定资产有用率

固定资产有用率与磨损率恰好相反，它是从反映固定资产经过磨损后尚存的有用部分来说明现有固定资产的有用程度的。其计算公式如下：

$$\frac{固定资产}{有用率} = \frac{期末固定资产净值}{期末固定资产原值} = \frac{(期末固定资产原值-磨损额)}{期末固定资产原值} = 1-磨损率 \quad (13-4)$$

固定资产磨损率越小,有用率就越高。固定资产的有用率除了取决于固定资产的磨损程度以外,还取决于新增固定资产在全部固定资产中所占的比重大小。随着固定资产的不断更新,有用率会逐渐加大。

五、固定资产利用统计

固定资金在企业全部资金中占有很大的比重,合理地利用企业现有的固定资产,可以在不增加投资的情况下,创造出更多的物质财富。这对降低成本、增加利润都具有重大意义。表明固定资金利用程度有以下几个指标:

1. 百元固定资金产值年总产值(元)

$$百元固定资金产值 = \frac{年总产值(元)}{年平均固定资产原值(百元)} \quad (13-5)$$

年平均固定资产原值是以各月末的固定资产原值,用时点数序时平均数方法计算。这个指标计算结果的数值越大,说明固定资金的利用越好。

2. 百元产值占用固定资金额

$$百元产值占用的固定资金额 = \frac{年平均固定资产原值(元)}{年总产值(百元)} \quad (13-6)$$

每百元产值占用固定资金额与百元固定资金产值这两个指标的分母都以百元为单位,否则两个指标互为倒数。两个指标从两个角度说明同一问题。百元产值占用固定资金额越小,说明固定资金利用率越高。

由于各企业固定资产的结构是有差别的,因此这两个指标不宜用于各企业、各部门之间的对比,而只宜在同一部门、同一企业之内进行动态对比,或在条件相似的企业之间进行静态对比。

3. 百元固定资金的增加值和利润

上述两个指标都是用总产值进行计算的,总产值受转移价值、组织结构变动等因素的影响。它不能确切地反映企业的工作成果,因而必然影响上述两个指标的真实性。利用增加值和利润计算的固定资金利用程度指标,则可避免总产值存在的上述缺陷,在价格反映价值的情况下,较确切地反映固定资金的利用效果,具有较高的分析价值。

$$百元固定资金增加值 = \frac{年增加值(元)}{年平均固定资产原值(百元)} \quad (13-7)$$

$$百元固定资金利润 = \frac{年利润(元)}{年平均固定资产原值(百元)} \quad (13-8)$$

第二节　林业流动资金统计

企业在从事生产活动的同时也产生了资金的运用与核算,即企业的财务活动。一般来说,具体核算资金来源和运用是财务会计的任务,具体核算各种产品成本水平是成本会计的任务。林业流动资金、成本与利润的统计任务，就是运用相对数、平均数、综合指数等统计方法，根据财务会计和成本会计提供的资料，具体研究流动资金、成本、利润的构成和动态，分析流动资金周转快慢，产品成本高低，实现利润多少及其成因，提出改进办法，为提高资金和成本管理水平提供科学依据，使企业能以最小的消耗获取最大的经济效益。

一、林业流动资金的概念和特点

流动资金是指企业流动资金情况。流动资金是流动资产的表现形式，即企业可以在一年内或者超过一年的一个生产周期内变现或者耗用的资产合计。林业企业的流动资金主要用于购买原材料、燃料、垫付工资等。林业再生产过程中，包括森林培育和森林采伐利用，其所投入的种子、肥料、林药、材料、燃料和所支付的工资等，从理论上说均属于流动资金。

流动资金的特点，不是长久地保留在一种使用形态上，而是随着生产过程和流通过程的持续进行，不断地由一种形态转化为另一种形态。例如，流动资金最初处于货币资金状态；用于购买原材料后，就转化为生产储备形态；投入生产以后，就变成在制品或半成品；产品生产出来以后，在未出售以前，又表现为成品储备形态；当产品出售之后又转化为货币资金或结算资金。随后，又投入下一个生产循环。由于这部分资金永远处于往复流动状态，所以称之为流动资金。林业流动资金循环如图 13-1 所示。保证生产发展的需要是管好和用好流动资金的根本要求，在此基础上，企业应按节约的原则，确定正常周转所必需的流动资金数额，并且选择各种有效的渠道及时组织资金供应，降低融资成本，加速流动资金周转，提高流动资金的使用效果。流动资金统计的任务，主要是反映和研究企业流动资金的总量、构成和利用情况，总结经验，发现问题，为不断改进企业流动资金的管理工作，充分发挥流动资金的作用提供依据。

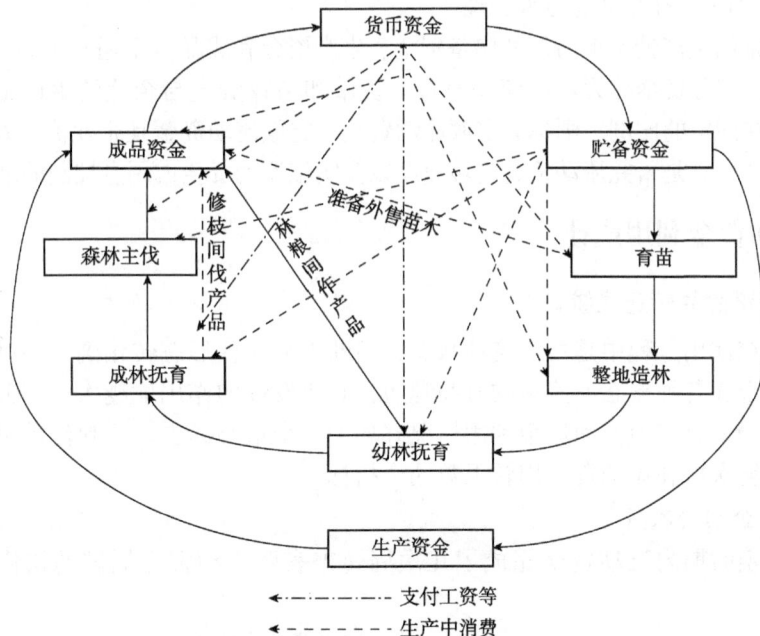

图 13-1　林业流动资金循环

二、流动资金的总量和构成统计

统计企业的流动资金,按其在流转过程中所处的形态不同,可分为储备资金、生产资金、成品资金、货币资金和结算资金。

1. 储备资金

处于生产准备状态的流动资金。即从企业用货币资金购买原材料、燃料、种子、肥料,修理用备件、低值易耗品等开始,直到把它们投入生产为止所占用的资金,包括全部生产用的原材料储备和在途材料所占用的资金。

2. 生产资金

处于生产过程中的流动资金,即从原材料投入生产开始,直到产品制成入库为止这个生产阶段中所占用的资金,包括在制品、半成品、自制工具和待摊费用所占用的资金。

3. 成品资金

企业待销产品所占用的流动资金,即从产品制成入库开始至产品销售止所占用的资金,包括准备出售的成品和半成品所占用的资金。

4. 货币资金和结算资金

现金、银行存款、发出商品、各种应收款以及备用金等所占用的资金。

由于企业的生产性质不同,其流动资金在各个阶段上的需要量也不相同。例如,原料收购带有明显季节性或原材料购买、运输困难的企业则需要较多的储备资金,生产周期长且规模较大的企业所需的生产资金较多,而销售产品属市场疲软的企业则通常伴随着高比例积压在库的成品资金。此外,由于管理水平不同,也会使企业流动资金占用量发生增减。因此,研究流动资金的总量及其构成,必须结合企业生产的特点和管理状况,考察流动资金在不同阶段上的占用量是否合理。

企业在正常的生产情况下所需的储备资金、生产资金和成品资金通常可确定相对固定的比例,所以这三部分资金称为定额流动资金。货币和结算资金与企业的生产也有相应的联系,但却不存在固定的比例,则称非定额流动资金。定额流动资金是企业流动资金占用量的重要部分,因此,它是研究流动资金周转速度以及实施流动资金占用量控制的重要依据。

三、流动资金利用统计

(一)流动资金周转速度统计

流动资金在使用过程中是处于流动状态,不断地从一种形态转化到另一种形态。一定数量的流动资金在各种形态上停留的时间越短,它所发挥的作用就越大。因此,流动资金周转速度的快慢,就成为流动资金利用情况好坏的一个重要标志。反映流动资金周转速度有流动资金周转次数和流动资金周转天数两个指标。

1. 流动资金周转次数

它是以一定时期内流动资金完成了几次周转来表明流动资金周转的快慢。其计算公式为:

$$流动资金周转次数 = \frac{流动资金周转额}{流动资金平均占用额} \tag{13-9}$$

式中，流动资金周转额是林业企业在一定时期内占用的流动资金所完成的周转数量。流动资金的周转，从货币资金形态开始，到产品销售收回货币为止，就算完成了一次周转。因此，产品销售收入可以表明流动资金在一定时期内所完成的周转总额。

流动资金平均占用额是指储备资金、生产资金和成品资金实际占用额在一定时期(月、季、年)内的平均数。

$$月流动资金平均占用额=\frac{月初流动资金占用额+月末流动资金占用额}{2} \qquad (13-10)$$

$$季流动资金平均占用额=\frac{三个月流动资金平均占用额之和}{3} \qquad (13-11)$$

$$年流动资金平均占用额=\frac{全年各季度流动资金平均占用额之和}{4} \qquad (13-12)$$

2. 流动资金周转天数

流动资金周转速度还可用流动资金周转一次所需要的天数来表示。其计算公式如下：

$$流动资金周转天数=\frac{日历日数}{流动资金周转次数}=\frac{日历日数}{流动资金周转额/流动资金平均占用额}$$
$$=\frac{日历日数×流动资金平均占用额}{流动资金周转额} \qquad (13-13)$$

为了计算方便，流动资金周转天数所采用的日历日数，月按30 d计算，季按90 d计算，年接80 d计算。需要指出，流动资金周转天数虽然能直观地显示周转快慢，反映其利用程度，但是也有其局限性。例如，生产周期长的企业某一时期未产出成品，那么销售收入很小或等于零。在这种情况下就不计算周转天数指标，而计算每百元产值占用流动资金额。

(二)每百元产值占用流动资金额

每百元产值占用流动资金额指标又称产值资金率。因为产值是报告期的生产成果，流动资金与产值相比可以反映流动资金的利用情况。在一定时期内流动资金利用的越充分，生产每百元产值占用的流动资金越少。体现了增产不增资或增产少增资的经济效果。其计算公式如下：

$$每百元产值占用流动资金额=\frac{年度流动资金平均占用额(元)}{全年总产值(增加值)(百元)} \qquad (13-14)$$

由于每百元产值占用流动资金额是按全年计算的，若计算时间短于全年则一律要折算为一年的总产值(或增加值)。所以这样做主要是为了便于将各不同时期的这类指标进行对比，以分析流动资金的利用情况。

$$年初至本月止每百元产值占用流动资金额=\frac{年初至本月止流动资金平均占用额(元)}{年初至本月止累计总产值(增加值)(百元)}×\frac{12}{年初至本月止月份数}$$
$$\qquad (13-15)$$

$$季度每百元产值占用流动资金额=\frac{季度流动资金平均占用额(元)}{全季总产值(增加值)(百元)×4}$$

$$年季度每百元产值占用流动资金额=\frac{月度流动资金平均占用额(元)}{全月总产值(增加值)(百元)×12}$$

每百元产值占用流动资金额的减少而节约的资金，可以用下式计算：

由于每百元产值占用流动资金额减少而节约的流动资金

=（计划每百元产值占用流动资金额−实际每百元产值占用流动资金额）×

实际总产值（增加值）（百元）　　　　　　　　（13-16）

例如，某木材加工厂每百元产值计划占用流动资金为 27 元，每百元产值实际占用流动资金为 25.50 元，2020 年的总产值为 4 000 000 元。则 2020 年由于每百元产值占用流动资金的减少而节约的流动资金为：

$$（27−25.50）×40 000＝60 000 元$$

需要说明的是由于每百元产值占用流动资金的减少而节约的流动资金和由于缩短资金周转天数而节约的流动资金，是从两个不同方面对同一个企业、同一个时期的流动资金利用情况的分析结果。流动资金周转天数是根据一个时期的产品销售额计算的，而产值资金率则是根据同一时期的总产值或增加值计算的。由于同一时期的销售收入与总产值或增加值的增减变动不一定相同，则流动资金周转天数和产值资金率的变动情况也将有所不同。所以，在考核企业流动资金利用情况时，同时考核这两个指标，就能比较全面地了解企业流动资金的利用效果。

四、流动资金分析

(一)定额流动资金构成分析

分析定额流动资金构成是否合理，必须以保证生产需要又节约资金为原则。企业制定的定额流动资金就是根据这两方面的要求制定的。因此，把定额流动资金的实际平均占用数与定额数对比，就可以观察定额流动资金的运用是否合理。

由表 13-3 可见，企业定额流动资金实际占用数比定额数低 621 850 元，说明流动资金低于定额数。但从储备资金、生产资金和成品资金看，三者各不相同，除储备资金低于定额外，生产资金和成品资金均高于定额。因此，必须对上述 3 类资金做进一步分析。

表 13-3　定额流动资金分析表　　　　　　　　　　　　　元

项目	实际平均数	定额数	差异
储备资金	3 577 100	4 500 000	−922 900
生产资金	348 450	340 000	8450
成品资金	2 492 600	2 200 000	292 600
合　计	6 418 150	7 040 000	−621 850

1. 储备资金分析

分析储备资金的占用是否合理，不能简单根据实际数大于或小于定额数进行判别，而必须根据具体情况加以分析。储备资金低于定额数而属正常的原因常有单位产品消耗下降、原材料价格降低、原材料供应协调而使库存减少；属非正常的原因则有供应不及时、储备不充分等。同样的，储备资金超过定额数而仍属正常的情况有生产扩大、原料紧俏、原料价格上涨；属非正常的情况有盲目采购、提前到货、集中到货、进料不配套、单位产品消耗上升等。

2．生产资金分析

影响生产资金与定额的差异，原因也是多种多样的。生产扩大而超额属正常原因，但单位产品消耗上升、生产组织不合理、外协件不配套而使生产资金大量滞留在生产阶段则属不正常原因。单位消耗降低、生产均衡而使实际数低于定额数是好现象，但不顾产品质量而一味降低单位成本使实际数低于定额数则未必是好事。

3．成品资金分析

成品资金的高低与企业生产有关，也与销货状况有关。企业生产规模扩大而使成品资金大于定额数，或者单位成本下降以及销售畅通、运输迅速而使成品资金小于定额数均属正常情况。但销售不畅、运输组织不好，包装材料准备不足而使成品资金上升，以及生产下降致使库存成品寥寥无几则都属不正常情况。

(二)流动资金周转速度分析

1．流动资金节约分析

分析流动资金的周转速度，首先是把计划与实际进行比较，反映流动资金周转速度有周转次数和天数两个指标，其中以流动资金周转天数应用较普遍，下面以流动资金周转天数为例，说明分析的方法。

例如，某企业2020年全部定额流动资金的计划和实际的周转情况见表13-4所列。

表13-4　某企业2020年定额流动资金周转速度计算

项目	计划	实际	差异
定额流动资金平均余额(元)	7 040 000	6 418 150	-621 850
产品销售收入(元)	53 000 000	56 338 000	3 338 000
周转天数(d)	47.8	41.0	-6.8

加速流动资金周转，可以减少流动资金的占用量。节约的流动资金数量可用下面公式计算：

加速流动资金周转速度节约的流动资金额=(本期产品销售收入/日历日数)×

(实际流动资金周转天数-计划流动资金周转天数)

$$=(5\ 633\ 800/360)\times(41.0-47.8)=-1\ 064\ 162.22(元) \quad (13-17)$$

2．流动资金周转阶段分析

在流动资金周转过程中，各个阶段资金周转速度，决定着流动资金总周转速度。在实行资金分级分口管理的情况下，各个阶段资金周转速度反映着各责任部门对资金管理的好坏。因此，为了进一步查明流动资金总周转率变动的具体原因，评价各责任部门资金管理的好坏还要分析各个周转阶段的流动资金周转率指标，便于采取具体措施。各阶段定额流动资金周转天数的计算公式如下：

$$储备资金周转天数=\frac{储备资金平均余额\times日历日数}{报告期材料费用} \quad (13-18)$$

$$生产资金周转天数=\frac{生产资金平均余额\times日历日数}{报告期生产成本} \quad (13-19)$$

$$成品资金周转天数 = \frac{成品资金平均余额 \times 日历日数}{报告期销售成本} \qquad (13-20)$$

定额流动资金各阶段周转天数的计算见表 13-5 所列。

表 13-5　定额流动资金阶段周转天数计算

项目	周转额(元)	平均占用额(元)	周转天数(d)	流动资金比重(%)	周转额比重(%)
定额流动资金	34 500 000	4 380 000	45.70	100.00	—
储备资金	17 250 000	2 240 000	46.75	51.14	50
生产资金	29 330 000	1 160 000	14.24	26.48	85
成品资金	31 050 000	980 000	11.36	22.38	90

定额流动资金各阶段周转天数相加之和与定额流动资金总周转天数不等，是由于定额流动资金各阶段的周转数与定额流动资金的总周转额的不同而产生的。各阶段的周转额逐步递转，包括前一阶段转下来的重复因素，以致最后一个阶段的周转额与总周转额也不一致。因此，要把定额流动资金各阶段的周转天数，换算为定额流动资金的总周转天数，可按下式计算：

$$定额流动资金的总周转天数 = \sum 各阶段周转天数 \times 周转额比重 \qquad (13-21)$$
$$= 46.75 \times 50\% + 14.24 \times 85\% + 11.36 \times 90\% = 23.38 + 12.10 + 10.22 = 45.70 \ (d)$$

第三节　林业产品成本统计

一、成本的概念及其统计任务

林业产品成本是指一定时期内为生产和销售林产品而支出的费用总额。产品成本是产品销售价值的一个组成部分，它是生产产品所消耗的物化劳动的转移价值以及相当于工资那部分活劳动所创造价值的货币表现。

产品成本是综合反映企业经营管理水平和经济效益的一个重要指标，选择适当的方法对成本费用进行统计分析，对了解企业的经营活动非常重要。就林业企业来讲，它要受到林业土地资源地位级的高低、森林资源的好坏、林产品质量的优劣、劳动生产率的高低、设备的利用状况，以及资金的利用是否合理、劳动的组织、生产的安排是否合理等各种因素的影响。这些因素的影响最终都会通过成本直接或间接地反映出来。因此，加强对企业生产经营的管理，充分合理地使用人力、物力和财力，努力降低产品成本，保证生产盈利，增加国家积累，是林业企业的一项重要任务。

林业产品成本统计，主要是在成本计算的基础上，分析林业产品成本的水平及其变动，研究成本的构成及其变化，检查成本计划的执行情况，为企业加强经济核算，研究降低产品成本提供依据。

二、产品成本分类

成本是一个复杂的范畴，根据成本分析与控制的要求，常可进行如下几种分类：

1. 产品成本按照包括的费用范围不同分类

可分为生产成本和完全成本。生产成本指企业为生产一定种类和数量的产品（劳务或作业）所发生生产费用的总和。完全成本包括生产成本，还包括为销售本企业产品而支出的销售费用，即企业生产和销售产品所支付的全部成本。

2. 产品成本根据成本核算对象范围不同分类

可分为总成本和单位产品成本。总成本是指生产一种产品或多种产品所支出的费用总额，它是计算单位产品成本的基础。单位产品成本，在成批生产的情况下，是该批产品总成本除以产品数量的单位产品平均成本；如果是单件生产，就是单件产品的成本。单位产品成本是表明成本水平的基本指标，是研究成本变动和检查成本计划执行情况的依据。

3. 可比产品总成本和全部产品总成本

可比产品是指以前年度正式生产过，本年继续生产的产品，它有以前的实际成本资料可作比较。不可比产品是指以前年度没有正式生产过的产品，例如新产品。所以，可比产品总成本就是指企业在报告期为生产可比产品所支出的费用总额。全部产品总成本是指企业在报告期内生产全部产品（包括可比产品和不可比产品）所支出费用总额。可比产品总成本可用来研究成本水平的变化情况，而全部产品总成本则可作为计算全部产品成本超支或节约的依据。

三、产品成本变动统计

研究成本水平的变动，可以分别按各种产品计算，说明每种产品成本的变动情况，也可按全部可比产品综合起来计算，说明企业全部可比产品成本的综合变动情况。反映产品成本水平的变动情况，进行对比的产品必须是可比产品。所谓可比产品是指过去正式生产过，报告期继续生产的产品。

（一）一种可比产品成本变动统计

1. 个体成本指数

个体成本指数即用该种产品报告期单位成本水平除以上期单位成本水平。其计算公式如下：

$$个体成本指数 = \frac{Z_1}{Z_0} \times 100\% \qquad (13-22)$$

式中　Z_1——某种产品报告期单位成本；
　　　Z_0——某种产品基期单位成本。

$$单位成本降低率 = (1 - 个体成本指数) \times 100\% \qquad (13-23)$$
$$单位成本降低额 = Z_1 - Z_0 （负数表示节约） \qquad (13-24)$$
$$成本降低总额 = 单位成本降低额 \times 报告期产量 \qquad (13-25)$$

例如，某木材生产企业 2020 年生产木材 32 万 m^2，木材单位成本 184.80 元，而 2019

年生产木材的单位成本为 189. 30 元。

$$个体成本指数 = \frac{Z_1}{Z_0} \times 100\% = \frac{184.80}{189.30} \times 100\% = 97.62\%$$

木材单位成本降低率 = 1 - 97. 62% = 2. 38%

每平方米木材成本降低额 = 184. 80 - 189. 30 = -4. 5(元)

木材成本降低总额 = -4. 5 × 320 000 = -1 440 000(元)

2. 可变成本指数

必须先计算出平均成本,然后进行对比。常用于研究部门或多个企业一种产品的成本变动。其计算公式如下:

$$可变成本指数 = \frac{\sum Z_1 Q_1}{\sum Q_1} \div \frac{\sum Z_0 Q_0}{\sum Q_0} = \frac{Z_1}{Z_0} \tag{13-26}$$

式中　Q_0——基期产量;

　　　Q_1——报告期产量;

　　　Z_0,Z_1——基期和报告期平均成本。

例如,某地区两个锯材厂成本资料见表 13-6 所列。

表 13-6　某地甲乙两锯材厂成本指数计算

厂别	产量(万 m³)		产品总成本(万元)		单位成本(元)		指数(%)
	基期 Q_0	报告期 Q_1	基期 $Q_0 Z_0$	报告期 $Q_1 Z_1$	基期 Z_0	报告期 Z_1	
甲	5	6	650	720	130	120	92. 31
乙	4. 5	4. 6	607. 5	598	135	130	96. 30
合计	9. 5	10. 6	1257. 5	1318	132. 37	124. 34	93. 93

$$可变成本指数 = \frac{Z_1}{Z_0} \times 100\% = \frac{124.34}{132.37} \times 100\% = 93.93\%$$

该地区锯材成本报告期比基期降低 6%,每立方米锯材成本降低 8. 03 元,全部成本降低 85. 12 万元(8. 03 × 10. 6 = 85. 12 万元)。

部门平均成本水平的变动,受各厂成本水平、各厂产量占部门产量比重两个因素的影响,这两个因素的影响程度,可通过固定结构成本指数和结构影响成本指数进行测定。

$$固定结构成本指数 = \frac{\sum Z_1 Q_1}{\sum Q_1} \div \frac{\sum Z_0 Q_1}{\sum Q_1} = \frac{124.34}{132.17} = 94.08\%$$

节约成本的绝对额 = -7. 83 × 10. 6 = -83(万元)

说明由于降低了单位产品的成本水平,使地区锯材成本下降 5. 92%,使总成本降低了 83 万元。

$$单位成本降低额 = \frac{\sum Z_1 Q_1}{\sum Q_1} - \frac{\sum Z_0 Q_1}{\sum Q_1} = 132.37 - 132.17 = -0.02(元)$$

节约成本的绝对额 = -0. 20 × 10. 6 = -2. 12(万元)

　　说明该地区通过增加单位产品成本降低幅度较大的甲企业的比重，使地区锯材成本降低 0.15%，节约了成本 2.12 万元。

　　上述 3 个指数关系如下：

$$\frac{\sum Z_1 Q_1}{\sum Q_1} \div \frac{\sum Z_0 Q_0}{\sum Q_0} = \frac{\sum Z_1 Q_1}{\sum Q_1} \div \frac{\sum Z_0 Q_1}{\sum Q_1} \times \frac{\sum Z_0 Q_1}{\sum Q_1} \div \frac{\sum Z_0 Q_0}{\sum Q_0} \qquad (13-27)$$

　　即：
$$93.93\% = 94.08\% \times 99.85\%$$

　　单位成本降低额：

$$Z_1 - Z_0 = \left(\frac{\sum Z_1 Q_1}{\sum Q_1} - \frac{\sum Z_0 Q_1}{\sum Q_1} \right) + \left(\frac{\sum Z_0 Q_1}{\sum Q_1} - \frac{\sum Z_0 Q_0}{\sum Q_0} \right) \qquad (13-28)$$

　　即：
$$-8.03 \text{ 元} = -7.83 \text{ 元} - 0.2 \text{ 元}$$

　　节约的绝对额：

$$(Z_1 - Z_0) \sum Q_1 = \left(\frac{\sum Z_1 Q_1}{\sum Q_1} - \frac{\sum Z_0 Q_1}{\sum Q_1} \right) \sum Q_1 + \left(\frac{\sum Z_0 Q_1}{\sum Q_1} - \frac{\sum Z_0 Q_0}{\sum Q_0} \right) \sum Q_1 \qquad (13-29)$$

　　即：
$$85.12 \text{ 万元} = 83 \text{ 万元} + 2.12 \text{ 万元}$$

(二) 全部可比产品变动成本统计

　　一个企业不止生产一种产品，而是生产多种产品。由于各种不同产品的单位成本不能直接相加，研究多种可比产品可采用综合成本指数：

$$\text{综合成本指数} = \frac{\sum Z_1 Q_1}{\sum Z_0 Q_0} \times 100\% \qquad (13-30)$$

　　例如，某林业企业生产 3 种可比产品，其基期和报告期的成本资料见表 13-7 所列。

表 13-7　某企业可比产品成本指数计算表

产品名称	计算单位	报告期产量 Q_1	单位成本(元)		报告期产量总成本(元)	
			基期 Z_0	报告期 Z_1	按基期单位成本计算 $Z_0 Q_1$	报告期实际 $Z_1 Q_1$
原木	m³	50 000	50	49	2 500 000	2 450 000
松香	kg	5000	0.7	0.6	3500	3000
松节油	kg	1000	1.1	1.0	1100	1000
合计					2 504 600	2 454 000

$$\text{综合成本指数} = \frac{\sum Z_1 Q_1}{\sum Z_0 Q_0} \times 100\% = \frac{2\ 454\ 000}{2\ 504\ 600} = 97.98\%$$

　　成本降低率 = 1 - 97.98% = 2.02%

　　降低成本的节约额 = 2 454 000 - 2 504 600 = 50 600(元)

利用综合成本指数研究全部可比产品的成本变动,并计算出节约额外,还应分析各种产品个体成本指数和节约额,进一步说明不同产品成本的降低程度及其差异。

(三)主要产品成本项目单位成本变动分析

利用综合成本指数研究全部可比产品的成本变动之外,还应分析主要产品成本项目中各个成本支出的增减情况,从而查明单位成本变动的原因,以便进一步挖掘潜力,降低成本。

例如,某林机场主要产品的单位成本资料见表 13-8 所列。

表 13-8　某林机厂主要产品单位成本

成本项目	上期单位成本(元) Z_0	报告期单位成本(元) Z_1	单位成本节约额(元) Z_0-Z_1	占总节约额比重 (%)
原材料	165	157	8	40.0
燃料和动力	30	28	2	10.0
工资	88	82	6	30.0
职工福利基金	10	9.5	0.5	2.5
废品损失	2	2	—	—
更新改造费	44	42	2	10.0
管理费用	31	29.5	1.5	7.5
合计	370	350	20	100.0

在表 13-8 中,本期单位成本比上期节约了 20 元,其中原材料节约 8 元,占整个单位成本降低比重的 40%,设明原材料的节约对降低成本起到主要的作用。其次,工资占单位成本降低的比重也较大,工资节约 6 元,为成本降低比重的 30%。此外,由表 13-8 可知,燃料和动力、更新改造费、管理费用等均有所降低。通过以上分析,可以了解产品成本水平超支或节约的主要因素。此外,还可以把成本项目的实际数与计划数进行比较,从而便于成本控制。或与同类先进企业的成本水平进行比较,进一步研究单位成本发生差异的原因,寻求更佳的降低成本途径。

第四节　林业利润统计

利润是企业在一定时期内的经营成果,即"所得"扣除"所费"的余额。如果"所得"与"所费"相等,甚至"所得"低于"所费",企业必然徘徊于简单再生产或缩小再生产的循环而失去了自身存在的价值。可见,努力使利润在"所得"减去"所费"后仍有盈余,且盈余越多越好,便是企业基于自身物质利益考虑对企业资产存量与增量进行合理配置的出发点与归宿点。这种以利润为目的的企业经营活动,从微观而言,是企业谋求扩大再生产,改善职工收入待遇的源泉;从宏观而言,是国家实现财政收入的保证,是社会物质繁荣的基础。只有在利润不断增长的条件下，我们才能实现社会主义的生产目的，即满足人们不断增长的物质文化生活需要，而不是一般目前的需要。

利润统计的任务是在会计核算的基础上，根据会计报表资料，统计利润额和利润率，并对利润构成进行分析，为改进企业管理提供信息。

一、林业利润额统计

林业企业利润额通常可分为产品销售利润、营业利润和利润总额 3 个层次。

(一)产品销售利润

产品销售利润是林业企业在一定时期内销售林副产品和对外承做的工业性作业所获得的利润。产品销售利润反映了企业的主营业务利润，它是利润总额的主要部分。

$$产品销售利润=销售收入-销售成本-销售费用-销售税金 \tag{13-31}$$

式中，销售成本是指企业产成品、自制半成品和从事工业性劳务所发生的成本。销售费用是指产品销售过程中发生的费用，以及为销售本企业产品而专设的销售机构的职工工资、业务费等费用。销售税金则指销售产品、提供工业性劳务等应缴纳的税金，包括产品税、增值税、营业税、城市维护建设税、资源税和教育费附加税等。

(二)营业利润

营业利润等于产品销售利润加其他业务利润，减管理费用和财务费用。其计算公式为：

$$营业利润=产品销售利润+其他业务利润-管理费用-财务费用 \tag{13-32}$$

$$其他业务利润=其他业务收入-其他业务成本-其他销售税金 \tag{13-33}$$

式中，其他业务利润是指企业通过除产品销售利润以外的其他销售或其他业务所获得的利润。如商品粮食销售、材料销售、技术转让、固定资产出租等。管理费用则是指企业行政部门为组织和管理生产经营活动而发生的费用。财务费用则是企业为筹集生产经营所需资金等而发生的费用。

(三)利润总额

利润总额是指企业在一定时期内已实现的全部利润，包括营业利润、投资收益、营业外收支净额。其计算公式为：

$$利润总额=营业利润+投资收益+营业外收入-营业外支出 \tag{13-34}$$

式中，投资收益反映企业以各种方式对外投资所取得的收益，其中包括分得的投资利润、债券投资利息，以及让购股票所得的股利和收回投资时所发生的收益等。营业外收入和支出反映与企业经营无直接关系的各项收入和支出。如固定资产盘盈和盘亏、罚款收入和支出、非常损失等。

二、利润率统计

企业利润额的大小与生产规模的大小、产品产量、销售收入的多少、成本支出和资金占用有直接关系。因此，不仅要统计利润额，而且还要将利润额和成本、销售收入、资金、产值等加以比较并计算利润率，表明企业的盈利程度。

（一）成本利润率

成本利润率是企业在一定时期内的产品销售利润与产品销售成本的比率。其计算公式如下：

$$成本利润率 = \frac{产品销售利润}{产品销售成本} \times 100\% \tag{13-35}$$

利用成本利润率，可以分析成本和利润之间的关系。因为产品销售价格和税率，在一定时期内固定不变，所以在一定时期内单位产品的成本越低，每单位产品的利润就越高。降低成本是提高经济效益的主要途径。

（二）销售利润率

销售利润率是企业在一定时期内的产品销售利润与产品销售收入的比率。其计算公式如下：

$$销售利润率 = \frac{产品销售利润}{产品销售收入} \times 100\% \tag{13-36}$$

销售利润率与成本利润率不同，它是从另一个角度反映企业的生产和经营的经济效果。有了销售利润率，可用以测算产品销售可获得的利润额。销售利润率的高低主要取决于成本利润率的高低。

（三）资金利润率

资金利润率是企业在一定时期内的利润总额与全部资金的比率。其计算公式如下：

$$资金利润率 = \frac{利润总额}{全部资金额} \times 100\%$$

$$= \frac{利润总额}{固定资金平均原值 + 定额流动资金平均余额} \times 100\% \tag{13-37}$$

式中，固定资金平均原值主要是从反映企业实际的生产能力来考虑的，也可用固定资产净值计算，以反映企业实际占用资金的效果。流动资金只计算与企业实际占用有关的定额流动资金，不包括非定额流动资金。分子用利润总额，反映企业全部资金的利润率。

（四）产值利润率

产值利润率是企业在一定时期内的利润总额与增加值(总产值)的比率。其计算公式如下：

$$产值利润率 = \frac{利润总额}{增加值(总产值)} \times 100\% \tag{13-38}$$

产值利润率表明企业在一定时期内所生产出来的增加值或总产值的盈利程度。将不同时期的产值利润率加以比较，可以反映企业增产是否增收。利润增长的速度如果大于增加值或总产值增长的速度，则产值利润率就表现为上升的趋势，说明增产又增收；反之，利润增长的速度小于增加值或总产值增长的速度，则产值利润率就表现为下降的趋势，说明增产未增收，甚至可能增产反而减收。

式中，产值是报告期的增加值或总产值，利润是报告期实现的利润。因此，上期生产的产品在本期销售和本期生产的产品在下期销售，会对利润额和利润率产生影响，分析时应予以注意。

三、利润计划完成情况分析

(一)利润构成分析

利润构成分析是分析组成利润各部分的变化情况,以寻找利润增减变化的原因。在一般情况下,产品销售利润是其中最主要的部分。如果通过构成分析,发现其他构成利润的因素占利润总额比重不大,而且绝对额变化不大,那么就可以不予考虑,应当进一步对产品销售利润进行分析。如果它们占利润总额的比重较大,且绝对额与计划相比相差甚多,那么就需要先查明这些因素增减变化的原因,然后再对产品销售利润做进一步分析。

例如,某林业企业利润构成情况见表 13-9 所列。

表 13-9　某林业企业利润总额构成情况

项目	计划(元)	实际(元)	差额(元)	比重(%)
产品销售利润	12 447 100	13 841 190	1 394 090	83.01
加:其他业务利润	465 000	454 040	-10 960	-0.65
减:管理费用	20 300	19 300	-1000	-0.06
财务费用	11 200	12 100	900	0.05
加:投资收益	61 500	59 400	-2100	-0.13
营业外收入	65 000	66 192	1192	0.07
减:营业外支出	3 914 000	3 616 940	-297 060	-17.69
利润总额	9 093 100	10 772 482	1 679 382	100.00

从表 13-9 可见,利润总额超额完成计划 1 678 382 元,即超额完成计划的 18.5%。从利润总额的组成部分来看,主要是产品销售利润超额完成计划和减少营业外支出形成的,即两项分别为 83.01% 和 17.69%。其他因素虽有增减但均不足 1%,故可不予以考虑。

(二)产品销售利润计划完成分析

产品销售利润是利润总额的主要构成部分,是分析计划完成情况的关键,影响林业企业产品销售利润完成情况的因素有:产品销售量、销售价格、销售成本、销售费用、税金、育林基金和销售产品的品种结构变动。用公式表示为:

$$L = \sum \left\{ Q[P(1-T-J)-Z]-S \right\}$$
$$= \sum PQ - \sum PQT - \sum PQJ - \sum ZQ - \sum S \qquad (13-39)$$

式中　L——产品销售利润;

　　　Q——销售数量;

　　　P——销售价格;

　　　T——税率;

J——育林基金提取比例;

Z——单位产品销售成本;

S——销售费用。

下面根据产品销售利润计划数与实际数,编制分析资料见表 13-10 和表 13-11 所列。

表 13-10　某企业产品销售利润实际完成表

产品	单位	销售量 (元)Q'	销售价 (元)P'	税率 T'	育林基金比例 (%)J'	单位销售成 本(元)Z'	销售费用 (元)S'	产品销售利润 (元)L'
原木	m³	40 000	860	10	12	450	394 500	8 437 500
纸浆	t	5300	5000	10		3700	230 400	4 009 600
合计							624 900	12 447 100

表 13-11　某企业产品销售利润实际完成表

产品	单位	销售量 (元)Q'	销售价 (元)P'	税率 T'	育林基金比例 (%)J'	单位销售成 本(元)Z'	销售费用 (元)S'	产品销售利润 (元)L'
原木	m³	37 000	920	10	10	480	387 210	9 084 790
纸浆	t	5400	5300	10		3850	211 600	4 756 400
合计							598 810	13 841 190

1. 销售收入变动对利润的影响

$$\Delta L_1 = \sum P'\Delta Q_1 + \sum Q'\Delta P_1 + M_1 \tag{13-40}$$

式中,M 为结构变动影响值,可采用余额法求算。

$$\sum P'\Delta Q_1 = 860 \times (37\,000 - 40\,000) + 5000 \times (5400 - 5300) = -2\,080\,000(元)$$

$$M_1 = \left(\sum PQ - \sum P'Q'\right) - \left(\sum P'\Delta Q_1 + \sum Q'\Delta P_1\right) = [(920 \times 37\,000 + 5300 \times 5400) - (860 \times 40\,000 + 5000 \times 5300)] - (-2\,080\,000 + 3\,990\,000) = -150\,000(元)$$

$$\Delta L_1 = -2\,080\,000 + 3\,990\,000 - 150\,000 = 1\,760\,000(元)$$

2. 税金变动对利润的影响

$$\Delta L_1 = -\sum P'T'\Delta Q_2 - \sum Q'T'\Delta P_2 - \sum P'Q'\Delta T + M_2 \tag{13-41}$$

$$-\sum P'T'\Delta Q_2 = -[860 \times 10\% \times (37\,000 - 40\,000) + 5000 \times 10\% \times (5400 - 5300)]$$
$$= 208\,000(元)$$

$$-\sum Q'T'\Delta P_2 = -[40\,000 \times 10\% \times (920 - 860) + 5300 \times 10\% \times (5300 - 500)]$$
$$= -399\,000(元)$$

$$-\sum P'Q'\Delta T = -[860 \times 40\,000 \times (10\% - 10\%) + 5000 \times 5300 \times (10\% - 10\%)] = 0$$

$$M_2 = \left[\left(\sum PQT - \sum P'Q'T'\right) - \left(-\sum P'T'\Delta Q_2 - \sum Q'T'\Delta P_2 - \sum P'Q'\Delta T\right)\right] =$$
$$[(920 \times 37\,000 \times 10\% + 5300 \times 5400 \times 10\%) - (860 \times 4000 \times 10\% + 5000 \times$$
$$5300 \times 10\%)] - (208\,000 - 399\,000 + 0) = 150\,000(元)$$

$$\Delta L_2 = 208\,000 - 399\,000 + 0 + 15\,000 = -176\,000(元)$$

3. 育林基金变动对利润的影响

$$\Delta L_3 = -\sum P'J'\Delta Q_3 - \sum Q'J'\Delta P_3 - \sum P'Q'\Delta J + M_3 \tag{13-42}$$

$$-\sum P'J'\Delta Q_3 = -[860 \times 12\% \times (37\,000 - 40\,000)] = 309\,600(元)$$

$$-\sum Q'J'\Delta P_3 = -[40\,000 \times 12\% \times (920 - 860)] = -288\,000(元)$$

$$-\sum P'Q'\Delta J = -[860 \times 40\,000 \times (10\% - 12\%)] = 688\,000(元)$$

$$M_3 = \left[-\left(\sum PQJ - \sum P'Q'J'\right) - \left(-\sum P'J'\Delta Q_3 - \sum Q'J'\Delta P_3 - \sum P'Q'\Delta J\right)\right] -$$

$$[-(920 \times 37\,000 \times 10\% - 860 \times 40\,000 \times 12\%) - (309\,600 - 288\,000$$

$$+ 688\,000)] = 14\,400 \ (元)$$

$$\Delta L_3 = 309\,600 - 288\,000 + 688\,000 + 14\,400 = 724\,000(元)$$

4. 销售成本变动对利润的影响

$$\Delta L_4 = -\sum Z'\Delta Q_4 - \sum Q'\Delta Z + M_4 \tag{13-43}$$

$$-\sum Z'\Delta Q_4 = -[450 \times (37\,000 - 40\,000) + 3700 \times (5400 - 5300)] = 980\,000(元)$$

$$-\sum Q'\Delta Z = -[40\,000 \times (480 - 450) + 5300 \times (3850 - 3700)] = -1\,995\,000(元)$$

$$M_4 = \left[-\left(\sum ZQ - \sum Z'Q'\right) - \left(-\sum Z'\Delta Q_4 - \sum Q'\Delta Z\right)\right]$$

$$= -[(480 \times 37\,000 + 3850 \times 5400) - (450 \times 40\,000 + 3700 \times 5300)] -$$

$$(980\,000 - 1\,995\,000) = 75\,000(元)$$

$$\Delta L_4 = 980\,000 - 1\,995\,000 + 75\,000 = -940\,000(元)$$

5. 销售费用变动对利润的影响

$$\Delta L_5 = -\sum \Delta S = -(598\,810 - 624\,900) = 26\,090(元) \tag{13-44}$$

把以上计算加以整理得：

$$销量变动对利润的影响 = \sum P'\Delta Q_1 - \sum P'T'\Delta Q_2 - \sum P'J'\Delta Q_3 - \sum Z'\Delta Q_4$$

$$= -2\,080\,000 + 208\,000 + 309\,600 + 980\,000 = 582\,400(元)$$

$$销量价变动对利润的影响 = \sum Q'\Delta P_1 - \sum Q'T'\Delta P_2 - \sum Q'J\Delta P_3$$

$$= 3\,990\,000 - 399\,000 - 288\,000 = 3\,303\,000(元)$$

$$税率变动对利润的影响 = -\sum P'Q'\Delta T = 0$$

$$育林基金比例变动对利润的影响 = -\sum P'Q'\Delta J = 688\,000(元)$$

$$单位销售成本变动对利润的影响 = -\sum Q'\Delta Z = -1\,995\,000(元)$$

$$销售费用变动对利润的影响 = -\sum \Delta S = 26\,090(元)$$

$$结构变动对利润的影响 = M_1 + M_2 + M_3 + M_4 = -150\,000 + 15\,000 + 14\,400 + 75\,000$$

$$= -45\,600(元)$$

综上可得，产品销售利润增额 $= -582\,400 + 3\,303\,000 + 0 + 688\,000 - 1\,995\,000 + 26\,090 - 45\,600 = 1\,394\,090(元)$。

通过上面分析可知，对产品销售利润增加贡献最大的是物价上涨，其次是育林基金的减少支付。物价上涨很大程度上取决于宏观经济形势的变化，而育林基金的减少缴纳则有违反政策之嫌。造成利润减少的最大因素是单位销售成本的上升，其次为销量的减少。由此可见，该企业尽管产品销售利润超额完成计划 1 394 090 元，但仍潜藏着诸多的经济问题。

本章小结

本章从整体上对企业的资金、经营等活动中的财务情况进行了介绍。主要包括：林业固定资金统计、流动资金统计、林业产品成本统计、林业利润统计等。通过本章学习，应着重掌握各类林业资金的概念特点、总量和构成、利用情况等；掌握林业产品成本的概念与分类、成本变通统计的指标计算；理解和掌握林业利润统计的构成与利润率统计的计算等，并将相关理论与实际用于分析解决林业企业经营管理中的实际问题。

复习思考题

1. 简述林业固定资金的特点。
2. 简述林业固定资金的构成。
3. 简述林业流动资金的构成。
4. 简述林业产品成本统计的任务。

第十四章　林业综合效益统计

【本章介绍】本章主要从林业综合效益的概念和构成出发，界定了林业综合效益的内涵、统计任务。然后基于所界定的内涵，提出了林业综合效益统计的指标体系，具体包括指标选择原则、框架体系以及具体统计指标和评价指标。最后介绍了林业综合效益统计评价方法，具体包括单指标评价和综合评价方法。

林业综合效益是反映林业整体对社会、经济、生态系统等受益主体作出贡献过程中投入与产出效益的对比。

第一节　林业综合效益的概念及其统计任务

一、林业综合效益的概念

从生产角度看，林业是一个针对森林生态系统进行经营管理的兼顾产业和事业的综合性产业集群。林业综合效益就是林业全系统的产出成果与投入要素的比较。它实质上是林业经营者(主体)在林业再生产过程中，在森林生态系统多功能基础上进行的转化和创造，且为环境社会系统(客体)所需求和接受的生态效益、社会效益和经济效益的综合和统一。

林业产品不仅服务于经济系统，也服务于社会发展，而且通过人类劳动对生态系统进行综合管理，对森林病虫害、火灾等灾害的防治，对生态系统退化、荒漠治理等人类活动恢复或改善林业生态系统。这些产品都是经济系统、社会系统和生态系统的作用与贡献。通过对这些产出与投入的比较就形成林业综合效益。根据受益主体的不同，分别统计为经济效益、社会效益和生态效益。受益主体是经济系统的为经济效益，受益主体是社会系统及社会发展的为社会效益，受益主体为生态系统的为生态效益。

根据系统思维，可从以下几方面理解：①林业是经济和谐发展的基础，尤其是林业所体现的生态收益，是整个社会朝着生态良好方向发展，构建绿色、共享的人与自然和谐共生的生态文明制度的根本构成；②林业发展必须依靠经济系统的支撑，一个区域经济发展水平、对林业投入的力度以及整个区域对林业发展的认识等对林业综合收益都有着直接或间接的正反两方面的作用；③林业的多功能性是林业综合收益的根本。人类的劳动是推动整个林业综合收益实现的媒介，社会需求是林业综合收益高效运行的动力，林业系统自身良性发展、综合平衡在经济、社会以及生态系统的产出是林业综合收益长久稳定的基础。

理解林业综合效益，不仅要考虑林业自身对经济系统的产出，还要考虑对社会发展、生态系统运行的产出，综合考虑不同产出及各类要素投入，运用科学有效方法进行加工综合，形成一条有效的林业综合效益指标体系和评价方法，开展统计评价，推动林业综合平衡发展。

二、林业综合效益统计的任务

概括地说，林业综合效益统计的任务就是通过设置一系列科学合理的综合效益指标体系，从宏观和微观两方面对林业生产经营全过程，林业生态系统保护恢复及治理等系统管理的综合效益状况进行全面地、客观地、定量地反映和评价。具体包括：

第一，从林业综合效益指标的内在涵义出发，设置适合林业特点的考核和评价效益指标体系，从各个不同方面具体反映林业宏观和微观综合效益水平，并分析其变动速度和变化趋势。

第二，运用一定的方法，从定量角度对林业综合效益进行综合评价和考核，肯定成绩，找出差距。

第三，结合宏观经济环境、社会发展、生态系统综合管理的需要以及林业部门自身发展的宏观现实，分析影响林业综合效益变化的各个有关的因素及其影响程度，探索提高林业综合效益的有效途径，为林业发展、生态系统综合管理和微观决策的制定提供真实、可靠的依据。

三、林业综合效益的评价原则

根据林业综合效益统计任务的要求，考核、评价和统计林业综合效益时必须遵循以下原则：

(一)林业宏观综合效益与微观效益相统一的原则

这里的宏观综合效益是就整个部门而言的，不仅包括对林业生产过程，也包括林业系统所管理的对象；既包括林业生产过程的经济效益，流通、分配等再生产全过程的经济效益，也包括经营管理的对象即森林资源和森林生态系统保护恢复以及治理所带来的社会和生态效益；既包括生产活动中所带来的实物产品的效益，也包括生态产品及服务的综合效益。而微观综合效益指的是林业企业、农户等微观经营主体所带来的经济、社会和生态等综合效益。

宏观综合效益与微观效益之间是一个矛盾的统一体。宏观综合效益是主体，它虽来源于微观，却又高于微观。宏观综合效益不仅是微观效益的加总，而且包含着叠加后产生的效益以及微观所不能包含的总体性效益。微观效益是宏观综合效益的基础。因为林业企业、农户是林业生产的基层单位，劳动消耗不管是物化劳动消耗，还是活劳动消耗，均是在企业中的消耗；而林产品又是由林业企业所生产，其生产的各种林产品是否适销对路为社会所需，生产过程中的"投入"是否最小，"产出"是否最大、最优，都取决于林业企业的生产技术水平、经营管理水平和劳动者积极性的高低。所以，要提高宏观综合效益，就必须提高林业企业和农户的效益。二者有着密切的关系，就其本质而言是相一致、相统一的。但有时也会发生矛盾，局部与整体的利益产生冲突。如个别林业加工企业为了扩大生产规模，提高经济效益，需要增加对森林资源的消耗，但出于宏观整体效益及环境保护要求，林业部门必须加强对森林资源的宏观调控，严格控制资源的过耗。若发生类似矛盾，则要求微观效益服从于宏观综合效益，不能冲击宏观综合效益。当然，宏观综合效益也必须为微观效益的实现和提高尽可能地创造条件，促使其真正成为宏观综合效益的基础。

(二) 经济、生态、社会效益相统一的原则

林业以森林资源为经营对象，并以自己的经营活动满足人类社会对木材和其他林产品的需要。同时，为人类社会的生存和发展提供重要的环境条件，为民族繁荣、社会文明等的发展起重要的促进作用。所以，林业的生产经营，不仅具有经济效益，而且具有生态效益和社会效益。在考核和评价林业综合效益时，就更要注重经济、生态和社会效益的统一，不能只重视经济效益而忽视生态效益。例如，就经济效益而言，多采伐森林资源，增加木材及其他林产品的生产，经济效益也相应增加，但这会对生态环境造成严重的破坏。多年来，由于滥伐破坏生态环境而加剧自然灾害的惨痛教训不胜枚举，因此，应强调经济效益服从生态和社会效益。尽管经济效益是基础，但生态和社会效益却是经济效益得以实现的前提。只有实现经济、生态、社会效益的有机统一，才能促进经济社会的全面发展。

(三) 长远效益与短期效益相统一的原则

短期效益通常所指的是当前的或近期内的效益，它是长远效益的基础。从本质上讲，长远效益与短期效益是相统一、相一致的。但有时两者也会出现矛盾和冲突，这在林业部门的表现尤为突出。因为作为林业经营对象的森林生长周期相当漫长，短则十几年，长则几十年甚至上百年。如果仅注意短期效益，其结果必然会影响长远效益。如就当前而言，针叶林的生产经营效益明显高于阔叶林，因此，多年来人们主要营造针叶纯林，忽视针阔混交林等符合林种结构的营造，必定会影响到未来的森林生态系统和长远的经济、社会和生态效益。由此可见，在评价林业综合效益时，既要设置反映短期效益的指标，又要设置反映长期效益的指标，使两者相互统一。

(四) 生产、流通等多方面效益相兼顾的原则

物质生产是人类社会存在和发展的基础，就整个社会再生产过程而言，生产是起点，起着决定性的作用，然而流通对生产又具有巨大的反作用。林业部门所生产的各种林产品，只有进入流通领域，完成产品的销售行为，满足社会生产和人民生活的需要，实现了产品的价值，才能保证林业再生产的顺利进行。所以，考核和评价林业综合效益，既要有反映林业生产方面的效益指标，也要有反映流通领域方面的效益指标，即兼顾生产、流通等方面的经济效益。

另外，林业既是国民经济的一个产业部门，也是一个公共事业部门。林业的生产经营不仅具有经济效益，还具有生态和社会效益。因而，评价和统计林业综合效益，既要反映物质产品生产经营的效益，还必须反映林业非物质产品生产的经营活动状况，如森林旅游服务活动、生态产品等，这样才能从整体上全面反映林业整个产业与公共事业部门的综合效益。

第二节　林业综合效益指标体系

一、林业综合效益指标设置的基本要求

林业综合效益是随着人们对林业的认识而发生变化的，因此对林业综合效益的统计工作的重点也是一直在变化的，具体而言可以分为以下 3 个阶段：

1. 以经济效益为主的阶段(1998 年以前)

中华人民共和国成立以后，林业主要是以产业形态存在，因此林业综合效益是以经济效益为主，而且经济效益的统计工作也是在改革开放以后逐步得到重视，并开展考核和综合评价。

2. 以生态效益为主的阶段(1999—2017 年)

1998 年全面启动六大林业重点工程为契机，国家对林业生态功能的重视前所未有，投入也很大，带来了整个林业系统的大转型，林业的很多传统产业逐步关停萎缩，生态建设成为整个林业的工作重点，全社会对林业生态效益的重视程度日益增加，对林业综合效益评价的重点在生态效益。当然这一时期，随着社会经济的发展和人民群众对林业多元化的需求，许多新兴产业形态逐步开展起来，森林旅游、森林康养、林业休闲服务业等逐步成为林业产业的重要组成部分，林业的经济产出更加多样化，经济效益的影响因素也就复杂化，而且新兴产业业态对林业自然资源的运用和生态系统的保护与治理密切相关，也就带来了林业生态效益和经济效益的融合发展。林业在全社会的外在形象和形态有了很大的变化，其社会效益引起了人们更多的关注。林业在经济、生态和社会等诸多领域都带来了越来越多的产出，而且产出的交叉融合日益凸显。

3. 林业综合效益阶段(2018 年至今)

党的十九大以来，生态文明建设成为全社会发展的核心建设内容，"山水林田湖草沙"生命共同体综合治理，"绿水青山就是金山银山"的"两山"理论已经深入人心，且成为全社会的共识。森林是陆地主要的生态系统，也是乡村振兴、碳达峰碳中和等国家重大战略的主要领域之一，这就使得全社会对林业赋予了众多的需求，同时，林业产出的多样性也更加明确。生态产品价值核算及实现机制的推行，更是让林业产出多样性在实际工作中落地，在对林业投入产出进行评价中，综合效益的评价成为今后很长一段时间的主要方向。林业综合效益在国家层面上不仅要综合经济、生态和社会效益，更要在不同地区、不同领域的不同产出效益中进行综合平衡。林业综合效益的考核与综合评价要因地制宜、结合实际推出更加科学合理的指标与方法。

要进行林业综合效益统计，首先必须设置相应的指标或指标体系，那么应如何确定林业综合效益指标呢？总的指导原则是以生态文明建设理论为指导，按照效益的考核与评价原则，构建体现林业部门特点和林业发展的客观现实的指标或指标体系。

二、林业综合效益指标的确定原则与方法

1. 建立林业综合效益指标体系的基本原则

建立林业综合效益指标体系是进行林业综合效益统计评价的前提。建立指标体系是一

项复杂的工作，理论界一直争议较多，但总体归纳起来，一般应当遵循如下基本原则：

(1)科学性原则

它是指标体系要能够客观反映评价对象本身的性质、特点、内在关系和变动过程，且指标体系内部各指标之间要具有一定的逻辑关系。例如，同样是效益指标，由于生态效益和经济效益不同，设置指标体系应有所不同。

(2)全面性原则

它是指标体系应尽可能从各个角度反映林业综合效益的数量特征，其中每一个指标都能够反映具体效益的某一个方面。例如，在评价经济效益中要考虑不同产业类型的实物量产出、价值量产出等不同方面的差异性，设置相应的指标。

(3)敏感性原则

它是指标体系各指标能比较敏感地反映林业各类具体效益的变化。有些指标从理论上讲很重要，但是它的变化过多地受到政策因素制约，不能或不全面地显示出总体的实际变化，这样的指标虽然有用，但不宜编入其中。

(4)简约性原则

要删除重复和关联度高的指标，使指标体系包括的指标尽可能少，且每个指标相对独立。这样既可以减少工作量，也可以使分析过程简单明了。

(5)实用性原则

它是指标体系包含的指标的历史数据、现实数据均较易搜集。有些理论上很重要的指标，却因缺乏必要的统计数据而不能纳入指标体系，必须寻找到合适的有统计数据的指标替代它。

2. 指标选择方法

考核和评价林业综合效益究竟应选择什么样的综合指标呢？从一般效益统计历史来看，无论是实务部门还是理论界，多年来一直进行研究和探索，也提出了一些不同的观点。

(1)综合指标法分类

①中心指标评价法 这种观点认为要综合反映效益，应选择综合性较强的指标来评价与分析，如人均增加值、资金利税率指标等。

②系数评价法 这种观点认为效益包含的内容十分丰富，难以用单个指标予以全面确切的评价，应用少数重要效益指标构造一个综合指标来评价，如投入产出系数、经济效益综合系数、综合生产要素率等。

③多指标评价法 建立一套指标体系，从不同侧面、不同层次、不同内容上全面、科学地评价综合经济效益。由于林业综合效益涉及的内容十分广泛，其影响因素也相当复杂，且鉴于林业经济活动内容的多样化，活动范围的广泛性，要全面、客观地评价林业综合效益，任何一个单一的指标或综合指标均难当此任，必须构建由多个相互联系、相互补充的指标组成的指标体系才能综合反映林业综合效益。

基于上述观点，通常是建立综合指标体系的方法进行评价的较多。根据林业综合效益评价的目的和内容，尽可能多地选择评价指标，以保证指标体系的全面性。但是考虑过多的指标涉及信息重复、数据获取的难度及工作量过大等问题，需要在众多指标中进行认真筛选。建立一个科学全面又简明实用的林业综合效益指标体系，在指标筛选时可以考虑3个方面：

指标数据的质量；指标的代表性；指标之间的重复性。

（2）筛选指标的主要方法

①经验判断法　即根据经验，从意义相近的一类指标中，选择其中少数指标作为此类指标的代表。根据"精简性、实用性"等原则，删除其中次要指标。这个筛选过程也可以依赖于专家的经验，采用专家调查法进行。聘请相关领域的专家，给定筛选原则，请专家从每一类指标中选择适当数量的指标作为某一个方面的指标，最后挑选绝大部分专家选择的指标构建指标体系。

②数学分析法　用数学和统计学分析方法，对指标之间的相关性进行计算分析，进而将大量的指标合并为若干类，再从中进行筛选。当前应用最为广泛的方法是系统聚类分析方法。

三、林业综合效益统计指标体系

（一）林业经济效益统计指标体系

1. 反映林业劳动消耗的经济效益指标

（1）活劳动消耗的经济效益指标

反映活劳动消耗的经济效益指标，主要是采用劳动生产率，它表明林业劳动者在一定时期内生产林产品的能力。即以活劳动消耗量与其产出量进行对比，其中的活劳动消耗量既可用劳动力如全体职工或生产工人等来表示，也可用劳动时间如工日、工时等来表示。产出量既可用实物指标如产品产量表示，也可用价值指标如总产值、增加值等来表示。

在具体以劳动生产率反映活劳动消耗的经济效益时，既可计算正指标，也可计算逆指标(有关林业劳动生产率统计的内容见第八章第四节)。

劳动生产率按照指标分子、分母所包括的范围不同，既反映了整个林业部门宏观的经济效益(如以林业部门的增加值与林业部门劳动者平均人数对比)，也可用以衡量林业企业等微观生产经营单位活劳动消耗的经济效益状况。在具体应用时，应根据不同的研究目的确定不同的计算口径和范围。

为了全面反映林业部门活劳动经济效益，除了计算劳动生产率指标外，还可计算一些辅助指标，即所支付工资的经济效益指标，主要有：

$$每百元工资林产品产量 = \frac{某企业某林产品产量}{某企业工资总额(百元)} \tag{14-1}$$

$$每百元工资的销售产值 = \frac{林业企业产品销售产值}{林业企业工资总额(百元)} \tag{14-2}$$

$$每百元工资的增加值 = \frac{林业增加值}{工资总额(百元)} \tag{14-3}$$

$$每百元工资的利税额 = \frac{林业部门(或企业)实现利税额}{林业部门(或企业)工资总额(百元)} \tag{14-4}$$

如需要，也可计算上述指标的逆指标来反映林业的活劳动经济效益。

（2）物化劳动消耗经济效益指标

物化劳动消耗简称物耗，包含两方面内容即劳动手段的消耗和劳动对象的消耗。劳动手段的消耗实际上是指固定资产的磨损，而劳动对象的消耗则是原材料、燃料等的消耗。要提高经济效益，既要提高劳动生产率，又要降低物耗，因此，还要从物化劳动消耗的角度来反映林业经济效益。

反映林业物化劳动消耗的经济效益指标有：

①劳动手段消耗的经济效益指标　劳动手段包括生产设备、厂房、土地等，其中最重要的是生产设备，所以反映劳动手段消耗的经济效益也主要体现在生产设备消耗的经济效益上。反映林业生产设备消耗的经济效益指标有两个方面：

第一，林产品生产能力利用提高率：即以报告期林产品生产能力利用率与基期林产品生产能力利用率进行比较，其中林产品生产能力利用率指标的计算公式为：

$$某种林产品生产能力利用率 = \frac{报告期某种林产品的实际产量}{报告期该种林产品的平均生产能力} \times 100\% \quad (14-5)$$

第二，主要林业生产设备综合利用率：即从设备能力利用和时间利用两方面综合反映设备消耗的经济效益。其计算公式为：

$$主要林业生产设备综合利用率 = \frac{设备实际产量}{设备最大可能产量} \times 100\% \quad (14-6)$$
$$= 设备能力利用指标 \times 设备时间利用指标$$

②劳动对象消耗的经济效益指标　劳动对象主要包括原材料和能源消耗。反映原材料消耗的经济效益，一般可将林产品生产过程中所消耗的主要原材料与林产品产量对比，计算各种林产品的原材料单耗率指标或物耗指数等来反映。对于能源消耗的经济效益，可从企业和部门两方面计算综合能耗指标［即分别以企业某林产品数量与相应能源单耗量或以部门的增加值（总产值）与能源最终消耗量对比求得］来具体表现能源消耗的经济效益。

③全部劳动消耗的经济效益指标　林业部门的全部劳动消耗主要体现在林业的生产费用与销售成本上，因此，反映其经济效益，可从生产经营的不同阶段，分别采用以下 3 个指标：

$$林业生产费用产值率 = \frac{报告期林业增加值}{相同口径的林业生产费用} \times 100\% \quad (14-7)$$

$$林业销售成本收入率 = \frac{报告期林产品销售收入}{相同口径的林产品销售成本} \times 100\% \quad (14-8)$$

$$林业成本利税率 = \frac{报告期林业产品销售利税率}{报告期林业产品销售成本} \times 100\% \quad (14-9)$$

2. 反映资金利用的经济效益指标

林业生产经营活动，离不开对资金的占用，要做到少花钱多办事就必须提高资金利用的经济效益。资金的占用包括固定资金占用和流动资金占用。所以，反映资金利用的经济效益不仅要反映固定资金利用的经济效益，也要反映流动资金利用的经济效益，同时还要反映全部资金利用的经济效益。

（1）固定资金利用的经济效益指标

反映林业固定资金利用的经济效益指标可采用以下两个指标：

①固定资产产值率 即以一定时期内平均占用的固定资产价值与相应时期的产出指标(通常以价值指标表示)进行对比。其计算公式为：

$$\text{固定资产产值率} = \frac{\text{报告期林业增加值(或总产值)}}{\text{报告期固定资产平均价值}} \times 100\% \quad (14\text{-}10)$$

②固定资产利税率 是以一定时期内固定资产平均占用价值与同期实现的利税额进行对比。由于利税实现额不仅能反映企业所生产各种林产品的销售收入多少，且还反映物化劳动和活劳动的节约程度，因此，该指标可以综合反映林业企业固定资产利用的经济效益。其计算公式为：

$$\text{固定资产利税率} = \frac{\text{报告期实现的利税总额}}{\text{报告期固定资产平均价值}} \times 100\% \quad (14\text{-}11)$$

计算上述两个指标时应注意：固定资产平均价值可以表现为固定资产原值，也可表现为固定资产净值或重置价值，应根据不同的研究目的确定究竟采用原值、净值还是重置价值；增加值(或总产值)与利税额均为时期指标，而固定资产占用价值却为时点指标，因此应采取序时平均法求其平均占用价值才能使分子分母保持一致。

(2)流动资金利用的经济效益指标

林业企业在一定时期内所占用的流动资金流转的速度越快，周转次数越多，说明流动资金发挥的作用越大，经济效益越好。因此，反映流动资金利用的经济效益指标，可采用流动资金周转天数或周转次数指标。

此外，还可用每百元产值占用的流动资金来反映林业流动资金利用的经济效益。其计算公式为：

$$\text{每百元林业产值占用的流动资金} = \frac{\text{报告期流动资金平均余额(元)}}{\text{报告期林业增加值(或总产值)(百元)}} \quad (14\text{-}12)$$

计算时，同样要求分子应用序时平均法求得。

(3)全部资金利用的经济效益指标

全部资金即为固定资金与流动资金平均占用额之和。在具体分析时，通常以价值量指标计算全部资金的占用量。一般来说，反映全部资金利用的经济效益指标有：

①每百元资金提供的产值 其计算公式为：

$$\text{每百元资金提供的产值} = \frac{\text{报告期林业增加值(或总产值)}}{\text{报告期固定资产平均占用价值} + \text{报告期流动资金平均占用余额}}$$

$$(14\text{-}13)$$

因指标的分子、分母属于两个不同总体，该指标为强度相对指标，故应以元/百元来表示。在具体应用时，也常采用资金产值率指标，两者的计算方法与作用相同，只是表现形式不同而已。

必要时也可计算该指标的递指标，即每百元增加值(或总产值)占用资金的数量，指标数值越大，说明占用的资金越多，经济效益就越差。

②资金周转率 部门或企业的资金，既包括流动资金也包括固定资金，提高资金利用效益，既要加速流动资金的周转，也要加快固定资金的周转速度。长期以来，我国在提高资金利用的经济效益方面，只偏重于加快流动资金的周转，忽视固定资金的加速运转。当

前随着科技的飞速发展，产品的更新换代日新月异，固定资产的无形磨损越来越大。因此，考核包括固定资产在内的全部资金周转速度也越来越显示出其重要意义，全部资金的周转速度的计算公式为：

$$全部资金周转速度（次）=\frac{报告期全部资金周转额}{报告期全部资金平均占用额} \tag{14-14}$$

具体计算时，全部资金周转额表现为一定时期的总成本，如果缺乏总成本资料，也可用销售收入代替，但会产生一定的误差。

③资金利税率　这不仅反映资金利用的经济效益的重要指标，也是反映全部经济效益的重要指标，理论界有相当多的人主张以资金利税率作为考核经济效益指标中的核心指标。这是由该指标自身所具备的意义和作用决定的。

林业部门或企业的利税额是林业生产经营成果的重要表现，是运用林业资金进行生产经营实现的经营成果，也是林业部门或企业为社会所提供的剩余产品价值。以它与全部资金占用量对比，计算资金利税率，能综合地、全面地反映全部资金占用的经济效益。其计算公式为：

$$资金利税率=\frac{报告期林业部门（企业）实现的利税总额}{同期林业部门（企业）全部资金占用额}×100\% \tag{14-15}$$

上式中分母包含了林业部门或企业以各种形式占用的生产经营资金，分子表示林业部门或企业在生产经营过程中多种复杂因素相互作用，并经历了多个不同阶段而最终取得的成果。

由此可见，影响资金利税率的因素相当复杂，从微观方面看，有资金周转率、成本产值率、产值销售率、销售利润率等因素；从宏观方面看，包括了生产布局、产业结构、价格变动等因素，所以，要提高资金利税率，必须从微观和宏观两方面着手。

为了加深对资金利税率指标综合作用的认识，下面利用某一指标体系对资金利税率进行因素分析。

这一综合指标体系为：

$$资金利税率=资金周转率×成本产值率×产值销售率×销售利税率 \tag{14-16}$$

其中：

$$资金利税率=\frac{年实现利税总额}{年平均资金占用额}×100\% \tag{14-17}$$

$$资金周转率=\frac{年总成本}{年平均资金占用额}×100\% \tag{14-18}$$

$$成本产值率=\frac{年增加值}{年总成本}×100\% \tag{14-19}$$

$$年产值销售率=\frac{年销售收入}{年增加值}×100\% \tag{14-20}$$

$$销售利税率=\frac{年度利税总额}{年销售收入}×100\% \tag{14-21}$$

设某林业企业 2020 年与 2021 年的经济指标资料见表 14-1 所列。

表 14-1　某林业企业经济指标

年份	资金占用总额(万元)	总成本(万元)	增加值(万元)	销售收入(万元)	利税总额(万元)
2020	8000	6500	4000	7800	1600
2021	9500	7800	4600	9300	2000
发展速度(%)	118.75	120	115	119.83	125

根据表 14-1 资料，计算资金利税率的分析指标见表 14-2 所列。

表 14-2　资金利税率的分析指标

年份	资金利税率(%)	资金周转率(%)	成本产值率(%)	产值销售率(%)	销售利税率(%)
2020	20	81.25	61.54	195	20.51
2021	21.05	82.11	58.97	202.17	21.51

根据表 14-2 的计算结果可以得到：

$$资金利税率指数 = \frac{21.05\%}{20\%} = 105.25\%$$

说明该企业资金利税率 2021 年比 2020 年提高了 5.25%，资金利用效果比较好，具体原因还须进行进一步的因素分析：

$$资金周转率 = \frac{0.8211}{0.8125} = 101.06\%$$

表明总的资金周转次数增加，加速了 1.06%。其中究竟固定资金与流动资金周转变动情况如何，还须分别再利用资料进行计算分析，对流动资金的周转情况，还应分别就储备资金、生产资金与成品资金的利用情况进行深入的分析。

$$成本产值率指数 = \frac{0.5897}{0.6154} = 95.82\%$$

成本产值率 2021 年比 2020 年下降 4.18%，而每百元成本少产出 4.18 元的增加值，说明在生产上有浪费现象，应从生产过程中的物耗、工资支出、管理费用支出等方面来分析成本提高的真正原因。

$$产值销售率指数 = \frac{2.0217}{1.95} = 103.68\%$$

产值销售率指数 2021 年比 2020 年提高 3.68%。说明每百元增加值 2021 年比 2020 年多销售 3.68 元。对于提高的原因可通过调查、分析究竟是营销策略变化，还是产品质量提高，或是产品销售结构变化等。

$$销售利税率 = \frac{0.2151}{0.2051} = 104.88\%$$

销售利税率 1991 年比 1990 年提高 4.88%，说明在每百万元销售收入中，利税收入增加了 4.88 万元。可以就产品的价格、税率等变动状况分析其提高的原因。

总的分析结果为：

$$101.06\% \times 95.82\% \times 10368\% \times 104.88\% = 105.25\%$$

由于加速全部资金的周转速度、提高产值销售率和销售利税率，使资金利税率有较大的提高（9.89%），但由于成本产值率 2021 年比 2020 年下降 4.18% 又造成资金利税率的下降，这 4 个因素作用使该林业企业 2021 年的资金利税率比基期提高了 5.25%。

3. 反映投资的经济效益指标

投资是林业的一项重要经济活动，要全面反映经济效益状况，还必须反映林业投资的经济效益。

根据林业投资活动的特点，反映林业投资的经济效益指标主要有：

（1）固定资产交付使用率

它又称固定资产形成率，综合反映了某一时期内固定资产建成投产的情况，是衡量建设过程中宏观投资效益的综合指标。其计算公式为：

$$固定资产交付使用率 = \frac{报告期新增固定资产总额}{报告期投资完成额} \times 100\% \quad (14-22)$$

（2）每亿元投资新增主要产品生产能力

它是指一定时期林业全部投资与同期新增的各种主要产品生产能力的比值，综合反映建设阶段的投资效果。其计算公式为：

$$每亿元投资新增主要产品生产能力 = \frac{报告期林业新增主要产品生产能力}{报告期林业企业全部投资额（亿元）} \quad (14-23)$$

（3）投资利税率

它是指项目达到设计能力后的年平均利税额与项目总投资的比率。其计算公式为：

$$投资利税率 = \frac{年平均利税总额}{总投资} \times 100\% \quad (14-24)$$

（4）新增固定资产增加值率

它是指建成投产后的项目新增加的固定资产实现的增加值，是从增产的角度来反映投资利用效益。其计算公式为：

$$新增固定资产增加值率 = \frac{建成投资项目实现的增加值}{该项目新增的固定资产产值} \times 100\% \quad (14-25)$$

（5）投资增值期

提供投资增值的年限，指项目寿命扣除投资回收期后剩余下来的时间，是反映投资效益的重要指标。其计算公式为：

$$投资增值期 = 项目寿命期 - 投资回收期$$
$$= \frac{项目投资额}{年折旧额} - \frac{项目投资额}{年折旧额+年利润额}$$
$$= \frac{项目投资额 \times 年利润额}{年折旧额（年折旧额+年利润额）} \quad (14-26)$$

4. 反映林业技术进步的经济效益指标

随着科学技术的发展，技术进步对经济发展的影响作用越来越显著。因此，反映林业技术进步的经济效益不仅是必要的, 而且也具有重要意义。

反映林业技术进步的经济效益指标有:

(1)技术进步贡献率

它是以林业部门或企业的年技术进步速度与年产值增长速度对比, 直接反映部门或企业技术进步对生产发展的作用, 是反映技术进步在产值增长中所占比重的综合指标。其计算公式为:

$$技术进步贡献率 = \frac{林业部门或企业年技术进步速度}{林业部门或企业年增加值增长速度} \times 100\% \qquad (14-27)$$

(2)技术进步项目收益率

它是以林业企业进行技术进步项目的投资及其他费用投入额与新增的销售收入对比, 是直接衡量林业企业技术进步项目的所费效益大小的一个综合指标。其计算公式为:

$$林业企业技术进步项目收益率 = \frac{林业企业新增加的销售收入}{林业企业技术进步项目费用总额} \times 100\% \quad (14-28)$$

(3)新技术带来的收益(产值、利税额)增加额

其计算公式为:

$$新技术带来的收益增加额 = (技术进步后各等级平均单价 -$$
$$技术进步前各等级平均单价) \times 技术进步后的产品销售量 \qquad (14-29)$$

(4)新技术带来的成本降低额

这是反映采用新技术而节约活劳动和物化劳动消耗的单项指标。其计算公式为:

$$新技术带来的成本降低额 = (技术进步后平均单位产品成本 -$$
$$技术进步前平均单位产品成本) \times 技术进步后的产品产量 \qquad (14-30)$$

(二)林业生态效益统计指标体系

1. 反映林地生态产出能力的指标

(1)单位面积林业生态产品价值量

按照国家生态产品价值核算规范等相关标准测算的森林生态产品价值量与林地面积的对比, 这是衡量林地生态效益潜力的指标。其计算公式为:

$$单位面积林业生态产品价值量 = \frac{林业生态产品价值量}{林地面积} \qquad (14-31)$$

(2)单位面积生态服务人数

参加林业旅游、休闲游憩活动的人数与林地面积的对比, 这是衡量林地生态服务能力的指标。其计算公式为:

$$单位面积生态服务人数 = \frac{林业旅游、休闲游憩服务人数}{林地面积} \qquad (14-32)$$

2. 反映林业生态系统保护成效的指标

(1)林业生态系统的完备率

经过评价达到生态系统稳定、平衡、能够较好发挥生态效益的林地面积与整个林地面积的对比, 这是衡量林业生态系统保护成效的指标。其计算公式为:

$$林业生态系统的完备率 = \frac{生态系统稳定的林地面积}{林地面积} \times 100\% \qquad (14-33)$$

（2）纳入生态红线的各类林业用地面积占比

根据国家生态红线划定标准纳入生态红线内的林地面积占林地总面积的比例，这是衡量生态系统保护比例的指标。其计算公式为：

$$纳入生态红线的各类林业用地面积占比=\frac{纳入生态红线内的林业面积}{林地面积}\times100\%$$

$$(14-34)$$

（3）各类保护地面积占比

国家公园、自然保护区、自然公园、风景名胜区等各类保护地的面积占林地总面积的比例，这是反映自然保护效果的衡量指标。其计算公式为：

$$各类保护护地面积占比=\frac{国家公园、自然保护区、自然公园风景名胜区等各类保护地的面积}{林地面积}\times100\% \quad (14-35)$$

3. 反映林业生态保护与治理的资金投入效果的指标

（1）林业保护性投入资金增长率

本期纳入林业保护性投入资金总额与上一年度纳入保护性投入资金总额相比的增加额和上一年度纳入保护性资金总额的比值。其计算公式为：

$$林业保护性投资金增长率=\frac{纳入林业保护性投入资金总额-上一期纳入林业保护性投入资金总额}{上一期纳入林业保护性投入资金总额}\times100\%$$

$$(14-36)$$

（2）每万元资金生态治理面积

开展生态治理的面积与投入资金额的比值。其计算公式为：

$$每万元资金生态治理面积=\frac{开展生态治理面积}{投入资金额（万元）} \quad (14-37)$$

（3）单位生态治理面积的投资额

生态治理投资额与生态治理面积的比值。其计算公式为：

$$单位生态治理面积的投资额=\frac{生态治理投资额}{生态治理面积} \quad (14-38)$$

（4）单位生态治理面积投入的劳动力数量

生态治理中投入的劳动力数量与生态治理面积的比值。其计算公式为：

$$单位生态治理面积投入的劳动力数量=\frac{生态治理中投入的劳动力数量}{生态治理面积} \quad (14-39)$$

（三）林业社会效益统计指标体系

1. 林业社会贡献率指标

（1）林业社会贡献度

林业所带动的产业上交的利税额与林业提供的原材料总量的比，反映单位林业原材料量所创造的产值中为社会所作贡献。其计算公式为：

$$林业社会贡献度 = \frac{林业所带动产业上交利税额}{林业提供的原材料总量} \qquad (14-40)$$

（2）单位面积林地带动就业人数

林业带动的关联产业就业人数与林地面积的比，反映林地在就业方面的贡献。其计算公式为：

$$单位面积林地带动就业人数 = \frac{林业带动的关联产业就业人数}{林地面积} \qquad (14-41)$$

（3）单位面积林地服务社会人数

林业休闲服务、科普宣传等服务人数与林地面积的比值，反映了林业服务社会的贡献和效果。其计算公式为：

$$单位面积林地服务社会人数 = \frac{林业休闲服务、科普宣传等服务人数}{林地面积} \qquad (14-42)$$

2. 林业宣教科技投入效果指标

（1）林业宣教科技投入资金增长率

本期林业宣传科技投入资金额与上一期林业宣传科技投入资金额的增加额与上一期林业宣传科技投入资金额的比。其计算公式为：

$$林业宣教科技投入资金增长率 = \frac{\begin{array}{c}林业宣传科技\\投入资金总额\end{array} - \begin{array}{c}上一期林业宣传科技\\投入资金总额\end{array}}{\begin{array}{c}上一期林业宣传科技\\投入资金总额\end{array}} \times 100\%$$

$$(14-43)$$

（2）林业宣教科技服务的满意度

林业宣教科技服务对象的满意度，就是通过调查，接受林业宣传教育和科技服务的对象对所提供的服务认为达到满意及以上的人数比例。其计算公式为：

$$林业宣教科技服务的满意度 = \frac{认为林业宣教科技服务满意的人数}{林业宣教科技服务总人数} \times 100\% \quad (14-44)$$

第三节 林业综合效益的评价方法

林业综合效益本身是一个复杂的多元化范畴，对其评价也是一个十分复杂的问题，任何单一的方法都难以胜任，必须运用多种方法进行综合评价。要进行评价，首先必须明确评价的标准。

一、效益评价的标准

效益评价的标准是指分析、比较和评价效益指标的尺度。没有这种尺度，就无法衡量效益的高低和实际效益指标值与同一效益指标应取得值之间的差异，更无法深入分析产生差异的原因，从而也就无法对综合效益进行客观的评价。

在综合效益评价中，可以作为评价尺度的标准主要有：

（1）计划标准

它是把某效益指标实际达到的水平同相应的计划指标对比，反映某种效益的计划完成情况。

（2）历史标准

它是将某一效益指标实际达到的水平与历史上该指标的水平对比，反映某种效益指标发展变化的方向和动态情况。

（3）社会标准

它是将某一效益指标的实际水平同社会上其他地区、部门、企业的同类指标的水平进行对比，反映它们的差异程度，所以一般以先进水平作为标准。

（4）理论标准

它是用一定的技术方法计算一个理论上的最佳（优）的效益指标数值，或者是达到最佳效益的条件作为标准，与实际的效益指标数值对比，对它们的差异状况进行评价。

二、林业综合效益的评价方法

（一）单项评价方法

1. 对比评价法

对比评价法也称比较法，即利用相互联系的效益指标进行比较分析的方法，是评价效益时最常用的，也是最基本的方法。具体来说，它又包括动态对比评价法、两两对比评价法和直接各项法等。

2. 因素分析评价法

它是指计算效益指标诸因素变动对总体的影响程度的一种方法，具体的方法有连锁替代法、差额法、指数法3种。

3. 货币时间价值评价法

货币时间价值是指由于时间因素使资金发生价值量上的变化，是因为放弃现在使用的资金和机会而取得的按放弃的时间长短计算的报酬。其主要方法有投资回收期评价法、净现值法等。

（二）综合评价方法

综合评价是遵循整体评价原则，在以各指标进行单因素评价基础上，将其结果综合为某一指标，全面反映总体的特征。综合评价的方法很多，这里介绍常用的3种方法。

1. 综合指数评价法

该方法是根据指数分析的基本原理，采用加权算术平均数指数公式，对效益进行综合评价的方法。综合指数的计算公式为：

$$\overline{K} = \frac{\sum \frac{K_1}{K_0} \cdot W}{\sum W} \tag{14-45}$$

式中　$\overline{K}$——综合评价指数；

K_1——评价指标实际水平；

K_0——评价指标标准水平；

K_1/K_0——个体评价指数；

W——权数。

例如，某企业生产经营状况指标见表14-3所列。

假设表14-3的指标均已消除价格变动影响，采用综合指数评价法对该企业经济效益进行综合评价，计算过程见表14-4所列。

表14-3　某企业生产经营状况指标

指标	单位	本企业实际水平	同行业最高水平	同行业平均水平	同行业最低水平
成本利税率	%	18.65	19.65	17.67	12.95
资产比率	%	1.8	2.04	1.91	1.53
优质产品率	%	75.12	78.31	70.09	50.32
商品销售率	%	97.26	99.19	98.32	90.16
劳动生产率	元/人	16 000	18 500	16 200	15 500
生产能力利用率	%	65.05	98.04	94.07	90.22
原材料利用率	%	90.07	93.76	92.08	90.04
新产品产值率	%	4.84	14.28	10.56	4.05
增加值增长率	%	5.21	7.21	6.53	4.01
利税增长率	%	11.03	12.14	11.87	3.05

表14-4　计算表

指标	单位	个体评价指数		权数 W	个体评价指数乘权数	
		实际水平 最高水平 $(K_1/K_0)'$	实际水平 平均水平 $(K_1/K_0)''$		$\left(\dfrac{K_1}{K_0}\right)' \times W$	$\left(\dfrac{K_1}{K_0}\right)'' \times W$
资金利税率	%	67.7	78.1	15	1015.5	1171.5
成本利税率	%	94.91	105.55	5	474.55	527.75
资产比率	%	88.24	94.24	10	882.4	942.4
优质产品率	%	95.93	107.18	10	859.3	1071.8
商品销售率	%	98.05	98.92	10	980.5	989.2
劳动生产率	元/人	86.49	98.77	10	864.9	987.7
生产能力利用率	%	97.95	101.04	5	489.75	505.2
原材料利用率	%	96.28	98.03	5	481.4	490.15
新产品产值率	%	33.89	45.83	10	338.9	458.3
增加值增长率	%	72.26	79.79	10	722.06	797.9
利税增长率	%	90.8	92.92	10	908.06	929.2
合计				100	8118.4	8871.1

$$综合评价指数(与最高水平对比)\overline{K}' = \frac{\sum \left(\frac{K_1}{K_0}\right)' \times W}{\sum W} = 81.18\%$$

$$综合评价指数(与平均水平对比)\overline{K}'' = \frac{\sum \left(\frac{K_1}{K_0}\right)'' \times W}{\sum W} = 88.71\%$$

计算结果表明，该企业经济效益总水平仅为同行业最高水平的 81.18%，与同行业平均水平相比较存在较大差距；综合指数评价法的特点是概念明确，方法简便易行，既可进行动态比较，也可进行横向比较，具有较高的应用价值。

2. 功效系数法

该方法是根据多目标规划原理，对每一项评价指标分别确定满意值和不允许值，然后以不允许值为下限，计算各指标实现满意值的程度，并转化为相应的评价分数；再将各指标的单项评分数经加权几何平均得出综合评价分数，以综合反映效益的好坏。其计算公式为：

$$单项评价分数\ d = \frac{X_i - X_i(s)}{X_i(h) - X_i(s)} \times 40 + 60 \tag{14-46}$$

$$综合评价分数\ D = \sqrt[p]{d_1^{p_1} \times d_2^{p_2} \times \cdots \times d_n^{p_n}} \tag{14-47}$$

式中　i——单项评价指标的个数，$i = 1, 2, \cdots, n$；

　　　X_i——第 i 项指标的实际值；

　　　$X_i(s)$——第 i 项指标的不允许值；

　　　$X_i(h)$——第 i 项指标的满意值；

　　　P_i——第 i 项指标的权数，$P = \sum\limits_{i-1}^{n} P_i = P_1 + P_2 + \cdots + P_n$。

式中，分母 $X_i(h) - X_i(s)$，即满意值与不允许值之差，恒为正值，若 $X_i = X_i(s)$，即实际值与不允许值相等，分子 $X_i - X_i(s)$ 即为 0，则 d 等于基础分 60 分；若 $X_i > X_i(s)$，分子为正数，则 d 大于基础分；反之，则小于基础分。若 $X_i = X_i(h)$，而实际值等于满意值，则 d，等于满意分 100 分。

根据表 14-3 资料，取同行业最低水平为不允许值，同行业最高水平为满意值，则功效系数评价法的计算过程见表 14-5 所列。

表 14-5　功效系数评价法的计算过程

指标	单位	单项评价分数 d_i	权数 p_i	$\sqrt[p]{d_i^{p_i}}$
资金利税率	%	73.55	15	1.9054
成本利税率	%	94.03	5	1.2551
资产比率	%	81.18	10	1.5522

（续）

指标	单位	单项评价分数 d_i	权数 p_i	$\sqrt[p]{d_i^{p_i}}$
优质产品率	%	95.44	10	1.5775
商品销售率	%	91.45	10	1.5708
劳动生产率	元/人	66.67	10	1.5219
生产能力利用率	%	84.69	5	1.2485
原材料利用率	%	62.47	5	1.2297
新产品产值率	%	63.09	10	1.5135
增加值增长率	%	75	10	1.5399
利税增长率	%	95.12	10	1.5768

$$综合评价系数：D = \sqrt[p]{\pi d_i^{p_i}} = 78.99 \tag{14-48}$$

由于同行业最低水平为及格 60 分，故此计算结果表明该企业的经济效益属同行业的中等水平。功效系数评价法的特点是同时采用两种标准进行评价，反映效益在评价标准范围内的位置。但各项指标的满意值与不允许值较难确定。因此，在应用上有一定的难度。

3. DEA 评价法

数据包络分析方法(data envelopment analysis, DEA)是运筹学、管理科学与数理经济学交叉研究的一个新领域。它是根据多项投入指标和多项产出指标，利用线性规划的方法，对具有可比性的同类型单位进行相对有效性评价的一种数量分析方法。DEA 方法及其模型自 1978 年由美国著名运筹学家 A. Charnes 和 W. W. Cooper 提出以来，已广泛应用于不同行业及部门，并且在处理多指标投入和多指标产出方面，体现了其得天独厚的优势。

（1）基本思想

数据包络分析方法的原理主要是通过保持决策单元(decision making units, DMU)的输入不变，借助于数学规划和统计数据确定相对有效的生产前沿面，将各个决策单元投影到 DEA 的生产前沿面上，并通过比较决策单元偏离 DEA 前沿面的程度来评价它们的相对有效性。

（2）基本步骤

目前 DEA 方法的理论和使用都已非常成熟，常用的评价模型是 CCR 和 BCC，下面主要介绍 CCR 的步骤：

假设将对 n 个决策单元进行比较，每个决策单元有 m 个投入指标和 s 种产出指标。X_{ij} 表示第 j 个决策单元的第 i 种投入，Y_{ij} 表示第 j 个决策单元的第 i 种产出总量，用矩阵表示：$X_j = (X_{1j}, X_{2j}, \cdots, X_{mj})$ 表示第 j 个决策单元的资源投入，$Y_j = (Y_{1j}, Y_{2j}, \cdots, Y_{mj})$ 表示第 j 个决策单元的产出。令 V 为向量 X 的权系数向量，U 为向量 Y 的权系数向量，以第 t 个决策单元的效率评价为目标函数，以全部单元的效率为约束，得到最优化的 C^2R 模型，即第 t 个部门的相对最优效率优化评价模型为：

$$\max h_t = \frac{U^{\mathrm{T}} Y_t}{V^{\mathrm{T}} X_t}$$

$$\mathrm{s.\,t} \begin{cases} \dfrac{U^{\mathrm{T}} Y_j}{V^{\mathrm{T}} X_j} \leqslant 1, \ j=1, \ 2, \ \cdots, \ m \\ u_i \geqslant 0, \ v_j \geqslant 0, \ i=1, \ 2, \ \cdots, \ s, \ j=1, \ 2, \ \cdots, \ m \end{cases}$$

其中 $h_j = \dfrac{U^{\mathrm{T}} Y_j}{V^{\mathrm{T}} X_j}$ 表示第 j 个部门的效率。

这是一个分式规划问题，线性变换后的对偶问题为：

$$\min \theta$$

$$\mathrm{s.\,t} \begin{cases} \displaystyle\sum_{j=1} \lambda_j X_j \leqslant \theta X_0 \\ \displaystyle\sum_{j=1} \lambda_j Y_j > Y_0 \\ \lambda_j \geqslant 0 \end{cases}$$

求解模型可得到模型中的参数 θ，表示决策单元的投资效率。$\theta=1$，表示决策单元的投资相对有效；$\theta<1$，表示决策单元的投资相对无效。

本章小结

首先是概念内涵及评价原则。这部分对林业综合效益的内涵、特征以及任务进行了界定和阐述，提出了林业综合效益评价的 4 项原则，即林业宏观综合效益与微观效益相统一，经济、生态、社会效益相统一，长远效益与短期效益相统一，生产、流通等多方面效益兼顾 4 项原则。

其次是林业综合效益指标体系设计。这部分对林业综合效益指标体系设计经历了以经济效益为主、以生态效益为主和林业综合效益 3 个阶段，明确了指标确定的 5 个原则，包括科学性、全面性、敏感性、简约性和实用性，给出了经验判断法和数学分析法两种指标选择方法，最后具体给出了包括林业经济效益指标体系、林业社会效益指标体系和林业生态效益指标体系 3 个方面共 38 个指标组成的林业综合统计指标体系。

最后是林业综合效益评价方法。这部分对效益评价的标准，具体包括计划标准、历史标准、社会标准和理论标准；提出了两类评价方法：一是单项评价方法，包括对比评价法、因素分析评价法、货币时间价值评价法 3 种具体方法；二是综合评价方法，包括综合指数评价法、功效系数法、DEA 评价法 3 种具体方法。

复习思考题

1. 简述林业综合效益的内容。
2. 简述林业综合效益评价指标体系的内容和指标组成。
3. 简述林业综合效益评价的方法及不同评价方法之间的异同点。

第十五章　林业综合分析

【本章介绍】本章主要是论述林业与国民经济的比例关系分析、发展速度、林产品供需平衡、林业内部的主要比例关系，生产计划完成情况和生产经营平衡关系等方面的分析。

林业综合分析是指对部门、地区或企业的综合性经济问题进行的统计分析。

第一节　林业与国民经济的比例关系分析

林业是国民经济中的重要部门，它与国民经济各部门存在着相互依存和相互制约的关系，林业为国民经济提供生态环境、生产资料和生活资料，林业的发展能否适应国民经济的需要，是综合分析的首要问题。

一、森林生态平衡与国民经济

森林是生态平衡的主体，它有庞大的树冠，大量的根系可以保持水土、涵养水源、减少水库与河道的淤积和洪水的危害。林带是绿色的风障，它可以阻挡风沙前进的速度，控制沙漠的移动，抵御风沙、干旱和高低温对农作物的危害。森林为农业提供良好的生态环境，是发展农业生产的条件。森林还可以净化空气，美化环境，为人们旅游、康养提供场所。森林对改善生态环境作用的数量分析，在科学研究中是通过建立定点观测来进行的，宏观统计分析主要是用森林覆盖率指标来反映。由于仅有本国的森林覆盖率很难说明问题，所以分析时往往结合世界上主要国家的森林覆盖率，通过对比进行评价。森林覆盖率是不断变化的，它既说明了生态环境变动的方向，也说明了人们的努力程度。2015年世界主要国家森林资源的数据见表15-1所列。

从表15-1可见，全世界森林覆盖率为30.7%。根据第九次全国森林资源清查(2014—2018年)，我国的森林面积为2.2亿 hm^2，森林覆盖率为22.96%，低于世界的平均水平，而世界上主要国家的森林覆盖率大都高于世界平均水平。这说明我国森林资源是不能适应社会生产和人民群众日益增长美好生活需要，还要不断地加强林业工作，努力提升森林覆盖率，以适应国民经济发展和人们生活的需要。林草"十四五"规划目标是到2025年森林覆盖率要达到24.1%。我国森林覆盖率低是由于历史原因造成的，中华人民共和国成立以来，我国人民在党和政府的领导下一直在进行着不懈的努力，尤其是近几十年来取得了显著的成绩，面积与蓄积量30年来连续保持双增长。第九次全国森林资源清查的结果与第八次全国森林资源清查(2008—2013 年)相比森林面积净增长 1266.14 万 hm²，森林覆盖率净增长 1.33%，这说明我国生态环境在改善，在向良性方向转化。

表 15-1　2015 年世界主要国家森林资源情况

国家	森林面积(万 hm²)	森林覆盖率(%)	国家	森林面积(万 hm²)	森林覆盖率(%)
全球	399 913.50	30.7	俄罗斯	81 493.1	49.8
英国	314.4	13	韩国	618.4	63.7
印度尼西亚	9101.0	53	加拿大	34 706.9	38.2
中国	20 832.1	22.1	美国	31 009.5	33.8
印度	7068.2	24	马来西亚	2219.5	67.6
日本	2495.8	68.5	巴西	49 353.8	59
意大利	929.7	31.6	智利	1773.5	23.9
法国	1698.9	31	澳大利亚	12 475.1	16
德国	1141.9	32.8			

资料来源：联合国粮食及农业组织《2015 年全球森林资源评估报告》。

为了发挥森林生态效益，我国还在部分风沙水旱灾害严重的地区建设防护林体系，如三北防护林体系、长江中上游防护林体系、沿海防护林体系、平原农田防护林体系工程等。上述工程建设的进展也可进一步说明我国林业在改善生态环境方面所做的努力。

二、林业占工农业的比重

林业是农林牧渔业的一个部门，木材加工业是工业的一个部门。分析林业与国民经济的比例关系，通常要计算林业产值占农业产值的比重，木材加工业产值占工业(或制造业)产值的比重，并通过动态的变化来观察林业与国民经济的比例是否协调。产值指标可以用总产值，也可用增加值。其计算公式如下：

$$林业(营林)产值占农业产值的比重 = \frac{林业产值}{农业产值} \times 100\% \tag{15-1}$$

$$森工产值占工业产值的比重 = \frac{森工产值}{工业产值} \times 100\% \tag{15-2}$$

全国农林牧渔业总产值及构成见表 15-2 所列。从表 15-2 可见，1978—2019 年农业结构随着国民经济的发展有了很大的变化，农业的比重从 1978 年的 80% 下降到 2019 年的 53.29%，降低 26.71%；林业从 3.44% 增加到 4.66%，增加了 1%，近些年来长期保持在 4% 以上；牧业从 14.98% 增加到 26.67%，增加了约 12%；渔业从 1.58% 增加到 15.38%，增加了 13.8%。牧业和渔业是农业中增长最快的两个部门，反映出人们对畜牧产品和渔业产品需求的变化。经过几十年的发展，农业的产业结构有了较大的改善。但是应该指出，林业的比重虽然有所提高，但森林资源数量不足，还难以满足人们对森林生态服务产品和林产品的需求，林业还要继续从数量需求和质量需求进一步的发展，以适应国民经济发展的新要求。

表 15-2　全国农林牧渔业总产值及构成

年份	总产值		农业		林业		牧业		渔业	
	绝对数 (亿元)	比重 (%)	绝对数 (亿元)	比重 (%)	绝对数 (亿元)	比重 (%)	绝对数 (亿元)	比重 (%)	绝对数 (亿元)	比重 (%)
1978	1397	100	1117.5	80	48.1	3.44	209.3	14.98	22.1	1.58
1980	1922.6	100	1454.1	75.63	81.4	4.23	354.2	18.42	32.9	1.71
1985	3619.5	100	2506.4	69.25	188.7	5.21	798.3	22.06	126.1	3.48
1990	7662.1	100	4954.3	64.66	330.3	4.31	1967	25.67	410.6	5.36
1995	20 340.9	100	11 884.6	58.43	709.9	3.49	6045.0	29.72	1701.3	8.36
2000	24 915.8	100	13 873.6	55.68	936.5	3.76	7393.1	29.67	2712.6	10.89
2006	40 810.8	100	21 522.3	52.74	1610.8	3.95	12 083.9	29.61	3970.5	13.70
2007	48 651.8	100	24 444.7	50.24	1889.9	3.88	16 068.6	33.03	4427.9	12.85
2008	57 420.8	100	27 679.9	48.21	2180.3	3.80	20 354.2	35.45	5137.5	12.54
2009	59 311.3	100	29 983.8	50.55	2324.4	3.92	19 184.6	32.35	5514.7	13.18
2010	67 763.1	100	35 909.1	52.99	2575.0	3.80	20 461.1	30.20	6263.4	13.01
2011	78 837.0	100	40 339.6	51.17	3092.4	3.92	25 194.2	31.96	7337.4	12.95
2012	86 342.2	100	44 845.7	51.94	3407.0	3.95	26 491.2	30.68	8403.9	13.43
2013	93 173.7	100	48 943.9	52.53	3847.4	4.13	27 572.4	29.59	9254.5	13.75
2014	97 822.5	100	51 851.1	53.01	4190.0	4.28	27 963.4	28.59	9877.5	14.12
2015	101 893.5	100	54 205.3	53.20	4358.4	4.28	28 649.3	28.12	10 339.1	14.40
2016	106 478.7	100	55 659.8	52.27	4635.9	4.35	30 461.2	28.61	10 892.9	14.77
2017	109 331.7	100	58 059.8	53.10	4980.6	4.56	29 361.2	26.86	11 577.1	15.48
2018	113 579.5	100	61 452.6	54.11	5432.6	4.78	28 697.4	25.27	12 131.5	15.84
2019	123 967.9	100	66 066.5	53.29	5775.7	4.66	33 064.3	26.67	12 572.4	15.38
2020	137 782.2	100	71 748.2	52.07	5961.6	4.32	40 266.7	29.22	12 775.9	14.39

注:①本表按当年价格计算;②资料来自《中国统计年鉴(2021)》。

　　木材加工和家具制造是工业的重要组成部分,也是林业对社会提供物质产品的重要方面,在进行综合分析时要分析其在工业中所占的比重以及随时间变动中与工业发展的协调和变动趋势。从我国工业结构的发展历史来看,在工业化初期,我国的工业以轻工业的纺织和食品为主,1952 年两个部门占全部工业的 51.6%,以后重工业尤其是机械工业和化学工业迅速发展,取代了传统工业,并在工业中占了主导地位。森林工业(木材加工业)在1952 年为 6.5%,比重较大,这是由于工业化初期大量开发新林区,木材产量迅速增加所形成的。以至随着可采资源的枯竭,木材产量增长缓慢,森工总产值占工业总产值的比重就下降到 2% 以下,到 1988 年下降到 1.6%,下降了 4.9%。以后随着工业中新技术的发展和新部门的涌现,森林工业的比重还在不断下降。从世界各国发展的趋势来看,随着国民经济的发展,森林工业在工业中所占的比重不断下降是一个共同趋势,因此在分析时不但要着眼结构上变化,更重要的是从协调关系上看森林工业的发展与变化。

第二节　林业发展速度分析

　　根据历史统计资料，运用动态数列分析的方法进行速度分析，是林业统计综合分析另一重要内容。通过分析可探索现象发展变化的趋势和规律，寻找变化的原因，对加强经营管理，进行经济预测，制定长期规划都有重要作用。

一、林业发展速度分析常用的内容

　　林业统计中的发展速度分析，通常采用林业的主要综合经济指标，如造林面积、森林资源、主要林产品产量、森工总产值和增加值、职工人数、劳动生产率、成本和利润等，综合反映林业的成果与效益的发展变化。

　　经济现象是相互联系的，分析某一现象的发展变化时，往往不是仅就某一现象本身孤立地进行，而是结合与之相关的其他现象一起进行研究，才能进一步揭示变化的原因。例如，总产值由各种产品构成，研究总产值的发展速度，可结合主要产品一起进行，从而进一步了解各主要产品对总产值变化的作用。产值也可与职工人数、劳动生产率联系在一起进行研究，揭示劳动生产率变化与产值的关系。又如，分析利润的增长可结合产量和销售量的增长，也可与销售成本联系在一起进行，从而可进一步了解增加产量和降低成本所作的贡献。

二、总产值增长与增加值增长分析——发展速度分析的实例

　　某地区木材采运企业总产值和增加值见表15-3所列。

表 15-3　某地区木材采运企业总产值和增加值

项目	2020 年	2019 年	2018 年	2017 年	2016 年	2015 年	2014 年
总产值(万元)	12 601	17 460	15 261	15 166	17 820	14 122	20 819
定基发展速度(%)	100	13 856	121.11	120.36	141.41	112.07	165.22
增加值(万元)	4836	7419	6319	6066	5939	5758	6241
定基发展速度(%)	100	153.41	130.67	125.43	122.81	119.07	129.25
速度比(系数)	1	1.11	1.08	1.04	0.87	1.06	0.78

　　从表15-3可见，某地区木材采运企业总产值2014—2020年增长了65.22%，森工增加值增长了29.05%。虽然增加值增长较快，但增加值的增长不能与总产值的增长同步，也就是说新创造价值的增长落后于产品的增长。增加值的增长落后于总产值的增长，是因为增加值率下降引起的，或者说是由于总产值物质消耗上升引起的。

$$增加值率=\frac{增加值}{总产值}=\frac{总产值-物质消耗价值}{总产值} \tag{15-3}$$

　　增加值率的下降也反映在增加值与总产值的速度比上。

$$增加值与总产值的速度比=\frac{某年森工增加值与1987年比的发展速度}{某年森工总产值与1987年比的发展速度} \tag{15-4}$$

$$= \frac{某年森工增加值}{1987 \, 年森工增加值} : \frac{某年森工总产值}{1987 \, 年森工总产值} = \frac{某年森工增加值}{某年森工总产值} : \frac{1987 \, 年森工增加值}{1987 \, 年森工总产值}$$

$$= \frac{某年森工增加值率}{1987 \, 年森工增加值率}$$

从表 15-3 可见，速度比自 2014 年起至 2020 年分别为 1.11、1.08、1.04、0.87、1.06、0.78，基本上逐年呈下降趋势。

表 15-3 是按现行价格计算的，按现行价格计算的增加值率，其变化受 3 个方面的影响：第一是单位产品的物质消耗量；第二是所消耗原材燃料价格的变化；第三是产品价格的变化。3 个因素中如果仅原材燃料价格上升，其他两个因素不变，也会使增加值率下降。这样就需结合其他资料进一步分析物耗的价格变动，才能对总产值和增加值的增长作出正确的评价。

第三节　林产品供需平衡分析

林业承担着为社会提供林产品和生态产品满足人们需求的重任。因此，在进行林产品供需分析时要从实物林产品供需和森林生态产品(生态系统服务)两个方面分析林业满足人们需求的程度，找出提升林产品供给、改善林业生产的着力点。

一、实物林产品供需分析

实物林产品包括原木、竹材、松香等森林原料产品，也包括木材的加工产品如锯材和人造板等，以及家具、纸张和其他林化加工产品，同时也包括非木质林产品如来自森林的各种果品、森林药材、木耳等。在进行实物林产品供需分析时重点是分析木材等基础原料、木材加工产品中如锯材和人造板的供需状况。表 15-4 是 2011 年以来中国主要林产品的生产状况。

表 15-4　2011 年以来中国主要林产品产量

年份	木材	竹材 (万根)	锯材 (万 m³)	人造板(万 m³)				木竹地板 (万 m²)	松香 (t)
				合计	胶合板	纤维板	刨花板		
2011	8146	153 929	4460	20 919	9870	5562	2559	62 908	1 413 041
2012	8175	164 412	5568	22 336	10 981	5800	2350	60 431	1 409 995
2013	8439	187 685	6298	25 560	13 725	6402	1885	68 925	1 642 308
2014	8233	222 440	6837	27 372	14 970	6463	2088	76 022	1 700 727
2015	7218	235 466	7430	28 680	16 546	6619	2030	77 356	1 742 521
2016	7776	250 630	7716	30 042	17 756	6651	2650	83 799	1 838 691
2017	8398	272 013	8602	29 486	17 195	6279	2778	82 568	1 664 982
2018	8811	315 517	8362	29 909	17 898	6168	2732	78 898	1 421 382
2019	10 046	314 480	6745	30 859	18 006	6170	2980	81 805	1 438 582
2020	10 257	324 265	7593	32 545	19 797	6226	3002	77 257	1 033 344

资料来源：国家林业和草原局《中国林业和草原统计年鉴 2020》。

注：数据保留整数，小数点后进行四舍五入处理。

从表 15-4 可以看出 2011 年以来我国的木材生产总体保持基本稳定，2015 年天然林停止商业采伐以后木材生产转向以人工林为主，天然林停止木材生产后对木材生产影响不大，2015 年与 2016 年木材产量有小幅度下降后，2017 年已恢复到 2014 年的水平，国内的木材供应保持了稳定。竹材产量保持了持续增长良好势头，2020 年与 2011 年比产量增长了 111%，满足人们生产与生活需求的能力持续增强。松香作为森林重要的一种林化原料产品在 2011—2016 年持续增长，2016 年达到高点，与 2011 年相比年产量增长了 30%。2016 年以后进入下降阶段，2020 年的年产量仅为 2011 年的 73%。同期木材加工产品的生产满足需求的能力得到了大幅的提升，锯材和人造板的产量大幅度的增加，有利地支持了国民经济的发展和人们生活水平提升的要求。

虽然我国的原木和木材加工产品在过去的 10 年间保持了平稳增长态势，但产品的供给还是不能满足国民经济发展的需要，特别是在人们对森林生态系统服务需求日益不断增加的背景下。因此，我国对木材等林产品的进口不断增加，目前已成为世界上主要的林产品进口国。表 15-5 反映了 2011 年以来中国主要林产品进出口情况。

表 15-5 2011 年以来中国主要林产品进出口数量统计

产品	单位	2011 年	2012 年	2013 年	2014 年	2015 年
原木进口	m³	42 325 848	37 892 716	45 159 433	51 194 868	44 569 015
原木出口	m³	14 380	3569	13 128	11 744	12 070
锯材进口	m³	21 606 705	20 669 661	24 042 966	25 739 161	26 597 691
锯材出口	m³	544 194	479 847	458 284	408 970	288 288
刨花板进口	m³	547 030	540 749	586 779	577 962	638 947
刨花板出口	m³	86 786	216 685	271 316	372 733	254 430
纤维板进口	m³	306 210	211 524	226 156	238 661	220 524
纤维板出口	m³	3 291 031	3 609 069	3 068 658	3 205 530	3 014 850
胶合板进口	m³	188 371	178 781	154 695	177 765	165 884
胶合板出口	m³	9 572 461	10 032 149	10 263 412	11 633 086	10 766 786
松香进口	t	2659	9918	30 413	11 343	23 357
松香出口	t	231 148	167 784	133 136	122 469	85 322
产品	单位	2016 年	2017 年	2018 年	2019 年	2020 年
原木进口	m³	48 724 737	55 398 327	59 685 466	59 229 531	59 707 994
原木出口	m³	94 565	92 491	72 327	50 632	21 764
锯材进口	m³	31 526 379	37 402 136	36 642 861	37 051 023	33 777 539
锯材出口	m³	262 053	285 640	255 670	245 820	237 442
刨花板进口	m³	903 089	1 093 961	1 065 331	1 036 113	1 187 368
刨花板出口	m³	288 177	305 917	353 440	336 644	376 527
纤维板进口	m³	241 021	229 508	307 631	242 180	197 920

（续）

产品	单位	2016 年	2017 年	2018 年	2019 年	2020 年
纤维板出口	m^3	2 649 206	2 687 649	2 273 630	2 133 683	2 027 544
胶合板进口	m^3	196 145	185 483	162 996	139 251	224 023
胶合板出口	m^3	11 172 980	10 835 369	11 203 381	10 060 581	10 385 333
松香进口	t	45 857	—	69 931	75 707	95 958
松香出口	t	58 433	—	46 950	35 256	22 754

资料来源：国家林业和草原局《中国林业和草原统计年鉴 2020》。

注：数据保留整数，小数点后进行四舍五入处理。

从表 15-5 可以看出为了满足国内对木材林产品的需求，我国每年净进口大量的原木和锯材产品，进口的数量在过去的 10 年间不断增长，原木从逾 4200 万 m^3 增加到 2020 年的逾 5970 万 m^3，锯材从 2160 万 m^3 增长到 2020 年的 3377 万 m^3。木材和原木产品的对外依存度不断升高。在人造板的进出口中刨花板的进口大于出口，形成了净进口的局面，且差额比较大。而纤维板和胶合板出口大于进口，特别是近些年出口量远远大于进口量，表明我国的纤维板和胶合板的生产不但能够满足国内经济发展的需求还在国际市场上占有重要的份额。松香是我国传统的出口产品，近年来继续保持了这一地位，出口量大于进口量，反映出松香的生产可以满足国内的需求。

二、森林生态产品(生态服务)供需分析

森林不但能够提供实物林产品还能够通过其巨大的生态功能为人类提供生态产品，改善和提高人们的生产和生活质量。在现代社会中人们对森林生态产品具有巨大的需求，从生态环境的改善到人们的休闲游憩的需求都在不断地增长。相对来讲，森林生态产品的供给不足，林业生产的目的之一就是不断提高生态产品的供给。因此，在进行森林生态产品供需分析时，主要是分析森林生态产品供给的状况以及发展变动的趋势，为改善供需状况提供基础数据支持。

当代中国林业的发展不但重视实物林产品的生产，而且采取了多方面的措施不断提升我国森林生态产品的供给能力，持续改善人们生产和生活的环境并提供尽可能多的森林休闲与游憩的场所。根据全国森林资源清查的数据，第八次全国森林资源清查(2009—2013 年)与第七次全国森林资源清查(2004—2008 年)期末相比，全国森林主要生态服务物质量增长明显，其中，年涵养水源量 5807.09 亿 m^3，增加了 17.37%，年固土量 81.91 亿 t，增长 16.43%，年固碳量 4.02 亿 t，增长 11.98%；年滞尘量 58.45 亿 t，增加了 16.8%；年释氧量 9.51 亿 t，年保肥量 4.3 亿 t。年吸收大气污染物量 0.38 亿 t(生态文明制度构建中的中国森林资源核算研究)。第九次全国森林资源清查(2014—2018 年)结果显示，在本次清查期间森林年涵养水源量 6289.50 亿 m^3，年固土量 87.48 亿 t，年保肥量 4.62 亿 t。年吸收大气污染物量 0.40 亿 t，年滞尘量 61.58 亿 t，年固碳量 4.34 亿 t，年释氧量 10.29 亿 t(《2014—2018 中国森林资源报告》)，与第八次全国森林资源清查相比都有较大幅度的提升，表明我国森林生态产品提供的能力在不断增强。

第四节　林业内部主要比例关系分析

林业由营林业、木材机械加工、林产化学加工等多个产业组成，各产业客观上存在着一定的比例关系，经常分析主要比例关系是否协调，不断克服矛盾，组织新的平衡是综合统计分析的又一重要内容。

一、采育比例关系

采育比例关系是林业再生产最基本的比例关系，贯彻以营林为基础的方针，正确处理好二者之间的关系，是林业沿着可持续发展的道路不断前行的根本保证。

(一)采伐面积与更新造林面积的比例关系

森林资源再生产中，森林采伐与更新造林是森林资源变化的主要原因。采伐与更新的比例关系可以从面积上来分析从而反映森林资源发展变化的原因。二者的基本比例式如下：

$$更新造林面积×森林保存率≥采伐面积 \qquad (15-5)$$

只有上面的关系式成立，森林资源才能越采越多，然而我国在相当长的时期，更新没有跟上采伐，采伐与更新不协调成为制约林业发展的主要矛盾。特别是到了 20 世纪 80 年代，森林可采资源出现危机，林业经济发展陷入了艰难的境地。为了扭转这一被动局面，国家相继出台了包括森林采伐限额、促进更新造林的林业政策，调整采育比列关系。经过多年的努力，到 20 世纪 90 年代采育关系得到了根本改善。

在进行采伐面积与更新造林面积的比例关系分析时主要是对用材林进行分析，看更新是否跟上采伐。从控制消耗、加快培育两个方面着手，努力实现森林资源长大于消，不欠新账，清还旧账，使木材生产走上可持续发展的道路。分析的重点是木材生产单位和地区，通过统计数据对比分析发现存在的问题并寻求改进的措施。

(二)从森林面积和蓄积量观察采育比例关系

不同时期的森林面积和蓄积量是森林采育比例关系的集中表现。从 1977 年以来我国森林面积和蓄积量见表 15-6 所列。

从表 15-6 可见我国森林面积在逐步增加，由 1977—1981 年的清查到 2013—2018 年的清查，森林面积增加了 91.23%，森林蓄积量增加了 94.51%，森林覆盖率增加了 10.96%，我国的森林资源状况得到了很大的改善。

表 15-6　我国森林资源概况

项目	1977—1981 年	1984—1988 年	1989—1993 年	1994—1998 年
森林面积(万 hm²)	11 527.74	12 465.28	13 370.35	15 894.09
速度(%)	100	108.13	115.98	137.88
森林蓄积量(亿 m³)	90.28	91.41	101.37	112.67
速度(%)	100	101.25	112.28	124.80
森林覆盖率(%)	12.0	12.98	13.92	16.55

（续）

项目	1999—2003 年	2004—2008 年	2009—2013 年	2014—2018 年
森林面积(万 hm²)	17 490.92	19 545.22	20 768.73	22 044.62
速度(%)	151.73	169.55	180.16	191.23
森林蓄积量(亿 m³)	124.56	137.21	151.37	175.60
速度(%)	137.97	151.98	167.67	194.51
森林覆盖率(%)	18.21	20.36	21.63	22.96

资料来源：国家林业和草原局《中国森林资源报告 2014—2018》。

二、造林、幼龄林抚育、成林抚育的关系

造林是森林资源扩大再生产的第一步，但造林后必须及时抚育，才能成活、速生、丰产。造林后根据各地区和树种的不同，抚育次数和年限也不同。如在湿润地区生长快的树种，其年抚育次数和年限为：第一年 2、3 次，第二年 2 次，第三年 1 次。造林与幼龄林抚育的实际面积比为 1∶3，与作业面积的比为 1∶5。森林郁闭后要进行成林抚育，主要是间伐。它不仅可以促进生长，而且可以回收资金，满足国家用材的需要。成林抚育根据各地区自然经济条件的不同，其中间伐的次数也不同。如南方的杉木，一般间伐 2 次，比例关系为 1∶2。分析造林、幼龄林抚育、成林抚育三者之间的关系，可通过不同时期三者之间的面积进行。如某地区木材生产企业更新造林、幼龄林抚育、成林抚育情况见表 15-7 所列。

表 15-7　某地区木材生产公司更新造林、幼龄林抚育、成林抚育情况表　　　　hm²

地区	2010 年				2015 年			
	更新造林面积	幼龄林抚育		成林抚育面积	更新造林面积	幼龄林抚育		成林抚育面积
		实际面积	作业面积			实际面积	作业面积	
合计	2922	9604	15 269	5283	3048	9532	15 153	5340
第一分公司	443	1239	1430	1025	553	1295	1385	996
第二分公司	362	911	2207	906	460	1522	2355	999
第三分公司	1333	4582	9126	2619	1426	5377	9778	2654
第四分公司	784	2872	2506	688	609	1338	1635	691

从表 15-7 可见，2010 年该木材生产公司更新造林 2922 hm²，幼龄林抚育实际面积为 9604 hm²，更新造林与幼龄林抚育比为 1∶3.29。幼龄林抚育作业面积为 15 269 hm²，与实际面积的比例为 1∶1.59。成林抚育面积 5283 hm²，与更新造林的比为 1∶1.8。2015 年更新造林与幼龄林抚育实际面积的比为 1∶3.13，幼龄林抚育实际面积与作业面积的比为 1∶1.59，更新造林与成林抚育的比为 1∶1.75。从总的来看，更新造林后基本上能及时进行抚育，幼龄林郁闭后也能及时进行间伐，说明该木材生产公司对抚育是重视的。但 2015 年与 2010 年相比更新造林面积扩大了，幼龄林抚育实际面积、作业面积却反而略有下降，

这是不正常的，可进一步结合资金、劳动力等进一步分析，总结经验，克服存在的问题，将幼龄林抚育和成林抚育工作做得更好。

造林更新以后必须要加强森林经营才能使林木健康成长，而幼龄林抚育和成林抚育是森林经营的重要手段，抚育工作做的好坏直接关系到林木的生长发育和未来木材生产的可持续性。由于各种主客观因素的影响，我国在很长一段时间内重造林轻经营，造林后抚育管理措施没有跟上，形成了许多生长缓慢的林分，制约了木材生产和森林整体效益的发挥。近年来，国家强化了森林经营，在加强森林抚育的同时，对这些低质低效林进行了大规模的改造。表15-8是我国造林、森林抚育和低效林改造面积统计表。从表中可以看到，从2000年以来我国的森林抚育面积不断提高，低产林改造在平稳推进，反映出对森林经营管护工作的加强。

表 15-8　我国 2000—2019 年造林、森林抚育和低产林改造统计表

年份	人工造林(万 hm²)	更新造林(万 hm²)	森林抚育(万 hm²)	低效林改造(万 hm²)
2000	434.50	91.98	501.30	107.34
2001	397.73	51.53	457.44	70.37
2002	689.60	37.90	481.68	57.59
2003	843.25	28.60	457.77	26.40
2004	501.89	31.93	527.15	27.95
2005	322.13	40.75	501.06	32.80
2006	244.61	40.82	550.96	29.61
2007	273.85	39.09	649.76	29.06
2008	368.43	42.40	623.53	39.59
2009	415.63	34.43	636.26	54.34
2010	387.28	30.67	666.17	66.56
2011	406.57	32.66	733.45	78.88
2012	382.07	30.51	766.17	70.75
2013	420.97	30.31	784.72	75.83
2014	405.29	29.25	901.96	68.74
2015	436.18	29.96	781.26	68.48
2016	382.37	27.28	850.04	71.83
2017	429.59	30.54	885.64	76.42
2018	367.80	37.19	867.60	132.92
2019	345.83	37.02	847.76	153.79

资料来源：国家林业和草原局《中国林业和草原统计年鉴》。

注：2018年起低效林改造变更为退化林修复面积。

三、公益林与商品林比例关系

我国的森林实行分类经营管理制度，将森林分为公益林和商品林，目的是充分发挥森林多种效益，满足全社会的多元需求，提高管理效能。公益林以发挥森林生态效益为主要目的，商品林以提供木材产品为主要经营目标，对两类森林采取不同的经营管理措施。

公益林和商品林保持合理的比例关系是充分发挥森林多种效益的基础，也是林业经营管理所追求的目标。在分析公益林与商品林的比例关系时要根据国民经济发展和人们生活对实物林产品的需求和对森林生态系统服务的需要统筹考虑，找出符合现实状况的最佳比例。而且随着时间的推移和经济发展的变化，其比例关系也会发生变化。根据联合国粮食及农业组织《2015 年世界森林资源评估报告》，在 2015 年，大约 31% 的世界森林被主要划分为用材林，与 1990 年相比减少了 1340 万 hm^2，全球近 1/3 的森林面积被划分用于水土保持，40% 左右用于其他生态系统和社会文化服务。而且用于水土保持目的森林在 2010 年至 2020 年的 10 年间增长迅速(联合国粮食及农业组织《2020 年世界森林资源评估报告》)。进入 21 世纪以来我国公益林所占的比重继续保持上升的趋势，但上升的增速在放缓。2008 年全国森林中的商品林面积比重为 47.59%，公益林面积比重为 52.41%(《中国森林资源报告 2004—2008》)。2013 年全国森林中的商品林面积比重为 44.0%，公益林面积比重为 56.0%(《中国森林资源报告 2009—2013》)。到了 2018 年公益林占全国森林面积的 56.65%，商品林面积占 43.35%(《中国森林资源报告 2014—2018》)。

四、林业投资及其构成分析

林业投资是扩大再生产的源泉，营林通过生态建设与保护投资进行造林、幼龄林抚育、成林抚育、林木良种基地建设、森林病虫害防治、护林防火和林区道路修建等建设，木材加工通过林业产业发展投资建设厂房、购置设备，增加木材加工、林产化工产品生产能力，林业种苗供给、森林防火、森林有害生物防治和信息化管理等通过林业支撑与保障投资得到改善和提升，林业基础设施等可以通过其他投资进行改善。林业投资总量和结构的变化，对林业产业结构的变化和林业内部结构的变化有重大的作用。

我国政府对林业发展非常重视，近几十年来对林业的投资不断增加，使林业得到了快速发展。表 15-9 是 2011 年以来全国林业投资完成情况。

表 15-9　全国林业投资完成情况

年份	合计 (万元)	生态建设与保护 (万元)	林业支撑与保障 (万元)	林业产业发展 (万元)	其他 (万元)
2011	25 208 630	13 024 980	3 006 631	5 224 114	5 070 341
2012	31 954 789	16 041 174	2 228 758	8 207 093	6 943 855
2013	33 177 547	18 705 774	2 216 819	10 776 201	6 123 896
2014	37 985 074	19 479 662	2 327 390	16 200 261	5 247 827
2015	38 674 287	20 172 014	2 272 730	15 646 727	4 809 949
2016	45 095 738	21 100 041	4 033 827	17 419 315	2 542 555
2017	48 002 639	20 162 948	6 143 511	20 077 573	1 618 607

（续）

年份	合计 （万元）	生态建设与保护 （万元）	林业支撑与保障 （万元）	林业产业发展 （万元）	其他 （万元）
2018	48 171 343	21 257 493	6 084 415	19 263 251	1 566 184
2019	45 255 868	23 758 869	12 534 279	8 962 720	
2020	47 168 172	24 415 077	12 261 248	10 491 847	

资料来源：国家林业和草原局《中国林业和草原统计年鉴》。

注：2019年投资项目调整为：生态修复治理、林（草）产品加工制造和林业草原服务、保障和公共管理三部分。

从表15-9可见，从2011年以来林业投资总量继续保持逐年提高的态势，2020年投资总量比2011年上升了87%。2020年在林业投资中生态修复与治理的投资占到52%，反映出生态建设在林业发展中具有非常重要的地位。林业产业发展投资占到22%，占比有所下降，对林业产业的发展和对社会的林产品供应有一定的影响。在林业投资中林业草原服务、保障和公共管理投资占到26%，促进了森林灾害的预防、野生动植物保护和林业管理经营水平的提升。

第五节　林业计划完成情况分析

计划完成情况分析是企业经常进行的一种综合分析，它对总结计划完成的成绩，查找存在的问题，提出改进意见和措施，推进计划的完成，改进经营管理有着重要的作用。

一、计划完成情况分析

计划完成情况分析是在报告期终结后进行的综合分析，目的是总结成绩，分析未完成计划的原因和存在问题，提出改进建议和措施。

计划分年、季、月。计划不同，分析要求也不同。月度和季度计划是进度计划，分析月度和季度计划要求及时，以便能抓住关键，及时采取措施进行解决，保证年度计划的完成。年度计划完成情况分析在年度结束后进行，是对全年计划执行情况的总结和综合评价。分析时要涉及各项主要经济指标，比月度和季度计划分析要细致、全面和深入。

计划执行情况分析，既可就某一经济指标为主进行分析，也可以将各项主要经济指标联系起来进行分析。由于各经济指标之间是相互联系的，所以单项指标的分析也必须联系相关指标一起进行。如分析造林计划完成情况，就需要联系参加人数、效率、种苗的供应等；分析销售利润必须联系销售额、销售成本等。在将各主要经济指标联系在一起进行综合分析时，既要有全企业的分析，也要落实到林场和车间，还必须要有重点，才能既全面又深入具体。

分析计划完成情况时，要计算计划完成率和计划与实际的差额，通过二者说明计划的完成程度。

$$计划完成率 = \frac{实际完成数}{计划数} \qquad (15-6)$$

$$计划数与实际数的差额 = 实际完成数 - 计划数 \qquad (15-7)$$

当计划为总量指标(如造林更新面积、产量、产值、职工人数、设备数、原材料消耗量、利润等)、平均指标(如劳动生产率、平均工资、单位成本等)时,上述两种指标都计算。当计划指标是相对指标(如造林成活率、产品合格率、原材料利用率、成本降低率等)时,直接把计划数与实际完成数相减,就可以表明计划的完成程度,而不计算计划完成率。如某林场计划造林成活率为 92%,实际完成 95%,则造林成活率比计划多出了 3% (95% - 92% = 3%)。

二、林业企业计划进度分析和预计计划完成情况分析

上述计划完成情况的分析,属于事后的分析。它可为以后计划的制定和采取措施提供依据,但对本期计划则是"马后炮"。进度分析和预计分析是在计划执行过程中的分析,属于事前的分析,它对经营管理人员随时掌握工作进度,发现问题,及时进行解决,保证月、季、年计划的完成有重要的作用。

(一)生产进度分析

造林更新、木材采集运、贮木场作业、锯材生产都要在计划执行过程中进行进度分析,以反映截至分析之日累计完成计划的程度,并通过分析影响计划进度快慢的原因,提出改进工作的建议。

$$累计完成计划的程度 = \frac{截至某日累计完成的产量}{本期计划产量} \times 100\% \qquad (15-8)$$

例如,某林业局 2 月木材集运计划为 24 000 m³,上半月产量均未完成 1/2,有可能完不成月计划产量。经调查各林场的情况时,发现有些林场有如下情况:第一,月初有松劲情绪,出勤率、日效率均较低;第二,有的集材拖拉机和运材汽车坏了,零配件供应不上,不能及时修理。管理人员加强了管理,供应部门及时解决了拖拉机和汽车的零配件,生产迅速走上正常,月末超额完成了计划。

(二)生产计划的预计分析

生产计划的预计分析通常在各月下旬、季末、年末前进行。它是在进度分析的基础上,根据生产发展的趋势,考虑到今后可能出现的有利因素和不利因素,如木材生产中的冬季和夏季的气候变化因素等,对本月、本季或全年可能完成计划的程度作出的估计。它也是一种预测,并对完成计划提出建议和措施。

预计分析方法有两种,第一种方法是测算至计划期末止的预计总产量,然后与计划对比,计算出预计计划完成率。预计产量由计划期初至预计分析时累计的实际产量和分析时至期末预计的产量组成。分析时至期末的预计产量,一般由余下的工作日数乘以计划期内实际平均日产量之和求得。第二种方法是先用计划产量减去期初至分析时累计完成的产量,得期末完成计划的产量,把计划期尚未完成的产量除以实际平均日产量,求得完成所需天数,再与余下天数比较,说明预计完成情况。

例如,某林业局 3 月运材量为 25 000 m³,至 20 日累计完成 15 300 m³,余下 9 d 工作日,预计计划完成情况如下:

$$实际平均日产量 = \frac{至预计日累计完成产量}{至预计日工作日数} = \frac{15\ 300}{14} = 1093\ (m³) \qquad (15-9)$$

$$预计计划完成程度=\frac{至计划期末止预计总产量}{计划产量}×100\% \qquad (15-10)$$

$$=\frac{至预计日累计实际产量+实际平均日产量×预计日之后制度工作日数}{计划产量}×100\%$$

$$=\frac{15\ 300+1093×9}{25\ 000}=\frac{25\ 137}{25\ 000}=100.55\%$$

3 月尚未完成的计划产量：25 000−15 300＝9700（m³）

$$预计完成计划所需天数=\frac{本期尚未完成的计划产量}{实际平均日产量}=\frac{9700}{1093}=8.9（d） \qquad (15-11)$$

提前完成计划天数：9−8.9＝0.1（d）

上述分析表明某林业局 3 月运材量可以按期完成计划，但超额有限，3 月仍是木材运输的黄金季节，必须加强管理，利用有利时机，切忌麻痹。

第六节　林业企业生产经营平衡关系分析

林业企业在生产经营过程中，生产经营的各个方面及各个环节都必须保持平衡、协调，生产经营活动才能顺利进行，并取得较好的经济效益。统计要经常分析研究各方面的平衡状况，如发现不平衡，应及时提出建议，组织新的平衡，保证生产经营的健康平稳发展。

林业企业生产经营中的平衡关系，主要有产销平衡，原材燃料的需要与供应量的平衡，生产任务与劳动力的平衡，生产与维修的平衡，木材生产采、集、运、装、卸、归的平衡等。

一、原材燃料供应量与需要量的平衡关系分析

原材燃料供应量与需要量之间的平衡是生产的基本条件之一。如果原材燃料供应不足，就会出现停工待料，影响生产的正常进行；如果原材燃料过多，超过正常生产的需要，就会出现物资积压，占用过多的流动资金，影响资金的周转和资金的效果。为此必须经常地分析原材燃料供应量与需求量的平衡，保持合理的库存，既能保证生产的正常需要，又能减少流动资金的占用，提高资金周转速度。

木材采运企业油料和生产设备的零配件，木材加工企业的原料、材料和胶料等，经常由于日产量、单耗与计划的不同，或由于市场供应条件，运输条件等的变化，产生原材燃料的供应量与需求量的新矛盾。例如，某木材采运企业某日生产计划任务为 20 000m³，日耗用柴油 600 kg，期初库存 9000 kg，可供 15 d 使用，14 d 运进 9000 kg，供应量和需要量是平衡的。但由于产量增加，日消耗量由 600 kg 上升到 650 kg。期初库存 9000 kg 只够用 13.8 d，14 d 才能运进柴油显然是迟了。通过分析，提前进货，从而保证采、集、运生产机械的正常作业。

二、生产任务与劳动力的平衡关系分析

劳动力与生产任务要相适应，这是生产的另一基本条件。所谓适应是指在一定劳动生

产率的条件下，完成计划任务所需要的劳动力数量，与现有工人数的比，看是否超过，或是不足，以便及时采取措施予以解决。在分析生产任务与劳动力的平衡关系时要注意营林和木材生产，木材加工各行业的特点。在营林生产中工人一般春造林、夏幼抚、秋整地、冬间伐，依生产季节的变化而改变工种。对工种间的平衡考虑较少，而对季节的平衡考虑较多。木材生产和木材加工分工基本上比较固定，所以还要对木材生产各阶段，工序、基本生产和辅助生产进行研究。林业分析生产任务与劳动力的平衡，需要工人数可按下式计算：

劳动力需要量＝计划产量(工作量)×定额工日÷月制度工日数÷出勤率　（15-12）

例如，某林场5月各树种需要幼龄林抚育的用工量计算见表15-10所列。

表15-10　幼龄林抚育用工计算

树种	面积(hm^2)	抚育方式	定额	工日数(工日)
杉木	66.7	全锄	3	3000
杂木	33.3	块状抚育	2	1000
马尾松	133.3	劈草抚育	1.5	3000
经济林	20	深翻抚育	6	1800
合计	253.3			8800

本场工人200人可参加幼龄林抚育，出勤率95%，可以由本场工人完成4370个工日的抚育任务，尚欠4430个工日必须请附近农民来完成，才能保证幼龄林能按季节完成抚育。

三、生产设备能力与生产任务的平衡关系分析

分析生产设备能力与生产任务的平衡，要根据营林、木材生产，木材机械加工和林产化学加工各环节，各工序的机械化水平来进行。营林有的只有少数工序机械化，其余为手工作业，这种情况只分析个别工序即可。木材生产和木材加工等机械化程度较高，分析生产设备能力与生产任务是否平衡要分阶段、分工序和各类设备是否能协调。例如，某木材采运企业2月原条集材量计划20 000 m^3全部由集材拖拉机完成，平均集材距离1000 m，平均台班定额40 m^3，月制度工作日23 d，需要集材拖拉机22台(20 000 m^3÷40 m^3/台班÷23台日＝21.7台)。现在本企业完好的集材拖拉机18台，非完好的6台，共24台。从上述情况看，现有全部拖拉机生产能力虽然大于实际生产的需要，但由于完好率较低，使完好设备不能满足生产的要求。应加强管理、提高完好率，才能保证集材任务的完成。

本章小结

林业是一个具有能够提供公共产品属性的生产部门，与国民经济的发展和人们的生活息息相关。本章从林业与国民经济和林业内部两个方面介绍了如何利用林业统计信息进行综合分析，同时就林业内部的宏观经营管理和基层林业生产等不同层面，应该把握哪些重大的关系以及如何进行相关的分析进行了介绍。通过本章的学习，学生可以了解在进行林

业综合分析时应该从哪些方面入手，又有哪些重要的关系值得人们去关注和如何进行相关的分析。

复习思考题

1. 简述如何进行林业与国民经济的综合分析。
2. 简述如何进行林业发展速度的分析。
3. 简述如何进行林产品供需平衡分析。
4. 简述林业内部的主要比例关系及如何进行相关的分析。
5. 简述在进行林业企业生产经营平衡关系分析时应从哪些方面入手？
6. 试述从哪些方面进行林业计划完成情况分析？

参考文献

陈思杭，2014. 林业科技投入与林业生产率增长关系的实证研究[D]. 南昌：江西农业大学.

陈文汇，2007. 中国野生动植物资源利用的统计体系研究[M]. 北京：中国林业出版社.

陈文汇，2010. 国内外野生动植物保护管理与统计研究[M]. 北京：中国林业出版社.

陈文汇，刘俊昌，胡明形，2013. 林业统计、监测与评价的指标与方法研究[M]. 北京：中国林业出版社.

杜国明，2013. 集体林权流转制度研究[M]. 北京：社会科学文献出版社.

高敏雪，李静萍，许健，2018. 国民经济核算原理与中国实践[M]. 北京：中国人民大学出版社.

国家林草局经济发展研究中心，2019. 2018 年国家林业重点工程社会经济效益监测报告[M]. 北京：中国林业出版社.

国家林业和草原局，2019. 中国森林资源报告 2014—2018[M]. 北京：中国林业出版社.

国家林业和草原局，2021. 中国林业和草原统计年鉴 2020[M]. 北京：中国林业出版社.

国家林业局，2009. 中国重点陆生野生动物资源调查[M]. 北京：中国林业出版社.

国家林业局，2016. 中国林业发展报告[M]. 北京：中国林业出版社.

国家统计局，2010. 统计用产品分类目录[S]. 北京：中国统计出版社.

国家统计局，2018. 2017 国民经济行业分类注释[M]. 北京：中国统计出版社.

国家统计局社会科技和文化产业统计司和科学技术部战略规划司，2021. 中国科技统计年鉴[M]. 北京：中国统计出版社.

胡明形，刘俊昌，陈文汇，2010. 中国城市林业与园林绿化统计研究[M]. 北京：中国林业出版社.

黄佑姗，2014. 林业科技进步水平评价方法与实证研究[D]. 北京：中国林业科学研究院.

孔凡斌，吴雄平，廖文梅，2014. 中国林业科技进步贡献率的要素分解及测算研究——基于 2002—2011 年 31 个省（自治区、直辖市）的统计数据[J]. 农林经济管理学报，4：420-428.

李宝瑜，刘洪，2006. 企业经营统计学[M]. 北京：科学出版社.

李平，张俊飚，2011. 中国财政科技投入与林业经济增长互动关系的实证研究[J]. 中国科技论坛，9：134-138.

李世东，2017. 智慧林业概论[M]. 北京. 中国林业出版社.

李世东，2018. 中国林业物联网（思路设计与实践探索）[M]. 北京：中国林业出版社.

李顺龙，2006. 森林碳汇问题研究[M]. 哈尔滨：东北林业大学出版社.

刘芳，2009. 农村统计与调查[M]. 北京：中国农业出版社.

刘俊昌，2000. 统计学原理[M]. 北京：中国林业出版社.

刘俊昌，2005. 林业产值的计量、分析与应用研究[M]. 北京：中国林业出版社.

刘俊昌，林和平，1996. 林业统计学[M]. 北京：中国林业出版社.

彭道宾，2013. 固定资产投资效应论[M]. 北京：经济日报出版社.

彭莉莎，2015. 企业经营管理统计[M]. 2 版. 北京：中国统计出版社.

钱伯海，1995. 企业经济统计学[M]. 北京：中国统计出版社.

邱东，蒋萍，等，2008. 国民经济统计前沿问题[M]. 北京：中国统计出版社.

万璐，2013. 关于林业服务贸易理论基础的探讨[C]. 长沙：第七届中国林业技术经济理论与实践论坛论文集.

万璐，付亦重，程宝栋，2014. 林业服务贸易定义及其发展必要性的探讨[J]. 林业经济评论，4 (02)：134-144

王静，2005. 劳动与社会保障统计学[M]. 北京：中国劳动社会保障出版社.

王艳明，米子川，2021. 企业经营统计学[M]. 3 版. 北京：科学出版社.

肖兴威，2005. 中国森林资源清查[M]. 北京：中国林业出版社.

谢家发，2004. 统计分析方法：应用及案例[M]. 北京：中国统计出版社.

谢忠秋，丁兴烁，等，2016. 应用统计学[M]. 北京. 机械工业出版社.

徐衡，2007. 固定资产投资统计学[M]. 上海：上海财经大学出版社.

徐蕊，王芹，王岩，2009. 森林社会效益内涵及主要指标的计量方法[J]. 林业科技，34(4)：70-72.

闫振，胡明形，刘建杰，等，2018. 林业及相关产品分类：LY/T 2987—2018[S]. 北京：中国标准出版社.

张俊飚，2015. 农业统计学[M]. 北京：中国农业出版社.

张卫民，2010. 森林资源资产价格及评估方法研究[M]. 北京：中国林业出版社.

赵晓光，2001. 林业统计学[M]. 哈尔滨：东北林业大学出版社.

中国森林资源核算研究项目组，2015. 生态文明制度构建中的中国森林资源核算研究[M]. 北京：中国林业出版社.

中华人民共和国科学技术部，2019. 全国科学技术机构统计调查报告 2017[M]. 北京. 科学技术文献出版社.

中华人民共和国科学技术部，2020. 中国科学技术指标 2018[M]. 北京：科学技术文献出版社.

朱军文，等，2015. 国际科技政策发展报告：科技评价卷[M]. 上海：上海交通大学出版社.

FAO. Towards a harmonized definition of non-wood forest products[OL]. http://www. fao. org/docrep/x2450e/x2450e0d. htm.

UN，2008. International Standard Industrial Classification of All Economic Activities(ISIC)，Rev. 4[S]. New York：United Nations.

UN，2015. Central Product Classification (CPC)，Version 2. 1[S]. New York：United Nations.